Começando a Programar em Java Para Leigos

Quando você começar a programar com o Java, valerá a pena familiarizar-se com as palavras-chave dele o mais rapidamente possível. Essas palavras-chave têm significados muito específicos na linguagem. Você não pode usar uma palavra-chave para nada diferente de sua finalidade estabelecida, mas quando usada para tanto, ela será uma ferramenta poderosa.

Palavras-chave do Java

Algumas palavras-chave do Java têm significados específicos na linguagem, portanto, você não pode usar as palavras nesta tabela para nada diferente de sua função no Java. E não pode criar novos significados para as palavras *false*, *null* e *true* também. Mas por motivos técnicos, essas três palavras não são chamadas de palavras-chave. Seja qual for!

Nota: As palavras em **negrito** na coluna "O que faz" são outras palavras-chave.

Palavra-chave	***O que faz***
abstract	Indica se os detalhes de uma classe, método ou interface são dados em outro lugar no código.
assert	Testa a verdade de uma condição que o programador acredita ser verdadeira.
boolean	Indica se um valor é true ou false, no sentido Java.
break	Sai de um loop ou switch.
byte	Indica se um valor é um número inteiro de 8 bits.
case	Introduz um dos vários caminhos disponíveis da execução em uma instrução **switch**.
catch	Introduz instruções que são executadas quando algo interrompe o fluxo de execução em uma cláusula **try**.
class	Introduz uma classe — um esquema para um objeto.
const	Você não pode usar esta palavra em um programa Java. A palavra não tem significado. Como é uma palavra-chave, você não pode criar uma variável **const**.
continue	Força o término abrupto da iteração do loop atual e inicia outra iteração.
default	Introduz um caminho de execução a tomar quando nenhum caso é uma coincidência em uma instrução **switch**.
do	Faz com que o computador repita algumas instruções sempre novamente (por exemplo, desde que o computador continue obtendo resultados inaceitáveis).
double	Indica se um valor é um número de 64 bits com um ou mais dígitos após o ponto decimal.
else	Introduz instruções que são executadas quando a condição em uma instrução **if** não é true.
enum	Cria um tipo recém-definido — um grupo de valores que uma variável pode ter.
extends	Cria uma *subclasse* — uma classe que reutiliza a funcionalidade de uma classe definida anteriormente.
final	Indica se o valor de uma variável não pode ser alterado, se a funcionalidade de uma classe não pode ser estendida ou se um método não pode ser anulado.
finally	Introduz o último desejo e o testamento das instruções em uma cláusula **try**.
float	Indica se um valor é um número de 32 bits com um ou mais dígitos após o ponto decimal.
for	Faz o computador repetir algumas instruções sempre novamente (por exemplo, certo número de vezes).

Continua

Continuação

Começando a Programar em Java Para Leigos

Folha de Cola

goto	Você não pode usar esta palavra em um programa Java. A palavra não tem nenhum significado. Como é uma palavra-chave, você não pode criar uma variável goto.
if	Testa para saber se uma condição é true. Se for true, o computador executará certas instruções; do contrário, o computador executará outras instruções.
implements	Reutiliza a funcionalidade de uma interface definida anteriormente.
import	Permite que o programador abrevie os nomes de certa classe.
instanceof	Testa para saber se certo objeto vem de certa classe.
int	Indica se um valor é um número inteiro de 32 bits.
interface	Introduz uma interface, que é como uma classe, mas menos específica. As interfaces são usadas no lugar do recurso confuso de múltipla herança existente no C++.
long	Indica se um valor é um número inteiro de 64 bits.
native	Permite que o programador use o código escrito em outra linguagem (uma dessas linguagens terríveis diferentes do Java).
new	Cria um objeto a partir de uma classe existente.
package	Coloca o código em um ***pacote*** — uma coleção de definições relacionadas logicamente.
private	Indica se uma variável ou método pode ser usado apenas dentro de certa classe.
protected	Indica se uma variável ou método pode ser usado nas subclasses de outro pacote.
public	Indica se uma variável, classe ou método pode ser usado por qualquer outro código Java.
return	Termina a execução de um método e possivelmente retorna um valor para o código.
short	Indica se um valor é um número inteiro de 16 bits.
static	Indica se uma variável ou método pertence a uma classe, ao invés de qualquer objeto criado a partir da classe.
strictfp	Limita a habilidade do computador de representar números extra grandes ou extra pequenos quando o computador faz cálculos intermediários nos valores **float** e **double**.
super	Refere-se à superclasse do código no qual a palavra *super* aparece.
switch	Informa o computador para seguir um dos muitos possíveis caminhos de execução (um dos muitos possíveis casos), dependendo do valor de uma expressão.
synchronized	Impede que dois threads interfiram um no outro.
this	Uma autorreferência — refere-se ao objeto no qual a palavra *this* aparece.
throw	Cria um novo objeto de exceção e indica se uma situação excepcional (geralmente algo indesejado) ocorreu.
throws	Indica se um método ou construtor pode fugir ao dever quando uma exceção é enviada.
transient	Indica que, se e quando um objeto é serializado, o valor de uma variável não precisa ser armazenado.
try	Introduz as instruções que são observadas (durante a execução) em relação às coisas que podem dar errado.
void	Indica se um método não pode retornar um valor.
volatile	Impõe regras rígidas no uso de uma variável por mais de um thread em determinado momento.
while	Repete algumas instruções sempre novamente (desde que uma condição ainda seja true).

Para Leigos: A série de livros para iniciantes que mais vende no mundo

Começando a Programar em Java

PARA

LEIGOS®

Tradução da 3ª edição

Começando a Programar em Java

PARA

LEIGOS®

Tradução da 3ª edição

de Barry Burd

Autor de *Java Para Leigos*

ALTA BOOKS

EDITORA

Rio de Janeiro, 2014

ISBN: 978-85-7608-832-5

Impresso no Brasil — 1ª Edição, 2014.

Produção Editorial
Editora Alta Books

Gerência Editorial
Anderson Vieira

Supervisão Gráfica
Angel Cabeza

Supervisão de Qualidade Editorial
Sergio Luiz de Souza

Supervisão de Texto
Jaciara Lima

Design Editorial
Auleriano Messias
Aurélio Corrêa

Captação e Contratação de Obras
Cristiane Santos
Marco Pace
J. A. Rugeri
autoria@altabooks.com.br

Vendas Atacado e Varejo
Daniele Fonseca
Viviane Paiva
comercial@altabooks.com.br

Marketing e Promoção
marketing@altabooks.com.br

Ouvidoria
ouvidoria@altabooks.com.br

Equipe Editorial
Claudia Braga
Hannah Carriello
Letícia Vitoria
Livia Brazil
Marcelo Vieira
Mayara Coelho
Milena Lepsch
Natália Gonçalves
Raquel Ferreira
Rodrigo Araujo
Thiê Alves

Tradução
Eveline Vieira Machado

Copidesque
Marcus Victor Porto Martins

Revisão Técnica
Eduardo Thomaz de Carvalho
Bacharel em Cência da Computação

Revisão Gramatical
Mª da Conceição F. de Paulo

Diagramação
Diego Oliveira de Azevedo

Dados Internacionais de Catalogação na Publicação (CIP)

B949c Burd, Barry.
Começando a programar em Java para leigos / de Barry Burd. – Rio de Janeiro, RJ : Alta Books, 2014.
452 p. : il. ; 24 cm. – (Para leigos)

Inclui índice.
Tradução de: Beginning Programming with Java for Dummies (3. ed.).
ISBN 978-85-7608-832-5

1. Java (Linguagem de programação de computador). 2. Programação orientada a objetos (Computação). I. Título. II. Série.

CDU 004.438Java
CDD 005.133

Índice para catálogo sistemático:
1. Linguagem de programação de computador : Java 004.438Java

(Bibliotecária responsável: Sabrina Leal Araujo – CRB 10/1507)

ALTA BOOKS
EDITORA

Rua Viúva Cláudio, 291 – Bairro Industrial do Jacaré
CEP: 20970-031 – Rio de Janeiro – Tels.: (21) 3278-8069/8419
www.altabooks.com.br – e-mail: altabooks@altabooks.com.br
www.facebook.com/altabooks – www.twitter.com/alta_books

Sobre o Autor

O **Dr. Barry Burd** tem mestrado em Ciência da Computação pela Rutgers University e é doutor em Matemática pela University of Illinois. Como professor assistente em Champaign-Urbana, Illinois, ele foi eleito cinco vezes pelos seus alunos para o Ranking de excelentes professores em toda a universidade.

Desde 1980, Burd é professor no Departamento de Matemática e Ciência da Computação na Drew University em Madison, Nova Jersey. Quando não está dando aulas na Drew University, ele orienta cursos de treinamento para programadores profissionais do ramo e da indústria. Já proferiu suas palestras em conferências nos Estados Unidos, Europa, Austrália e Ásia. É autor de vários artigos e livros, inclusive o *Java para Leigos* e *Android Application Development All-in-One For Dummies*.

Burd vive em Madison, Nova Jersey, com sua esposa e dois filhos (ambos com mais ou menos 20 anos de idade e independentes). Como um entusiasta ávido do modo de vida caseiro, ele gosta de dormir, conversar e comer.

Dedicatória

Para Harriet, Sam e Jennie, Sam e Ruth, Abram e Katie, Benjamin e Jennie.

Agradecimentos do Autor

Lista de tarefas do autor:

Item: Enviar chocolate para Kelly Ewing — a editora de projetos do livro e chefe de copidesque. Como qualquer pessoa que leu o Capítulo 4 pode perceber, chocolate é um dos produtos mais preciosos na Terra. Portanto, quando dou chocolate, faço-o com consideração e intencionalmente.

Item: Erguer uma placa em honra de Katie Feltman, a editora de aquisições na Wiley. Embora você tenha trabalhado em outros projetos, Katie continuou insistindo para que você escrevesse a terceira edição deste livro. (Certamente você queria longas férias, ao invés de outro projeto de livro, mas quem se importa? Ela estava certa; você estava errado.)

Item: Enviar uma nota de agradecimento ao editor técnico John Mueller, que ajudou a aprimorar o trabalho original e, milagrosamente, evitou muito trabalho extra para você.

Item: Recomendar o agente Neil Salkind a outros autores de livros de informática. Se não fosse por Neil, você ainda estaria perambulando, com aparência de necessitado, carregando amostras do livro nas conferências técnicas.

Item: Visitar Rank Thornton, Bonnie Averbach e Herbert Putz na Temple University. Agradecer-lhes por orientá-lo a uma carreira como professor. Em qualquer outra carreira, você não teria tempo para escrever. (E, a propósito, quando estiver na Filadélfia, não se esqueça de parar para comer um sanduíche de queijo.)

Item: Enviar um e-mail para Gaisi Takeuti, na University of Illinois, e para William Wisdom e Hughes LeBlanc, na Temple University. Agradeça por o terem ensinado Lógica Simbólica. Isso tornou muito mais rica sua vida como cientista da computação e matemático.

Item: Passar mais tempo com a família. Lembrá-los de que você é o cara que perambulava pela casa antes de começar a escrever livros. Renovar a promessa de limpar sua bagunça. Não ser tão nervoso e terminar cada frase iniciada. Lembrar que você nunca pode retornar totalmente o amor recebido, mas deve sempre continuar tentando.

Sumário Resumido

Sumário

Parte IV: Usando Unidades do Programa ... 301

Introdução

Qual é sua história?

- Você está trabalhando demais, interessado em saber mais sobre como os computadores de sua empresa funcionam?
- Você é um aluno que precisa de leitura extra para sobreviver a um curso de computadores para iniciantes?
- Você é um usuário de computador típico — você fez muito processamento de texto e deseja fazer algo mais interessante com seu computador?
- Você procura trabalhos e tem interesse em entrar no mundo conhecido, rápido e glamoroso da programação de computadores (ou, pelo menos, no mundo com salário decente da programação de computadores)?

Bem, se deseja escrever programas de computador, este livro é para você. Ele evita as suposições presunçosas do tipo "claro que você já sabe" e descreve a programação de computadores desde o início.

Sobre Este Livro

O livro usa o Java — uma poderosa linguagem de programação de computadores de uso geral. Mas as sutilezas do Java e as excentricidades não são o foco principal do livro. Ao contrário, este livro enfatiza um processo — o processo de criar instruções para um computador seguir. Muitos livros pomposos descrevem a mecânica desse processo — as regras, convenções e formalismos. Mas esses livros não são escritos para pessoas reais. Eles não o levam de onde você está para onde deseja estar.

Neste livro, faço um pouco de suposição sobre sua experiência com computadores. Quando você ler cada seção, verá dentro de minha mente. Verá os problemas que enfrento, as coisas que penso e as soluções que encontro. Alguns problemas são do tipo que lembro ter enfrentado quando era iniciante; outros são do tipo que enfrento como usuário experiente. Eu o ajudarei a compreender, visualizar e criar suas próprias soluções. Ainda contarei algumas histórias engraçadas.

Como Usar Este Livro

Eu gostaria de poder dizer: "Abra em uma página aleatória deste livro e comece a escrever o código Java. Apenas preencha as lacunas e não olhe para trás". Em certo sentido, isto é verdade. Você não pode destruir nada escrevendo o código Java, portanto, sempre terá liberdade para experimentar.

Mas, tenho que ser honesto. Se você não entender a visão geral, escrever um programa será difícil. Acontece em qualquer linguagem de programação de computadores — não apenas no Java. Se você estiver digitando o código sem saber o que ele é e o código não fizer exatamente o que você deseja que faça, então simplesmente não irá a lugar algum.

Portanto, neste livro, divido a programação em partes gerenciáveis. Cada parte é (mais ou menos) um capítulo. Você pode pular para qualquer lugar desejado — Capítulo 5, Capítulo 10 ou outro. Pode até começar mexendo no meio de um capítulo. Tentei tornar os exemplos interessantes sem deixar um capítulo dependente do outro. Quando uso uma ideia importante de outro capítulo, incluo uma nota para ajudá-lo a encontrar o caminho.

Em geral, meu conselho é o seguinte:

- Se você já sabe algo, não se chateie lendo sobre isso.
- Se você é curioso, não tenha medo de pular. Sempre poderá dar uma olhada em um capítulo anterior se realmente precisar.

Convenções Usadas Neste Livro

Quase todo livro técnico começa com uma pequena legenda com letras e o *Começando a Programar em Java Para Leigos*, Tradução da 3ª edição, não é nenhuma exceção. A seguir está uma rápida explicação dos tipos de letras usados neste livro:

- Os termos novos são colocados em *itálico*.
- Quando quero que você digite algo curto ou faça uma etapa, uso o **negrito**.
- Você também verá a fonte `courier new`. Uso esta fonte para o código Java, nomes de arquivo, endereços da página web (URLs), mensagens na tela e outras coisas. E mais, se algo que você precisar digitar for realmente longo, aparecerá na fonte `courier new` em sua própria linha (ou linhas).
- Você precisa mudar certas coisas quando as digita no teclado de seu próprio computador. Por exemplo, posso pedir para você digitar

  ```
  class Qualquernome
  ```

  o que significa que deve digitar **class** e, então, algum nome criado por você. As palavras que você precisa substituir pelas suas próprias são definidas em *itálico*.

Só de Passagem

Pegue o primeiro capítulo ou seção que tenha o material que você ainda não sabe e comece a ler neste ponto. Claro, você pode odiar ter que tomar decisões, assim como eu. Se odiar, eis algumas diretrizes que poderá seguir:

- Se você já sabe o que é programação de computadores, então pule a primeira metade do Capítulo 1. Acredite, não me importarei.
- Se você precisar usar um ambiente de desenvolvimento diferente do Eclipse, então poderá pular o Capítulo 2. Isto se aplicará se você pretender usar o NetBeans, Intellij IDEA ou vários outros ambientes de desenvolvimento.

  A maioria dos exemplos deste livro requer o Java 5.0 ou posterior, e alguns exemplos requerem o Java 7 ou posterior. Portanto, certifique-se de que seu sistema use o Java 5.0 ou posterior. Se você não estiver certo sobre a versão Java de seu computador ou se tiver liberdade para escolher um ambiente de desenvolvimento, seu movimento mais seguro será ler o Capítulo 3.
- Se você já fez um pouco de programação de computadores, esteja preparado para folhear do Capítulo 6 até o 8. Vá mais fundo no Capítulo 9 e veja se você está confortável. (Se estiver, então continue lendo. Se não, volte aos Capítulos 6, 7 e 8.)
- Se você se sentir confortável ao escrever programas em uma linguagem diferente do Java, então este livro não é para você. Guarde-o como uma lembrança e compre o *Java Para leigos*, Tradução da 5ª edição.

Se você deseja pular as seções laterais e os ícones Papo de Especialista, então pule. Se quiser pular qualquer coisa, sinta-se à vontade.

Penso que...

Neste livro, faço algumas suposições sobre você, leitor. Se uma dessas suposições estiver incorreta, então provavelmente você estará bem. Se todas as suposições estiverem incorretas... bem, compre o livro de qualquer modo.

- **Suponho que você tem acesso a um computador.** Boas notícias: Você pode executar o código neste livro em praticamente qualquer computador. Os únicos computadores que você não pode usar para executar o código são os antigos com mais de oito anos de idade (dê ou tire alguns anos). Você pode executar a última versão do Java nos computadores Windows, Macintosh e Linux.

- **Suponho que você saiba navegar os menus e as caixas de diálogo comuns de seu computador.** Você não precisa ser um usuário avançado no Windows, Linux ou Macintosh, mas deve ser capaz de iniciar um programa, encontrar um arquivo, colocar um arquivo em certo diretório... esse tipo de coisa. Na maioria das vezes, quando você praticar as coisas neste livro, estará digitando o código em seu teclado, não apontando e clicando com seu mouse.

  Nas raras ocasiões em que você precisar arrastar e soltar, cortar e colar ou ligar e usar, irei guiá-lo com cuidado nas etapas. Mas seu computador pode estar configurado em qualquer uma das bilhões de maneiras, e minhas instruções podem não se adaptar bem à sua situação especial. Portanto, quando você estiver em uma dessas tarefas específicas da plataforma, tente seguir as etapas neste livro. Se as etapas não se adaptarem bem, envie-me uma mensagem de e-mail ou consulte um livro com instruções adaptadas ao seu sistema.

- **Suponho que você pense de modo lógico.** Isso é tudo na programação de computadores — pensar logicamente. Se você pensa de modo lógico, consegue terminar. Se você não acredita que pode pensar de modo lógico, leia. Poderá ter uma agradável surpresa.

- **Suponho que você saiba pouco ou nada sobre a programação de computadores.** Este não é um livro do tipo "todas as coisas para todas as pessoas". Não agrado ao iniciante enquanto chateio ao experiente. Direciono este livro especificamente para o iniciante — a pessoa que nunca programou um computador ou nunca se sentiu confortável ao programar um computador. Se você for uma dessas pessoas, está lendo o livro certo.

Como Este Livro Está Organizado

Este livro está dividido em subseções, que estão agrupadas em seções, que se reúnem para criar os capítulos, que são agrupados finalmente em cinco partes. (Quando você escreve um livro, tem que conhecer muito bem a estrutura dele. Após meses de escrita, você acaba sonhando com as seções e os capítulos quando vai para cama à noite.) As partes do livro estão listadas aqui.

Parte I: Acelerando

Os capítulos na Parte I preparam você para a experiência de programação em geral. Nesses capítulos, você descobrirá o que é programação e terá seu computador pronto para escrever e testar os programas.

Parte II: Escrevendo Seus Próprios Programas em Java

Esta parte cobre os blocos de construção básicos — os elementos em qualquer programa Java e qualquer programa escrito usando uma linguagem do tipo Java. Nessa parte, você descobrirá como representar os dados e como obter novos valores a partir dos valores existentes. Os exemplos do programa são curtos, porém inteligentes.

Parte III: Controlando o Fluxo

A Parte III tem alguns de meus capítulos favoritos. Nesses capítulos, você fará o computador navegar de uma parte de seu programa para outra. Considere seu programa como uma grande mansão, com o computador indo de um cômodo a outro. Algumas vezes o computador escolhe entre dois ou mais corredores, e outras vezes ele revisita os cômodos. Como programador, seu trabalho é planejar as rondas do computador na mansão. É muito divertido.

Parte IV: Usando Unidades do Programa

Você alguma vez resolveu um grande problema dividindo-o em partes menores, mais gerenciáveis? É exatamente isso o que fará na Parte IV deste livro. Você descobrirá as melhores maneiras de dividir os problemas de programação em partes e criará soluções para as partes recém-descobertas. Também descobrirá como usar as soluções de outras pessoas. Parece roubo, mas não é.

Esta parte também contém um capítulo sobre como programar com janelas, botões e outros itens gráficos. Se seu mouse sentir-se ignorado com os exemplos neste livro, leia o Capítulo 20.

Parte V: A Parte dos Dez

A Parte dos Dez é como a loja de doces do programador iniciante. Na Parte dos Dez você pode encontrar listas — listas de dicas, recursos e todos os tipos de coisas interessantes.

Adicionei um apêndice ao site deste livro para ajudá-lo a se sentir confortável com a documentação Java. Não consigo escrever programas sem minha documentação da programação Java. Na verdade, nenhum programador Java pode escrever programas sem esses documentos muito importantes. Esses documentos estão no formato de página web, portanto, são fáceis de encontrar e de navegar. Mas, se você não estiver acostumado com a terminologia, a documentação poderá ser decisiva.

Ícones Usados Neste Livro

Se você pudesse me ver escrevendo este livro, me veria sentado ao computador, conversando comigo mesmo. Digo cada frase várias vezes em minha cabeça. Quando tenho um pensamento extra, um comentário secundário, algo que não pertence ao fluxo regular, giro um pouco minha cabeça. Assim, quem está me ouvindo (geralmente ninguém!) sabe que estou em um momento diferente.

Naturalmente, na impressão você não pode me ver girando a cabeça. Preciso de outro modo de colocar um pensamento secundário em seu próprio canto! Faço isso com os ícones. Quando você vir um ícone Dica ou um ícone Lembre-se, saberá que estou fazendo um desvio rápido.

Eis uma lista dos ícones que uso neste livro:

Uma dica é uma parte extra de informação — algo útil que os outros livros podem ter esquecido de dizer.

Todos cometem erros. Os céus sabem que eu cometi alguns. De qualquer modo, quando penso em um erro que as pessoas geralmente tendem a cometer, escrevo sobre ele em um ícone Cuidado!

Algumas vezes, gostaria de contratar um avião para escrever no céu. “Barry”, diz a nuvem de fumaça branca, “se você quiser comparar dois números, use o sinal de igual duplo. Não se esqueça disso”. Como não posso escrever no céu, tenho que me contentar com algo mais modesto. Crio um ícone Lembre-se.

Às vezes, encontro algo técnico. Isso pode ajudá-lo a entender o que as pessoas estão pensando internamente (as pessoas que desenvolveram o Java). Você não precisa ler, mas pode achar útil. Você também poderá achar esse algo técnico útil se pretender ler outros livros (mais profundos) sobre o Java.

Este ícone chama a atenção para o material útil que você pode encontrar online. (Você não precisará esperar muito tempo para ver um desses ícones. Uso um no final desta introdução!)

De Lá para Cá, Daqui para Lá

Se você chegou a este ponto, então está pronto para começar a ler sobre a programação de computadores. Considere-me (o autor) como um guia, seu anfitrião, seu assistente pessoal. Faço tudo que posso para manter as coisas interessantes e, o mais importante, ajudo-o a compreendê-las.

Se você gostar do que ler, envie-me uma nota. Meu e-mail, que criei apenas para os comentários e as perguntas sobre este livro (em inglês), é `BeginProg@allmycode.com`. E não se esqueça — para obter as últimas informações, visite um dos sites de suporte do livro. O meu está em `http://allmycode.com/BeginProg3`.

Às vezes temos atualizações para nossos livros de tecnologia. Se este livro tiver atualizações técnicas, iremos enviá-las em `www.dummies.com/go/beginningprogrammingwithjavafdupdates`, `http://allmycode.com/BegingProg3`.

*N. E.: Para fins de aprendizado, no livro os comentários de alguns códigos foram traduzidos para o português. No arquivo disponível para download, os comentários estarão em inglês.

Parte I

Acelerando

A 5ª Onda Por Rich Tennant

Nesta parte...

Você tem que comer antes de poder cozinhar. Você tem que vestir antes de poder costurar. Você tem que pegar carona antes de poder dirigir. E você tem que executar os programas de computador antes de poder escrevê-los.

Nesta parte do livro você executará programas de computador.

Capítulo 1

Começando

Neste Capítulo

- Entendendo sobre programação de computadores
- Compreendendo o software que permite escrever programas
- Acelerando o uso do ambiente de desenvolvimento integrado

Programação de computadores? O que é isso? É algo técnico? Dói? É politicamente correto? Bill Gates controla isso? Por que alguém desejaria fazer isso? E eu? Posso aprender?

O que É Isto?

Provavelmente você já usou um computador para fazer processamento de texto, digitar uma carta, imprimi-la e então enviá-la para alguém de quem gosta. Se você tem fácil acesso a um computador, então provavelmente já navegou a web. Visitou uma página, clicou em um link e viu outra página. Fácil, certo?

Bem, é fácil somente porque alguém informou ao computador exatamente o que fazer. Se você pegar um computador diretamente da fábrica e não instruí-lo, ele não poderá fazer o processamento de texto, não poderá navegar na web e não poderá fazer nada. Tudo que um computador pode fazer é seguir as instruções que as pessoas dão a ele.

Agora imagine que você esteja usando o Microsoft Word para escrever um ótimo romance e chega ao final de uma linha. (Você não está no final de uma frase; apenas no final de uma linha.) Quando você digitar a próxima palavra, o cursor do computador pulará automaticamente para a próxima linha. O que está acontecendo aqui?

Bem, alguém escreveu um *programa de computador* — um conjunto de instruções informando ao computador o que fazer. Outro nome para um programa (ou parte de um programa) é *código*. A Listagem 1-1 mostra como pode ser um código do Microsoft Word.

Listagem 1-1: Algumas Linhas em um Programa de Computador

```
if (columnNumber > 60) {
    wrapToNextLine();
} else {
    continueSameLine();
}
```

Se você traduzir a Listagem 1-1 para o Português simples, terá algo como:

```
Se o número da coluna for maior que 60,
    então vá para a próxima linha.
Do contrário (se o número da coluna não for maior que 60),
    fique na mesma linha.
```

Alguém tem que escrever o tipo de código mostrado na Listagem 1-1. Esse código, junto com milhões de outras linhas de código, compõe o programa chamado Microsoft Word.

E a navegação da web? Você clica em um link que deve levá-lo diretamente ao `Yahoo.com`. Internamente, alguém escreveu o seguinte tipo de código:

```
Go to <a href="http://www.yahoo.com">Yahoo</a>.
```

De qualquer modo, alguém tem que escrever um programa. Esse alguém é chamado de *programador*.

Informando a um computador o que fazer

Tudo que você faz com um computador envolve muitos e muitos códigos. Pegue um CD-ROM com um jogo de computador. É realmente um CD-ROM cheio de códigos. Em algum ponto, alguém teve que escrever o programa do jogo:

```
if (pessoa.alcança(argolaDourada)) {
    pessoa.fazPontos(10);
}
```

Sem dúvida, as pessoas que escrevem programas têm habilidades valiosas. Essas pessoas têm duas qualidades importantes:

- Elas sabem como dividir os grandes problemas em procedimentos menores, passo a passo.
- Elas podem expressar essas etapas em uma linguagem muito precisa.

A linguagem para escrever as etapas é chamada de *linguagem de programação*, e o Java é apenas uma das várias milhares de linguagens de programação úteis. O que existe na Listagem 1-1 é escrito na linguagem de programação Java.

Escolha seu veneno

Este livro não é sobre as diferenças entre as linguagens de programação, mas você deve ver o código em algumas outras linguagens para compreender a visão geral. Por exemplo, há outra linguagem, o Visual Basic, cujo código parece um pouco diferente daquele escrito no Java. Um fragmento de um programa Visual Basic pode ser assim:

```
If columnNumber > 60 Then
    Call wrapToNextLine
Else
    Call continueSameLine
End If
```

O código Visual Basic parece mais com o Inglês comum do que o código Java na Listagem 1-1. Mas, se você acha que o Visual Basic é como o Inglês, então veja o código-fonte escrito em COBOL:

```
IF COLUMN-NUMBER IS GREATER THAN 60 THEN
    PERFORM WRAP-TO-NEXT-LINE
ELSE
    PERFORM CONTINUE-SAME-LINE
END-IF.
```

No outro lado do espectro você encontra linguagens tal como a Haskell. Eis um pequeno programa Haskell, junto com uma entrada e uma saída:

```
median aList =
  [ x | x <- aList,
    length([y | y <- aList, y < x]) ==
    length([y | y <- aList, y > x])]
*Main> median [4,7,2,1,0,9,6]
[4]
```

As linguagens de computador podem ser muito diferentes umas das outras, mas, de algum modo, são todas iguais. Quando você se acostumar a escrever `IF COLUMN-NUMBER IS GREATER THAN 60`, então poderá também se sentir confortável em escrever `if (columnNumber > 60)`. É apenas uma substituição mental de um conjunto de símbolos por outro. Eventualmente, escrever coisas, tal como `if (columnNumber > 60)` se tornará um hábito.

Da Sua Mente para o Processador do Computador

Quando você cria um novo programa de computador, passa por um processo com várias etapas. O processo envolve três ferramentas importantes:

- **Compilador:** um compilador traduz o código em instruções amistosas para o computador (não amistosas para o ser humano).
- **Máquina virtual:** uma máquina virtual percorre as instruções amistosas para o computador.
- **Interface de programação do aplicativo:** uma interface de programação do aplicativo contém código útil escrito previamente.

As próximas três seções descrevem cada uma dessas ferramentas.

Traduzindo seu código

Você pode ter ouvido falar que os computadores lidam com zeros e uns. Certamente é verdade, mas o que isso significa? Bem, para os iniciantes, os circuitos do computador não lidam diretamente com as letras do alfabeto. Quando você vê a palavra *Iniciar* na tela de seu computador, este armazena a palavra internamente como `01010011 01110100 01100001 01110010 01110100`. A sensação que você tem ao ver uma palavra amistosa com sete letras é a sua interpretação dos pixels da tela do computador, nada mais. Os computadores dividem tudo em sequências de zeros e uns, não amistosas, em um nível muito baixo, e então reúnem tudo de volta para que os seres humanos possam lidar com os resultados.

Portanto, o que acontece quando você escreve um programa de computador? Bem, o programa tem que ser traduzido para zeros e uns. O nome oficial para o processo de tradução é *compilação*. Sem a compilação o computador não pode executar seu programa.

Compilei o código na Listagem 1-1. Depois fiz um inocente procedimento para me ajudar a ver os zeros e uns resultantes. O que vi foi a confusão na Figura 1-1.

A bobagem compilada na Figura 1-1 tem muitos nomes diferentes:

- A maioria dos programadores Java chama de *bytecode*.
- Eu geralmente chamo de *arquivo .class*. É porque, no Java, o bytecode é armazenado em arquivos chamados `QualquerCoisa.class`.
- Para enfatizar a diferença, os programadores Java chamam a Listagem 1-1 de *código-fonte* e referem-se aos zeros e aos uns na Figura 1-1 como *código-objeto*.

Para visualizar a relação entre código-fonte e código-objeto, veja a Figura 1-2. Você pode escrever o código-fonte, e então fazer o computador criar o código-objeto a partir de seu código-fonte. Para criar o código-objeto, o computador usa uma ferramenta de software especial chamada *compilador*.

Figura 1-1: Meu computador compreende estes zeros e uns, mas eu não.

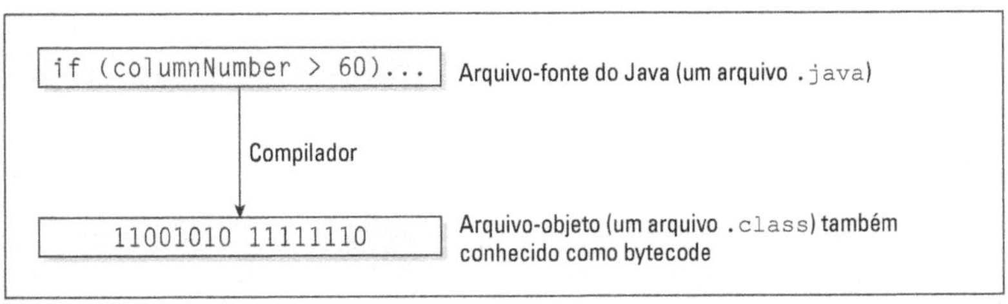

Figura 1-2: O computador compila o código-fonte para criar o código-objeto.

O disco rígido do seu computador pode ter um arquivo chamado `javac` ou `javac.exe`. Esse arquivo contém esta ferramenta de software especial — o compilador. (Ei, que acha disso? A palavra `javac` significa "Java Compiler"!) Como programador Java, você frequentemente pede ao seu computador para que ele construa um novo código-objeto. Seu computador atende seu desejo obedecendo e executando internamente as instruções no arquivo `javac`.

Executando o código

Há vários anos, passei uma semana em Copenhague. Passei um tempo com uma amiga que falava Dinamarquês e Inglês com fluência. Enquanto conversávamos em um parque público, notei que havia algumas crianças à nossa volta. Não falo uma palavra em Dinamarquês, portanto supus que as crianças estavam discutindo assuntos infantis.

O que é *bytecode*, afinal?

Veja a Listagem 1-1 e a tradução da listagem no bytecode na Figura 1-1. Você pode ficar tentado a achar que um arquivo bytecode é apenas um criptograma — substituindo as letras por zeros e uns em palavras, tais como `if` e `else`. Mas não funciona assim. Na verdade, a parte mais importante de um arquivo bytecode é a codificação da lógica de um programa.

Os zeros e os uns na Figura 1-1 descrevem o fluxo dos dados de uma parte de seu computador para outra. Mostro esse fluxo na figura a seguir. Mas lembre-se, essa figura é apenas uma ilustração. Seu computador não vê essa figura em particular ou qualquer coisa assim. Ao contrário, seu computador lê muitos zeros e uns para decidir o que fazer em seguida.

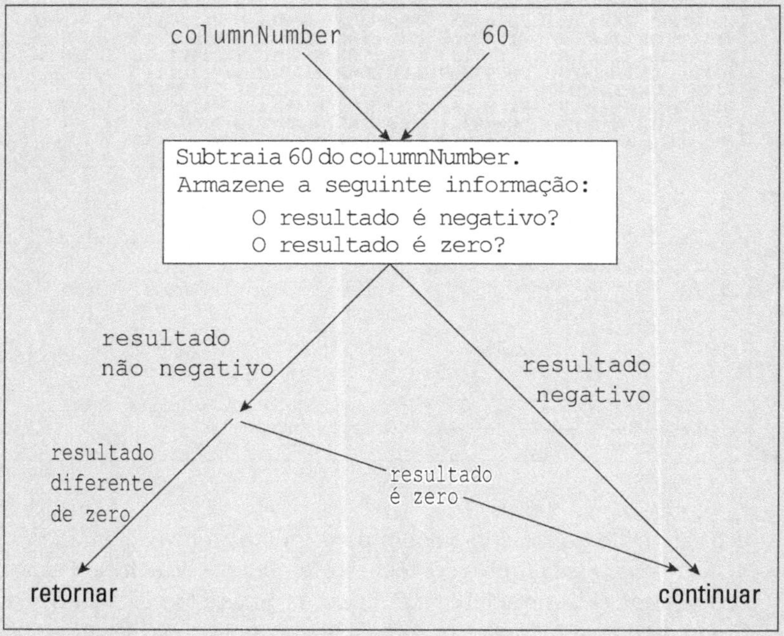

Não se preocupe em absorver os detalhes de minha tentativa de representação gráfica na figura. Não vale seu tempo. O que você deve ver em minha mistura de texto, caixas e setas é que o bytecode (aquilo em um arquivo `.class`) contém uma descrição completa das operações que o computador irá realizar. Quando você escreve um programa de computador, seu código-fonte descreve uma estratégia geral — uma visão geral. O bytecode completo transforma a estratégia geral em centenas de detalhes minúsculos, passo a passo. Quando o computador "executa seu programa", ele examina esse bytecode e realiza cada pequeno detalhe passo a passo.

Então, minha amiga disse que as crianças não estavam falando Dinamarquês. "Qual idioma elas estão falando?", perguntei.

Ela disse: "Elas estão falando bobagens. São apenas sílabas sem sentido. Elas não entendem inglês, portanto estão imitando você."

Agora retornemos aos problemas atuais. Vejo as coisas na Figura 1-1 e fico tentado a fazer graça com o modo como meu computador se comunica. Mas então eu seria apenas como as crianças em Copenhague. O que não faz sentido para mim pode ter um sentido perfeito para meu computador. Quando os zeros e os uns na Figura 1-1 permeiam os circuitos do meu computador, ele "pensa" os pensamentos mostrados na Figura 1-3.

Todos sabem que os computadores não pensam, mas um computador pode executar as instruções representadas na Figura 1-3. Como muitas linguagens de programação (linguagens como C++ e COBOL, por exemplo), um computador faz exatamente o que estou descrevendo. Um computador devora um código-objeto e faz qualquer coisa que o código-objeto diz para fazer.

É assim que funciona em muitas linguagens de programação, mas não é como funciona no Java. No Java, o computador executa um conjunto diferente de instruções. Executa instruções como as mostradas na Figura 1-4.

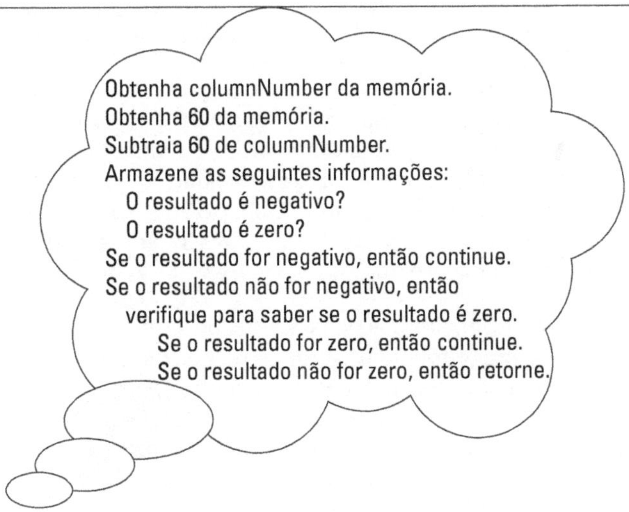


```
01001110 01110101 01101101 01100010 01100101 01110010
01010100 01100001 01100010 01101100 01100101 00000001
00000000 00001011 01100100 01101001 01110011 01110000
01101100 01100001 01111001 01010111 01101111 01110010
```

Figura 1-3: O que o computador vê a partir de um arquivo bytecode.

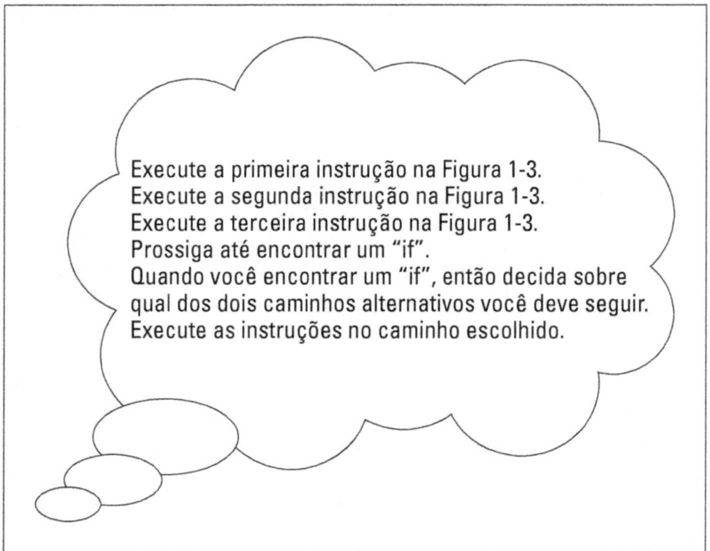

Figura 1-4: Como um computador executa um programa Java.

As instruções na Figura 1-4 informam ao computador como seguir outras instruções. Ao invés de iniciar com `Obtenha columnNumber da memória`, a primeira instrução do computador é: "Faça o que o arquivo bytecode diz para fazer" (naturalmente, no arquivo bytecode, a primeira instrução é `Obtenha columnNumber da memória`).

Há uma parte especial do software que executa as instruções na Figura 1-4. Essa parte especial do software é chamada de *máquina virtual Java* (Java Virtual Machine, JVM). A JVM guia seu computador na execução de algumas instruções do bytecode. Quando você executa um programa Java, seu computador está realmente executando a JVM, que examina seu bytecode, zero por zero, um por um, e executa as instruções descritas nele.

Muitas metáforas boas podem descrever a JVM. Considere-a como um mensageiro, um menino de recados, um intermediário. De qualquer modo, você terá a situação mostrada na Figura 1-5. No lado (a) está a história que você obtém com a maioria das linguagens de programação — o computador executa algum código-objeto. No lado (b) está a história com o Java — o computador executa a JVM e ela segue as instruções do bytecode.

PAPO DE ESPECIALISTA

O disco rígido de seu computador pode ter um arquivo chamado `java` ou `java.exe`. Esse arquivo contém as instruções ilustradas anteriormente na Figura 1-4 — as instruções da JVM. Como programador Java, você geralmente pede ao seu computador que execute um programa Java. Seu computador atende a esse desejo prosseguindo e executando internamente as instruções no arquivo `java`.

Escreva uma vez, execute em qualquer lugar

Quando o Java surgiu pela primeira vez, em 1995, a linguagem ficou popular quase que imediatamente. Isso aconteceu em parte por causa da JVM, que é como um intérprete de um idioma estrangeiro, transformando o bytecode Java em qualquer linguagem nativa que um determinado computador compreende. Portanto, se você passar ao meu computador Windows um arquivo bytecode Java, então a JVM do computador irá interpretar o arquivo para o ambiente Windows. Se você passar o mesmo arquivo bytecode Java para o Macintosh de meu colega, então a JVM Macintosh irá interpretar esse mesmo bytecode para o ambiente Mac.

Veja novamente a Figura 1-5. Sem uma máquina virtual, você precisaria de um tipo diferente de código-objeto para cada sistema operacional. Mas com a JVM, um arquivo bytecode funciona nas máquinas Windows, pacotes Unix, Macs ou outro. Isso é chamado de *portabilidade*, e no mundo da programação de computadores a portabilidade é um produto preciosíssimo. Pense em todas as pessoas que usam os computadores para navegar na internet. Essas pessoas não usam somente o Microsoft Windows, mas o computador de cada uma pode ter seu próprio interpretador do código de bytes — sua própria JVM.

As pessoas do marketing na Oracle chamam isso de modelo de computador do tipo *Escreva uma vez, execute em qualquer lugar*. Eu chamo isso de uma ótima maneira de criar software.

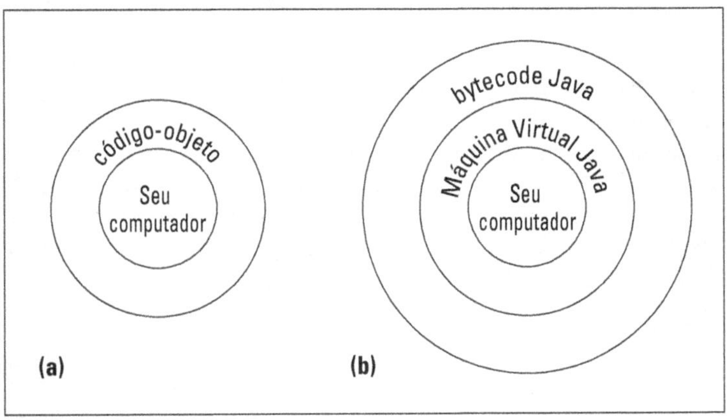

Figura 1-5: Dois modos de executar um programa de computador.

O código que você pode usar

Durante o início da década de 1980, meu primo Chris trabalhava em uma firma de softwares de computador. A firma escrevia código para máquinas de processamento de texto. Naquela época, se você quisesse escrever documentos sem uma máquina de escrever, teria de comprar um "computador" que não fazia nada, exceto o processamento de texto. Chris reclamou sobre ser solicitado a escrever o mesmo velho código sempre de novo. "Primeiro eu escrevo um programa de pesquisa e substituição. Então escrevo um verificador de ortografia. Depois escrevo outro programa de pesquisa e substituição. Então, um tipo diferente de verificador de ortografia. E novamente uma pesquisa e substituição melhor."

Como Chris conseguiu ficar interessado neste trabalho? E como o patrão dele conseguiu ficar no ramo? A cada alguns meses, Chris tinha que refazer tudo. Descartar o programa de pesquisa e substituição e escrever um novo programa a partir do zero. Isso não é eficiente. E pior, é chato.

Por anos, os profissionais da computação vêm buscando o Santo Graal — um modo de escrever software de modo que seja fácil de reutilizar. Não escrever e rescrever seu código de pesquisa e substituição. Apenas dividir a tarefa em partes minúsculas. Uma parte pesquisa um único caractere, outra procura os espaços em branco e uma terceira substitui uma letra por outra. Quando você tiver todas as peças, simplesmente monte-as para formar um programa de pesquisa e substituição. Mais tarde, quando pensar em um recurso novo para seu software de processamento de texto, remonte as peças de modo um pouco diferente. É inteligente, menos custoso e muito mais divertido.

No final dos anos 1980, vimos vários avanços no desenvolvimento de softwares, e no início dos anos 1990, muitos projetos grandes de programação estavam sendo escritos a partir de componentes pré-fabricados. O Java apareceu em 1995, portanto, os fundadores da linguagem naturalmente criaram uma biblioteca de código reutilizável. A biblioteca incluía cerca de 250 programas, inclusive o código para lidar com os arquivos de disco, código para criar janelas e código para transmitir informações na internet. Desde 1995, essa biblioteca cresceu para incluir mais de 4 mil programas. Essa biblioteca é chamada de *Interface para Programação de Aplicativos (Application Programming Interface, API*).

Todo programa Java, até o mais simples, utiliza o código na API Java. Essa API Java é útil e formidável. É útil por causa de todas as coisas que você pode fazer com os programas da API. É formidável porque a API é muito extensa. Ninguém memoriza todos os recursos disponíveis da API Java. Os programadores lembram os recursos que usam com frequência e pesquisam aqueles dos quais precisam, se necessário. Eles pesquisam esses recursos em um documento online chamado *Especificação da API* (conhecida carinhosamente pela maioria dos programadores Java como *documentação da API* ou *Javadocs*).

A documentação da API descreve os milhares de recursos na API Java. Como programador Java, você consultará essa documentação da API diariamente. Você pode favoritar a documentação no site da Oracle e revisitá-lo sempre que precisar de algo. Mas, a longo prazo (e a médio prazo), você pode economizar tempo fazendo o download de sua própria cópia da documentação da API. (Para obter detalhes, veja o Capítulo 2.)

Seu Conjunto de Ferramentas da Programação Java

Para escrever programas Java você precisa das ferramentas descritas anteriormente neste capítulo:

- **Você precisa de um compilador Java.** (Veja a seção "Traduzindo seu código").

- **Você precisa de uma JVM.** (Veja a seção "Executando o código").
- **Você precisa da API Java.** (Veja a seção "O código que você pode usar").
- **Você precisa acessar a documentação API do Java.** (Novamente, veja a seção "O código que você pode usar").

Você também precisa de algumas ferramentas menos exóticas:

- **Você precisa de um editor para escrever seus programas Java.** A Listagem 1-1 contém parte de um programa de computador. Quando você for usá-lo, um programa de computador será um grande bloco de texto. Portanto, para escrever um programa você precisa de um *editor* — uma ferramenta para criar documentos de texto.

  Um editor é muito parecido com o Microsoft Word ou com qualquer outro programa de processamento de texto. A grande diferença é que um editor não adiciona formatação ao seu texto — nenhum negrito, itálico ou distinções entre as fontes. Os programas de computador não têm nenhuma formatação. Não há nada além de letras simples, números e outros caracteres do teclado familiares.

  Quando você editar um programa, poderá ver o texto em negrito, em itálico e com várias cores. Mas seu programa não contém esta formatação. Se você vir algo que pareça uma formatação, será porque o editor usado faz o *destaque da sintaxe*. Com o destaque da sintaxe, um editor faz o texto parecer formatado para ajudá-lo a compreender a estrutura de seu programa. Acredite, o destaque da sintaxe é muito útil.

- **Você precisa de um modo de enviar comandos.** Você precisa de um modo de dizer coisas, tais como "compile este programa" e "execute a JVM". Todo computador fornece modos de enviar comandos. (Você pode clicar duas vezes nos ícones ou digitar comandos detalhados em uma caixa de diálogo Executar.) Mas, ao usar tais recursos do seu computador, saltará entre as janelas. Você abrirá uma janela para ler a documentação Java, outra para editar um programa Java e uma terceira para inicializar o compilador Java. O processo pode ser muito chato.

Na melhor das hipóteses, você fará toda a edição do programa, consulta da documentação, leitura e emissão de comandos através de uma bela interface. Essa interface é chamada de *ambiente de desenvolvimento integrado (integrated development environment, IDE)*.

Um IDE típico divide a área de trabalho de sua tela em vários painéis — um painel para os programas de edição, outro para a listagem dos nomes dos programas, um terceiro para enviar comandos e outros para ajudá-lo a escrever e testar os programas. Você pode organizar os painéis para ter um acesso rápido. Melhor ainda, se você mudar as informações em um painel, o IDE atualizará automaticamente as informações em todos os outros.

Um IDE ajuda-o a se mover uniformemente de uma parte do esforço de programação para outra. Com um IDE você não precisa preocupar-se com o mecanismo de edição, compilação e execução de uma JVM. Ao contrário, pode preocupar-se com a lógica da escrita dos programas. (Você não sabia? De qualquer modo, você sempre tem algo com que se preocupar!)

O que já existe em seu disco rígido?

Você pode já ter algumas ferramentas necessárias para criar os programas Java. Eis alguns exemplos:

- **Algumas instalações Windows já têm uma JVM.** Procure um arquivo chamado `java.exe` em seu diretório `\windows\system32`.
- **Os computadores que executam o Mac OS X até e inclusive a versão 10.6 (Snow Leopard) vêm com um compilador Java, uma JVM e uma API Java.**
- **Os computadores que executam o Mac OS X 10.7 (Lion) não vêm com uma JVM.** Para instalar uma JVM, visite `www.macupdate.com/app/mac/39490/java-for-os-x-lion`
- **Alguns IDEs vêm com suas próprias ferramentas Java.** Por exemplo, quando você fizer o download do IDE Eclipse gratuito, obterá um compilador Java e uma cópia da documentação API do Java. Para obter detalhes, veja o Capítulo 2.

Você pode já ter algumas ferramentas Java, mas em um antigo computador suas ferramentas podem estar ultrapassadas. A maioria dos exemplos deste livro pode ser executada em todas as versões do Java. Mas alguns exemplos não são executados nas versões anteriores ao Java 5.0. Outros exemplos são executados apenas no Java 6 ou posterior, e alguns são executados apenas no Java 7 ou posterior.

A aposta mais segura é fazer o download das ferramentas novamente no site da Oracle. Para obter instruções detalhadas sobre como fazer o download, veja o Capítulo 2.

Eclipse

Os programas neste livro funcionam com qualquer IDE que possa executar o Java. Isto inclui IDEs tais como NetBeans, IntelliJ IDEA, JDeveloper, JCreator e outros. Você pode até executar os programas sem um IDE. Mas, para ilustrar os exemplos neste livro, uso o IDE Eclipse. Escolhi o Eclipse em detrimento de outros IDEs por vários motivos:

- O Eclipse é gratuito.
- Entre todos os IDEs Java, o Eclipse é um dos mais usados pelos programadores profissionais.
- O Eclipse tem muitos atributos avançados, mas você pode ignorar a maioria deles e aprender a repetir algumas sequências de etapas rotineiras. Depois de usar o Eclipse algumas vezes, seu cérebro executará automaticamente as etapas rotineiras. Deste ponto em diante, poderá parar de se preocupar com o Eclipse e concentrar-se na programação Java.
- O Eclipse é gratuito (Vale a pena mencionar duas vezes).

Capítulo 2

Configurando Seu Computador

Neste Capítulo

- Instalando o Java
- Fazendo o download e instalando o ambiente de desenvolvimento integrado Eclipse
- Verificando sua configuração Eclipse
- Obtendo o código nos exemplos deste livro

Este livro mostra como escrever programas Java, e antes que você possa escrever programas Java, precisará de um software. No mínimo, você precisará do software que eu descrevo no Capítulo 1 — um compilador Java e uma máquina virtual Java — Java Virtual Machine (JVM, para abreviar). Você também pode usar um bom ambiente de desenvolvimento integrado — integrated development environment (IDE) e os códigos de exemplo para iniciar.

Você pode obter esse software em uma caixa colorida brilhante, porém é mais fácil (e mais barato) fazer o download do software na internet. Na verdade, todo software necessário para escrever os programas Java é gratuito. O software vem em três downloads — um no site deste livro, outro no da Oracle e um terceiro em `eclipse.org`. Quem precisa de uma caixa colorida brilhante, afinal?

LEMBRE-SE

Os sites da Oracle e do Eclipse que descrevo neste capítulo estão sempre mudando. O software que você baixa desses sites muda também. Uma instrução específica, tal como "clique no botão no canto superior direito" fica ultrapassada (e até equivocada) em pouco tempo. Portanto, neste capítulo forneço uma longa lista de etapas, mas também descrevo as ideias por trás delas. Examine cada site sugerido e procure modos de obter o software que descrevo. Quando um site oferecer várias opções, verifique as instruções neste capítulo para obter sugestões sobre como escolher a melhor. Se a janela do Eclipse de seu computador não parecer com a janela nas figuras deste capítulo, examine com cuidado a janela de seu computador em relação a qualquer opção descrita. Se, depois disso, não conseguir encontrar o que está procurando, verifique o site deste livro (`http://allmycode.com/BeginProg3`) também disponível no site da Editora Alta Books (procure pelo título do livro) ou envie um e-mail para mim em `BeginProg@allmycode.com`.

Se Você Não Gosta de Ler Instruções...

Começo este capítulo com uma visão geral muito pequena (mas útil) das etapas requeridas para obter o software necessário. Se você for experiente na instalação de software e se seu computador não for muito específico, provavelmente essas etapas servirão bem. Se não, você poderá ler as instruções mais detalhadas nas próximas seções.

Eis como você obtém o software para criar os programas Java:

1. **Visite** `http://allmycode.com/BeginProg3` **e faça download de um arquivo contendo todos os exemplos de programa neste livro.**

2. **Visite** `www.oracle.com/technetwork/java/javase/downloads` **e obtenha as versões disponíveis mais recentes do JRE ou do JDK.**

   Se você pretende usar o Eclipse (como descrito neste livro), tanto faz se escolher o JRE ou o JDK. Escolha uma versão do software que combine com seu sistema operacional (Windows, Macintosh ou outro). Se você tiver problemas para escolher entre os softwares de 32 bits e 64 bits, as versões de 32 bits serão as escolhas mais seguras.

   Se você tiver pressa (e quem não tem?), poderá fazer uma visita rápida a `http://java.com`. Esse site oferece uma instalação Java de um clique e que não dá trabalho. (Simplesmente clique em um grande botão Java Download. Não há como errar.) O botão Java Download não funciona em todos os computadores. Mas se funcionar no seu, então com o movimento de uma varinha mágica virtual você terá terminado esta etapa. Você pode evitar as complexidades do site da `oracle.com` e ir imediatamente para a Etapa 3.

3. **Visite** `http://eclipse.org/downloads` **e obtenha o Eclipse IDE.**

   Selecione Eclipse IDE for Java Developers (IDE Eclipse para Desenvolvedores Java). O download resultante será um arquivo de armazenamento compactado (para o Windows, um arquivo `.zip`; para os outros sistemas operacionais, inclusive o Macintosh OS X, um arquivo `.tar.gz`).

4. **Extraia o conteúdo do arquivo compactado Eclipse baixado.**

   O arquivo compactado contém uma pasta chamada `eclipse`. Extraia essa pasta para um local acessível no disco rígido de seu computador. Por exemplo, no meu computador com Windows, tenho uma pasta `C:\eclipse`. Em meu Mac, tenho uma pasta `eclipse` dentro de minha pasta `Applications`.

   No Windows, o espaço em branco no nome `Program Files` confunde alguns softwares Java. Não acho que nenhum software deste livro apresente tal problema, mas não posso garantir. Portanto, se você quiser, extraia o Eclipse para sua pasta `C:\Program Files` ou `C:\Program Files (x86)`. Mas guarde na memória a sua escolha (no caso de ter problemas mais tarde).

5. **Inicialize o Eclipse e clique no ícone Workbench da tela Welcome (Bem-vindo).**

   Os ícones da tela Welcome (Bem-vindo) não têm etiquetas de texto. Mas quando você passa sobre um ícone, aparece uma dica da ferramenta. Selecione o ícone cuja dica tenha o título Workbench.

6. **No Eclipse, importe o código que você baixou na Etapa 1.**

Para obter detalhes sobre isto, veja as próximas seções.

Extensões desagradáveis do nome de arquivo

Os nomes de arquivo exibidos em Meu Computador ou na janela Localizar podem ser equivocados. Você pode navegar um de seus diretórios e ver o nome `Mortgage`. O nome real do arquivo pode ser `Mortgage.java`, `Mortgage.class`,`Mortgage.`*`outraCoisa`* ou o velho `Mortgage` simples. Os términos do nome de arquivo tais como `.zip`, `.java` e `.class` são chamados de *extensões do nome de arquivo*.

A verdade nua e crua é que, por padrão, os Windows e os Macs ocultam muitas extensões do nome de arquivo. Esse recurso terrível tende a confundir os programadores. Portanto, se você não quiser ficar confuso, mude as definições de todo o sistema de seu computador. Eis como fazer:

- **No Windows XP:** Escolha Iniciar ⇨ Painel de Controle ⇨ Aparência e Personalização ⇨ Opções de Pasta. Então vá para **todas as versões do Windows**.
- **No Windows 7:** Escolha Iniciar ⇨ Painel de Controle ⇨ Aparência e Personalização ⇨ Opções de Pasta. Então vá para **todas as versões do Windows**.
- **No Windows 8:** Na tela Iniciar, selecione Painel de Controle ⇨ Mais Definições ⇨ Aparência e Personalização ⇨ Opções de Pasta. Então vá para **todas as versões do Windows**.
- **Em todas as versões do Windows (XP e mais recentes):** Siga as instruções em um dos pontos anteriores. Então, na caixa de diálogo Opções de Pasta, clique na guia Exibir. Procure a opção Ocultar Extensões de Arquivo para Tipos de Arquivo Conhecidos. Certifique-se de que essa caixa de seleção *não* esteja selecionada.
- **No Mac OS X:** No menu do aplicativo Localizar, selecione Preferências. Na caixa de diálogo resultante, selecione a guia Avançado e procure a opção Exibir Todas as Extensões de Arquivo. Certifique-se de que essa caixa de seleção esteja selecionada.
- **No Linux:** As distribuições Linux tendem a não ocultar as extensões do nome de arquivo. Portanto, se você usar o Linux, provavelmente não terá que se preocupar com isso. Mas não verifiquei todas as distribuições Linux. Portanto, se seus arquivos forem nomeados como `Mortgage`, ao invés de `Mortgage.java` ou `Mortgage.class`, verifique a documentação específica de sua distribuição Linux.

Obtendo os Programas de Amostra Deste Livro

Para obter as cópias dos programas de amostra deste livro, visite `http://allmycode.com/BeginProg3` e clique no link para fazer o download dos programas no livro. Salve o arquivo baixado (`BeginProgJavaDummies3.zip`) no disco rígido de seu computador.

DICA

Em alguns casos, você clica no link de download, mas seu navegador não oferece a opção para salvar um arquivo. Se isso acontecer, clique com o botão direito no link (ou pressione Control-clique em um Mac). No menu contextual resultante, selecione Save Target As (Salvar Destino Como), Save Link As (Salvar Link Como), Download Linked File As (Baixar Arquivo com Link Como) ou um item de menu parecido.

A maioria dos navegadores salva os arquivos em um diretório `Downloads` no disco rígido de seu computador. Mas seu navegador pode estar configurado de modo um pouco diferente. De qualquer forma, lembre-se da pasta que contém o arquivo `BeginProgJavaDummies3.zip` baixado.

Arquivos de armazenamento compactados

Quando você visitar `http://allmycode.com/BeginProg3` e baixar os exemplos Java do livro, fará o download de um arquivo chamado `BeginProgJavaDummies3.zip`. Um arquivo `.zip` é um arquivo simples que compacta muitos arquivos e pastas menores. Portanto, por exemplo, meu arquivo `BeginProgJavaDummies3.zip` compacta as pastas chamadas `06-01`, `06-02` etc. A pasta `06-02` contém algumas subpastas, que, por sua vez, contêm arquivos. A pasta chamada `06-02` contém o código na Listagem 6-2 — a segunda listagem no Capítulo 6.

Um arquivo `.zip` é um exemplo de arquivo de *armazenamento compactado*. Alguns outros exemplos de armazenamentos compactados incluem os arquivos `.tar.gz`, arquivos `.rar` e arquivos `.cab`. *Descompactar* um arquivo significa extrair os arquivos originais armazenados dentro do arquivo de armazenamento grande. (Para um arquivo `.zip`, outra palavra para "descompactar" é "unzip".) Normalmente, a descompactação recria a estrutura de pastas codificadas no arquivo de armazenamento. Portanto, depois de descompactar meu arquivo `BeginProgJavaDummies3.zip`, seu disco rígido terá as pastas chamadas `06-01`, `06-02`, com as subpastas chamadas `src` e `bin`, que, por sua vez, contêm os arquivos chamados `SnitSoft.java`, `SnitSoft.class` etc.

Quando você fizer o download de `BeginProgJavaDummies3.zip`, seu navegador poderá descompactar o arquivo automaticamente. Se não, você poderá ver o conteúdo do arquivo `.zip` clicando duas vezes no ícone do arquivo. Na verdade, você pode copiar o conteúdo do arquivo e realizar algumas outras operações depois de clicar duas vezes em seu ícone. De qualquer modo, não se preocupe em descompactar meu arquivo `BeginProgJavaDummies3.zip`. Quando seguir as instruções deste capítulo, importará o conteúdo de meu arquivo `BeginProgJavaDummies3.zip` para o IDE Eclipse. Internamente, o processo de importação do Eclipse descompactará o arquivo `.zip`.

Configurando o Java

Você pode obter as últimas versões do Java visitando `www.oracle.com/technetwork/java/javase/downloads`. Procure a versão disponível mais recente do JRE ou do JDK. Selecione uma versão que seja executada no sistema operacional de seu computador. A Figura 2-1 mostra o clique no botão Download JRE (*mais ou menos* em novembro de 2011) no site `http://oracle.com`.

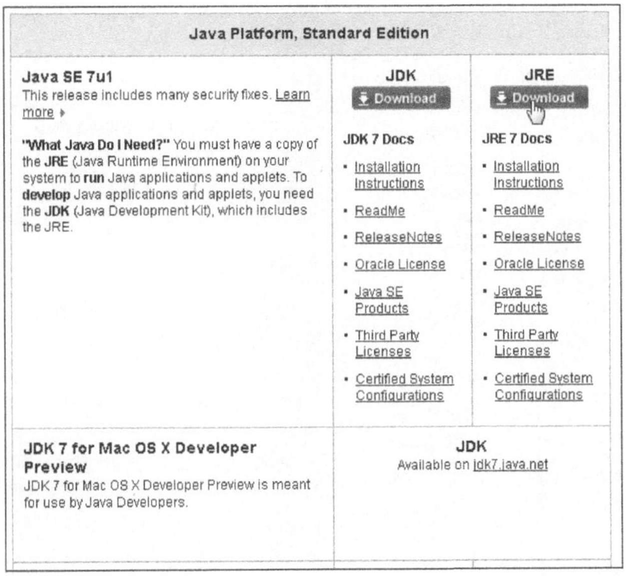

Figura 2-1: Obtendo o JRE Java.

Se você não conseguir identificar a versão Java mais adequada ou se quiser saber o que significam os acrônimos *JRE* e *JDK*, veja a seção complementar intitulada "Uni, duni, tê".

Depois de aceitar um acordo de licença e clicar em um arquivo de instalação Java, seu computador fará uma das duas coisas:

- **Fará o download e instalará o Java em seu sistema.**
- **Fará o download do arquivo de instalação Java e salvará o arquivo no disco rígido de seu computador.**

Uni, duni, tê

A página de download Java Standard Edition (`www.oracle.com/technetwork/java/javase/downloads`) tem muitas opções. Se você não estiver familiarizado com essas opções, a página poderá ser intimidadora. Eis algumas opções na página:

- **Comprimento da palavra: 32 bits ou 64 bits**

  Você pode ter que escolher entre os links identificados para os sistemas de 32 bits e links para os sistemas de 64 bits. Se não souber qual escolher, comece tentando a versão com 32 bits. (Para obter mais informações sobre os sistemas de 32 bits e 64 bits, veja a seção complementar: "Quantos bits seu computador tem?".)

- **Número da versão Java**

  A página de download Java pode ter versões Java mais antigas e mais novas para você escolher. Você pode ver links para Java SE 6, Java SE 7, Java SE 7u4 e muitos outros. (A numeração 7u4 significa a quarta atualização do Java 7.) Se você não estiver certo sobre qual número de versão deseja, escolher o número de versão mais alto provavelmente é o mais seguro. A maioria dos exemplos deste livro é executada em um computador com o Java 5 instalado. Alguns exemplos são executados apenas no Java 7 ou superior.

  A numeração das versões do Java é realmente confusa. Primeiro vem o Java 1.0, então Java 1.1, depois Java 2 Standard Edition 1.2 (J2SE 1.2). Sim, a numeração "Java 2" se sobrepõe parcialmente com a numeração "1.x". Em seguida vem as versões 1.3 e 1.4. Após a versão 1.4.1 vem a 1.4.2 (com paradas intermediárias em versões, tais como 1.4.1_02). Depois de 1.4.2_06, a próxima versão é 1.5, que também é conhecida como 5.0. (Não é um erro de impressão. A versão 5.0 vem imediatamente após as versões 1.4.)

  O nome formal da versão 1.5 é "Java 2 Platform, Standard Edition 5.0". E para tornar tudo ainda pior, o próximo grande lançamento é "Java Platform, Standard Edition 6", com o "2" removido do "Java 2" e sem o "0" em "6.0". É isso que acontece quando uma empresa permite que as pessoas do marketing tomem as decisões.

  Felizmente, do Java 6 em diante, os números de versão seguem um padrão previsível. Depois do Java 6 vem o "Java Platform, Standard Edition 7", com atualizações, tal como "7u4" (significando "Java 7, update [atualização] 4").

- **JDK versus JRE**

  A página de download oferece uma escolha entre o JDK (Kit de Desenvolvimento Java) e o JRE (Ambiente de Tempo de Execução Java). O download JDK contém mais coisas que o JRE. O JRE inclui uma máquina virtual Java e a Interface de Programação do Aplicativo (veja o Capítulo 1). O JDK inclui tudo no JRE e, além disso, um compilador Java.

  Você pode fazer o download do JDK, mas recomendo o do JRE. É menor e o IDE do Eclipse contém seu próprio compilador Java. Portanto, quando você obtiver o JRE e o Eclipse (segundo as instruções deste capítulo), terá tudo o que é necessário para escrever seus próprios programas Java.

  A propósito, outro nome para JDK é *Java SDK (Java Software Development Kit) – Kit de Desenvolvimento de Software Java*. Algumas pessoas ainda usam o acrônimo SDK, mesmo que na Oracle ele não seja mais utilizado. (Na verdade, o nome original era JDK. Mais tarde, a Sun Microsystems mudou para SDK. Alguns anos depois, os comandantes do Java mudaram novamente para JDK. Essa nomeação e renomeação constantes me deixam louco como autor.)

- **Java SE versus Java EE versus Java ME**

  Enquanto você olha por aí, pode ter notado os links Java EE ou Java ME. Se você sabe o que são e sabe que precisa deles, então, sem dúvida, faça o download desses produtos. Mas, se não estiver certo, então evite os links Java EE e Java ME. Ao contrário, siga os links para o Java SE (Java Standard Edition).

  A abreviação Java EE significa Java Enterprise Edition e Java ME significa Java Micro Edition. A Enterprise Edition tem software para grandes negócios e a Micro Edition tem software para dispositivos móveis. (O software Android do Google mostra uma breve semelhança com a Micro Edition do Java, mas em muitos aspectos o Android e o Java ME são bem diferentes.)

  Você não precisa do Java EE ou do Java ME para executar nenhum exemplo neste livro.

- **Software adicional relacionado ao Java**

  Você pode fazer o download do Java apenas ou o do Java com o IDE NetBeans da Oracle. Pode fazer o download do JavaFX — uma plataforma poderosa para criar jogos e aplicativos. Provavelmente, poderá até fazer o download do Java com fritas e refrigerante. Você pode fazer o download de muitos recursos extras, mas, de fato, tudo de que precisa é do Java JRE.

- **Tipo de instalação**

  Você pode ser solicitado a escolher entre a instalação online e a instalação offline.

  Com a instalação offline, você começa fazendo o download de um grande arquivo de configuração. O arquivo ocupará muito espaço em seu disco rígido (entre 10 MB e 150 MB, dependendo do que você escolher baixar). Se você precisar instalar o JDK novamente, terá o arquivo em seu próprio computador. Até que você atualize sua versão do JDK, não precisará fazer o download deste novamente.

  Por que alguém desejaria instalar a mesma versão do JDK uma segunda vez? Em geral, tenho dois motivos. Desejo instalar o software em um segundo computador ou baguncei algo e tenho que desinstalar (e depois reinstalar) o software.

  Com a instalação online, você não faz o download de um grande arquivo de instalação. Ao contrário, faz o download de um arquivo de configuração muito pequeno. Então fará o download de partes do grande arquivo de 10 a 150 MB quando precisar. Os arquivos de instalação baixados são automaticamente descartados após o uso. Usar a instalação online economiza muitos megabytes de espaço no disco rígido. Mas, se você quiser instalar a mesma versão do JDK uma segunda vez, terá que refazer todo o processo de navegar/clicar/fazer download.

Se a instalação iniciar sozinha, então siga as instruções, responda "Sim" a qualquer solicitação e (a menos que tenha um bom motivo para fazer o contrário) aceite os padrões. Se a instalação não começar sozinha, inicie clicando duas vezes no arquivo de instalação baixado.

- **No Windows:** Aceite os padrões oferecidos pelo assistente de instalação.
- **Em um Mac:** Uma janela solicita que você arraste o arquivo JDK para uma pasta `JavaVirtualMachines`. Antes de poder arrastar qualquer coisa para essa pasta, você poderá ter que redigitar a senha de seu computador.

- **Com um arquivo .rpm Linux:** Aceite os padrões oferecidos pelo assistente de instalação.
- **Com um arquivo `.tar.gz` Linux:** Um arquivo `.tar.gz` é um arquivo de armazenamento compactado. Extraia o conteúdo do arquivo para uma pasta escolhida. Para obter mais informações sobre os nomes de arquivo e os tipos, veja as seções complementares intituladas "Extensões desagradáveis do nome de arquivo" e "Arquivos de armazenamento compactados" neste capítulo.

A maioria das pessoas não tem dificuldade em visitar `http://oracle.com` e instalar o Java usando os menus do site. Mas se sua situação for mais "interessante" do que a da maioria, poderá ter que tomar algumas decisões e realizar algumas etapas extras. As próximas seções descreverão alguns desses cenários "interessantes".

Quantos bits seu computador tem?

Quando você seguir as instruções deste capítulo, poderá ser solicitado a escolher entre duas versões de um software — a versão com 32 bits e a com 64 bits. Qual é a diferença e por que é importante?

Um *bit* é a menor parte de informação que você pode armazenar em um computador. A maioria das pessoas acha que um bit é zero ou um, e essa descrição do "bit" é bem útil. Para representar praticamente qualquer número, você empilha vários bits, uns próximos aos outros, e faz algumas coisas especiais com as potências de dois. Os detalhes do sistema de numeração não são o principal para nós. O importante a lembrar é que cada parte do circuito dentro de seu computador armazena o mesmo número de bits. (Bem, alguns circuitos dentro de seu computador são estranhos com seus próprios números particulares de bits, mas isso não é um problema.)

Em um computador mais antigo, cada parte do circuito armazena 32 bits. Em um computador mais novo, cada parte do circuito armazena 64 bits. Esse número de bits (32 ou 64) é o *comprimento da palavra* do computador. Em um computador mais novo, uma palavra tem 64 bits de comprimento.

"Ótimo!", você diz. "Comprei meu computador na semana passada. Ele deve ser um computador com 64 bits." Bem, pode não ser tão simples. Além do circuito do seu computador ter um comprimento da palavra, o sistema operacional também tem um comprimento de palavra. As instruções de um sistema operacional funcionam com determinado número de bits. Um sistema operacional com instruções de 32 bits pode ser executado em computadores com 32 ou 64 bits, mas um sistema operacional com instruções de 64 bits pode ser executado apenas em um computador com 64 bits. E para complicar ainda mais, cada programa executado (navegador web, processador de texto ou um de seus próprios programas Java) é um programa com 32 ou 64 bits. Você pode executar um navegador web de 32 bits em um sistema operacional de 64 bits executado em um computador de 64 bits. Como alternativa, você pode executar um navegador de 32 bits em um sistema operacional de 32 bits em um computador de 64 bits. (Veja a figura que vem com a seção complementar).

Quando um site web o faz escolher entre as versões de software de 32 ou 64 bits, a principal consideração é o comprimento da palavra de seu sistema operacional, não o comprimento da palavra do circuito de seu computador. Você pode executar um processador de texto de 32 bits em um sistema operacional com 64 bits, mas não pode executar um processador de texto de 64 bits em um sistema operacional de 32 bits (não importa o comprimento da palavra que o circuito de seu computador tenha). Escolher um software de 64 bits tem grande vantagem — ou seja, esse software de 64 bits pode acessar mais de 3 gigabytes de memória de acesso aleatório rápida de um computador. E, em minha experiência, mais memória significa processamento mais rápido.

Como todo esse papo sobre os comprimentos da palavra afeta seus downloads Java e Eclipse? Eis a história:

- Se você executar um sistema operacional de 32 bits, executará apenas o software de 32 bits.
- Se executar um sistema operacional de 64 bits, provavelmente executará algum software de 32 bits e algum software de 64 bits. A maioria dos softwares de 32 bits é bem executada em um sistema operacional de 64 bits.
- Em um sistema operacional de 64 bits, você pode ter duas versões do mesmo programa. Por exemplo, em meu computador Windows, tenho duas versões do Internet Explorer — uma versão de 32 bits e outra versão de 64 bits.

  Normalmente o Windows coloca os programas de 32 bits em seu diretório `Program Files (x86)` e coloca os programas de 64 bits em seu diretório `Program Files`.
- Uma cadeia de comprimentos da palavra é tão forte quanto seu elo mais fraco. Por exemplo, quando visito `java.com` e clico no link *Do I have Java?* (Tenho o Java?) do site, a resposta obtida depende da combinação entre a versão Java de meu computador e o navegador web que estou executando.

  Com apenas o Java de 64 bits instalado em meu computador, o link *Do I have Java?* em meu navegador Firefox de 32 bits responde: *No working Java was detected on your system* (Nenhum Java funcional foi detectado em seu sistema.). Mas, o mesmo link em meu Internet Explorer de 64 bits responde: *You have the recommended Java installed* (Você tem o Java recomendado instalado).
- Eis o mais importante a lembrar sobre os comprimentos da palavra: quando você seguir as instruções deste capítulo, terá o software Java e o Eclipse em seu computador. O comprimento da palavra de seu software Java deve coincidir com o comprimento da palavra de seu software Eclipse. Em outras palavras, o Eclipse de 32 bits é executado com o Java de 32 bits, e o Eclipse de 64 bits é executado com o Java de 64 bits. Não tentei todas as combinações possíveis, mas quando tento executar o Eclipse de 32 bits com o Java de 64 bits, vejo a mensagem de erro "Nenhuma máquina virtual Java foi encontrada".

Se você deseja evitar a instalação do Java...

O Capítulo 1 descreve o ecossistema Java com seu compilador, máquina virtual e outras partes. Seu computador já pode ter alguns desses dispositivos Java. Se tiver, você poderá conviver com o que já tem ou adicionar a versão mais recente do Java para qualquer coisa já existente em seu sistema. Para descobrir o que você já tem e possivelmente evitar uma reinstalação Java, continue lendo:

No Windows

Selecione Start (Iniciar) ⇨ Control Panel (Painel de Controle) ⇨ Program (Programas) ⇨ Programs and Features (Programas e Recursos) e procure

Java na lista de programas instalados (veja Figura 2-2). Se você vir o Java 7 ou superior, tudo bem. Se os únicos números da versão Java que você vir forem menores que 7 (tais como, 1.4.2, 5.0 ou 6), então seu computador tem uma versão que não executa todos os programas deste livro.

DICA

Se o número da versão for 5.0 ou superior, você poderá executar vários (mas não todos) programas deste livro.

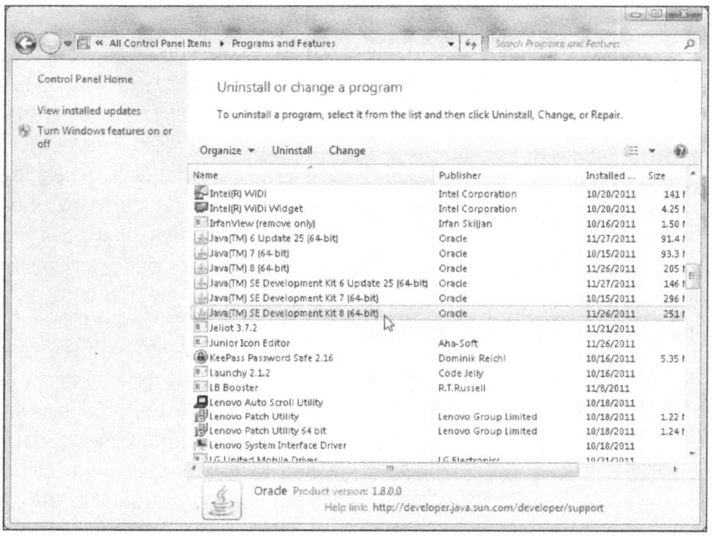

Figura 2-2: A caixa de diálogo Programas e Recursos no Windows 7.

Em um Mac

A Tabela 2-1 descreve a correspondência entre as versões Mac OS atualizadas e as versões Java.

Tabela 2-1 Versões Mac OS X e Java

Se você tiver esta versão do Mac OS X...	*Então você tem esta versão do Java...*	*E pode executar esta versão Java*
OS X 10.4 (Tiger)	Java 5.0	Java 5.0
OS X 10.5 (Leopard) PowerPC e/ou 32 bits	Java 5.0	Java 5.0
OS X 10.5 (Leopard) baseado no Intel e 64 bits	Java 6	Java 6
OS X 10.6 (Snow Leopard) 32 bits	Java 6	Java 6
OS X 10.6 (Snow Leopard) 64 bits	Java 6	Java 7
OS X 10.7 (Lion)	Java 6	Java 7

Tiger, Leopard e Snow Leopard têm o Java pré-instalado. Se você aplicar as atualizações do software quando for solicitado, terá qualquer versão do Java encontrada na Tabela 2-1. O Java não está pré-instalado no Lion. Ao invés disso, o sistema instala automaticamente o Java 6 na primeira vez em que você inicializa um aplicativo que requer o Java.

Para descobrir qual versão do OS X você está executando, faça o seguinte:

1. **Escolha Apple ⇨ About This Mac (Sobre Este Mac).**

2. **Na caixa de diálogo About This Mac que aparece, procure a palavra *Version* (Versão).**

   Você verá a Versão 10.6.4 (ou algo assim) em um texto cinza bem claro.

Se você não aplica regularmente as atualizações do software, selecione Software Update (Atualização do Software) no menu Apple. Na caixa de diálogo Software Update resultante, clique no botão Show Details (Mostrar Detalhes). Então selecione os itens com a palavra *Java* (veja Figura 2-3). Se você suspeitar que um item se relaciona ao Java, mas não tiver certeza, poderá destacar o item para ver a descrição detalhada dele. Em qualquer caso, você pode selecionar mais itens do que precisa, inclusive aqueles sem nenhuma relação com o Java. Depois de fazer suas seleções, clique no botão Install (Instalar).

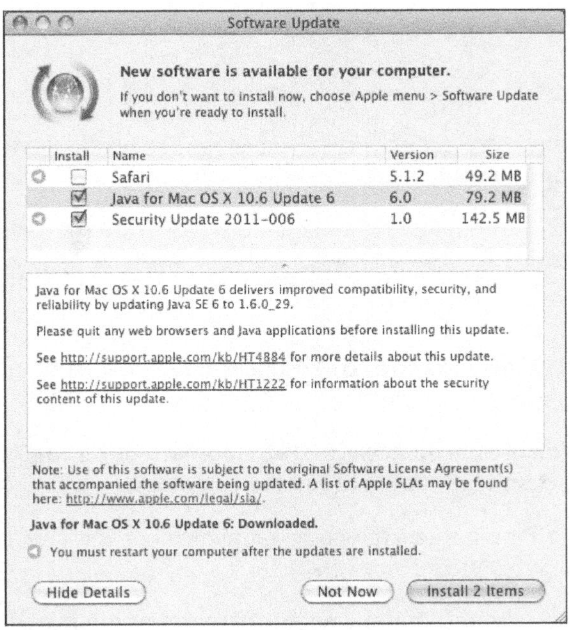

Figura 2-3: Atualizando o Java e outros softwares importantes.

Em todo lugar na web, vejo artigos descrevendo maneiras de instalar o Java 5.0 no OS X 10.3 e outras maneiras de evitar as restrições na Tabela 2-1. Mas se você não gosta de consertar, essas soluções não serão para você. (Para toda exigência de hardware ou software, alguém tenta criar uma solução ou um *acesso ilegal*. De qualquer modo, aplique esses acessos ilegais por sua conta e risco.)

Se você não confia na Tabela 2-1 (e, francamente, você não deve confiar em tudo que vê impresso), poderá realizar testes em seu computador para descobrir a presença do Java e (se seu Mac tiver o Java) o número da versão Java. Eis um dos testes:

1. **No campo de pesquisa do Spotlight, digite Java Preferences** (Preferências Java).
2. **Quando o Acesso Superior do Spotlight for Java Preferences, pressione Enter.**

   A janela Java Preferences aparecerá (veja Figura 2-4).

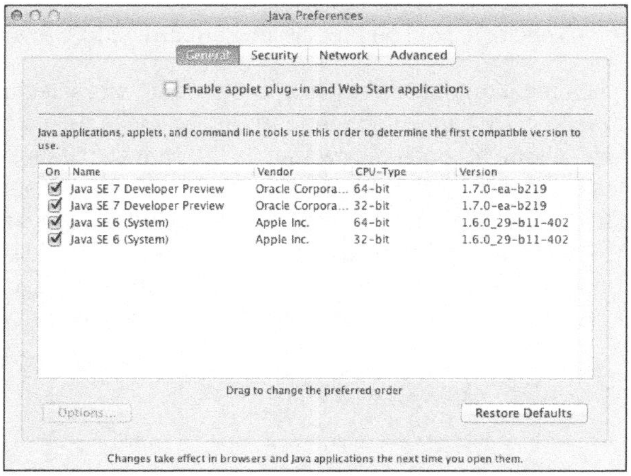

Figura 2-4: O aplicativo Java Preferences.

3. **A janela Java Preferences lista todas as versões do Java instaladas em seu computador.**

   Na Figura 2-4, o computador tem quatro versões do Java — as versões de 32 e 64 bits do Java 6 e do Java 7.

No Linux

Para verificar sua instalação Java (ou ausência dela) em um computador Linux, faça o seguinte:

1. **Percorra os menus da área de trabalho para obter algo chamado Terminal (também conhecido como Konsole).**

   Uma janela Terminal será aberta (geralmente com texto branco em um segundo plano preto ou vice-versa).

2. **Na janela Terminal, digite o seguinte texto, então pressione Enter:** java-version.

   Em meu computador Linux, a janela Terminal responde com o seguinte texto:

```
java version 1.7.0_1
```

Se seu computador responder com o número 1.7.0 ou superior, então você poderá abrir a champanhe e esperar por bons momentos de execução dos exemplos deste livro. Se o número da versão for 1.5 ou superior, então você poderá executar muitos, mas não todos, os exemplos deste livro. Se seu computador responder com algo como `command not found` (comando não encontrado), então, muito provavelmente, o Java não está instalado em seu computador.

Se você está manipulando as versões do Java em seu computador...

Tive sorte e azar ao instalar as novas versões do Java sobre as versões antigas. Se você puder preparar seu computador desinstalando as versões Java existentes, poderá evitar alguns problemas a longo prazo. Por outro lado, se desinstalar o software deixa-o nervoso, provavelmente poderá conviver com diversas versões Java em um computador. (Como autor de livros Java, mantenho diversas versões do Java em meu computador e raramente tenho problemas com elas. Criei a Figura 2-2 em um dia típico com meu computador Windows 7.)

Se você acha que as versões instaladas anteriormente do Java estão dando problemas, os próximos parágrafos descreverão alguns truques de desinstalação.

Desinstalando as antigas versões Java no Windows XP

Selecione Iniciar ⇨ Painel de Controle ⇨ Adicionar ou Remover Programas. Então, na caixa de diálogo Adicionar ou Remover Programas, procure as entradas cujos nomes começam com a palavra *Java*. (Geralmente essas entradas têm nomes como *Java 6* ou *Java SE Development Kit 6*.)

Quando você destacar uma dessas entradas, o Windows exibirá um botão Remover (veja Figura 2-5). Clique no botão Remover e responda às solicitações resultantes.

Desinstalando as antigas versões Java no Windows 7

Selecione Iniciar ⇨ Painel de Controle ⇨ Desinstalar um Programa. Na lista resultante de programas instalados, procure as entradas cujos nomes começam com a palavra *Java*. (Geralmente essas entradas têm nomes como *Java 6* ou *Java SE Development Kit 6*.)

Quando você clicar com o botão direito em uma dessas entradas, o Windows exibirá um pequeno menu contextual (veja Figura 2-6). Selecione a opção Desinstalar no menu contextual e então responda às solicitações resultantes.

Desinstalando as antigas versões Java no Windows 8

Na tela Iniciar, selecione Control Panel (Painel de Controle) ⇨ More Settings (Mais Definições) ⇨ Uninstall a Program (Desinstalar um Programa). Como resultado, o Windows exibirá uma lista de programas instalados. Desse ponto em diante, as etapas para desinstalar um programa serão iguais às do Windows 7.

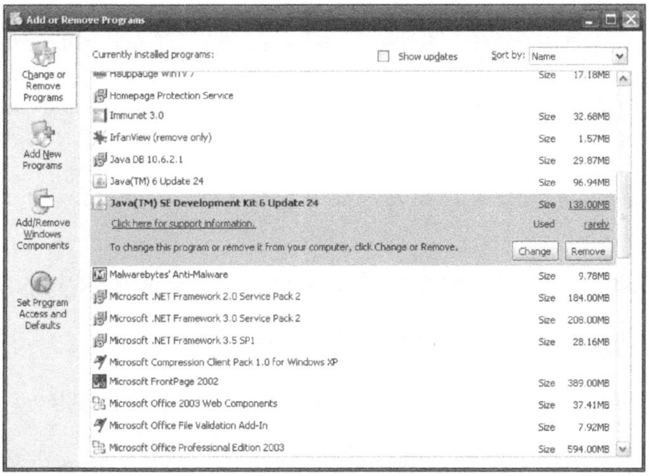

Figura 2-5: Desinstalando o software no Windows XP.

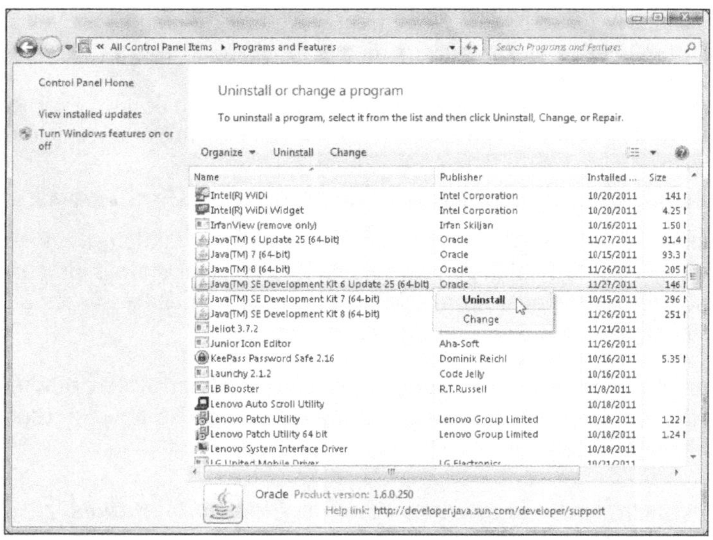

Figura 2-6: Desinstalando o software no Windows 7.

Priorizando as versões Java em um Mac

A Apple não facilita a desinstalação das antigas versões Java. Mas você pode gerenciar as versões instaladas do Java executando o aplicativo Java Preferences (Preferências do Java) do Mac. Eis o que você fará:

1. **No campo de pesquisa do Spotlight, digite Java Preferences.**
2. **Quando o acesso superior do Spotlight for Java Preferences, pressione Enter.**

   A janela Java Preferences aparecerá (consulte a Figura 2-4).

3. **Na lista Java Applications (Aplicativos Java), arraste sua versão do Java favorita (de preferência Java 7 ou posterior) para o início da lista.**

4. **Feche o aplicativo Java Preferences.**

Desinstalando as antigas versões do Java no Linux

Desculpe-me, mas existem muitas distribuições Linux para listar todas as possibilidades. Para desinstalar o software no Linux, verifique a documentação específica de sua distribuição Linux.

Configurando o Ambiente de Desenvolvimento Integrado Eclipse

Nas seções anteriores você obteve todas as ferramentas que seu *computador* precisa para processar os programas Java. Esta seção é diferente. Nela você obterá a ferramenta necessária para criar e testar seus programas Java. Estou falando do Eclipse — um ambiente de desenvolvimento integrado para o Java.

Um *ambiente de desenvolvimento integrado* (*integrated development environment* — IDE) é um programa que fornece as ferramentas para ajudá-lo a criar o software com facilidade e eficiência. Você pode criar programas Java sem um IDE, mas o tempo e o esforço economizados usando um IDE valem a pena. (Alguns programadores muito resistentes discordam de mim, mas isso é outra história.)

De acordo com o site da Eclipse Foundation, o *Eclipse* é uma "plataforma da ferramenta universal — um IDE extensível e aberto para qualquer coisa em particular". Na verdade, o Eclipse é versátil. Geralmente os programadores consideram o Eclipse como um IDE para desenvolver programas Java, mas ele tem ferramentas para programar em C++, PHP e em muitas outras linguagens. Já vi variações do Eclipse que não têm nenhuma relação com o desenvolvimento de programas (tal produto é o *Lively Browser* — um navegador web cujas guias são construídas a partir dos componentes Eclipse).

Fazendo o download do Eclipse

Eis como fazer o download do Eclipse:

1. **Visite** `www.eclipse.org`.

2. **Procure um modo de fazer o download do Eclipse para seu sistema operacional.**

   Hoje eu visito o `www.eclipse.org` e vejo um grande botão exibindo as palavras Get Started Now... Download Eclipse (Comece Agora... a Fazer o Download do Eclipse) (veja Figura 2-7). Amanhã, quem sabe o que verei neste site sempre dinâmico!

Figura 2-7: A home page do eclipse.org.

Depois de clicar no botão Download Eclipse, vejo uma lista de downloads para o sistema operacional de meu computador (veja Figura 2-8).

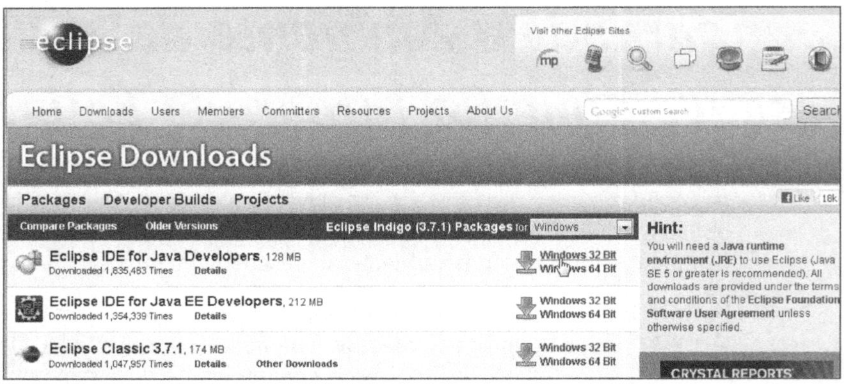

Figura 2-8: O eclipse.org lista os downloads para o Windows.

DICA

A página de download direciona-o para as versões do Eclipse que são específicas do sistema operacional de seu computador. Por exemplo, se você visitar a página em um computador Windows, ela mostrará os downloads para o Windows apenas. Se estiver fazendo o download do Eclipse para usar em outro computador, poderá querer anular a escolha automática do sistema operacional. Procure uma pequena lista suspensa contendo o nome do sistema operacional de seu computador. Você poderá mudar o sistema operacional selecionado nessa lista suspensa.

3. **Escolha um pacote Eclipse entre os pacotes disponíveis.**

   Independentemente do seu sistema operacional, o Eclipse tem muitas formas, tamanhos e cores. O site do Eclipse oferece o IDE Eclipse for Java Developers, Eclipse IDE for Java EE Developers, Eclipse Classic e muitos outros downloads especializados (veja Figura 2-8). Geralmente seleciono Eclipse IDE for Java Developers, e recomendo que você faça o mesmo.

4. **Escolha entre as versões de 32 bits e 64 bits do Eclipse.**

   Se souber qual versão Java você tem (32 bits ou 64 bits), faça o download da versão Eclipse correspondente. Se não souber, faça o download da versão de

64 bits do Eclipse e tente inicializá-la. Se você inicializar o Eclipse de 64 bits, tudo bem. Mas se vir a mensagem de erro: "`No Java virtual machine was found`" (Nenhuma máquina virtual Java foi encontrada.), tente fazer o download e inicializar a versão de 32 bits do Eclipse.

Para obter informações completas sobre os comprimentos da palavra com 32 e 64 bits, veja a seção complementar "Quantos bits seu computador tem?" neste capítulo.

5. **Siga os devidos links para iniciar o download.**

   Os links seguidos dependem de qual dos muitos sites de espelho do Eclipse está oferecendo seu download. Simplesmente percorra as possibilidades e continue o download.

Instalando o Eclipse

Como você instala o Eclipse depende do sistema operacional e do tipo de arquivo que você obtém quando faz o download do Eclipse. Eis um pequeno resumo:

- **Se você executa o Windows e o download é um arquivo `.exe`:**

  Clique duas vezes no ícone do arquivo `.exe`.

- **Se você executa o Windows e o download é um arquivo `.zip`:**

  Extraia o conteúdo do arquivo para o diretório escolhido.

  Em outras palavras, encontre o ícone do arquivo `.zip` no Windows Explorer. Então clique duas vezes no ícone do arquivo `.zip` (como resultado, o Windows Explorer exibirá o conteúdo do arquivo `.zip`, que consiste em apenas uma pasta — uma pasta chamada `eclipse`). Arraste a pasta para um local conveniente no disco rígido de seu computador.

  Para obter mais informações sobre os arquivos `.zip`, veja a seção complementar "Arquivos de armazenamento compactados" neste capítulo.

  Meu local favorito para arrastar a pasta `eclipse` é diretamente para a unidade `C:`. Portanto, minha unidade `C:` tem pastas chamadas `Program Files`, `Windows`, `eclipse` e outras. Evito que a pasta `eclipse` seja uma subpasta de `Program Files` porque de tempos em tempos tive problemas ao lidar com o espaço em branco no nome `Program Files`.

- **Se você executa o Mac OS X:**

  Se você fizer o download de um arquivo `.tar.gz`, encontre o arquivo em sua pasta Downloads e clique duas vezes nele. Clicar duas vezes no arquivo deverá extrair seu conteúdo. Depois da extração, sua pasta Downloads conterá uma nova pasta `eclipse`. Arraste essa nova pasta `eclipse` para sua pasta `Applications` e terá terminado.

Se você fizer o download de um arquivo `.dmg`, seu navegador poderá abrir o arquivo para você. Se não abrir, encontre o arquivo `.dmg` em sua pasta Downloads e clique duas vezes nele. Siga qualquer instrução que aparecer depois de clicar duas vezes. Se você tiver que arrastar o Eclipse para sua pasta Applications, faça isso.

- **Se você executa o Linux:**

  Você pode obter um arquivo `.tar.gz`, mas há a possibilidade de que obterá um arquivo `.bin` de autoextração. Extraia o arquivo `.tar.gz` para seu diretório favorito ou execute o arquivo `.bin` de autoextração.

Executando o Eclipse pela primeira vez

Na primeira vez em que você inicializar o Eclipse, executará algumas etapas extras. Para executar o Eclipse, faça o seguinte:

1. **Inicialize o Eclipse.**

   No Windows, o menu Iniciar pode não ter um ícone Eclipse. Neste caso, procure no Windows Explorer pela pasta que contenha seus arquivos Eclipse extraídos. Clique duas vezes no ícone que representa o arquivo `eclipse.exe` (se você vir um arquivo `eclipse`, mas não vir um arquivo `eclipse.exe`, verifique a seção complementar "Extensões desagradáveis do nome de arquivo" neste capítulo).

   Em um Mac, vá para Spotlight e digite `Eclipse` no campo de pesquisa. Quando *Eclipse* aparecer como o acesso superior na lista do Spotlight, pressione Enter.

   Quando você inicializar o Eclipse, verá uma caixa de diálogo Workspace Launcher (Inicialização do Espaço de Trabalho) (veja Figura 2-9). A caixa de diálogo pergunta onde, no disco rígido de seu computador, você deseja armazenar o código que criará usando o Eclipse.

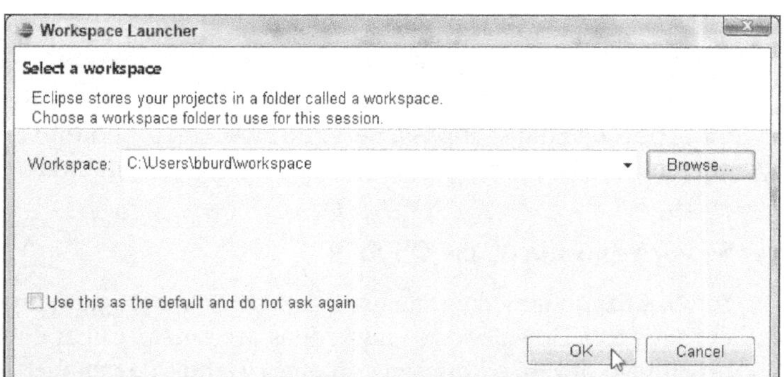

Figura 2-9: O Workspace Launcher do Eclipse.

2. **Na caixa de diálogo Workspace Launcher, clique em OK para aceitar o padrão (ou não aceite o padrão).**

   De qualquer modo, não tem importância!

Como esta é sua primeira vez usando um determinado espaço de trabalho Eclipse, o Eclipse iniciará com uma tela Welcome (Bem-vindo) (veja Figura 2-10). Segundo a tradição, a maioria das telas Welcome do Eclipse tem exibido ícones com pouco ou nenhum texto útil.

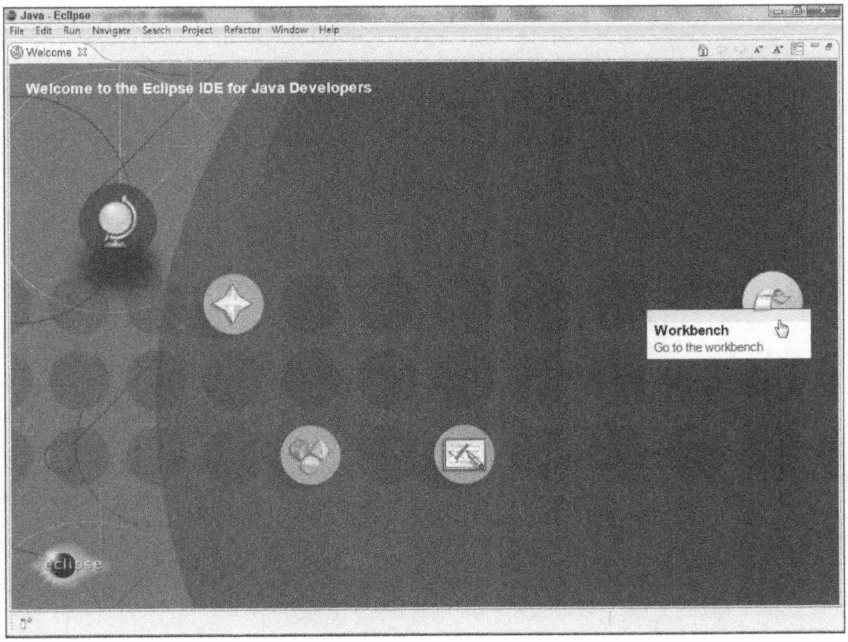

Figura 2-10: A tela Welcome do Eclipse.

3. **Passe sobre os ícones na tela Welcome do Eclipse até encontrar um ícone cuja dica da ferramenta contenha a palavra Workbench.**

4. **Clique no ícone Workbench para abrir a tela principal do Eclipse.**

   Uma exibição da tela principal, depois de abrir o Eclipse com um espaço de trabalho novinho, é mostrada na Figura 2-11.

Configurando o Java no Eclipse

Normalmente, o Eclipse procura instalações Java em seu computador e seleciona uma versão instalada para usar na execução dos programas . Seu computador pode ter mais de uma versão do Java, portanto, você pode querer verificar com cuidado a escolha da versão Java do Eclipse. As seguintes etapas mostram como:

1. **No Windows ou no Linux: No menu principal do Eclipse, selecione Window (Janela) ⇨ Preferences (Preferências). Em um Mac: no menu principal do Eclipse, selecione Eclipse ⇨ Preferences.**

   Como resultado, a caixa de diálogo Preferences do Eclipse aparecerá. (Você pode acompanhar com a Figura 2-12.)

2. **Na árvore à esquerda da caixa de diálogo Preferences, expanda a seção Java.**

3. **Na seção Java, selecione a subseção Installed JREs (JREs Instalados).**

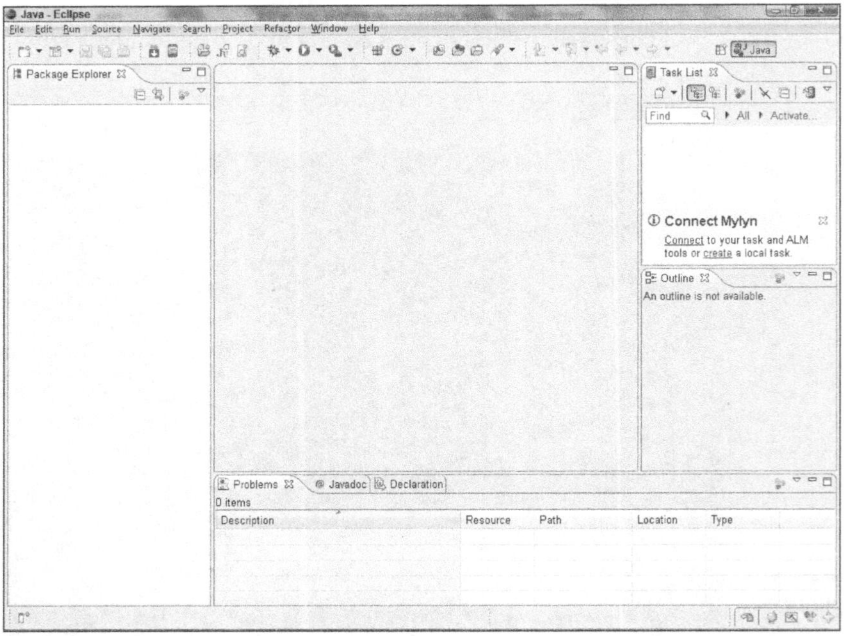

Figura 2-11: O workbench Eclipse com um espaço de trabalho novinho.

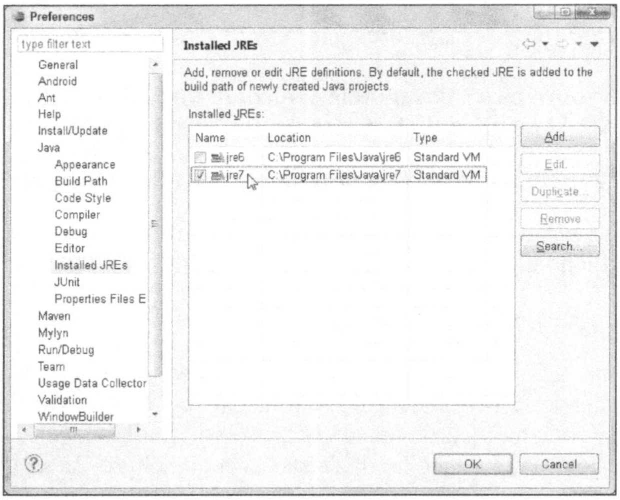

Figura 2-12: A caixa de diálogo Preferences do Eclipse.

4. **Veja a lista de versões Java (Installed JREs) no corpo principal da caixa de diálogo Preferences.**

   Na lista, cada versão do Java tem uma caixa de seleção. O Eclipse usa a versão cuja caixa está marcada. Se a versão marcada não for a sua preferida (por exemplo, se a versão marcada não for a versão 7 ou superior), então você terá que fazer algumas alterações.

5. **Se sua versão preferida do Java aparecer na lista Installed JREs, coloque uma marca de verificação na caixa de seleção dessa versão.**

6. **Se sua versão preferida do Java não aparecer na lista Installed JREs, clique no botão Add (Adicionar).**

   Quando você clicar no botão Add, uma caixa de diálogo JRE Type (Tipo JRE) aparecerá (veja Figura 2-13).

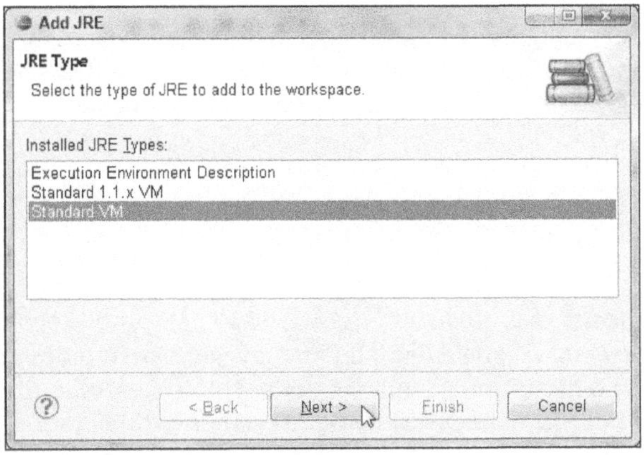

Figura 2-13: A caixa de diálogo JRE Type.

7. **Na caixa de diálogo JRE Type, clique duas vezes em Standard VM (VM Padrão).**

   Como resultado, uma caixa de diálogo JRE Definition (Definição do JRE) aparecerá (veja Figura 2-14). O que você fará em seguida depende de algumas coisas diferentes.

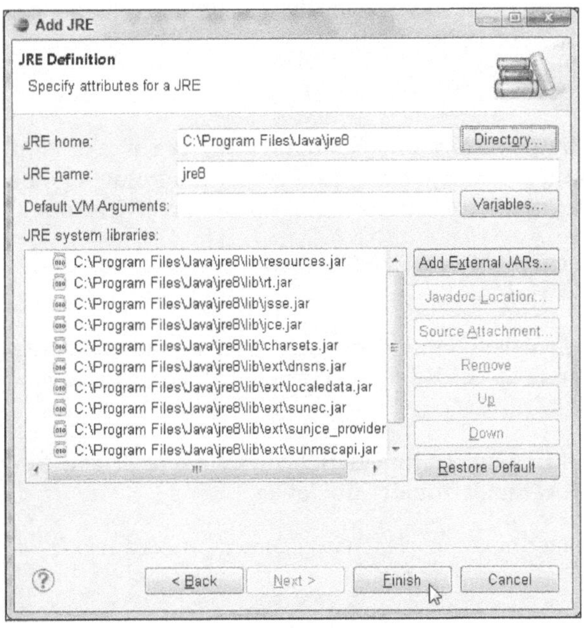

Figura 2-14: A caixa de diálogo JRE Definition (depois de você ter seguido as Etapas 8 e 9).

8. **Preencha o campo JRE Home da caixa de diálogo.**

   Como você faz isto depende de seu sistema operacional.

   - No Windows, navegue para o diretório no qual você instalou sua versão Java preferida. Em muitos computadores Windows, esse diretório é `C:\Program Files\Java\jre7`, `C:\Program Files\Java\jdk1.7.0`, `C:\Program Files (x86)\Java\jre8` ou algo parecido.
   - Em um Mac, use o Finder (Localizar) para navegar para o diretório no qual você instalou sua versão Java preferida. Digite o nome do diretório no campo JRE Home da caixa de diálogo.

     Meu Mac tem um diretório Java chamado `/System/Library/Java/Java Virtual Machines/1.6.0jdk/Contents/Home` e outro chamado `/Library/Java/JavaVirtualMachines/JDK 1.7.0 Developer Preview.jdk/Contents/Home`.

     Diretórios, tais como `/System` e `/Library`, normalmente não aparecem na janela Finder. Para navegar para um desses diretórios (para o diretório `/Library`, por exemplo), escolha Go (Ir) ⇨ Go to Folder (Ir para Pasta) na barra de menus do Finder. Na caixa de diálogo resultante, digite `/Library`, então pressione Go.

     Quando você navegar para o diretório que contém sua versão Java preferida, poderá encontrar um ícone `JDK 1.7.0 Developer Preview.jdk` ou algum outro item cuja extensão é `.Jdk`. Para ver o conteúdo desse item, pressione Control-clique no ícone dos itens, então selecione Show Package Contents (Mostrar Conteúdo do Pacote).

   - No Linux, navegue para o diretório no qual você instalou sua versão Java preferida. Em caso de dúvida, procure um diretório cujo nome inicia com `jre` ou `jdk`.

   Você pode ter mais uma coisa a fazer na caixa de diálogo JRE Definition.

9. **Veja o campo JRE Name (Nome do JRE) na caixa de diálogo JRE Definition; se o Eclipse não preencheu um nome automaticamente, digite um nome (qualquer texto) no campo JRE Name.**

10. **Feche a caixa de diálogo JRE Definition clicando em Finish (Terminar).**

    A caixa de diálogo Preferences do Eclipse retornará para o primeiro plano. A lista Installed JREs da caixa conterá sua versão recém-adicionada do Java.

11. **Coloque uma marca de verificação na caixa de seleção para sua versão recém-adicionada do Java.**

    Você está terminando. (Há mais algumas etapas a seguir.)

12. **Na seção Java no lado esquerdo da caixa de diálogo Preferences, selecione a subseção Compiler (Compilador).**

    No corpo principal da caixa de diálogo Preferences você verá uma lista suspensa Compiler Compliance Level (Nível de Compatibilidade do Compilador) (veja Figura 2-15).

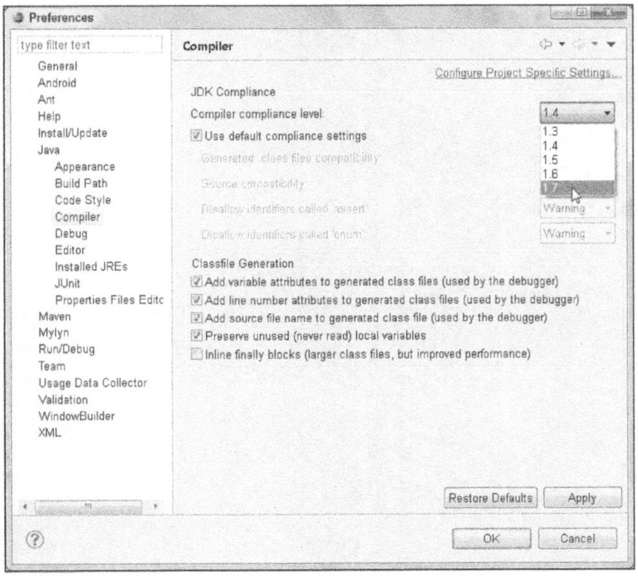

Figura 2-15: Definindo o nível de compatibilidade do compilador.

13. **Na lista suspensa Compiler Compliance Level, selecione um número que coincida com suas versões Java preferidas.**

    Para o Java 7, seleciono o nível de compatibilidade 1.7. Para o Java 8, seleciono o nível de compatibilidade 1.8. (Quando escrevi este capítulo, o Nível 1.8 não estava disponível no Eclipse. O Java 8 tem uma versão inicial para avaliação, mas o Eclipse não terá o nível de compatibilidade 1.8 por muitos meses ainda.)

14. **Ufa! Clique no botão OK da caixa de diálogo Preferences para voltar para o workbench Eclipse.**

Importando os programas de amostra deste livro

A importação pode ser capciosa. Quando você for de uma caixa de diálogo para a seguinte, muitas opções terão nomes parecidos. É porque o Eclipse oferece muitos modos diferentes de importar muitos tipos diferentes de coisas. De qualquer modo, se você seguir as instruções, não terá problemas.

1. **Siga as etapas na seção "Obtendo os programas de amostra deste livro", anterior neste capítulo.**

2. **No menu principal do Eclipse, escolha File (Arquivo) ⇨ Import (Importar) (veja Figura 2-16).**

   Como resultado, o Eclipse exibirá uma caixa de diálogo Import (Importar).

3. Na árvore da caixa de diálogo Import, expanda a seção General (Geral).

4. Na seção General, clique duas vezes na subseção Existing Projects into Workspace (Projetos Existentes no Workspace) (veja Figura 2-17).

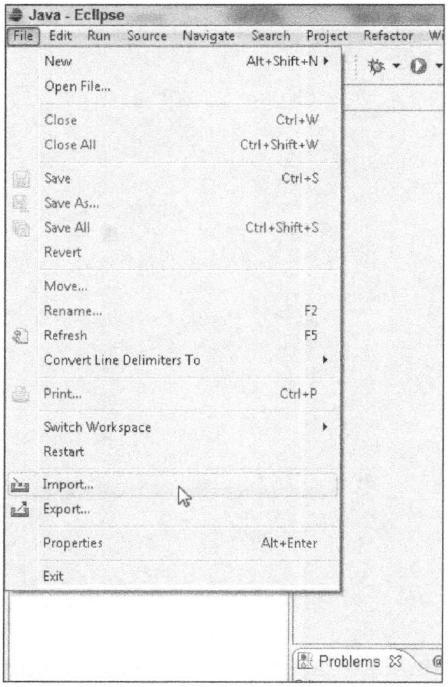

Figura 2-16: Começando a importar o código deste livro.

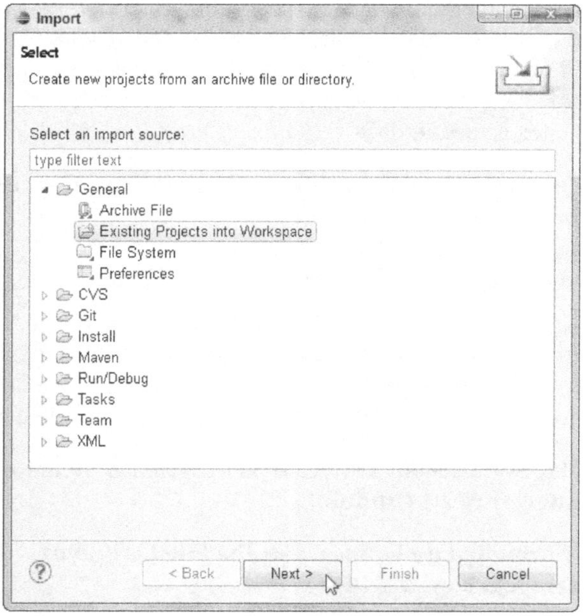

Figura 2-17: Entre todas as opções, selecione Existing Projects into Workspace.

Como resultado, uma caixa de diálogo Import Projects (Importar Projetos) aparecerá.

5. **Na caixa de diálogo Import Projects, selecione o botão de rádio Select Archive File (Selecionar Armazenamento de Arquivos) (veja Figura 2-18).**

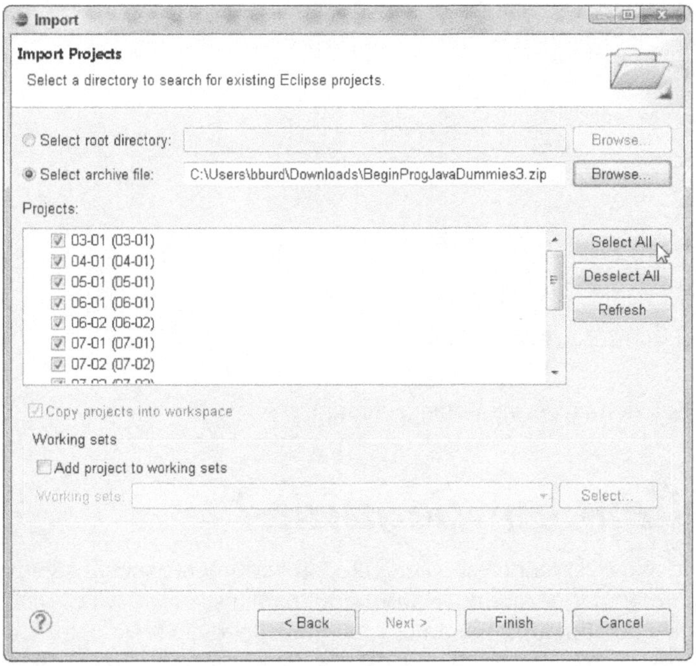

Figura 2-18: A caixa de diálogo Import Projects.

O código deste livro fica em um arquivo de armazenamento chamado `BeginProgJavaDummies3.zip`.

Para ver o conteúdo completo dos arquivos de armazenamento, leia a seção complementar intitulada "Arquivos de armazenamento compactados".

6. **Clique no botão Browse (Navegar) para encontrar o arquivo `BeginProgJavaDummies3.zip` no disco rígido de seu computador.**

Se você não estiver certo sobre onde encontrar o arquivo, procure primeiro uma pasta chamada `Downloads`.

Depois de encontrar o arquivo `BeginProgJavaDummies3.zip`, a caixa de diálogo Import Projects do Eclipse exibirá os nomes dos projetos dentro do arquivo. (Novamente, consulte a Figura 2-18.)

7. **Clique no botão Select All (Selecionar Tudo).**

Os exemplos deste livro são tão interessantes que você desejará importar todos eles!

8. **Clique no botão Finish (Terminar).**

   Como resultado, o workbench Eclipse principal irá reaparecer. O lado esquerdo do workbench exibe os nomes dos projetos Java deste livro (veja Figura 2-19).

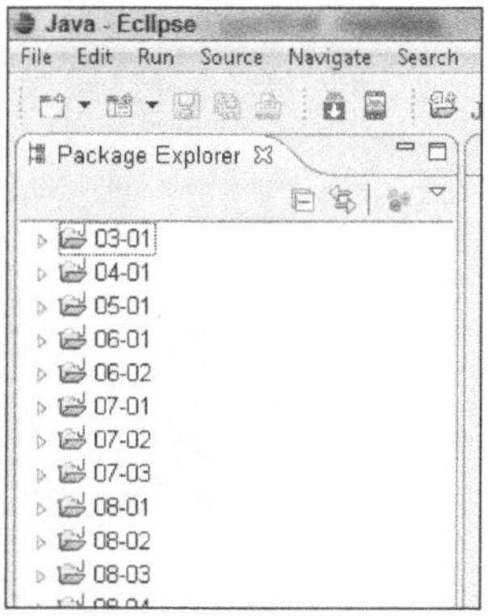

Figura 2-19: O Eclipse exibe muitos projetos Java.

A verdadeira diversão começa agora.

O que Vem em Seguida?

Se você estiver lendo este parágrafo, provavelmente seguiu algumas instruções neste capítulo — instruções para instalar o Java e o IDE Eclipse em seu computador. Portanto, a pergunta imediata é: Você fez a instalação corretamente? A resposta para essa pergunta está no Capítulo 3, porque nele você usará essas ferramentas para executar um programa Java novinho.

Capítulo 3

Executando Programas

Neste Capítulo

- Compilando e executando um programa
- Trabalhando com um workspace
- Editando seu próprio código Java

Se você é um programador iniciante, para você, executar um programa provavelmente significa clicar com um mouse. Você deseja executar o Internet Explorer, então clica duas vezes no ícone do Internet Explorer. E isso é tudo.

Quando você cria seus próprios programas, a situação é um pouco diferente. Com um novo programa, o programador (ou alguém na empresa do programador) cria o ícone do programa. Antes desse processo, um programa perfeitamente bom pode não ter um ícone. Então, o que você fará com um programa Java novinho? Como fará o programa ser executado? Este capítulo informa o que precisa saber.

Executando um Programa Java Enlatado

A melhor maneira de conhecer o Java é praticar o Java. Quando você está praticando o Java, está escrevendo, testando e executando seus próprios programas Java. Esta seção prepara-o descrevendo como executar e testar um programa. Ao invés de escrever seu próprio programa, você executará um que eu já escrevi. O programa calcula seus pagamentos mensais da hipoteca de uma casa.

O programa de cálculo da hipoteca não abre sua própria janela. Ao contrário, ele é executado no Console do Eclipse. A exibição Console é uma das guias na parte inferior direita do workbench Eclipse (veja Figura 3-1). Um programa operado completamente nessa exibição Console é chamado de *programa baseado em texto*.

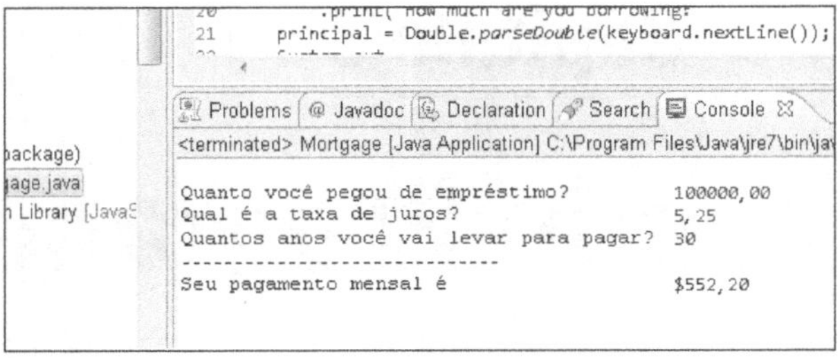

Figura 3-1: Uma execução do programa de hipoteca baseado em texto deste capítulo.

DICA

Você pode não ver uma guia Console na parte inferior direita do workbench Eclipse. Para mostrar a exibição Console, escolha Window (Janela) ⇨ Show View (Mostrar Exibição) ⇨ Other (Outra). Na caixa de diálogo Show View (Mostrar Exibição) resultante, expanda a seção General (Geral). Finalmente, nessa seção General, clique duas vezes no item Console.

Para obter mais informações sobre a exibição Console (e sobre o workbench do Eclipse em geral), veja a seção "Exibições e editores" posteriormente neste capítulo.

Na verdade, quando você executar o programa de hipoteca, verá duas coisas na exibição Console do Eclipse:

- **Mensagens e resultados que o programa de hipoteca envia para você.** As mensagens incluem coisas tais como `Quanto você pegou emprestado?` Os resultados incluem linhas como `Seu pagamento mensal é $552,20`.
- **Respostas que você dá para o programa de hipoteca enquanto ele é executado.** Se você digitar 100000,00 em resposta à pergunta do programa sobre quanto pegou emprestado, verá esse número repetido na exibição Console do Eclipse.

Eis como você executará o programa de hipoteca.

1. **Certifique-se de que tenha seguido as instruções no Capítulo 2 — as instruções para instalar o Java, instalar e configurar o Eclipse, e obter os programas de amostra deste livro.**

   Graças a Deus! Você não terá que seguir essas instruções mais de uma vez.

2. **Inicialize o Eclipse.**

   A caixa de diálogo Eclipse Workspace Launcher aparecerá (veja Figura 3-2).

   Um *workspace* é uma pasta no disco rígido de seu computador. O Eclipse armazena seus programas Java em uma ou mais pastas do workspace. Junto com esses programas Java, cada pasta do workspace contém algumas definições Eclipse. Essas definições armazenam coisas tais como a versão do Java sendo usada, as cores nas quais você prefere as palavras no editor, o tamanho da área do editor quando você arrasta as bordas da área e outras coisas. Você pode ter vários workspaces com diferentes programas e diferentes definições em cada workspace.

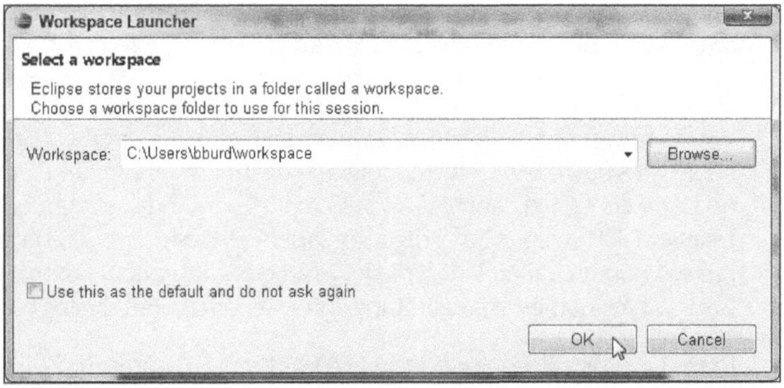

Figura 3-2: Eclipse Workspace Launcher.

Por padrão, o Workspace Launcher se oferece para abrir o workspace aberto na última vez em que você executou o Eclipse. Você desejará abrir o espaço de trabalho usado no Capítulo 2, portanto, não modifique o que existe no campo Workspace (Espaço de Trabalho) do Launcher.

3. **Na caixa de diálogo Workspace Launcher, clique em OK.**

   O grande workbench Eclipse aparecerá na tela de seu computador (veja Figura 3-3).

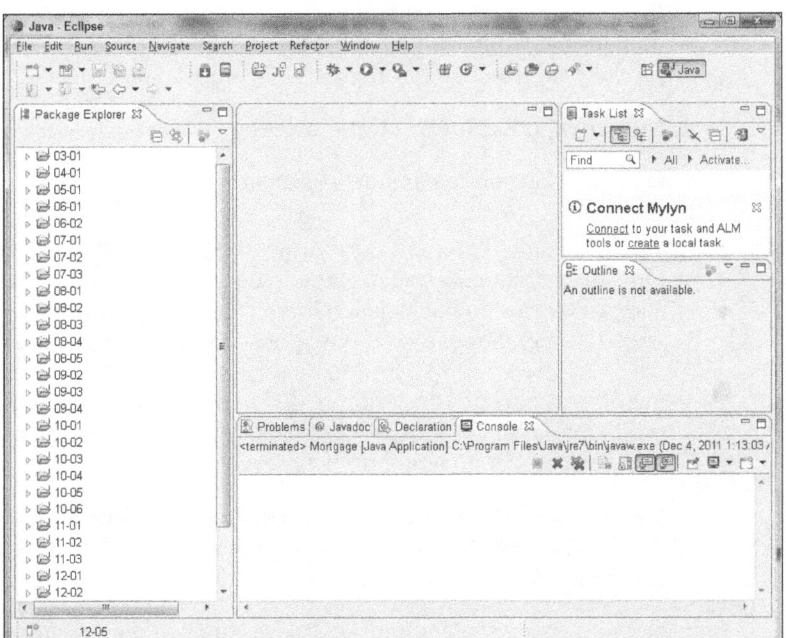

Figura 3-3: Workbench Eclipse.

Na Figura 3-3, a parte mais à esquerda do workbench é o Package Explorer do Eclipse, que contém números como 03-01, 04-01 etc. Cada número é, de fato, o nome de um *projeto* Eclipse. Formalmente, um projeto é uma coleção de arquivos e pastas dentro de um workspace. De modo intuitivo, um projeto é uma work unit básica. Por exemplo, uma coleção independente de arquivos de programa Java para gerenciar sua coleção de CDs (junto com arquivos contendo os dados) pode constituir um único projeto Eclipse.

Vendo novamente o Package Explorer na Figura 3-3, você nota os projetos chamados 03-01, 04-01 etc. Meu projeto 03-01 tem o primeiro e único exemplo no Capítulo 3 (este capítulo). O projeto 06-02 contém o programa Java na Listagem 6-2 (o segundo código no Capítulo 6 deste livro). Os nomes do projeto podem incluir letras, dígitos, espaços em branco e outros caracteres, mas para os nomes dos exemplos deste livro, fico com dígitos e traços.

Para ler mais sobre coisas como o Package Explorer do Eclipse, veja a seção "O que é tudo isso na janela do Eclipse?", mais adiante.

CUIDADO!

Quando você inicializar o Eclipse, poderá ver algo diferente do que existe na Figura 3-3. Você poderá ver a tela Welcome (Bem-vindo) do Eclipse com apenas alguns ícones em outra janela sem graça. Você também poderá ver um workbench como o da Figura 3-3, mas sem uma lista de números (03-01, 04-01 etc.) no Package Explorer. Se vir, então pode ter perdido algumas instruções sobre como configurar o Eclipse no Capítulo 2. Uma outra possibilidade é ter modificado o que existe no campo Workspace (Espaço de Trabalho) do Launcher na Etapa 2 das instruções desta seção.

De qualquer modo, certifique-se de que veja números como 03-01 e 04-01 no Package Explorer. Ver esses números assegura que o Eclipse está pronto para executar os programas de amostra neste livro.

4. **No Package Explorer, clique na seção `03-01`.**

   O projeto Java deste capítulo — projeto `03-01` — aparece destacado.

DICA

Você pode querer ter uma visualização rápida de algum código Java. Para ver o programa Java executado em `Project 03-01`, expanda a seção `03-01` no Package Explorer. Dentro da seção `03-01` você encontrará uma seção `src`, que, por sua vez, contém uma seção `(default package)`. Dentro da seção `(default package)` você encontrará a seção `Mortgage.java`. Essa seção representa meu programa Java. Clicar duas vezes na seção `Mortgage.java` fará meu código aparecer no editor do Eclipse.

5. **Escolha Run (Executar) ⇨ Run As (Executar Como) ⇨ Java Application (Aplicativo Java) no menu principal, como mostrado na Figura 3-4.**

   Quando você escolher Run As ⇨ Java Application, o computador executará o código do projeto. (Neste exemplo, o computador executa um programa Java que eu escrevi.) Como parte da execução, a mensagem `How much are you borrowing?` (Quanto você está pegando emprestado?) aparecerá na exibição Console do Eclipse. (A exibição Console compartilha a área inferior direita do workbench do Eclipse com a exibição Problems (Problemas), exibição Javadoc, exibição Declaration (Declaração) e possivelmente outras exibições. Consulte a Figura 3-1.)

Figura 3-4: Uma das maneiras de executar o código em `Project 03-01`.

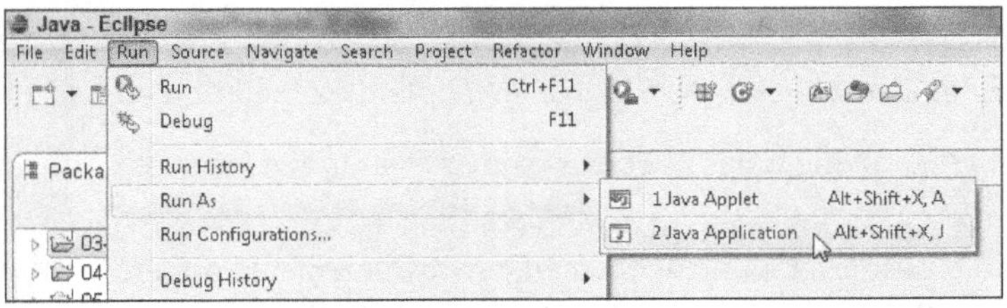

6. **Clique em qualquer lugar dentro da exibição Console do Eclipse, então digite um número, como, por exemplo, 100000.00, e pressione Enter.**

   Quando você digitar um número da Etapa 6, não inclua o símbolo de moeda de seu país e não agrupe os dígitos. (Residentes no Brasil, não digitem o símbolo do Real e não usem pontos como separador de milhar e também não utilizem vírgulas como separador decimal.) Coisas como R$100000.00 e 1.000.000,00 fazem o programa paralisar. Você verá uma mensagem `NumberFormatException` na exibição Console.

   Depois de pressionar Enter, o programa Java exibirá outra mensagem (`What's the interest rate?`) (Qual é a taxa de juros?) na exibição Console. (Novamente, consulte a Figura 3-1.)

7. **Em resposta à pergunta da taxa de juros, digite um número, como 5.25, e pressione Enter.**

   Depois de pressionar Enter, o programa Java exibirá outra mensagem (`How many years...?`) (Quantos anos...?) na exibição Console.

8. **Digite um número, como 30, e pressione Enter.**

   Em resposta aos números digitados, o programa Java exibirá uma quantia de pagamento mensal. Novamente, consulte a Figura 3-1.

   Aviso legal: Sua empresa de hipoteca local cobra mais do que a quantia que meu programa Java calcula. (Muito mais.)

   Quando você digitar um número na Etapa 8, não inclua um ponto. Números como 30.0 fazem o programa paralisar. Você verá uma mensagem `NumberFormatException` na exibição Console.

   Às vezes você percebe, no meio da execução de um programa, que cometeu algum tipo de erro. Você deseja parar a execução imediatamente. Simplesmente clique no pequeno quadrado vermelho acima da exibição Console (veja Figura 3-5).

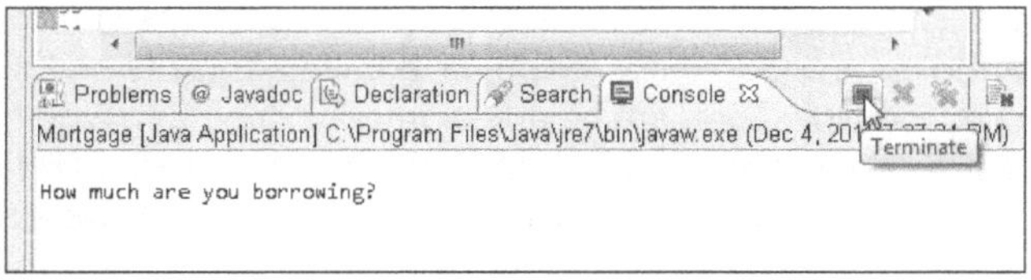

Figura 3-5: Como terminar prematuramente a execução de um programa.

Se você seguir as instruções desta seção e não obtiver os resultados descritos, poderá tentar três coisas. Listo-as em ordem da melhor para a pior:

- Verifique todas as etapas para assegurar que fez tudo corretamente.
- Envie um e-mail para mim em `BeginProg@allmycode.com`. Se você descrever o que aconteceu, provavelmente eu poderei descobrir o que deu errado e dizer como corrigir o problema.
- Entre em pânico.

Digitando e Executando Seu Próprio Código

A seção anterior é sobre como executar o código Java de outra pessoa (o código que você baixou no site deste livro). Mas eventualmente você escreverá seu próprio código. Esta seção mostra como criar código com o IDE Eclipse.

Separando seus programas dos meus

Você pode separar seu código dos exemplos deste livro criando um espaço de trabalho separado. Eis os dois modos de fazer isso:

- **Quando você inicializar o Eclipse, digite um novo nome de pasta no campo Workspace (Espaço de Trabalho) da caixa de diálogo Workspace Launcher (Inicialização do Espaço de Trabalho) do Eclipse.**

  Se a pasta ainda não existir, o Eclipse irá criá-la. Se a pasta já existir, o Package Explorer do Eclipse listará qualquer projeto que a pasta contenha.

- **No menu principal do workbench Eclipse, escolha File (Arquivo) ⇨ Switch Workspace (Mudar Espaço de Trabalho) (veja Figura 3-6).**

  Quando você escolher File ⇨ Switch Workspace, o Eclipse oferecerá algumas de suas pastas do espaço de trabalho abertas anteriormente. Se sua escolha de pasta não estiver na lista, selecione a opção Other (Outra). Em resposta, o Eclipse irá reabrir sua caixa de diálogo Workspace Launcher.

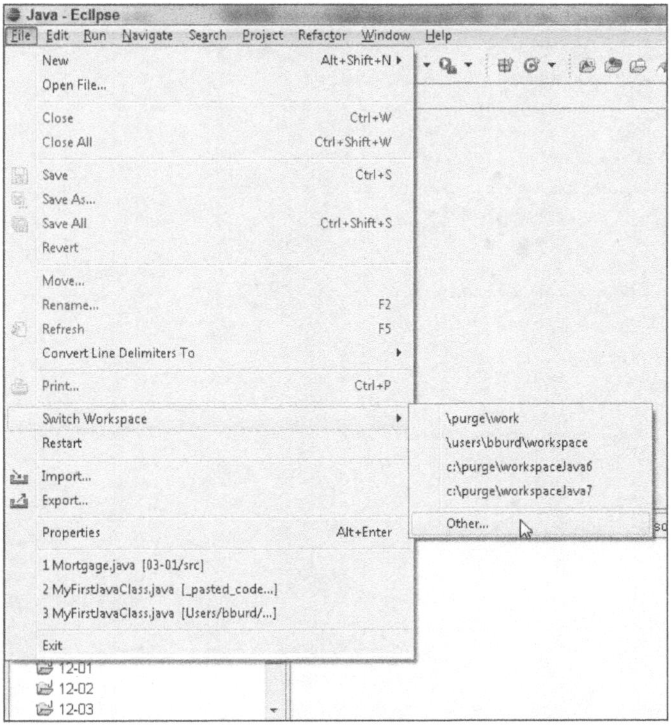

Figura 3-6: Mudando para um espaço de trabalho Eclipse diferente.

Escrevendo e executando seu programa

Eis como você cria um novo projeto Java:

1. **Inicialize o Eclipse.**

2. **Na barra de menus do Eclipse, escolha File (Arquivo) ⇨ New (Novo) ⇨ Java Project (Projeto Java).**

   Uma caixa de diálogo New Java Project (Novo Projeto Java) aparecerá.

3. **Na caixa de diálogo New Java Project, digite um nome para seu projeto, e então clique em Finish (Terminar).**

   Na Figura 3-7, digitei o nome `MyFirstProject`.

   Se você clicar em Next (Próximo), ao invés de Finish, verá algumas outras opções das quais não precisará imediatamente. Portanto, para evitar qualquer confusão, apenas clique em Finish.

   Clicar em Finish irá retorná-lo ao workbench do Eclipse, com `MyFirstProject` no Package Explorer, como mostrado na Figura 3-8.

   A próxima etapa será criar um novo arquivo de código-fonte Java.

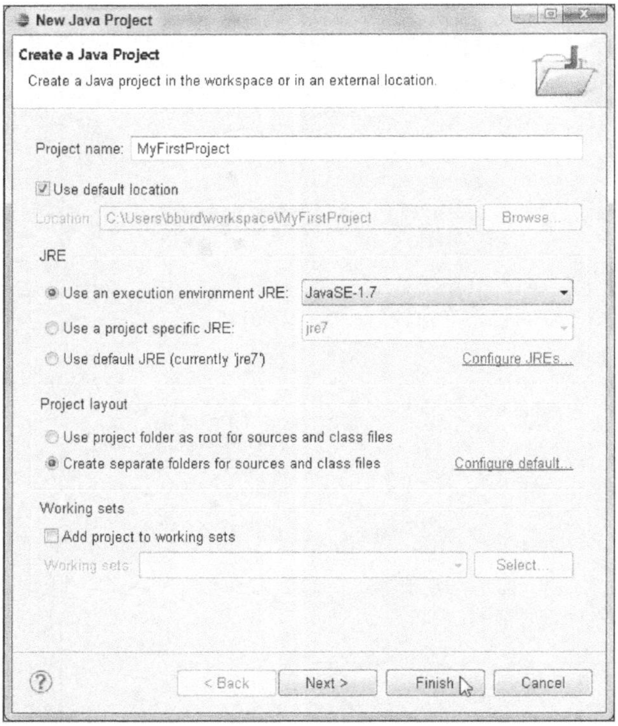

Figura 3-7: Fazendo o Eclipse criar um novo projeto.

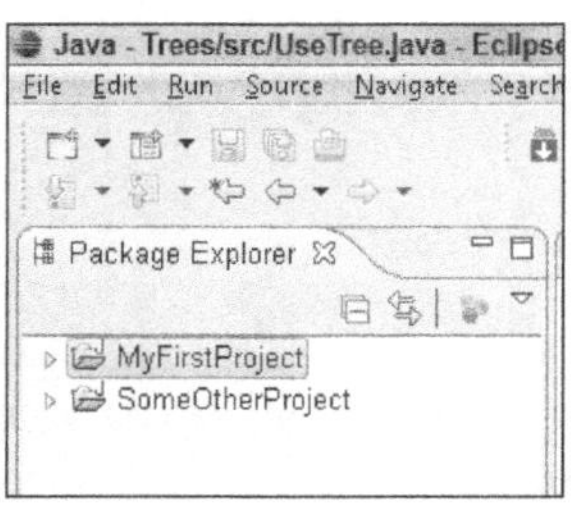

Figura 3-8: Seu projeto aparece no Package Explorer do Eclipse.

4. **Selecione seu projeto recém-criado no Package Explorer.**

   Para criar a Figura 3-8, selecionei `MyFirstProject`, ao invés de `SomeOtherProject`.

5. **No menu principal do Eclipse, escolha File (Arquivo) ⇨ New (Novo) ⇨ Class (Classe).**

   A caixa de diálogo New Java Class (Nova Classe Java) do Eclipse aparecerá (veja Figura 3-9).

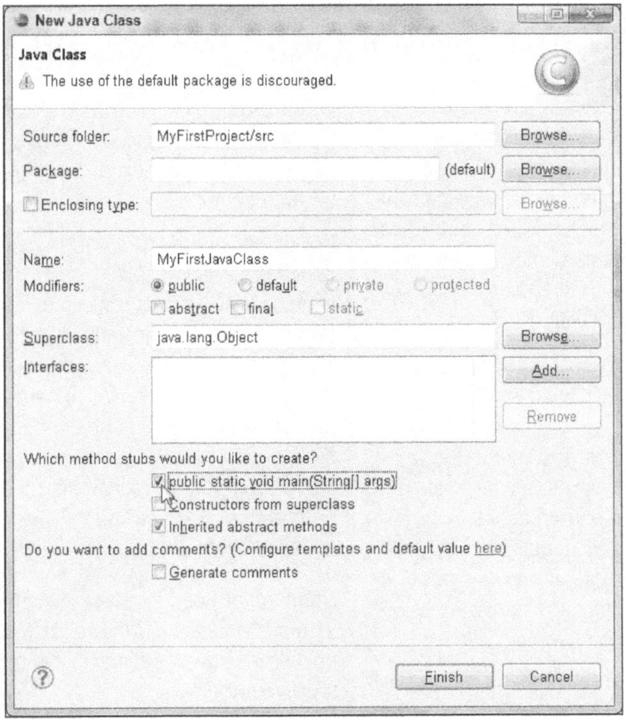

Figura 3-9: Fazendo o Eclipse criar uma nova classe Java.

Normalmente, os programadores Java dividem seu código em um ou mais *pacotes*. Um pacote típico tem um nome como `java.util` ou `com.allmycode.images`. Na Figura 3-9, o Eclipse está avisando que eu não estou nomeando um pacote para conter o código de meu projeto. Portanto, o código vai para algo não descrito, chamado *default package* do Java. O pacote padrão do Java é um pacote sem nome — um local genérico para o código que não está em um pacote. Os pacotes são ótimos para gerenciar grandes projetos de programação, mas o livro *Beginning Programming For Dummies* não contém grandes projetos de programação. Portanto, neste exemplo (e em todos os exemplos deste livro), escolhi ignorar o aviso. Para obter mais informações sobre os pacotes Java, veja o Capítulo 18.

Como qualquer outro ambiente com janelas, o Eclipse fornece muitas maneiras de fazer a mesma tarefa. Ao invés de escolher File⇨New⇨Class, você poderá clicar com o botão direito em `MyFirstProject` no Package Explorer no Windows (ou pressionar Control-clique em `MyFirstProject` no Package Explorer em um Mac). No menu contextual resultante, escolha New⇨Class. Você também poderá começar pressionando Alt+Shift+N no Windows (ou Option+Cmd+N em um Mac). A escolha entre cliques e teclas pressionadas é sua.

Eu vejo a formatação em meu programa Java?

Quando você usa o editor do Eclipse para escrever um programa Java, vê as palavras com várias cores. Certas palavras são sempre azuis. Outras são sempre pretas. Você vê ainda algumas frases em negrito e itálico. Você pode achar que vê a formatação, mas não. Ao contrário, o que você vê é chamado de *cor da sintaxe* ou *destaque da sintaxe*.

Não importa como você chama, a questão é a seguinte:

- No Microsoft Word, coisas como a formatação em negrito são marcadas dentro de um documento. Quando você salva `MyPersonalDiary.doc`, as instruções para colocar em negrito as palavras "amor" e "ódio" são registradas no arquivo `MyPersonalDiary.doc`.
- Em um editor de programas Java, coisas como o negrito e a cor não são marcadas no arquivo do programa Java. Ao contrário, o editor exibe cada palavra de um modo que torne o programa Java fácil de ler.

Por exemplo, em um programa Java, certas palavras (palavras como `class`, `public` e `void`) têm seus próprios significados. Portanto, o editor do Eclipse exibe `class`, `public` e `void` em negrito e com letras vermelhas. Quando eu salvo meu arquivo de programa Java, o computador não armazena o negrito e as letras coloridas em meu arquivo de programa Java. Mas o editor usa seu critério para destacar as palavras especiais com a cor vermelha.

Outro editor pode exibir as mesmas palavras em uma fonte azul. Um terceiro (como o Bloco de Notas do Windows) exibe todas a palavras em preto.

6. **No campo Name (Nome) da caixa de diálogo New Java Class, digite o nome de sua nova classe.**

   Neste exemplo uso o nome `MyFirstJavaClass`, sem espaços em branco entre as palavras no nome. (Consulte a Figura 3-9.)

   O nome na caixa de diálogo New Java Class não deve ter espaços em branco. E o único símbolo de pontuação permitido é o caractere sublinhado (_). Você pode nomear sua classe como `MyFirstJavaClass` ou `MyFirstJavaClass`, mas não pode nomeá-la como `My_First_Java_Class` ou `JavaClass,MyFirst`.

7. **Tique a caixa de seleção `public static void main(String[] args)`.**

   Seu tique informa ao Eclipse para criar algum código Java padrão.

8. **Aceite os padrões para tudo mais na caixa de diálogo New Java Class (em outras palavras, clique em Finish).**

   Você pode até ignorar o aviso "default package is discouraged" (o pacote padrão não é encorajado), perto da parte superior da caixa de diálogo.

   Clicar em Finish irá retorná-lo para o workbench do Eclipse. Agora `MyFirstProject` contém um arquivo chamado `MyFirstJavaClass.java`. Para sua conveniência, o arquivo `MyFirstJavaClass.java` já tem algum código. O editor do Eclipse exibe o código Java (veja Figura 3-10).

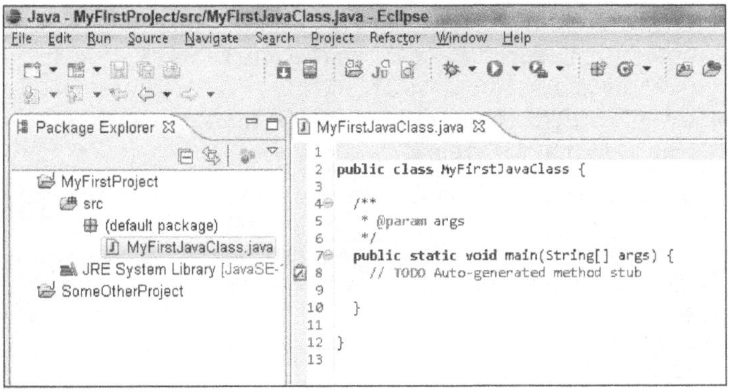

Figura 3-10: O Eclipse escreve algum código no Editor.

9. **Substitua a linha de código existente em seu novo programa Java.**

   Digite uma linha de código no Editor do Eclipse. Substitua a linha

   ```
   // TODO Auto-generated method stub
   ```

   pela linha

   ```
   System.out.println("Chocolate, royalties, sleep");
   ```

   Copie a nova linha de código exatamente como a vê na Listagem 3-1.

   - Escreva cada palavra exatamente como escrevi na Listagem 3-1.
   - Use as letras maiúsculas e minúsculas do texto exatamente como escrevi na Listagem 3-1.
   - Inclua todos os símbolos de pontuação — pontos, aspas, ponto e vírgula, tudo.
   - Não confunda a letra minúscula `l` com o dígito `1`. A palavra `println` informa ao computador para *imprimir* uma *linha* inteira. Cada caractere na palavra `println` está com letra minúscula. A palavra não contém dígitos.

Listagem 3-1: Um Programa para Exibir as Coisas que Gosto

```
public class MyFirstJavaClass {

 /**
   * @param args
   */
 public static void main(String[] args) {
    System.out.println("Chocolate, royalties, sleep");

  }

}
```

O Java leva em conta as letras maiúsculas e minúsculas, significando que `system.out.println` não é igual a `System.out.println`. Se vOcÊ diGItar `system.out.printLn`, seu progrAma não funcionarÁ. DiGitE as leTRas maiúscUlas e miNúsCulas de seu códigO eXatamenTe como está na LISTagem 3-1.

Se você digitou tudo corretamente, verá o que está na Figura 3-11.

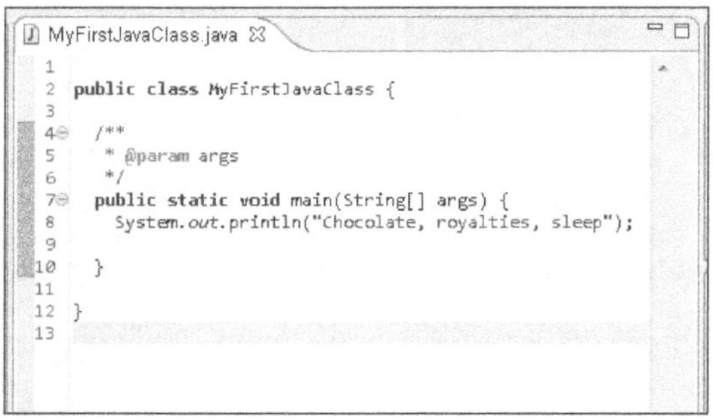

Figura 3-11: Um programa Java no editor Eclipse.

Se você não digitar o código exatamente como é mostrado na Listagem 3-1, poderá ver sublinhados vermelhos irregulares, pequenos retângulos com X e outras marcas vermelhas no Editor (veja Figura 3-12).

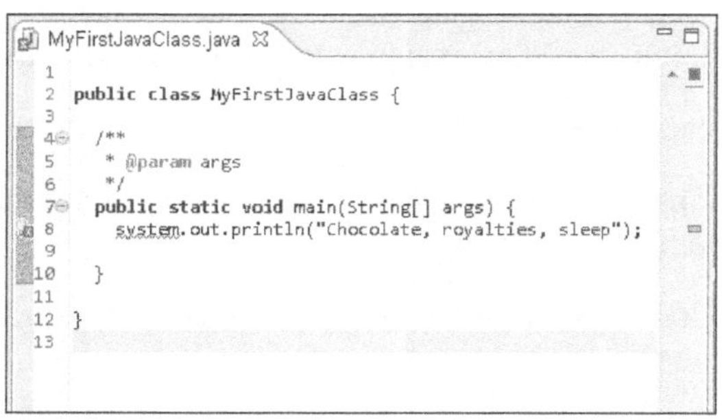

Figura 3-12: Um programa Java digitado incorretamente.

As marcas vermelhas no editor do Eclipse referem-se aos *erros de compilação* em seu código Java. Um erro de compilação (também conhecido como *erro do compilador*) é um erro que impede o computador de traduzir seu código. (Veja as informações sobre a tradução do código no Capítulo 1.)

Os marcadores de erro na Figura 3-12 aparecem na linha 8 do programa Java. Os números das linhas aparecem na margem esquerda do editor. Para fazer o editor Eclipse exibir os números das linhas, escolha Window (Janela) ⇨ Preferences (Preferências) (no Windows) ou Eclipse ⇨ Preferences (em um Mac). Então escolha General (Geral) ⇨ Editors (Editores) ⇨ Text Editors (Editores de Texto). Finalmente, coloque uma marca de verificação na caixa de seleção Show Line Numbers (Mostrar Números das Linhas).

Para corrigir os erros de compilação, você deve tornar-se um detetive dedicado. Você irá juntar-se a uma tropa de elite conhecida como *Law & Order: Unidade de Programação Java*. Raramente você encontrará respostas fáceis. Ao contrário, irá procurar a evidência lentamente e com cuidado para obter pistas. Irá comparar tudo que vê no editor, caractere por caractere, com qualquer código na Listagem 3-1. Você não perderá um único detalhe, inclusive a ortografia, pontuação, letra maiúscula versus letra minúscula.

O Eclipse tem alguns recursos ótimos para ajudá-lo a encontrar a origem de um erro de compilação. Por exemplo, você poderá passar o mouse sobre o sublinhado vermelho irregular. Quando o fizer, verá uma pequena explicação do erro junto com algumas sugestões para corrigi-lo — algumas *quick fixes* (veja Figura 3-13).

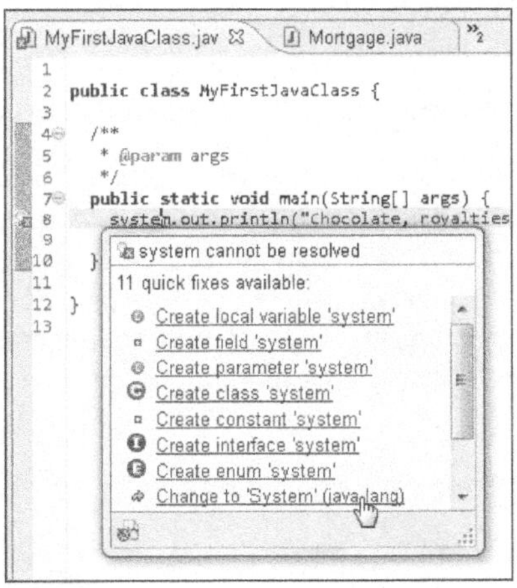

Figura 3-13: O Eclipse oferece algumas sugestões úteis.

Na Figura 3-13, um pop-up informa que o Java não sabe o que a palavra *system* significa — ou seja, *system cannot be resolved*. Perto da parte inferior da figura, uma das opções de correção rápida é mudar *system* para *System*.

Quando você clicar na opção Change To 'System' (`java.lang`) (Mudar para 'System'), o editor do Eclipse irá substituir *system* por *System*. Os marcadores de erro do editor irão desaparecer e você irá do código incorreto na Figura 3-12 para o código correto na Figura 3-11.

10. **Faça qualquer alteração ou correção no código no editor do Eclipse.**

    Quando você finalmente não vir nenhum sublinhado irregular ou marcas no editor, estará pronto para tentar executar o programa.

11. **Selecione `MyFirstJavaClass` clicando dentro do editor ou clicando na seção `MyFirstProject` no Package Explorer.**

12. **No menu principal do Eclipse, escolha Run (Executar) ⇨ Run As (Executar Como) ⇨ Java Application (Aplicativo Java).**

    Isto resolverá. Seu novo programa Java será executado na exibição Console do Eclipse. Se você estiver executando o código na Listagem 3-1, verá a mensagem `Chocolate, royalties, sleep` na Figura 3-14. É como estar no céu!

Figura 3-14: Executando o programa na Listagem 3-1.

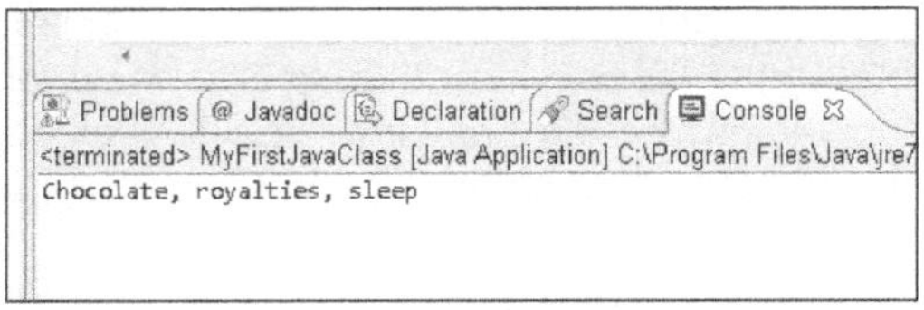

O que possivelmente pode dar errado?

Livrar o editor dos sublinhados irregulares é motivo de comemoração. O Eclipse gosta da aparência do seu código, portanto, deste ponto em diante, será fácil navegar. Certo?

Bem, não necessariamente. Além de alguns erros de compilação evidentes, seu código pode ter outros, menos óbvios.

Imagine alguém dizendo para você "ir para a interseção, então *birar à tireita*". Você nota imediatamente que o locutor cometeu um erro e responde com um educado "Heim?". A frase *birar à tireita* sem sentido é como um erro de compilação. Seu "Heim?" é como os sublinhados irregulares no editor do Eclipse. Como um ser humano atento, você pode ser capaz de imaginar o que significa *birar à tireita*, mas o editor do Eclipse nunca tentará corrigir as instruções de seu código.

Além dos erros de compilação, alguns outros tipos de falhas inexplicáveis podem existir em um programa Java:

- **Runtime exceptions não verificadas:** Você não tem nenhum erro de compilação, mas quando executa seu programa, a execução termina prematuramente. Em algum lugar no meio da execução, suas instruções informam ao Java para fazer algo que não pode ser feito. Por exemplo, enquanto você está executando o programa Mortgage na seção "Executando um programa Java pronto", você digita 1.000.000,00, ao invés de 1000000.00. O Java não gosta de pontos no número, portanto, seu programa paralisa, e é exibida uma mensagem desagradável, como é mostrado na figura.

  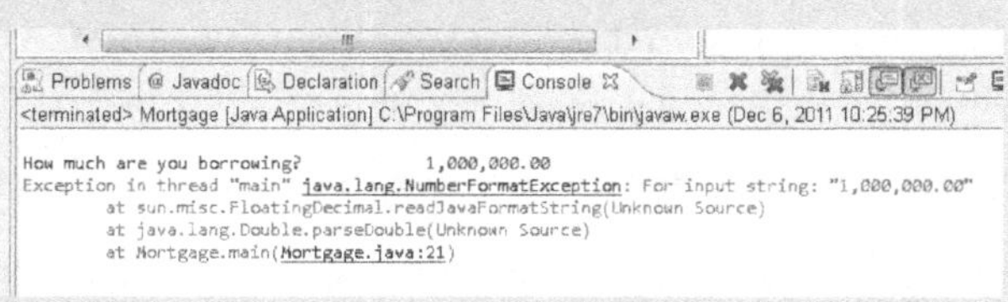

  Este é um exemplo de *runtime exception não verificada* — o equivalente a alguém dizendo para você virar à direita na interseção quando a única coisa certa é um grande muro. O editor do Eclipse não avisa sobre a exceção de execução não verificada porque, até você executar o programa, o computador não pode prever que a exceção ocorrerá.

- **Erros lógicos:** Você não vê nenhum marcador de erro no editor do Eclipse, mas quando executa seu código, o programa é executado até terminar. Mas a resposta não está correta. Ao invés do valor $552.20 , a saída é $552.200.000,00. O programa informa de modo errado para você pagar milhares de vezes o que vale a sua casa e informa para pagar essa quantia a cada mês! É o equivalente a ser informado para virar à direita, ao invés de virar à esquerda. Você pode seguir na direção errada por um longo tempo.

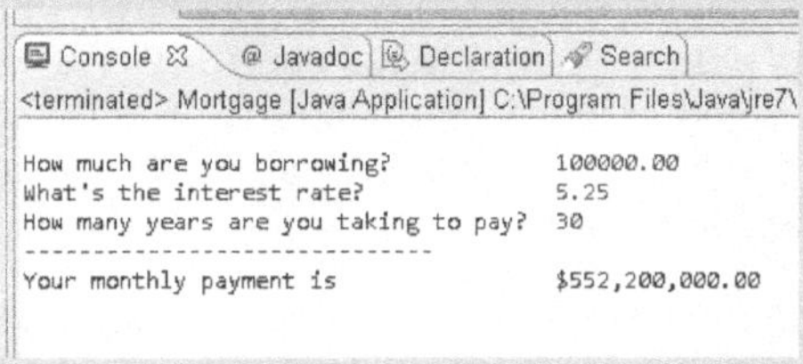

Os erros lógicos são os erros mais difíceis de encontrar e corrigir. E pior, os erros lógicos geralmente passam despercebidos. Em março de 1985, recebi uma conta mensal de calefação no valor de $1.328.932,21. Lógico, algum computador tinha imprimido a quantia incorreta. Quando liguei para a empresa de gás para reclamar sobre isso, o serviço de atendimento disse: "Não se preocupe. Pague apenas a metade da quantia."

- **Warnings de compilação:** Um warning não é tão grave quanto uma mensagem de erro. Portanto, quando o Eclipse avisa sobre algo suspeito em seu programa, o editor exibe um sublinhado amarelo irregular, um pequeno ícone amarelo com um ponto de exclamação e outras dicas não tão intrometidas.

  Por exemplo, na linha 8 da figura, adicionei algo como `amount = 10` ao código da Listagem 3-1. O problema é que eu nunca usei `amount` ou o número 10 em nenhum lugar em meu programa. Com suas marcações amarelas fracas, o Eclipse de fato me informa "Seu código `account = 10` não é ruim o bastante para gerar um erro. O Eclipse ainda pode conseguir executar seu programa. Mas você tem certeza que deseja `account = 10` (isto parece não ter nenhuma finalidade) em seu programa?".

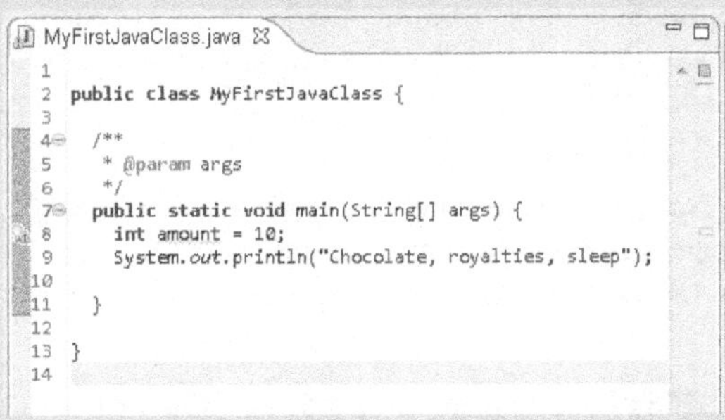

  Imagine ser informado para "virar ao chegar à interseção". A instrução pode ser boa. Mas, se você achar suspeito, pergunte: "Em qual direção devo virar? Direita ou esquerda?".

  Quando você estiver certo de que sabe o que está fazendo, poderá ignorar os avisos e preocupar-se com eles mais tarde. Mas um aviso pode ser um indicador de que algo mais grave está errado em seu código. Portanto, minha recomendação geral é: Preste atenção aos warnings. Mas, se você não conseguir descobrir por que está recebendo um aviso em particular, não deixe que ele o impeça de continuar.

O que É Tudo Isso na Janela do Eclipse?

Acredite se quiser, um editor já rejeitou uma de minhas propostas de livro. Nas margens, o editor escreveu: "Isto não é uma palavra" ao lado de coisas como "num" e "pra". Até hoje ainda não descobri por que o editor não gostava de contrações. Minha opinião é que o idioma sempre precisa expandir. Onde estaríamos sem novas palavras — palavras como *dotcom*, *informercial* e *vaporware*?

Até o *Dicionário Oxford* (a última palavra em qualquer argumento sobre palavras) cresce com mais de 4 mil entradas ao ano. É um aumento de mais de 1% por ano. Que tal onze palavras novas por dia!

O fato é que o pensamento humano é como um grande prédio em construção. Você não pode construir o 50º andar até ter construído pelo menos parte do 49º. Não se pode falar em *spam* até ter uma palavra como *e-mail*. Com tudo isso, atualmente você precisa de blocos de construção verbais. É por isso que esta seção contém muitos termos novos.

Nesta seção, cada termo recém-definido descreve um aspecto do IDE Eclipse. Portanto, antes de ler toda a terminologia Eclipse, forneço os seguintes avisos legais:

- **Esta seção é uma leitura opcional.** Consulte esta seção se você tiver problemas para entender algumas instruções deste livro. Mas, se não tiver problemas para navegar o IDE Eclipse, não complique as coisas preocupando-se com a terminologia da seção.
- **Esta seção fornece as explicações dos termos, não suas definições formais.** Sim, minhas explicações são bem precisas, mas não, elas não são perfeitas. Praticamente toda descrição nesta seção tem exceções ocultas, omissões, isenções e exclusões. Considere os parágrafos nesta seção como sendo lembretes amistosos, não contratos legais.
- **O Eclipse é uma ferramenta muito útil.** Mas o Eclipse não faz parte oficialmente do ecossistema Java. Embora eu não descreva os detalhes neste livro, você pode escrever programas Java sem mesmo usar o Eclipse.

Compreendendo a visão geral

Seu tour do Eclipse começa com uma visão geral do grande Burd.

- **Workbench:** A área de trabalho do Eclipse (veja Figura 3-3). O workbench é o ambiente no qual você desenvolve o código.
- **Area:** Uma seção do workbench. O workbench na Figura 3-3 contém cinco áreas. Para ilustrar, desenhei bordas em torno de cada uma delas (veja Figura 3-15).

- **Window:** Uma cópia do workbench Eclipse. Com o Eclipse você pode ter várias cópias do workbench abertas de uma só vez. Cada cópia aparece em sua própria janela.

  Para abrir uma segunda janela, vá para a barra de menus principal do Eclipse e escolha Window (Janela) ⇨ New Window (Nova Janela).

- **Action:** Uma escolha que é oferecida geralmente quando você clica em algo. Por exemplo, quando você escolha File (Arquivo) ⇨ New (Novo) na barra de menus principal do Eclipse, vê uma lista de coisas novas que pode criar. A lista geralmente inclui um Projeto, Pasta, Arquivo e Outro, mas também pode incluir coisas como Pacote, Classe e Interface. Cada coisa (cada item no menu) é chamada de *ação*.

Exibições, editores e outras coisas

Os próximos termos lidam com coisas chamadas exibições, editores e guias.

Você pode ter dificuldade para entender a diferença entre exibições e editores. (Uma exibição é como um editor, que é como uma exibição ou algo assim.) Se as exibições e os editores parecerem iguais e você não estiver certo se pode dizer qual é qual, não se preocupe. Sendo um usuário Eclipse comum, a distinção entre exibições e editores virá naturalmente quando ganhar experiência ao usar o workbench. Raramente você terá que decidir se o que está usando é uma exibição ou um editor.

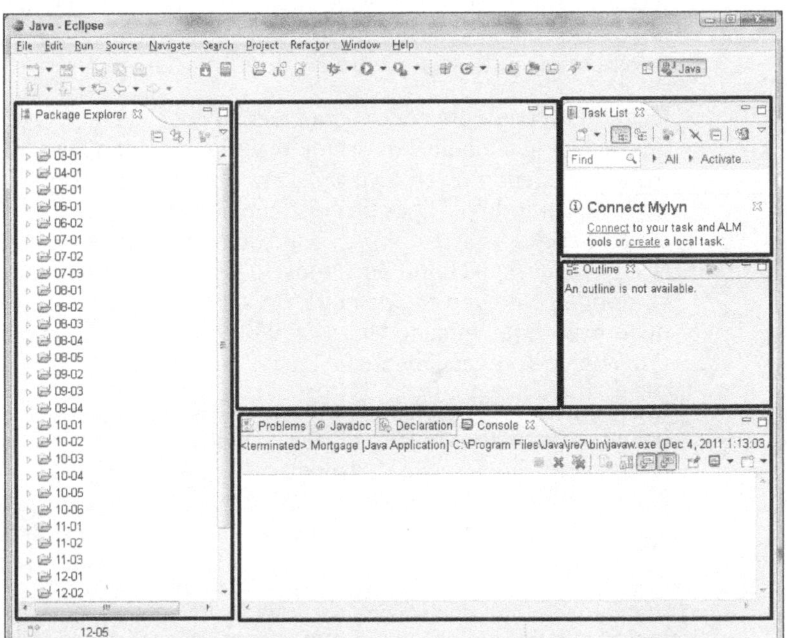

Figura 3-15: O workbench é dividido em áreas.

Se você tiver que decidir o que é uma exibição em oposição a um editor, eis o que precisa saber:

- **View:** Uma parte do workbench Eclipse que exibe informações para você navegar. No caso mais simples, uma exibição preenche uma área no workbench. Por exemplo, na Figura 3-3, a exibição Package Explorer preenche a área mais à esquerda.

  Muitas exibições mostram informações como listas ou árvores. Por exemplo, na Figura 3-10, a exibição Package Explorer contém uma árvore.

  Você pode usar uma exibição para fazer alterações em coisas. Por exemplo, para apagar `SomeOtherProject` na Figura 3-10, clique com o botão direito na seção `SomeOtherProject` na exibição Package Explorer. (Em um Mac, pressione Control-clique na seção `SomeOtherProject`.) Então, no menu contextual resultante, escolha Delete (Apagar).

  Quando você usa uma exibição para mudar algo, a alteração ocorre imediatamente. Por exemplo, quando você escolher Delete no menu contextual do Package Explorer, qualquer item selecionado será apagado imediatamente. De certo modo, esse comportamento não é nada novo. O mesmo tipo de coisa acontece quando você recicla um arquivo usando o Windows Explorer ou descarta um arquivo usando o Macintosh Finder.

- **Editor:** Uma parte do workbench Eclipse que exibe informações para você modificar. Um editor típico exibe informações na forma de texto. Esse texto pode ser o conteúdo de um arquivo. Por exemplo, um editor na Figura 3-10 mostra o conteúdo do arquivo `MyFirstJavaClass.java`.

  Quando você usa um editor para mudar algo, a alteração não ocorre imediatamente. Por exemplo, veja o editor na Figura 3-10. Ele exibe o conteúdo do arquivo `MyFirstJavaClass.java`. Você pode digitar todos os tipos de coisas no editor. Nada acontecerá em `MyFirstJavaClass.java` até que escolha File (Arquivo) ⇨ Save (Salvar) na barra de menus do Eclipse. Naturalmente, esse comportamento não é nada novo. O mesmo tipo de coisa acontece quando você trabalha no Microsoft Word ou em qualquer outro programa de processamento de texto.

  Como outros autores, às vezes tenho preguiça e uso a palavra "view" quando realmente quero dizer "view ou editor". Quando você me pegar fazendo isto, simplesmente balance a cabeça e continue. Quando tenho muito cuidado, uso a terminologia oficial do Eclipse. Refiro-me às exibições e aos editores como *partes* do workbench Eclipse. Infelizmente, essa terminologia "partes" não se fixa muito bem na mente das pessoas.

Uma área do workbench Eclipse pode conter várias views ou editors. A maioria dos usuários Eclipse não precisa pensar duas vezes nessas "várias

O homem levantou-se e fitou-me nos olhos. — Você está equivocada. Se o mundo prevalecer, essas coisas certamente virão a acontecer. Haverá uma autoridade superior e tudo será codificado como é hoje para os judeus religiosos pela Lei de Moisés. Mas, louvado seja Jesus, este mundo irá terminar antes que tudo isso aconteça! Com um gesto amplo do braço, mostrou a pilha de caixotes e sacos. — Terminará em breve — continuou. — Como disse Jesus. E nós estamos prontos. Temos víveres, não pereceremos todos de uma vez. Sobreviveremos aqui. Pelo menos, por algum tempo. Já abandonamos nossos empregos, doamos os bens que possuíamos, fizemos as pazes com o mundo exterior. Uma liberdade deliciosa!

— Mas... — Eu não sabia o que dizer. E fiquei olhando para aquela pilha de coisas no átrio.

Era outra tentativa de controlar o imprevisível. Outra tentativa de prever nosso próprio fim. Mas Jesus fizera uma advertência expressa contra esse tipo de coisas. Dissera que o tempo e o lugar em que isso aconteceria, ninguém poderia dizer.

— Meu amigo — disse eu, finalmente. — Receio que você esteja equivocado. Nosso fim pode ser súbito, como súbitas eram as parábolas de Jesus, e pode levar muitos anos, mas sempre nos surpreenderá, como nos surpreendiam as parábolas de Jesus.

— Mas Jesus disse que o fim seria em breve! — insistiu o homem. — Eu mesmo o ouvi. Eu estava lá no campo, em Cafarnaum, num dia em que ele falou e foi procurado por dez leprosos...

Aquele dia!... Lembrava-me muito bem desse dia, mas eu ouvira outra coisa. — Eu sei — disse. — Também estava lá.

— Então, como você pode andar por aí tão despreocupada? — perguntou. — Se acontecer de repente... — Parecia tão preocupado que compreendi que minha vinda até ali não fora obra do acaso; minha presença era muito necessária para libertar aquelas pessoas.

— Então, ficarei muito surpreendida — disse eu. — Mas talvez não haja como evitá-lo. — Olhei para as pilhas de víveres no átrio: havia sacos de cereais, pilões, cestas de peixe seco e defumado, com seu cheiro característico... — Quando se reúnem os outros fiéis? Hoje à noite? — Aquele era o dia seguinte ao do Sabá, o dia da ressurreição.

— Sim — respondeu. — Chegarão pouco depois do pôr do sol. Somos cerca de vinte pessoas. Gostaria de tomar um refresco enquanto espera? Talvez me pudesse fazer companhia enquanto separo e ensaco este pistache...

— Farei melhor do que isso — disse eu. — Eu o ajudarei a separar e ensacar.

— Preferia que me contasse tudo o que sabe e se lembra sobre Jesus — disse ele.

De novo, o mesmo pedido! Como poderia eu, ou qualquer um de nós, atendê-lo? E mesmo que tentássemos registrar tudo por escrito, jamais poderíamos contar tudo.

— Talvez possamos fazer ambas as coisas — disse eu. E passamos para a dispensa, onde nos abaixamos e começamos a separar o pistache em pilhas, que depois colocávamos em sacas rústicas, enquanto eu ia respondendo a suas perguntas da maneira que me era possível.

Os fiéis chegaram ao final da tarde, cada qual trazendo uma lamparina que era colocada numa prateleira na sala principal — à medida que aumentava o número de fiéis, aumentava também a iluminação. Em pouco tempo, a sala brilhava com aquela luz amarelada, o que dava ao lugar uma suavidade dourada.

Caleb apresentou-me com uma distinção que me constrangeu e que fui obrigada a negar. — Sim, realmente fui uma das primeiras discípulas, disse eu, e acompanhei Jesus desde o começo. Sim, também era verdade que eu fora uma das primeiras pessoas que ele curara. Sim, também fui a primeira pessoa a vê-lo vivo quando ressuscitou e, sim, ainda falo com ele... E ele fala comigo. No entanto, sou apenas uma pessoa comum, igual a qualquer um de vocês.

— Você está enganada — disse uma mulher. — Seu rosto mostra uma glória que os nossos não têm.

Será que era verdade? Devia ser a luz dourada da lamparina que sugeria essa impressão, pensei.

— O rosto de Moisés brilhou quando ele falou com Deus e o seu também brilha — insistiu a mulher.

Como era tentador acreditar nisso! Pensar que me poderia ter sido concedido um brilho divino tão óbvio que outros o viam!... As armadilhas de Satanás são muito sutis. Quanto mais espiritual nos faz sentir, mais nos enchemos de orgulho.

Embora reconhecendo uma certa excitação, dei uma risada forçada. — O seu também está brilhando — disse à mulher que falara. E, de certa forma, brilhava mesmo. Pouco a pouco, as transformações que vêm do interior acabam se refletindo no rosto.

Como Caleb dissera, cerca de vinte pessoas tinham vindo para a reunião. Havia participantes de todas as idades e pareciam ter sido proporcionalmente divididos entre homens e mulheres. Além da lamparina, cada um tinha trazido algum tipo de alimento — não só para a refeição de que iriam partilhar após as orações, mas também como contribuição para a pilha de alimentos estocados no átrio.

Seu modo de fazer o serviço do culto era diferente daquele de Magdala, e também diferente do nosso, em Jerusalém, o que não surpreendia. Preferiam discutir textos sobre pessoas dos tempos antigos, como Enoque e Elias, que eram carregados para os céus, e seu salmo predileto parecia ser aquele que prometia que "Deus desfere contra eles uma seta: de súbito se acharão feridos... O justo se alegra no Senhor e nele confia".

Mais tarde, durante a refeição em que se pronunciaram as palavras sagradas evocando a ceia com Jesus, sentia-se, à mesa, a mesma sensação de sua presença. Senti prazer em baixar a cabeça, em reverência, e segurar as mãos do homem e da mulher desconhecidos que estavam a meu lado, sentindo neles, maravilhada, um vínculo com aquela misteriosa comunidade que Jesus deixara para trás.

Quando terminaram a refeição e as recordações, começamos a conversar, e eu lhes perguntei por que tinham tanta certeza de que o fim dos tempos estava prestes a chegar. — Jesus nos disse que ninguém sabia da hora e das circunstâncias em que isso iria ocorrer — lembrei-lhes. — Disse, inclusive, que nem ele próprio o sabia. Só Deus sabia.

— Sim, mas ele deixou claro que aconteceria em breve — insistiu Caleb. — Pelo menos, por meio das palavras que nos foram concedidas, sobre como nos devíamos preparar e sobre o fim de tudo.

Tinha que me lembrar das palavras precisas usadas por Jesus. Mas não eram mais nítidas; só me lembrava das ideias. — O fim de tudo, acredito, significava o fim da velha ordem das coisas. O Reino de Deus já começou e está aqui, presente.

— Isso não faz sentido! — disse o jovem sentado à minha esquerda. — Para mim, tudo continua igual. Quando comecei a ter fé, achava que sairia de casa e tudo estaria diferente.

— E não está? — perguntei.

— Não. Continuam as mesmas velhas ruas de sempre, com os mesmos velhos mercadores de sempre e as mesmas placas em cima das velhas lojas de sempre. — Sua decepção era evidente.

— Mas você os vê de maneira diferente?... Os mercadores, em suas barracas, os vendedores nas ruas?...

— Não compreendo — respondeu.

— Quero dizer, seus rostos, seus olhos... Quando você olha para eles, você vê uma pessoa diferente? Você não vê Jesus, por acaso?

— Não sei como era Jesus — respondeu.

— Eu acho que sim — disse eu. — Acho que reconheceria os olhos dele.

— Eu não fito as pessoas nos olhos. É má educação — disse ele.

— Jesus sempre fitava as pessoas nos olhos — disse eu. — Disso, tenho certeza. — Fiz uma pausa. — Será que eu poderia contar-lhe uma história sentimental? Acho que posso. Jesus nunca se preocupou em ficar constrangido e eu também não o devo fazer. Certa vez, um rabino contou uma história que nunca esqueci — e acredito que Jesus diria que ela se aplica a esta situação. Como você sabe, o Sabá começa, e termina, com o pôr do sol. E o novo dia começa com o alvorecer. Perguntaram a um homem sábio como era possível perceber quando a noite passa a ser dia. Seria quando não se podem mais ver as estrelas brilhando no céu? Seria quando se distingue a diferença entre uma linha preta e uma linha branca? O homem sábio balançou a cabeça, embora aquelas fossem consideradas como definições padrão. "É quando você olha nos olhos de outro homem e constata que ele é seu irmão", disse ele. E se você estiver vivendo um novo tempo, é assim que você pode saber que o mundo antigo terminou. — Olhei em volta, para a pilha de víveres, que já passava do átrio para a própria sala. — Vocês estão equivocados, meus amigos. O mundo não irá terminar hoje à noite, nem amanhã, e mesmo que fosse, esses víveres que vocês têm pouco iriam adiantar.

— Concordo — disse uma mulher à minha esquerda. — Mas, ainda assim, deveríamos abandonar a vida comum e dedicar-nos exclusivamente a orar e meditar. Deveríamos aproveitar o tempo que nos sobra para nos purificarmos e meditarmos sobre o que é realmente importante. Deixar de lado as coisas materiais, do cotidiano, e voltarmo-nos unicamente para o que é eterno.

Todos eles olhavam para mim, na expectativa de uma resposta erudita.

— Eu acho... acho que Jesus sempre viu o eterno nas coisas do dia a dia. Não as separava, como nós temos tendência a fazer. Nosso último dia sobre a terra deveria ser passado como qualquer outro, fazendo as views" (ou nem sequer pensa). Mas, se você se importar com a terminologia sobre tabs e views ativas, eis a novidade:

- **Tab:** Algo que é impossível de descrever, exceto chamando de "guia". Se usássemos outro nome para aquilo que chamamos de tab, também seríamos movidos de uma exibição para outra ou de um editor para outro. O importante é que as exibições podem ser *empilhadas* umas sobre as outras. O Eclipse mostra views empilhadas como se fossem páginas em um bloco de notas marcado. Por exemplo, a Figura 3-14 mostra uma área do workbench Eclipse. A área contém cinco views (view Problems [Problemas], exibição Javadoc, view Declaration [Declaração], view Search [Pesquisar] e view Console). Cada view tem sua própria tab.

  As exibições empilhadas são chamadas de *grupos de tabs*. Para trazer uma view na pilha para a frente, você clicará na tab dessa exibição.

  E, a propósito, tudo sobre tabs e views também serve para as tabs e os editores. A única coisa interessante é o modo como o Eclipse usa a palavra "editor". No Eclipse, cada página com tabs da área do editor é um editor individual. Por exemplo, a área do Editor na Figura 3-16 contém três editores (não três guias que pertencem a um único editor).

- **Active view ou active editor:** Em um grupo de tabs, a exibição ou o editor que está na frente.

  Na Figura 3-16, o editor `MyFirstJavaClass.java` é o editor ativo. Os editores `Mortgage.java` e `ThingsILike.java` estão inativos.

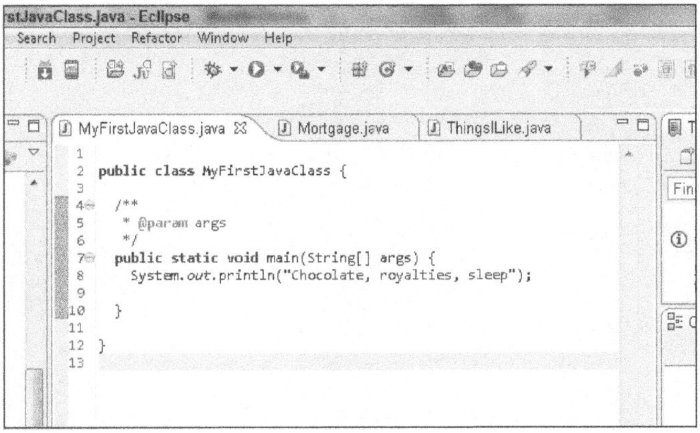

Figura 3-16: A área Editor contém três editores.

O que existe em uma view ou editor?

Os vários itens a seguir lidam com views individuais, editores individuais e áreas individuais.

- **Toolbar:** A barra de botões (e outras coisinhas) no topo de uma view (veja Figura 3-17).
- **Botão de menu:** Uma seta apontando para baixo na barra de ferramentas. Quando você clica no botão de menu, uma lista suspensa de actions aparece (veja Figura 3-18). As ações que você vê na lista variam entre as views.
- **Botão Close:** Um botão que se livra de uma view ou editor em particular (veja Figura 3-19).
- **Chevron:** Uma seta dupla indicando que as outras guias devem aparecer em uma área particular (mas a área não é grande o suficiente). A barra em ângulo na Figura 3-20 tem um pequeno número 2. O 2 informa que, além das duas guias visíveis, duas tabs estão invisíveis. Clicar no chevron ativa uma dica suspensa contendo as etiquetas de todas as guias (veja Figura 3-20).
- **Marker bar:** A régua vertical na borda esquerda da área do editor. O Eclipse exibe pequenos ícones de alerta, chamados *markers*, dentro da barra de marcadores (por exemplo, veja Figura 3-12).

Figura 3-17: A toolbar da view Package Explorer.

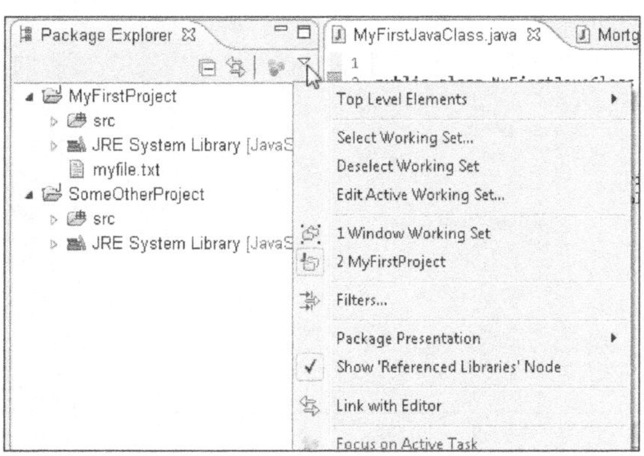

Figura 3-18: Clicando no botão de menu da view Package Explorer.

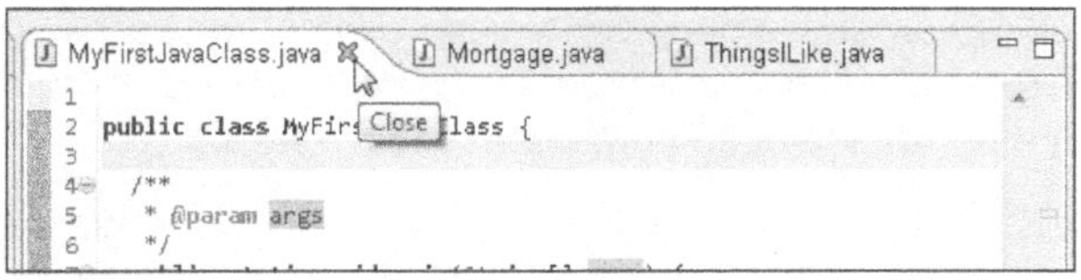

Figura 3-19: O botão para fechar um editor.

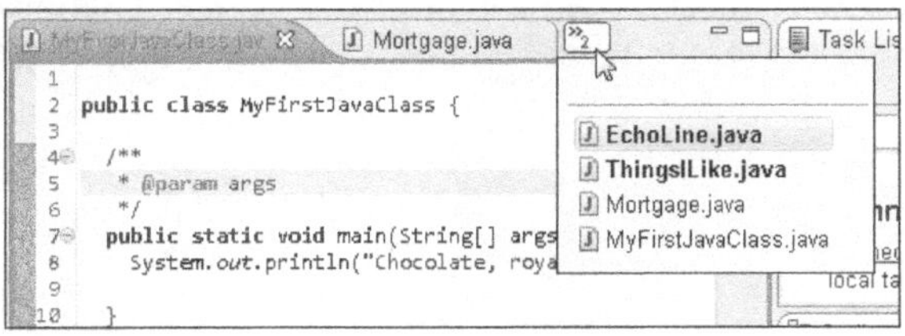

Figura 3-20: O chevron indica que dois editores estão ocultos.

Voltando à visão geral

Os dois termos seguintes lidam com a visão geral do Eclipse:

- **Layout:** A organização de certas views. O layout na Figura 3-3 tem sete views, das quais quatro são facilmente visíveis:

  - Bem à esquerda você vê a exibição Package Explorer.
  - Bem à direita você tem a exibição Task List (Lista de Tarefas) e a exibição Outline (Resumo).
  - Próximas à parte inferior você tem as exibições Problems, Javadoc, Declaration e Console.

  Em todas essas views o layout contém uma única *área do editor*. Qualquer editor aberto aparece dentro dessa área.

- **Perspective:** Um layout muito útil. Se um determinado layout for realmente útil, alguém dará um nome a ele. E se um layout tiver um nome, você poderá usá-lo sempre que quiser. Por exemplo, o workbench da Figura 3-3 exibe a *perspective Java* do Eclipse. Por padrão, a perspective Java contém seis exibições em uma organização muito parecida com a organização mostrada na Figura 3-3.

  A view Console aparece na Figura 3-3, mas ela nem sempre aparece como parte da perspective Java. Normalmente, a view Console aparece automaticamente quando você executa um programa Java baseado em texto. Se você quiser forçar a view Console a aparecer, escolha Window (Janela)⇨Show View (Mostrar Exibição)⇨Other (Outro). Na caixa de diálogo Show View, expanda a seção General (Geral). Finalmente, nessa seção General, clique duas vezes no item Console.

Em todas essas views, a perspective Java contém uma área do editor. (Certamente, a área do editor tem várias tabs, mas o número de tabs não tem nenhuma relação com a perspective Java.)

Você pode mudar entre as perspectives escolhendo Windows ⇨ Open Perspective (Abrir Perspectiva) na barra de menus principal do Eclipse. Este livro foca quase que exclusivamente na perspective Java do Eclipse. Mas, se você tiver curiosidade, visite algumas outras perspectives para ter uma ideia do poder e da versatilidade do Eclipse.

Parte II

Escrevendo Seus Próprios Programas em Java

A 5ª Onda Por Rich Tennant

"Bem, não é divertido? — uma intranet em miniatura no meio de um monte de applets Java."

Nesta parte...

Esta parte apresenta alguns dos programas mais simples do mundo. E, sendo simples, esses programas mostram as ideias fundamentais por trás de todo código de computador. As ideias incluem variáveis, valores, tipos, instruções, métodos e muitas outras coisas importantes. Esta parte do livro é um trampolim, sua plataforma de lançamento, sua catapulta virtual.

Capítulo 4

Explorando as Partes de um Programa

Neste Capítulo

- Identificando as palavras em um programa Java
- Usando a pontuação e o recuo
- Compreendendo as instruções e os métodos Java

Trabalho no prédio de Ciências em uma faculdade de Ciências Humanas. Quando passo pelo laboratório de Biologia, sempre agradeço baixinho. Fico grato por não ter que dissecar pequenos animais. Em minha linha de trabalho, disseco programas de computador. Os programas de computador cheiram muito melhor do que os animais mortos preservados. E mais: quando disseco um programa, não sou lembrado de minha própria mortalidade.

Neste capítulo convido-o a dissecar um programa comigo. Tenho um pequeno programa chamado `ThingsILike`. Corto o programa e investigo cuidadosamente suas vísceras. Deixe pronto seu bisturi. Aqui vamos nós!

Verificando o Código Java pela Primeira Vez

Tenho uma confissão a fazer. A primeira vez que vejo o programa de computador de outra pessoa, sinto-me enjoado. A percepção de que não entendo algo (ou muitas coisas) no código deixa-me nervoso. Escrevi centenas (talvez milhares) de programas, mas ainda me sinto inseguro quando começo a ler o código de outra pessoa.

A verdade é que aprender sobre um programa de computador é uma experiência de esforço próprio. Primeiro eu olho com admiração e assombro o programa. Executo-o para ver o que ele faz. Vejo o programa por um momento ou leio a explicação de outra pessoa sobre ele e suas partes. Finalmente, faço as pazes com o programa. Não acredite nos sabichões que dizem nunca passar por essas etapas. Até os programadores experientes abordam um novo projeto devagar e com cuidado.

Veja! Um programa!

Na Listagem 4-1 você tem uma visão do código Java. É esperado de todos os programadores iniciantes que examinem humildemente o código. Mas *não fique intimidado*. Quando pegar o jeito da coisa, a programação será muito fácil. Sim, será divertido também.

Listagem 4-1: Um programa Java Simples

```
/*
 * A program to list the good things in life
 * Author: Barry Burd, BeginProg3@allmycode.com
 * February 13, 2012
 */

class ThingsILike {

  public static void main(String args[]) {
    System.out.println("Chocolate, royalties, sleep");
  }
}
```

Quando executo o programa na Listagem 4-1, obtenho o resultado mostrado na Figura 4-1: O computador exibe as palavras `Chocolate, royalties, sleep` na tela. Agora, admito que escrever e executar um programa Java é muito trabalho só para fazer as palavras `Chocolate, royalties, sleep` aparecerem na tela de computador de alguém, mas todo esforço tem que iniciar em algum lugar.

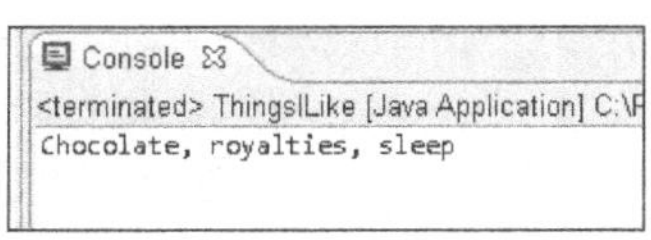

Figura 4-1: Executando o programa na Listagem 4-1.

Você pode executar o código da Listagem 4-1 em seu computador. Eis como:

1. **Siga as instruções no Capítulo 2 para instalar o Eclipse.**

2. **Em seguida, siga as instruções na primeira metade do Capítulo 3.**

   Essas instruções informam como executar o projeto chamado 03-01, que vem em um download no site deste livro (`http://allmycode.com/BeginProg3`)*. Para executar o código na Listagem 4-1, faça o mesmo com o projeto 04-01, que vem no mesmo download.

* Também disponível no site `www.altabooks.com.br`.

O que as linhas do programa dizem

Se o programa na Listagem 4-1 ficar famoso, alguém escreverá um livro *Guia* para resumi-lo. O livro será realmente pequeno, porque é possível resumir a ação da Listagem 4-1 em apenas uma frase. Eis a frase:

```
Exiba Chocolate, royalties, sleep
na tela do computador
```

Agora, compare a frase anterior com o texto na Listagem 4-1. Como a Listagem 4-1 tem muito mais linhas, você pode imaginar que ela tem muito código padronizado. Bem, seu pensamento está correto. Você não pode escrever um programa Java sem escrever coisas padronizadas, mas, felizmente, o texto padronizado não muda muito de um programa Java para outro. Eis meu melhor esforço ao resumir todo o texto da Listagem 4-1 em 57 palavras ou menos:

```
Este programa lista as coisas boas da vida.
Barry Burd escreveu este programa em 13 de fevereiro de 2012.
Barry entende que você pode ter dúvidas a respeito do código-fonte,
então você pode achá-lo em BeginProg3@allmycode.com.

Este código define uma classe Java chamada ThingsILike.
  Este é o ponto inicial das instruções:
        Exiba Chocolate, royalties, sleep
        na tela.
```

O resto deste capítulo (cerca de mais 4.500 palavras) explicará o código da Listagem 4-1 com mais detalhes.

Os Elementos em um Programa Java

O fato de o Inglês e o Java serem chamados de *linguagem* não é uma coincidência. Você usa uma linguagem para expressar ideias. O Inglês expressa ideias para as pessoas e o Java expressa ideias para os computadores. E mais: tanto o Inglês como o Java têm coisas como palavras, nomes e pontuação. Na verdade, a maior diferença entre as duas linguagens é que o Java é mais fácil que o Inglês. (Se o Inglês fosse fácil, então os computadores o entenderiam. Infelizmente, eles não entendem.)

Pegue uma frase comum em Inglês e compare-a com o código na Listagem 4-1. Eis a frase:

> Suzanne diz “eh”, pois, como você sabe, ela mora no Canadá.

Em sua aula de gramática no ensino médio, você se preocupava com verbos, adjetivos e outras coisas. Mas neste livro você pensará em termos de palavras-chave e identificadores, como resumido na Figura 4-2.

Palavras reservadas:
Suzanne **diz** "eh", **pois, como você sabe, ela mora no** Canadá.

Um identificador que você ou eu podemos definir:
Suzanne diz "eh", pois, como você sabe, ela mora no Canadá.

Um identificador em comum acordo sobre o significado:
Suzanne diz "eh", pois, como você sabe, ela mora no **Canadá**.

Um literal:
Suzanne diz **"eh"**, pois, como você sabe, ela mora no Canadá.

Pontuação:
Suzanne diz "eh", pois, como você sabe, ela mora no Canadá.

Um comentário:
Suzanne diz "eh", pois, como você sabe, ela mora no Canadá.

Figura 4-2: As coisas que você encontra em uma frase simples.

A frase de Suzanne tem todos os tipos de coisas. São as mesmas coisas que você encontra em um programa de computador. Portanto, eis o plano. Compare os elementos na Figura 4-1 com os elementos parecidos na Listagem 4-1. Você já entende o inglês, portanto usa essa compreensão para descobrir algumas coisas novas sobre o Java.

Mas primeiro, eis um lembrete amistoso. Nos próximos parágrafos farei comparações entre o Inglês e o Java. Quando você ler esses parágrafos, será importante manter a mente aberta. Por exemplo, ao comparar o Java com o Inglês, posso escrever que os "nomes das coisas não são iguais às palavras no dicionário". Certamente você pode argumentar que alguns dicionários listam os nomes próprios e que algumas pessoas têm primeiros nomes, tais como Hope, Prudence e Spike, mas não. Você obterá mais da leitura se evitar procurar falhas. Certo? Ainda somos amigos?

Palavras reservadas

Uma *palavra reservada* é uma palavra do dicionário — uma palavra que é construída diretamente em uma linguagem.

Na Figura 4-2, uma palavra como "says" é uma palavra-chave porque "says" desempenha sempre o mesmo papel em uma frase em inglês. As outras palavras-chave na frase de Suzanne são "pois", "como", "você", "sabe", "ela", "mora" e "no".

Os programas de computador têm palavras-chave também. Na verdade, o programa na Listagem 4-1 usa quatro palavras-chave do Java (mostradas em negrito).

```
class ThingsILike {

    public static void main(String args[]) {
```

Cada palavra-chave Java tem um significado específico — um significado que fica inalterado entre os programas. Por exemplo, sempre que escrevo um programa Java, a palavra `public` sempre sinaliza uma parte dele que é acessível a qualquer outra parte do código.

CUIDADO!

A linGUagem de proGRAMação java *leva em conta as letras maiúsculas e minúsculas*. Isto SIGnifica que se você mudar uma LEtra MINúscula em uma palaVRA PARA UMA MAIúscula, muDArá o SIgnificado da pALAVRA. MudAR as LETRAS podE fazer a PALAVRA inteIRA DEIXAR de TER SIGNIFICAdo. Na Listagem 4-1 você não pode substituir *public* por *Public*. Se substituir, o PROGRAMA INTEIRO DEIXARÁ DE FUNCIONAR.

Este capítulo tem pouco ou nenhum detalhe sobre os significados das palavras-chave `class`, `public`, `static` e `void`. Você pode ver o material em outros capítulos, mas também poderá avançar colando. Quando escrever um programa, comece com

```
class SomethingOrOther {
```

então, cole o texto

```
public static void main(String args[]) {
```

em seu código. Em seus primeiros programas, esta estratégia servirá bem.

A Tabela 4-1 tem uma lista completa de palavras-chave Java.

Tabela 4-1 Palavras-chave Java

abstract	continue	for	new
switch	assert	default	goto
package	synchronized	boolean	do
if	private	this	break
double	implements	protected	throw
byte	else	import	public
throws	case	enum	instanceof
return	transient	catch	extends
int	short	try	char
final	interface	static	void
class	finally	long	strictfp
volatile	const	float	native
super	while		

PAPO DE ESPECIALISTA

No Java, as palavras `true`, `false` e `null` têm significados específicos. Como as palavras-chave na Tabela 4-1, você não pode usar `true`, `false` e `null` para significar algo diferente do que normalmente significam em um programa Java. Mas, por motivos que interessam apenas aos especialistas Java mais detalhistas, `true`, `false` e `null` não são consideradas palavras-chave Java. De qualquer modo, se você escrever as palavras `true`, `false` e `null` na Tabela 4-1, tudo bem.

Eis algo a lembrar sobre as palavras-chave: No Java, cada palavra-chave tem um significado oficial e predeterminado. As pessoas na extinta Oracle Sun Microsystems, que tiveram a palavra final sobre o que constitui um programa Java, criaram todas as palavras-chave do Java. Você não pode inventar seu próprio significado para as palavras-chave Java. Por exemplo, você não pode usar a palavra `public` em um cálculo.

```
//Este é um código de erro
public = 6;
```

Se você tentar usar uma palavra-chave assim, o compilador exibirá uma mensagem de erro e se recusará a traduzir seu código-fonte. Funciona do mesmo modo em Português. Tenha um bebê e chame-o de "Porque".

> "Vamos aplaudir o mestre de cerimônias da noite — Porque O. Borel."

Você pode fazer isto, mas a criança nunca terá uma vida normal.

Apesar de minhas reivindicações ardentes nesta seção, duas palavras-chave do Java não têm significado em um programa Java. Essas palavras – `const` e `goto` – são reservadas para não terem uso no Java. Se você tentar criar uma variável chamada `goto`, o Eclipse exibirá uma mensagem de erro `Invalid VariableDeclaratorId`. Os criadores do Java esperam que, se você usar as palavras `const` ou `goto` em seu código, deverá ser informado educadamente para ir para a mesa dos programadores C++.

Identificadores que você ou eu podemos definir

Gosto do nome Suzanne, mas se você não gosta de nomes tradicionais, então crie um nome novinho. Você teve um bebê. Chame-o de "Deneen" ou "Chrisanta". Nomeie-o como "Belton" ou "Merk".

Um *nome* é uma palavra que identifica algo, portanto, irei parar de chamar essas coisas de nomes e começar a chamá-los de *identificadores*. Na programação de computadores, um *identificador* é um tipo de nome. Um identificador se refere a um valor, uma parte do programa, certo tipo de estrutura ou qualquer coisa.

A Listagem 4-1 tem dois identificadores que você ou eu podemos definir. São as palavras inventadas `ThingsILike` e `args`.

```
class ThingsILike {

    public static void main(String args[]) {
```

Exatamente como os nomes Suzanne e Chrisanta não têm significados especiais em Inglês, os nomes `ThingsILike` e `args` não têm um significado especial no Java. Na Listagem 4-1 uso `ThingsILike` para o nome de meu programa, mas eu poderia também ter usado um nome como `GooseGrease`,

`Enzyme` ou `Kalamazoo`. Tenho que colocar (`String` *`algumNome`*`[ ]`) em meu programa, mas eu poderia usar (`String` *`args`*`[ ]`), (`String` *`commandLineArguments`*`[ ]`) ou (`String` *`queijo`*`[ ]`).

Faça o que digo, não faça o que faço. Invente nomes diferenciados e informativos para as coisas em seus programas Java. Nomes como `GooseGrease` são engraçados, mas não ajudam a controlar sua estratégia de escrita do programa.

Quando nomeio meu programa Java, posso usar `ThingsILike` ou `GooseGrease`, mas não posso usar a palavra `public`. Palavras como `class`, `public`, `static` e `void` são palavras-chave no Java.

O `args` em (`String args[ ]`) guarda qualquer coisa extra que você digita quando envia o comando para executar um programa Java. Por exemplo, se você fizer o programa executar digitando java `ThingsILike won too 3`, então `args` armazenará os valores extras `won`, `too` e `3`. Como programador iniciante, você não precisa pensar sobre esse recurso do Java. Apenas cole (`String args[ ]`) em cada um de seus programas.

Identificadores com significados acordados

Muitas pessoas se chamam Suzanne, mas apenas um país se chama Canadá. É porque há um significado padrão e bem conhecido para a palavra "Canadá". É o país com uma folha de bordo vermelha em sua bandeira. Se você iniciar seu próprio país, deverá evitar chamá-lo de Canadá porque o nome Canadá, apenas confundiria as pessoas. Eu sei, uma cidade em Kentucky se chama Canadá, mas isso não conta. Lembre-se, você deve ignorar exceções como esta.

A maioria das linguagens de programação tem identificadores com significados acordados. No Java, quase todos os identificadores são definidos na API Java. A Listagem 4-1 tem cinco desses identificadores. São as palavras `main`, `String`, `System`, `out` e `println`:

```
public static void main(String args[]) {
    System.out. println("Chocolate, royalties, sleep");
}
```

Eis um pequeno resumo do significado de cada um desses nomes (e descrições mais detalhadas aparecem neste livro):

- **main:** O ponto de partida principal para a execução em todo programa Java.
- **String:** Um pedaço de texto; uma linha de caracteres, um após o outro.
- **System:** Um programa pronto na API Java. (Esse programa acessa alguns recursos de seu computador que estão fora do controle direto da máquina virtual Java (JVM).)

- **out:** O lugar onde um programa baseado em texto exibe seu texto. Para um programa executado no Eclipse, a palavra `out` representa a exibição Console. Para ler mais sobre os programas baseados em texto, verifique os primeiros parágrafos do Capítulo 3.
- **println:** Exiba o texto em sua tela de computador.

Estritamente falando, os significados dos identificadores na API Java não são imutáveis. Embora você possa criar seus próprios significados para palavras tais como `System` ou `println`, isso não é uma boa ideia. Se criasse, você confundiria os outros programadores, que estão acostumados aos significados padronizados da API para esses nomes familiares de identificadores.

Literais

Um *literal* é uma parte do texto que se refere ao próprio valor representado. Na frase de Suzanne (consulte a Figura 4-2), "eh" é literal porque "eh" refere-se à palavra "eh".

As linguagens de programação têm literais também. Por exemplo, na Listagem 4-1, o que está entre aspas é um literal:

```
System.out.println("Chocolate, royalties, sleep");
```

Quando executar o programa `ThingsILike`, você verá as palavras `Chocolate, royalties, sleep` na tela. Na Listagem 4-1, o texto `"Chocolate, royalties, sleep"` refere-se a essas palavras, exatamente como aparecem na tela (menos as aspas).

A maioria dos números que você usa nos programas de computador são literais. Se você colocar a instrução

```
meuSalario = 1000000.00;
```

em um programa de computador, então `1000000.00` será um literal. Significa o número 1000000,00 (um milhão).

Se você não gosta de contar dígitos, poderá colocar a seguinte instrução em seu programa Java 7:

```
meuSalario = 1_000_000.00;
```

Começando no Java 7, os números com sublinhados são permitidos como literais.

Nas versões do Java anteriores ao Java 7, você não podia usar números, tais como `1_000_000.00` em seu código.

Diferentes países usam separadores de número diferentes e diferentes formatos de número. Por exemplo, nos Estados Unidos, você escreve 1,234,567,890,55. Na França, você escreve 1234567890,55. Na Índia, você agrupa os dígitos em grupos de dois e três. Você escreve 1.23.45.67.890,55. Você não pode colocar uma instrução como `meuSalario = 1.000.000,00` em seu programa Java. Os literais numéricos do Java não têm nenhuma vírgula. Mas você pode escrever `meuSalario = 10_00_000.00` para uma programação de fácil leitura na Índia. E para a saída de um programa, você pode exibir números como 1234567890,55 usando as classes `Locale` e `NumberFormat` do Java.

Pontuação

Um programa de computador típico tem muita pontuação. Por exemplo, considere o programa na Listagem 4-1:

```
class ThingsILike  {

  public static void main(String args[]) {
    System.out.println("Chocolate, royalties, sleep");
  }
}
```

Cada chave, colchete e cada forma de qualquer tipo desempenha um papel ao dar significado ao programa.

Em inglês, você escreve tudo em uma linha, então divide seu texto para iniciar na próxima linha. Na programação, raramente você trabalha assim. Ao contrário, a pontuação do código guia o recuo de certas linhas. O recuo mostra quais partes do programa estão subordinadas a outras. É como se, em inglês, você escrevesse a frase de Suzanne assim:

> Suzanne diz "eh", pois,
>
> ,
>
>   como você sabe,
>
> ,
>
> ela mora no Canadá.

Os diagramas nas Figuras 4-3 e 4-4 mostram como as partes do programa `ThingsILike` estão contidas dentro de outras. Note como um par de chaves age como uma caixa. Para tornar visível a estrutura do programa, você recua tudo dentro de cada caixa.

Não posso enfatizar este ponto o suficiente. Se você não recuar seu código, ou se recuar, mas não o fizer com cuidado, então seu código irá compilar e executará corretamente. Mas essa execução bem-sucedida dá uma falsa sensação de confiança. No minuto em que tentar atualizar um código mal recuado, você ficará bastante confuso. Portanto, aceite meu conselho: Mantenha seu código recuado com cuidado em cada etapa do processo. Torne preciso seu recuo, esteja você fazendo um rápido programa de teste ou escrevendo um código para um cliente bilionário.

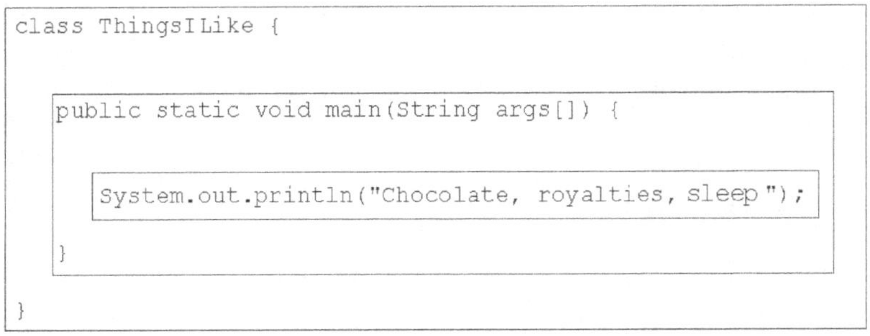

Figura 4-3: Um par de chaves age como uma caixa.

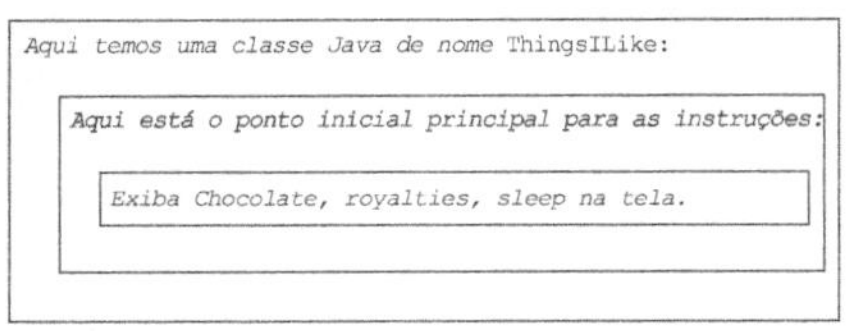

Figura 4-4: As ideias em um programa de computador são aninhadas uma nas outras.

DICA

O Eclipse pode recuar seu código automaticamente. Selecione o arquivo `.java` cujo código você deseja recuar. Então, no menu principal do Eclipse, escolha Source (Fonte) ⇨ Format (Formatar). O Eclipse irá reorganizar suas linhas no editor, recuando as coisas que devem ser recuadas e, geralmente, deixando seu código com boa aparência. (Isto poderá não funcionar se seu código contiver erros de compilação. Mas sempre vale a pena tentar.)

Comentários

Um *comentário* é um texto fora do fluxo normal. Na Figura 4-2, as palavras "A comment:" (Um comentário:) não fazem parte da frase de Suzanne. Ao contrário, elas *referem-se* à frase de Suzanne.

O mesmo ocorre com os comentários nos programas de computador. As cinco primeiras linhas na Listagem 4-1 formam um grande comentário. O computador não age nesse comentário. Não existem instruções para o computador realizar dentro do comentário. Ao contrário, o comentário informa aos outros programadores algo sobre seu código.

Os comentários são para seu próprio benefício também. Imagine que você ponha seu código de lado por um tempo e trabalhe em outra coisa. Quando voltar mais tarde para trabalhar nele, os comentários ajudarão a lembrá-lo sobre o que estava fazendo.

A linguagem de programação tem três tipos diferentes de comentários:

- **Comentários tradicionais:** O comentário na Listagem 4-1 é um comentário *tradicional*. O comentário começa com /* e termina com */. Tudo entre os sinais de abertura e fechamento é para os olhos humanos apenas. Nada entre eles é traduzido pelo compilador.

  As segunda, terceira e quarta linhas na Listagem 4-1 têm asteriscos extras. Posso chamá-los de "extras" porque os asteriscos não são requeridos quando você cria um comentário. Eles apenas melhoram sua aparência. Incluo-os na Listagem 4-1 porque, por algum motivo que não compreendo inteiramente, a maioria dos programadores Java adiciona esses asteriscos extras.

- **Comentários de final de linha:** Eis um código com comentários de final de linha.

  ```
  class ThingsILikes {          //Faltam duas coisas

    public static void main(String args[]) {
      System.out.println("sleep"); // Faltando daqui
    }
  }
  ```

  Um comentário de *final de linha* inicia com duas barras e vai até o final de uma linha do texto.

  DICA

  Você pode ter ouvido programadores falando sobre "comentar" certas partes do código. Quando você está escrevendo um programa e algo não funciona corretamente, em geral, ajudará tentar remover parte do código. No mínimo você descobrirá o que acontece quando esse código suspeito for removido. Naturalmente, você pode não gostar do que acontece quando o código é removido, portanto, não desejará apagá-lo completamente. Ao contrário, transformará suas instruções Java comuns em comentários. Por exemplo, transforme `System.out.println(*Sleep*);` em /* `System.out.println(*Sleep*);` */. Isso impedirá o compilador Java de ver o código enquanto você tenta descobrir o que está errado com seu programa.

- **Comentários Javadoc:** Um comentário *Javadoc* especial é qualquer comentário tradicional que começa com um asterisco extra.

  ```
  /**
   * Imprima uma linha e, então, termine a linha.
   */
  ```

  Este é um ótimo recurso do Java. O software que você pode baixar de `java.sun.com` inclui um pequeno programa chamada `javadoc`. O programa `javadoc` procura esses comentários especiais em seu código. O programa usa esses comentários para criar uma página web novinha — uma página de documentação personalizada para seu código. Para descobrir mais sobre como transformar comentários Javadoc em páginas web, visite o site deste livro (`http://allmycode.com/BeginProg3`).

Compreendendo um Programa Java Simples

As seguintes seções apresentam, explicam, analisam, dissecam e desmistificam o programa Java na Listagem 4-1.

O que é método?

Você está trabalhando como mecânico de automóveis em uma oficina sofisticada. Seu chefe, que está sempre com pressa e tem o hábito de juntar as palavras, diz: "ConserteOAlternador naquele FordFerroVelho". Mentalmente, você percorre uma lista de tarefas. "Levar o carro para a vaga, levantar o capô, pegar uma chave-inglesa, soltar a correia do alternador" etc. Três coisas estão acontecendo aqui:

- **Você tem um nome para aquilo que deve fazer.** O nome é ConserteOAlternador.
- **Em sua mente, você tem uma lista de tarefas associadas ao nome ConserteOAlternador".** A lista inclui "Levar o carro para a vaga, levantar o capô, pegar uma chave-inglesa, soltar a correia do alternador" etc.
- **Você tem um chefe irritado que está dizendo para fazer todo este trabalho.** Seu chefe o faz trabalhar dizendo: "ConserteOAlternador". Em outras palavras, seu chefe o faz trabalhar dizendo o nome daquilo que você deve fazer.

Neste cenário, usar a palavra *método* não seria um grande esforço. Você tem um método para fazer algo com um alternador. Seu chefe coloca esse método em ação e você responde fazendo todas as coisas na lista de instruções associadas ao método.

Métodos Java

Se você acredita em tudo da seção anterior, então está pronto para ler sobre os métodos Java. No Java, um *método* é uma lista de coisas a fazer. Todo método tem um nome, e você informa ao computador para fazer as coisas na lista usando o nome do método em seu programa.

Nunca escrevi um programa para fazer um robô consertar um alternador. Mas, se tivesse escrito, o programa poderia incluir um método chamado `FixTheAlternator` (ConserteOAlternador). A lista de instruções em meu método `FixTheAlternator` seria como o texto na Listagem 4-2.

Listagem 4-2: A Declaração de um Método

```
void FixTheAlternator() {
    DriveInto(car, bay);
    Lift(hood);
    Get(wrench);
    Loosen(alternatorBelt);
    ...
}
```

Em outro lugar do meu código Java (algum lugar fora da Listagem 4-2), preciso de uma instrução para colocar meu método `FixTheAlternator` em ação. A instrução para colocar o método `FixTheAlternator` em ação pode parecer com a linha na Listagem 4-3.

Listagem 4-3: Chamando um Método

```
FixTheAlternator(junkyOldFord);
```

Não examine com muito cuidado as Listagens 4-2 e 4-3. Todo o código nelas é falso! Criei esse código para que parecesse com um código Java real, mas não é. O mais importante é que o código nas Listagens 4-2 e 4-3 não é para ilustrar todas as regras sobre o Java. Portanto, se você for cético, fique com as Listagens 4-2 e 4-3.

Quase toda linguagem de programação de computadores tem algo parecido com os métodos do Java. Se você trabalhou com outras linguagens, pode lembrar coisas, tais como: subprogramas, procedimentos, funções, sub-rotinas, procedimentos `Sub` ou instruções `PERFORM`. Seja qual for o nome de sua linguagem de programação favorita, um método é um monte de instruções reunidas e com um novo nome.

A declaração, o cabeçalho e a chamada

Se você tem uma compreensão básica do que é um método e de como ele funciona (veja a seção anterior), pode aprofundar-se em alguma terminologia útil:

- Se estou sendo preguiçoso, refiro-me ao código na Listagem 4-2 como um *método*. Se não estou sendo preguiçoso, refiro-me a esse código como uma *declaração do método*.
- A declaração do método na Listagem 4-2 tem duas partes. A primeira linha (a parte com o nome `FixTheAlternator`, até, mas sem incluir, a chave de abertura) é chamada de *cabeçalho do método*. O resto da Listagem 4-2 (a parte entre as chaves) é o *corpo de um método*.
- O termo *declaração do método* distingue a lista de instruções na Listagem 4-2 da instrução na Listagem 4-3, que é conhecida como *chamada do método*.

Para ter uma ilustração útil de toda a terminologia do método, veja a Figura 4-5.

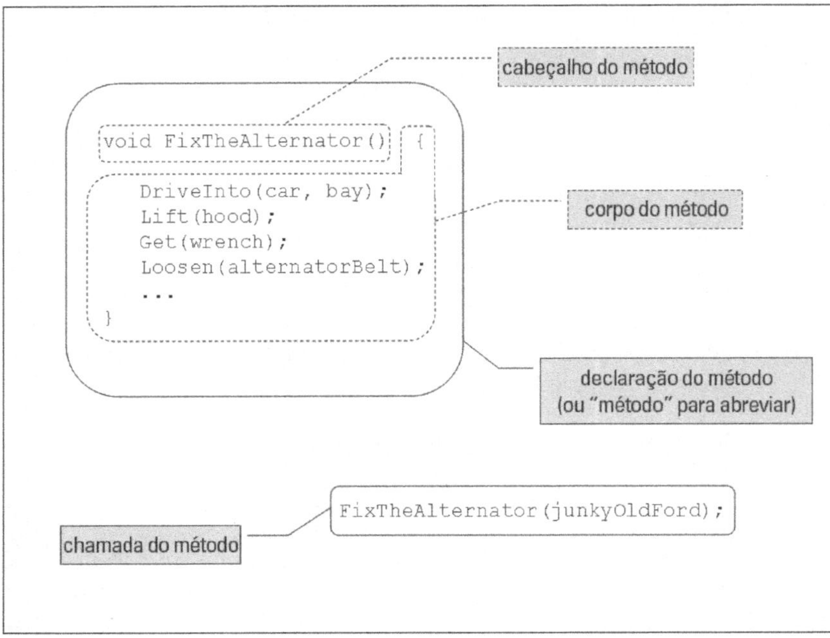

Figura 4-5: A terminologia descrevendo os métodos.

O cabeçalho e o corpo de um método são como uma entrada em um dicionário. Uma entrada realmente não usa a palavra que ela define. Ao contrário, uma entrada informa o que acontece se e quando você usa a palavra.

> **chocolate** (cho-co-la-te) *subst.* **1.** A substância mais viciante na Terra. **2.** Algo que você paga com dinheiro a partir de royalties. **3.** O elemento nutricional mais importante na dieta de uma pessoa.
>
> **FixTheAlternator**( ) Levar o carro para a vaga, levantar o capô, pegar uma chave-inglesa, soltar a correia do alternador, e então comer algum chocolate.

Em oposição, uma chamada do método é como o uso de uma palavra em uma frase. Uma chamada do método coloca um código em movimento.

> "Quero um chocolate ou terei um ataque."
>
> "ConserteOAlternador naquele FordFerroVelho."

LEMBRE-SE

A *declaração de um método* informa ao computador o que acontecerá se você colocar o método em ação. Uma *chamada do método* (uma parte separada do código) informa ao computador para realmente colocar o método em ação. A declaração de um método e a chamada do método tendem a estar em partes diferentes do programa Java.

O método main em um programa

Na Listagem 4-1, a principal parte do código é a declaração de um método chamado *main*. (Procure a palavra `main` no cabeçalho do método.) No momento, não se preocupe com as outras palavras no cabeçalho do método — as palavras `public`, `static`, `void`, `String` e `args`. Explicarei essas palavras (quando for necessário) nos próximos capítulos.

Como qualquer método Java, o método `main` é uma receita:

```
Como fazer biscoitos:
    Preaqueça o forno.
    Enrole a massa.
    Asse a massa.
```

ou

```
Como seguir as instruções do método no código de
ThingsILike:
Exiba Chocolate, royalties, sleep na tela.
```

A palavra `main` desempenha um papel especial no Java. Em particular, você nunca escreve o código que coloca explicitamente um método `main` em ação. A palavra `main` é o nome do método colocado em ação automaticamente quando o programa começa a execução.

Quando o programa `ThingsILike` é executado, o computador encontra automaticamente o método `main` do programa e executa quaisquer instruções dentro do corpo do método. No programa `ThingsILike`, o corpo do método `main` tem apenas uma instrução. Essa instrução informa ao computador para imprimir `Chocolate, royalties, sleep` na tela.

LEMBRE-SE

Nenhuma instrução em um método é executada até que ele seja colocado em ação. Mas, se você der ao método o nome `main`, então ele será colocado em ação automaticamente.

Como você finalmente diz ao computador para fazer algo

Bem no centro da Listagem 4-1 está uma linha que realmente envia uma instrução direta para o computador. A linha

```
System.out.println("Chocolate, royalties, sleep");
```

informa ao computador para exibir as palavras `Chocolate, royalties, sleep`. (Se você usar o Eclipse, o computador exibirá `Chocolate, royalties, sleep` na exibição Console.) Posso descrever esta linha de código pelo menos de duas maneiras diferentes:

- **É uma instrução:** No Java, uma instrução direta que informa ao computador para fazer algo é chamada de *instrução*. A instrução na Listagem 4-1 informa ao computador para exibir algum texto. As instruções em outros programas podem informar ao computador para colocar 7 em certo local da memória ou fazer uma janela aparecer na tela. As instruções nos programas de computador fazem todos os tipos de coisas.

- **É uma chamada do método:** Na seção "O que é método?", anteriormente neste capítulo, descrevo algo denominado "chamada do método". A instrução

  ```
  FixTheAlternator(junkyOldFord);
  ```

  é um exemplo de chamada do método, portanto, também é:

  ```
  System.out.println("Chocolate, royalties, sleep);
  ```

  O Java tem muitos tipos diferentes de instruções. Uma chamada do método é apenas um tipo.

Terminando uma instrução com ponto e vírgula

No Java, cada instrução termina com ponto e vírgula. O código na Listagem 4-1 tem apenas uma instrução, portanto, apenas uma linha na Listagem 4-1 termina com ponto e vírgula.

Pegue qualquer outra linha na Listagem 4-1, como o cabeçalho do método, por exemplo. O cabeçalho do método (a linha com a palavra `main`) não informa diretamente ao computador para fazer nada. Ao contrário, o cabeçalho do método descreve alguma ação para uma futura referência. O cabeçalho avisa "Apenas no caso de alguém chamar o método `main`, as próximas linhas de código informarão o que fazer em resposta a essa chamada".

LEMBRE-SE

Toda instrução Java completa termina com ponto e vírgula. Uma chamada do método é uma instrução, portanto, termina com ponto e vírgula, mas nem o cabeçalho do método nem a declaração do método são uma instrução.

O método chamado System.out.println

A instrução no meio da Listagem 4-1 chama um método denominado `System.out.println`. Esse método é definido na API Java. Sempre que você chama o método `System.out.println`, o computador exibe texto em sua tela.

Pense nos nomes. Acredite se quiser, eu conheço duas pessoas chamadas Pauline Ott. Uma delas é freira; a outra é cientista. Naturalmente, há muitas

Paulines no mundo de Língua Inglesa, assim como há diversas coisas chamadas `println` na API Java. Portanto, para diferenciar a Pauline Ott cientista da Pauline Kael crítica de cinema, escrevo o nome completo "Pauline Ott". E para diferenciar a freira da cientista, escrevo "Irmã Pauline Ott". Do mesmo modo, escrevo `System.out.println` ou `DriverManager.println`. O primeiro (que você usa com frequência) escreve o texto na tela do computador. O segundo (que você não usa neste livro) grava em um arquivo de registro do banco de dados.

Exatamente como Pauline e Ott são nomes por si só, `System.out` e `println` são nomes na API Java. Mas, para usar `println`, você deve escrever o nome completo do método. Você nunca escreverá `println` apenas. É sempre `System.out.println` ou alguma outra combinação de nomes da API.

CUIDADO!

A linguagem de programação Java leva em conta as LEtras mAIúscULas e miNÚSculas. Se você mudar uma letra minúscula para uma maiúscula (ou vice-versa), mudará o significado da palavra. Você não pode substituir `System.out.println` por `system.out.Println`. Se fizer isso, seu programa não funcionará.

Métodos, métodos em todo lugar

Dois métodos desempenham papéis no programa `ThingsILike`. A Figura 4-6 mostra a situação e os próximos pontos farão um tour guiado:

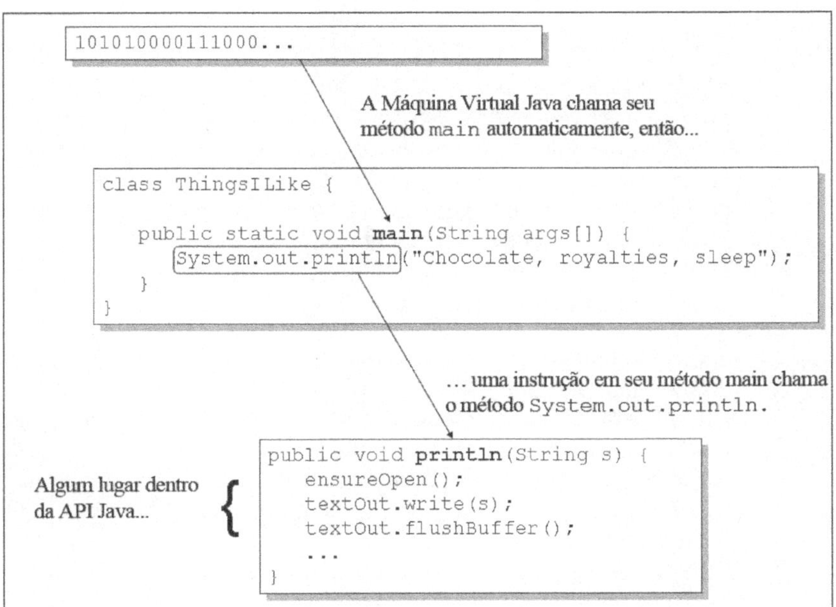

Figura 4-6: Chamando o método `System.out.println`.

- **Há uma declaração para um método `main`.** Eu mesmo escrevi o método `main`. Esse método é chamado automaticamente sempre que começo a executar o programa `ThingsILike`.
- **Há uma chamada para o método `System.out.println`.** A chamada do método `System.out.println` é a única instrução no corpo do método `main`. Em outras palavras, chamar o método `System.out.println` é a única coisa na lista de tarefas do método `main`.

Quando digo coisas como "`System.out.println` está enterrado bem no meio da API", não estou fazendo justiça à API. É verdade, você pode ignorar todo o código Java essencial dentro da API. Tudo que você precisa lembrar é que `System.out.println` é definido em algum lugar dentro desse código. Mas não estou sendo justo quando faço com que o código da API pareça mágico. A API é apenas outro monte de código Java. As instruções na API que informam ao computador o que significa executar uma chamada para `System.out.println` parece muito com o código Java na Listagem 4-1.

A classe Java

Você já ouviu falar sobre o termo *programação orientada a objetos* (também conhecida como *POO*)? A POO é um modo de pensar sobre os problemas de programação de computadores — um modo que é suportado por várias linguagens diferentes de programação. A POO iniciou na década de 1960 com uma linguagem chamada Simula. Foi reforçada nos anos 1970 com outra linguagem chamada Smalltalk. Nos anos 1980, a POO decolou com a linguagem C++.

Algumas pessoas desejam mudar o acrônimo e chamá-la de POC — programação orientada a classes. É porque a programação orientada a objetos começa com algo chamado *classe*. No Java, tudo inicia com classes, tudo está nas classes e tudo está baseado em classes. Você não consegue fazer nada no Java até ter criado algum tipo de classe. É como estar no show *Jeopardy*, ouvindo Alex Trebek dizer: "Vamos para os comerciais", e então, interrompê-lo dizendo: "Desculpe-me, Alex. Você não pode dar uma instrução sem colocá-la dentro de uma classe".

É importante que você entenda realmente o que é uma classe, portanto, eu ouso não dar uma explicação casual neste capítulo. No entanto, dedico grande parte do Capítulo 17 a esta pergunta: "O que é classe?". De qualquer modo, no Java, seu método `main` tem que estar dentro de uma classe. Escrevi o código na Listagem 4-1, portanto, inventei um nome para minha nova classe. Escolhi o nome `ThingsILike`, assim o código na Listagem 4-1 inicia com as palavras `class ThingsILike`.

Veja novamente a Listagem 4-1 e note o que acontece depois da linha `class ThingsILike`. O resto do código fica entre chaves. Essas chaves marcam tudo dentro da classe. Sem elas você saberia onde a declaração da classe `ThingsILike` começa, mas não saberia onde termina.

É como se tudo dentro da classe `ThingsILike` estivesse em uma caixa. (Consulte a Figura 4-3.) Para encaixotar uma parte do código, você faz duas coisas:

- **Usa chaves:** Estas chaves informam ao compilador onde uma parte do código começa e termina.
- **Recua o código:** O recuo informa aos seus olhos humanos (e aos olhos de outros programadores) onde uma parte do código começa e termina.

Não se esqueça. Você precisa fazer ambas as coisas.

Capítulo 5

Criando um Programa

Neste Capítulo

- Lendo a entrada do teclado
- Editando um programa
- Resolvendo problemas

Ontem eu estava conversando com meu empregado, RoboJeeves. (RoboJeeves é um modelo sofisticado na linha RJ-3000 das formas de vida robótica pessoal.) A conversa aconteceu assim:

Eu: RoboJeeves, diga-me a velocidade de um objeto após cair por três segundos no vácuo.

RoboJeeves: Certo. "A velocidade de um objeto após cair por três segundos no vácuo." Pronto, eu disse isto a você.

Eu: RoboJeeves, não me dê essa resposta espertinha. Quero um número. Quero a velocidade real.

RoboJeeves: Tudo bem! "Um número, a velocidade real."

Eu: RJ, essas piadas baratas não são dignas de você. Você pode ou não me dizer a resposta para minha pergunta?

RoboJeeves: Sim.

Eu: "Sim" o quê?

RoboJeeves: Sim. Eu posso ou não dizer a resposta para sua pergunta.

Eu: Bem, qual é? Você pode?

RoboJeeves: Sim, eu posso.

Eu: Então diga. Diga-me a resposta.

RoboJeeves: A velocidade é 153.984.792 milhas por hora.

Eu: (Depois de parar para pensar...) RJ, eu sei que você nunca comete um erro, mas esse número, 153.984.792, é alto demais.

> *RoboJeeves*: Alto demais? É impossível. As coisas caem muito rapidamente no planeta gigante Mangorrrkthongo. Agora, se você queria saber sobre os objetos caindo na Terra, deveria ter dito isso em primeiro lugar.

Algumas vezes esse robô me irrita. A verdade é que RoboJeeves faz o que eu digo para fazer — nada mais, nada menos. Se eu digo: "Alimente o gato", então RJ diz: "Alimentá-lo a quem? Qual de seus convidados irá jantar o gato?".

Os Computadores São Estúpidos

Por mais úteis que possam ser, todos os computadores fazem a mesma coisa. Eles fazem *exatamente* o que você informa, e, algumas vezes, são muito infelizes. Por exemplo, em 1962, a espaçonave Mariner para Vênus foi destruída apenas 4 minutos depois de seu lançamento. Por quê? Ela foi destruída por causa de uma tecla não pressionada em um programa FORTRAN. Mais ou menos na mesma época, os cientistas da NASA descobriram um erro que poderia ter destruído os voos espaciais para Mercúrio. (Sim, seriam voos com pessoas a bordo!) O erro foi uma linha com um ponto, ao invés de uma vírgula. (Um programador de computadores escreveu `DO 10 I=1.10`, ao invés de `DO 10 I=1,10`.)

Com o devido respeito ao meu camarada RoboJeeves, ele e seus primos computadores são todos incrivelmente estúpidos. Algumas vezes, parece que eles estão agindo como humanos, mas na verdade estão fazendo exatamente o que outros humanos pedem que eles façam. Eles podem jogar moedas virtuais e usar esquemas elaborados para imitar um comportamento criativo, mas nunca realmente pensam sozinhos. Se você disser "Pule", então eles farão o que estão programados para fazer em respostas às letras P-u-l-e.

Portanto, quando você escreve um programa de computador, tem que imaginar que um gênio concedeu-lhe três desejos. Não peça amor eterno, porque, se pedir, então o gênio lhe dará um companheiro adorável e sentimental — alguém de quem você não gostará. E não peça um milhão de dólares, a menos que queira que o gênio o transforme em um ladrão de bancos.

Tudo que você escreve em um programa de computador tem que ser muito preciso. Veja um exemplo...

Um Programa para Ecoar a Entrada do Teclado

A Listagem 5-1 contém um pequeno programa Java. O programa permite que você digite uma linha de caracteres no teclado. Assim que você pressiona Enter, o programa exibe uma segunda linha que copia qualquer coisa digitada.

Listagem 5-1: Um Programa Java

```
import java.util.Scanner;

class EchoLine {

    public static void main(String args[]) {
        Scanner myScanner = new Scanner(System.in);

        System.out.println(myScanner.nextLine());
    }
}
```

A Figura 5-1 mostra a execução do código `EchoLine` (o código na Listagem 5-1). O texto na figura é uma mistura de minha própria digitação e as respostas do computador.

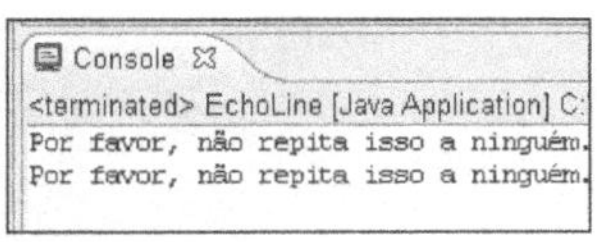

Figura 5-1: Qual parte da palavra "não" você não compreende?

Na Figura 5-1, digito a primeira linha (a linha `Por favor, não repita isso a ninguém`), e o computador exibe a segunda linha. É isto que acontece quando você executa o código na Listagem 5-1:

1. **Primeiro, o computador não faz nada.**

   O computador está aguardando que você digite algo.

2. **Você clica seu mouse dentro da exibição Console do Eclipse.**

   Como resultado, você vê um cursor na borda esquerda da exibição Console do Eclipse, como mostrado na Figura 5-2.

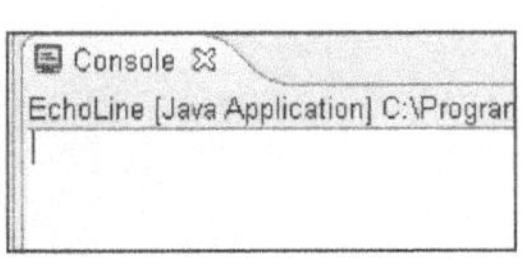

Figura 5-2: O computador aguarda que você digite algo.

3. **Você digita uma linha de texto — qualquer texto (veja Figura 5-3).**

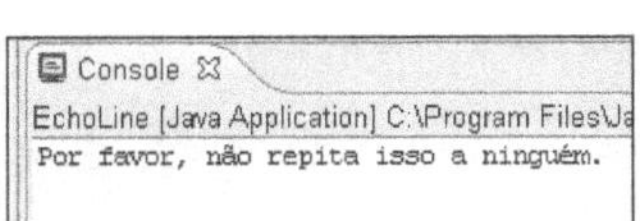

Figura 5-3: Você digita uma frase.

4. **Você pressiona Enter e o computador exibe outra cópia da linha digitada, como mostrado na Figura 5-4.**

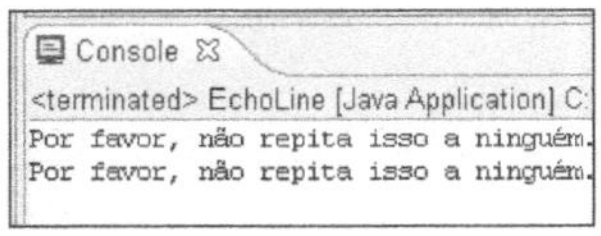

Figura 5-4: O computador repete sua entrada.

Depois de exibir uma cópia de sua entrada, a execução do programa termina.

Digitando e executando um programa

O site deste livro (`http://allmycode.com/BeginProg3`) tem um link para fazer o download de todos os programas Java do livro. Depois de fazer o download dos programas, você pode seguir as instruções no Capítulo 2 para adicionar programas ao seu espaço de trabalho Eclipse. Então, para testar o código na Listagem 5-1, você poderá executar o projeto 05-01 previamente escrito.

Mas, ao invés de executar o código pronto, encorajo-o a iniciar do zero — digitar a Listagem 5-1 você mesmo, então testar seu código recém-criado. Simplesmente siga estas etapas:

1. **Inicialize o Eclipse.**

2. **Na barra de menus do Eclipse, escolha File (Arquivo) ⇨ New (Novo) ⇨ Java Project (Projeto Java).**

   A caixa de diálogo New Java Project (Novo Projeto Java) do Eclipse aparecerá.

3. **No campo Project Name (Nome do Projeto) da caixa de diálogo, digite MyNewProject.**

4. **Clique em Finish (Terminar).**

   Clicar em Finish irá retorná-lo ao workbench Eclipse, com `MyNewProject` no Package Explorer. A próxima etapa será criar um novo arquivo de código-fonte do Java.

5. **No Package Explorer, selecione `MyNewProject`, e então, no menu principal do Eclipse, escolha File (Arquivo) ⇨ New (Novo) ⇨ Class (Classe).**

   A caixa de diálogo New Java Class (Nova Classe Java) do Eclipse aparecerá.

6. **No campo Name (Nome) da caixa de diálogo New Java Class, digite o nome de sua nova classe.**

   Neste exemplo, use o nome EchoLine. Digite EchoLine exatamente como digitei na Listagem 5-1, com um E e um L maiúsculos e nenhum espaço em branco.

   No Java, a ortografia consistente e as letras maiúsculas e minúsculas são muito importantes. Se você não for consistente em um determinado programa, então provavelmente ele terá alguns erros de compilação desagradáveis e chatos.

   Como opção, você pode colocar uma marca de verificação na caixa `public static void main(String[] args)`. Se você deixar a caixa desmarcada, terá que digitar um pouco mais quando chegar à Etapa 8. De qualquer forma (marcada ou desmarcada), não será um grande problema.

7. **Clique em Finish (Terminar).**

   Clicar em Finish irá levá-lo de volta ao workbench Eclipse. Um editor nesse workbench tem uma guia chamada EchoLine.java.

8. **Digite o programa da Listagem 5-1 no editor EchoLine.java.**

   Copie o código exatamente como o vê na Listagem 5-1.

   - Digite cada palavra exatamente como digitei na Listagem 5-1.
   - Respeite as letras maiúsculas e minúsculas em cada palavra, exatamente como fiz na Listagem 5-1.
   - Inclua todos os símbolos de pontuação — pontos, pontos e vírgulas, tudo.
   - Verifique duas vezes a ortografia da palavra `println`. Certifique-se de que cada caractere na palavra `println` seja uma letra minúscula (em particular, o `l` em `ln` é uma letra, não um dígito).

   Se você digitou tudo corretamente, não verá nenhum marcador de erros no editor.

   Se vir marcadores de erro, então volte e compare tudo que foi digitado com a Listagem 5-1. Compare cada letra, cada palavra, cada rabisco, cada marca.

9. **Faça qualquer alteração ou correção no código no editor.**

   Quando finalmente não vir nenhum marcador de erros, estará pronto para executar o programa.

10. **Selecione a classe EchoLine clicando dentro do editor ou clicando na seção MyNewProject no Package Explorer.**

11. **No menu principal do Eclipse, escolha Run (Executar) ⇨ Run As (Executar Como) ⇨ Java Application (Aplicativo Java).**

    Seu novo programa Java será executado, mas nada acontecerá.

12. **Clique com seu mouse dentro da exibição Console do Eclipse.**

    Como resultado, um cursor ficará na margem esquerda da exibição Console do Eclipse (consulte a Figura 5-2). O computador está aguardando que você digite algo.

    CUIDADO!

    Se você esquecer de clicar com o mouse dentro da exibição Console, o Eclipse poderá não enviar suas teclas pressionadas para o programa Java em execução. Em vez disso, o Eclipse poderá enviá-las para o editor ou (bem estranho) para o Package Explorer.

13. **Digite uma linha de texto, então pressione Enter.**

    Em resposta, o computador exibirá uma segunda cópia de sua linha de texto. Depois a execução do programa terminará. (Consulte a Figura 5-4.)

Se esta lista de etapas parecer um pouco superficial, você poderá encontrar muito mais detalhes no Capítulo 3 (primeiro veja a seção no Capítulo 3 sobre como compilar e executar um programa). Na maior parte, as etapas aqui no Capítulo 5 são um resumo rápido do material no Capítulo 3. A grande diferença é que no Capítulo 3 não o encorajo a digitar o programa por si próprio.

Então, qual é o problema quando você mesmo digita o programa? Bem, muitas coisas interessantes podem acontecer quando você coloca os dedos no teclado. É por isso que a segunda metade deste capítulo é dedicada à solução de problemas.

Como o programa EchoLine funciona

Quando você era um pequeno recém-nascido, descansando confortavelmente nos braços de sua mãe, ela te contou como enviar caracteres para a tela do computador:

```
System.out.println(mostrar o texto que quiser);
```

O que ela não contou foi como obter os caracteres do teclado do computador. Existem muitos modos de fazer isso, mas um que eu recomendo neste capítulo é

```
myScanner.nextLine()
```

Agora, eis a parte divertida. Chamar o método `nextLine` não permite apenas que se obtenham os caracteres do teclado. Quando o computador executa seu programa, ele *substitui qualquer coisa digitada no teclado*, colocando no lugar do texto `myScanner.nextLine( )`.

Para entender, veja a instrução na Listagem 5-1:

```
System.out.println(myScanner.nextLine());
```

Quando você executa o programa, o computador vê sua chamada para `nextLine` e para neste ponto. (Consulte a Figura 5-2.) O computador aguarda até que você digite uma linha de texto. Portanto (consulte a Figura 5-3), você digita esta linha:

```
Ei, há um eco aqui
```

O computador substitui a chamada `myScanner.nextLine()` pela linha `Hey` inteira. O processo é mostrado na Figura 5-5.

A chamada para `myScanner.nextLine()` está aninhada na chamada `System.out.println`. Assim, quando tudo é dito e feito, o computador se comporta como se a instrução na Listagem 5-1 fosse assim:

```
System.out.println("Ei, há um eco aqui.");
```

O computador exibe outra cópia do texto `Hey, there's an echo in here.` (Ei, há um eco aqui.) na tela. É por isso que você vê duas cópias da linha `Hey` na Figura 5-4.

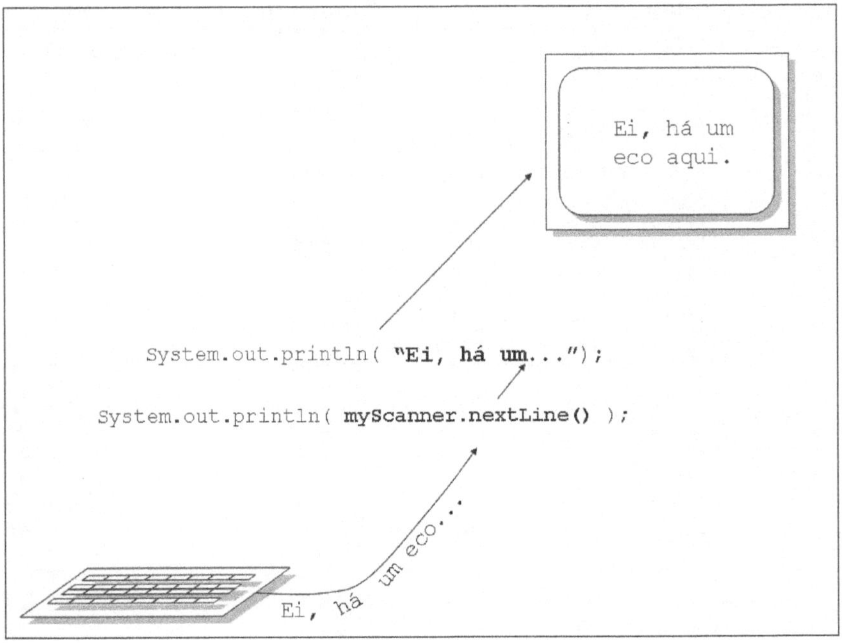

Figura 5-5: O computador substitui o texto no lugar da chamada `nextLine`.

Obtendo números, palavras e outras coisas

Na Listagem 5-1, as palavras `myScanner.nextLine()` obtém uma linha inteira de texto no teclado do computador. Portanto, se você digitar

```
Testing 1 2 3
```

o programa na Listagem 5-1 repetirá de volta sua linha de texto `Testing 1 2 3` (Testando 1 2 3) inteira.

Algumas vezes você não deseja que um programa obtenha uma linha inteira de texto. Ao contrário, quer que ele obtenha uma parte da linha. Por exemplo, quando você digita `1 2 3`, pode querer que o computador obtenha o número `1`. (Talvez o número `1` signifique um cliente ou algo parecido.) Em tais situações, você não coloca `myScanner.nextLine()` em seu programa. Ao invés disso, usa `myScanner.`**`nextInt`**`()`.

A Tabela 5-1 mostra algumas variações de `myScanner.next`. Infelizmente, as entradas da tabela não são muito previsíveis. Para ler uma linha da entrada, você chama `nextLine`. Mas, para ler uma palavra da entrada, não chama `nextWord`. (A API Java não tem um método `nextWord`.) Ao contrário, para ler uma palavra, você chama `next`.

Tabela 5-1 Alguns métodos Scanner

Para ler isto...	*... Faça esta chamada do método*
Um número sem ponto decimal	`nextInt()`
Um número com ponto decimal	`nextDouble()`
Uma palavra (terminada com espaço em branco, por exemplo)	`next()`
Uma linha (ou o que sobra de uma linha após você já ter lido alguns dados na linha)	`nextLine()`
Um único caractere (tal como uma letra, dígito ou caractere de pontuação)	`findWithinHorizon(".",0).charAt(0)`

E mais, a história da tabela tem um final surpreendente. Para ler um único caractere, você não chama `next`*`Algo`*. Ao contrário, você pode chamar a combinação bizarra de métodos `findWithinHorizon(".",0).charAt(0)`. (Você terá que desculpar as pessoas que criaram a classe `Scanner`. Elas a criaram a partir de um ponto de vista especializado.)

Uma visão rápida de Scanner

Neste capítulo, aconselho-o a ignorar qualquer significado por trás das linhas `import java.util.Scanner` e `Scanner myScanner`etc. Apenas cole essas duas linhas sem pensar em seu código, e então continue.

Naturalmente, você pode não querer aceitar meu conselho. Pode não gostar de ignorar as coisas em seu código. Se você for essa pessoa teimosa, tenho alguns fatos novos.

- **A palavra `Scanner` é definida na API Java.**

  `Scanner` é algo que você pode usar para obter entrada de dados.

  Esta classe `Scanner` pertence às versões Java 5.0 e superiores. Se você usa a versão Java 1.4.2, então não terá acesso à classe `Scanner`. (Você verá um marcador de erro quando digitar a Listagem 5-1.)

- **As palavras `System` e `in` são definidas na API Java.**

  Juntas, as palavras `System.in` significam o teclado do computador.

  Nos capítulos seguintes, você verá coisas como `new Scanner (new File("myData.txt"))`. Neles, substituo `System.in` pelas palavras `new File ("myData.txt")` porque não estou obtendo a entrada do teclado. Ao contrário, estou obtendo a entrada em um arquivo no disco rígido do computador.

- **A palavra `myScanner` não vem da API Java.**

  A palavra `myScanner` é uma criação de Barry Burd. Ao invés de `myScanner`, você pode usar `readingThingie` (ou qualquer outro nome que desejar usar, contanto que utilize o nome com consistência). Portanto, se você quiser ser criativo, poderá escrever

  ```
  Scanner readingThingie =
      new Scanner(System.in);

  System.out.println
      (readingThingie.nextLine());
  ```

  A Listagem 5-1 revista (com `readingThingie`, ao invés de `myScanner`) é compilada e executada sem problemas.

- **A linha `import java.util.Scanner` é um exemplo de *declaração de importação*.**

  Uma declaração de importação opcional lhe permite abreviar os nomes no resto de seu programa. Você pode remover a declaração de importação da Listagem 5-1. Mas, se fizer isso, terá que usar o *nome totalmente qualificado* da classe `Scanner` em seu código. Eis como:

  ```
  class EchoLine {

    public static void main
                    (String args[]) {

      java.util.Scanner myScanner
          = new java.util.Scanner
                        (System.in);

      System.out.println
          (myScanner.nextLine());
    }
  }
  ```

Para ver alguns métodos da tabela em ação, verifique outras listagens de programa neste livro. Os Capítulos 6, 7 e 8 têm alguns exemplos particularmente bons.

Digite duas linhas de código e não olhe para trás

Colocadas inocentemente no meio da Listagem 5-1 estão duas linhas de código extras. Essas linhas ajudam o computador a ler a entrada do teclado. As duas linhas são

```
import java.util.Scanner;

        Scanner myScanner = new Scanner(System.in);
```

Em relação a essas duas linhas, tenho boas e más notícias.

- **A má notícia é que o raciocínio por trás dessas linhas é difícil de entender.** Isto é especialmente verdadeiro aqui, no Capítulo 5, onde apresento os conceitos mais fundamentais do Java.
- **A boa notícia é que você não precisa entender o raciocínio por trás dessas duas linhas.** Você pode copiar e colar essas linhas em qualquer programa que obtém a entrada do teclado. Não tem que mudar as linhas em nada. Elas funcionam sem nenhuma modificação em todos os tipos de programas Java.

Apenas coloque essas linhas nos lugares certos:

- Faça com que a linha `import java.util.Scanner` seja a primeira em seu programa.
- Coloque a linha `Scanner myScanner = new Scanner(System.in)` dentro de seu método `main` imediatamente depois da linha `public static void main(String args[]){`line.

Em algum ponto no futuro você poderá ter que ser mais cuidadoso ao posicionar essas duas linhas. Mas agora as regras dadas servirão bem.

Esperando o Inesperado

Pouco tempo atrás, encontrei um instrutor com uma política interessante. Ele dizia: "Algumas vezes, quando estou dando aula, escrevo um programa a partir do zero no computador. Faço bem na frente dos meus alunos. Se o programa é compilado e executado corretamente na primeira tentativa, espero que os alunos me aplaudam muito."

A princípio, você pode achar esse cara um enorme egocêntrico, mas tenho que colocar as coisas em perspectiva. É incomum que um programa seja compilado e executado corretamente na primeira vez. Há quase sempre um erro ortográfico ou algum outro tipo de problema.

Portanto, esta seção lida com os erros normais e esperados que você vê quando compila e executa um programa pela primeira vez. Todos cometem esses erros, até os viajantes experientes. O segredo é manter a calma. Eis meu conselho geral:

- **Não espere que um programa digitado seja compilado na primeira vez.**

  Esteja preparado para voltar ao seu editor e corrigir alguns erros.

- **Não espere que um programa compilado sem erros seja executado corretamente.**

  Mesmo sem marcadores de erro no editor do Eclipse, seu programa ainda pode ter erros. Depois de o Eclipse compilar seu programa, você ainda tem que executá-lo com sucesso. Ou seja, seu programa deve terminar sua execução e exibir a saída correta.

  Você compila, e então executa. Fazer um programa compilar sem erros é a parte mais fácil.

- **Leia o que existe no editor Eclipse, não o que você acha que existe nele.**

  Não suponha que você digitou as palavras corretamente, que colocou as letras maiúsculas e minúsculas nas palavras corretamente ou que combinou as chaves ou os parênteses corretamente. Compare o código digitado com qualquer código de amostra que tenha. Certifique-se de que cada detalhe esteja em ordem.

- **Tenha paciência.**

  Todo bom esforço de programação leva tempo para ficar certo. Se você não entender algo imediatamente, então seja persistente. Fique firme (ou se afaste um pouco e volte depois). Não há nada que você não possa compreender se dedicar o tempo necessário.

- **Não fique frustrado.**

  Não desista. A frustração (não a falta de conhecimento) é sua inimiga. Se você ficar frustrado, não conseguirá fazer nada.

- **Não pense que você é a única pessoa que demora para compreender.**

  Sou lento e tenho orgulho disso (Kelly, o Capítulo 6 atrasará uma semana).

- **Não seja tímido.**

  Se seu código não estiver funcionando e você não conseguir descobrir o motivo, então pergunte. Envie uma mensagem para `groups.google.com` ou envie uma mensagem de e-mail para mim. (Envie-a para `BeginProg3@allmycode.com`.) Não tenha medo da resposta irônica ou sarcástica de qualquer pessoa. (Para obter uma lista dos gestos que você pode fazer de volta para as respostas arrogantes das pessoas, veja o Apêndice Z.)

Diagnosticando um problema

A seção "Digitando e executando um programa", anteriormente neste capítulo, informa como executar o programa `EchoLine`. Se tudo der certo, sua tela acabará parecida com a mostrada na Figura 5-1. Mas as coisas nem sempre vão bem. Algumas vezes seu dedo escorrega, inserindo um erro ortográfico em seu programa. Outras vezes você ignora um dos detalhes na Listagem 5-1 e obtém uma mensagem de erro desagradável.

Naturalmente, algumas coisas na Listagem 5-1 podem ser alteradas. Nem toda palavra na Listagem 5-1 é imutável. Portanto, eis um conselho desagradável — Não posso dizer que você sempre deva redigitar a Listagem 5-1 exatamente como ela aparece. Algumas mudanças são boas; outras não. Continue lendo para obter alguns "exemplos gratuitos".

Letras maiúsculas e minúsculas

O Java *leva em conta as letras maiúsculas e minúsculas*. Entre outras coisas, levar em conta as letras significa que, em um programa Java, a letra `P` não é igual à letra `p`. Se você me enviar uma correspondência de fã com "Caro barry", ao invés de "Caro Barry", ainda assim saberei o que significa. Mas o Java não funciona assim.

Portanto, mude apenas um caractere em um programa Java e, ao invés de uma compilação sem problemas, você terá uma grande dor de cabeça! Mude `p` para `P` assim:

```
//A linha seguinte está incorreta:
System.out.Println(myScanner.nextLine());
```

Quando você digitar o programa no editor do Eclipse, obterá a feiura mostrada na Figura 5-6.

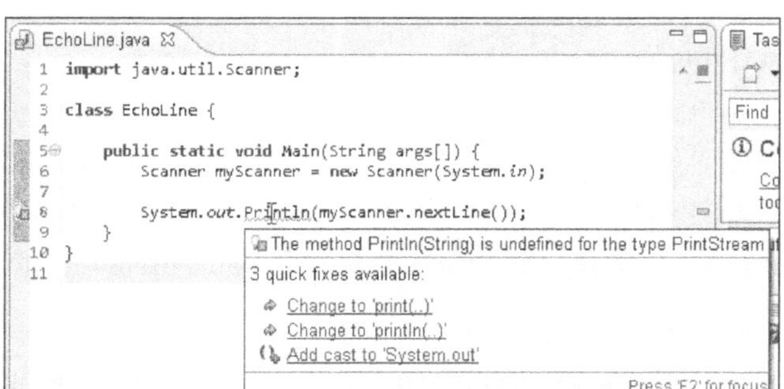

Figura 5-6: O compilador Java compreende `println`, mas não `Println`.

Quando você vir marcadores de erro e correções rápidas como aquelas feitas na Figura 5-6, sua melhor opção será ficar calmo e ler as mensagens com cuidado. Algumas vezes as mensagens contêm sugestões úteis. (Naturalmente, outras vezes, não.) A mensagem na Figura 5-6 é `The method Println(String) is undefined for the type PrintStream`.

Em português claro, isto significa "O compilador Java não pode interpretar a palavra `Println`". (A mensagem quer dizer: "Não digite a palavra `Println`, seu leigo!". De qualquer modo, se o computador disser que você é um de nós, leigos, deverá aceitar isto como um elogio.) Agora, existem muitos motivos para o compilador não ser capaz de entender uma palavra como `Println`. Mas, como um programador iniciante, você deve verificar duas coisas importantes imediatamente:

- **Você digitou a palavra corretamente?**

  Você digitou `print1in` sem querer (com um dígito `1`), ao invés de `println`?

- **Você colocou com letras maiúsculas todas as letras corretamente?**

  Você digitou `Println` ou `PrintLn` incorretamente, ao invés de `println`?

Qualquer um desses erros pode colocar o compilador Java em parafuso. Portanto, compare sua digitação com a digitação aprovada, palavra por palavra (e letra por letra). Quando encontrar uma discrepância, volte ao editor e corrija o problema. Então tente compilar o programa de novo.

DICA

Quando você digitar um programa no editor do Eclipse, ele tentará compilar o programa. Quando o Eclipse encontra um erro de compilação, geralmente o editor exibe pelo menos três marcadores de erro vermelhos (veja Figura 5-6). O marcador na margem esquerda do editor tem um X e, algumas vezes, uma pequena lâmpada. O marcador na margem direita é um pequeno retângulo. O marcador no meio é um sublinhado vermelho irregular. Se você passar seu mouse sobre qualquer marcador, o Eclipse exibirá uma mensagem que tenta descrever a natureza do erro. Se passar sobre a linha irregular, o Eclipse exibirá uma mensagem e possivelmente uma lista de soluções sugeridas. (Cada solução sugerida é a conhecida *quick fix*.) Se você clicar com o botão direito no marcador da margem esquerda (ou pressionar Control-click em um Mac) e escolher Quick Fix (Correção Rápida) no menu contextual resultante, o Eclipse exibirá as soluções sugeridas. Para fazer o Eclipse modificar seu código automaticamente (usando uma sugestão na lista de correções rápidas), clique uma ou duas vezes no item na lista de correções rápidas. Ou seja, clique uma vez em qualquer coisa que pareça um link; clique duas vezes em qualquer coisa que não pareça um link.

Omitindo a pontuação

Em Português e no, Java usar a; devida! pontuação é importante)

Considere, por exemplo, os pontos e as vírgulas na Listagem 5-1. O que acontecerá se você esquecer de digitar um ponto e vírgula?

```
//O código seguinte está incorreto:

    System.out.println(myScanner.nextLine())
}
```

Se você omitir um ponto e vírgula, obterá a mensagem mostrada na Figura 5-7.

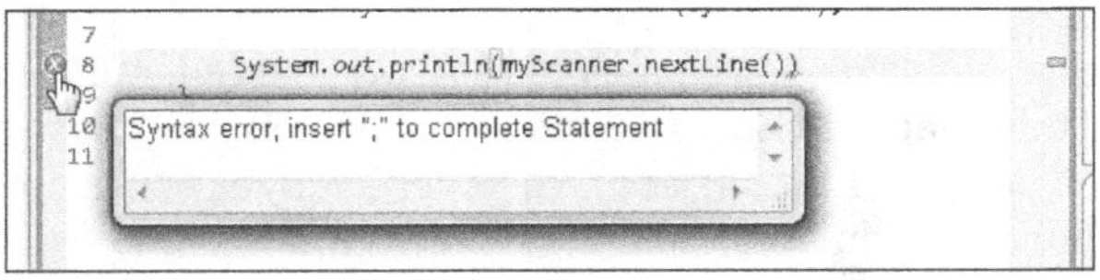

Figura 5-7: Uma mensagem de erro útil.

Uma mensagem como a da Figura 5-8 facilita muito mais a vida. Eu não tenho que explicar a mensagem e você não tem que decifrar o significado dela. Apenas acredite na mensagem `insert ";" to complete Statement`. Insira o ponto e vírgula entre o final da instrução `System.out.println(myScanner.nextLine())` e qualquer código que venha depois da instrução. (Para ter um código que seja mais fácil de ler e compreender, coloque o ponto e vírgula no final da instrução `System.out.println(myScanner.nextLine())`.

Usando pontuação demais

No ensino fundamental, minha professora de Português dizia que eu deveria usar uma vírgula sempre que fizesse normalmente uma pausa para respirar. Este conselho não funciona bem durante a temporada de alergia, quando minhas frases têm mais vírgulas do que palavras. Mesmo como autor pago, tenho problemas para decidir onde devem ficar as vírgulas, portanto, geralmente adiciono vírgulas extras por uma boa causa. Isto cria mais trabalho para minha copidesque, Kelly, que tem uma lixeira repleta de vírgulas na mesa em seu escritório.

O mesmo ocorre em um programa Java. Você pode exagerar a pontuação. Considere, por exemplo, o cabeçalho do método `main` na Listagem 5-1. Esta linha é uma curva perigosa para os programadores iniciantes.

Para obter informações sobre os termos *cabeçalho do método* e *corpo do método*, veja o Capítulo 4.

Normalmente, você não deveria terminar um cabeçalho do método com ponto e vírgula. Mas as pessoas adicionam de qualquer modo. Talvez, de um modo sutil, um cabeçalho do método parece necessitar de um ponto e vírgula ao final.

```
//A linha seguinte está incorreta:
public static void main(String args[]); {
```

Se você adicionar esse ponto e vírgula extra ao código na Listagem 5-1, verá a mensagem mostrada na Figura 5-8.

Por que o computador não pode corrigir isso?

Com que frequência você acaba terminando a frase de alguém? "Por favor", diz seu supervisor, "vá até ali e ligue os..."

"Fios", você diz. "Eu irei ligar os fios." Se você sabe o que alguém quer dizer, por que esperar que a pessoa o diga?

Esta mesma pergunta surge em conexão com as mensagens de erro do computador. Veja a mensagem na Figura 5-7. O computador espera um ponto e vírgula depois da instrução na linha 8. Bem, Sr. Computador, se você sabe onde deseja um ponto e vírgula, então acrescente-o e termine com isso. Por que você está me enchendo?

A resposta é simples. O computador não está interessado em se arriscar. E se você realmente *não* deseja um ponto e vírgula depois da instrução na linha 8? E se o ponto e vírgula que falta representa um problema mais profundo? Se o computador adicionar o ponto e vírgula extra, é muito provável que possa prejudicar mais do que ajudar.

Voltando a você e a seu supervisor...

Bum! Uma grande explosão: "Não os fios, seu idiota. Os pontos. Quero que você ligue os pontos".

"Desculpe-me", você diz.

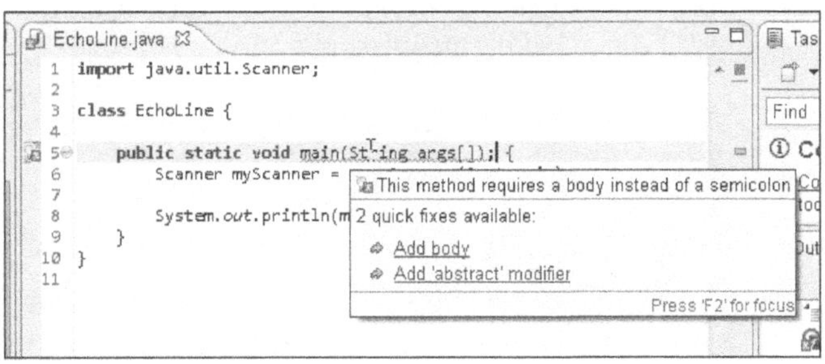

Figura 5-8: Um ponto e vírgula indesejado bagunça as coisas.

A mensagem de erro e as correções rápidas na Figura 5-8 são um pouco enganadoras. A mensagem inicia com `This method requires a body` (Este método requer um corpo). Mas o método tem um corpo. Não tem?

Quando o computador tenta compilar `public static void main(String args[]);` (terminando com ponto e vírgula), ele fica confuso. Mostro a confusão na Figura 5-9. Seus olhos veem um ponto e vírgula extra, mas os olhos do computador interpretam isso como um método sem um corpo. Portanto, eis a mensagem de erro — o computador diz `This method requires a body instead of a semicolon` (Este método requer um corpo, ao invés de um ponto e vírgula).

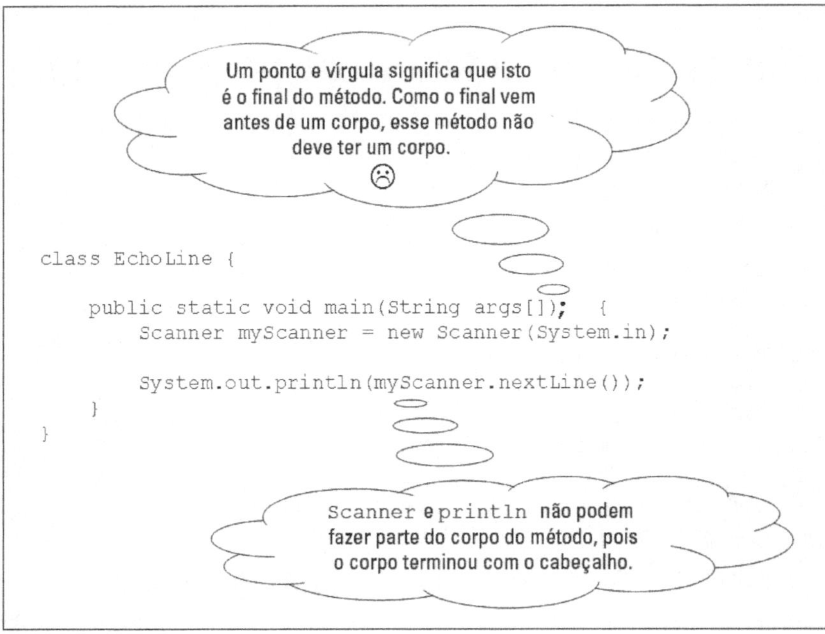

Figura 5-9: O que existe na mente deste computador?

Se você selecionar a correção rápida Add Body (Adicionar Corpo), o Eclipse criará o seguinte código (realmente horrível):

```
import java.util.Scanner;

class EchoLine {

  public static void main(String args[]) {
  }

  {
    Scanner myScanner = new Scanner(System.in);

    System.out.println(myScanner.nextLine());
  }
}
```

Este código "corrigido" não tem erros de compilação. Mas quando você o executa, nada acontece. O programa começa a executar, e então para, com nada na exibição do Console do Eclipse.

Todos sabemos que um computador é uma máquina muito paciente, muito simpática. É por isso que ele vê seu código e decide dar-lhe mais uma chance. O computador lembra que o Java tem um recurso avançado no qual você escreve um cabeçalho do método sem escrever um corpo do método. Quando você faz isso, tem o que é chamado de *método abstrato* — algo que eu não uso neste livro. De qualquer modo, na Figura 5-9, o computador vê um cabeçalho sem corpo. Portanto, o computador diz para si mesmo: "Eu sei! Talvez o programador esteja tentando escrever um método abstrato. O problema é que o cabeçalho de um método abstrato tem que ter a palavra `abstract`. Devo lembrar o programador sobre isso." Assim, o computador oferece a correção rápida `add 'abstract' modifier` (adicionar modificador 'abstract') na Figura 5-9.

De qualquer modo, você não pode interpretar a mensagem de erro e as correções rápidas na Figura 5-9 sem ler as entrelinhas. Portanto, eis algumas dicas para ajudá-lo a decifrar as mensagens obscuras:

- **Evite a resposta automática.**

  Algumas pessoas veem a correção rápida `add 'abstract' modifier` na Figura 5-9 e imaginam onde podem adicionar um modificador. Infelizmente, esta não é a abordagem certa. Se você não souber o que é `add 'abstract' modifier`, então há chances de que não deve usar um modificador abstrato.

- **Veja a linha de código ruim por muito, muito tempo.**

  Se você vir com cuidado a linha `public static...` na Figura 5-9, então finalmente notará que é diferente da linha correspondente na Listagem 5-1. A linha na Listagem 5-1 não tem ponto e vírgula, mas a linha na Figura 5-9 tem.

  Naturalmente, nem sempre você começará com algum código escrito previamente como na Listagem 5-1. É onde a prática faz a perfeição. Quanto mais código você escrever, mais sensíveis ficarão seus olhos a coisas como pontos e vírgulas estranhos e outros erros bobos de programação.

Chaves demais

Você está procurando o posto de gasolina mais próximo, portanto, pergunta a um dos habitantes locais. "Vá até o primeiro semáforo e vire à esquerda", diz a pessoa. Você segue reto por algumas ruas e vê um sinal amarelo piscando. Vira à esquerda no sinal e percorre 1,5 km ou mais. O quê? Nenhum posto de gasolina? Talvez você tenha se enganado com o sinal piscante, pensando que era um semáforo real.

Você chega a uma bifurcação na estrada. "As instruções nada dizem sobre uma bifurcação. Qual caminho seguir?" Você desvia para a direita, mas, um minuto depois, é forçado a entrar na rodovia. Você vê um sinal que informa: "Próxima saída a 38 km". Agora você está realmente perdido e o marcador de combustível aponta para "R". (O "R" indica "Reserva".)

Portanto, eis o que aconteceu: Você cometeu um erro real. Você não deveria ter virado à esquerda no sinal amarelo piscante. Esse erro sozinho não foi tão terrível. Mas o primeiro erro levou a mais confusão, e finalmente suas escolhas não fizeram mais sentido. Se você não tivesse virado no sinal piscante, nunca teria encontrado aquela bifurcação miserável na estrada. Então, entrar na rodovia foi uma completa catástrofe.

Há uma moral nessa história? Claro que sim. Um computador pode entrar no mesmo tipo de confusão. Ele nota um erro em seu programa. Então, metaforicamente falando, ele pega uma bifurcação na estrada — uma bifurcação baseada no erro original —, uma bifurcação para a qual nenhuma alternativa leva a bons resultados.

Eis um exemplo. Você está redigitando o código na Listagem 5-1 e digita errado uma chave extra:

```
//O código seguinte está incorreto:
import java.util.Scanner;

class EchoLine {

    public static void main(String args[]) {
        Scanner myScanner = new Scanner(System.in);
    }
        System.out.println(myScanner.nextLine());
    }
}
```

No editor do Eclipse, você passa o mouse sobre o marcador mais à esquerda. Vê as mensagens mostradas na Figura 5-10.

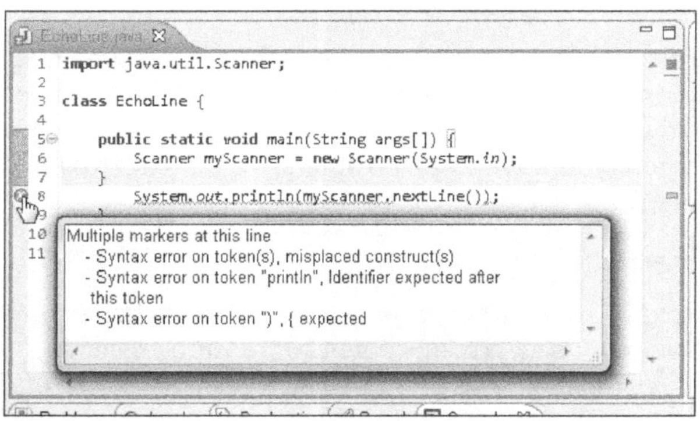

Figura 5-10: Três mensagens de erro.

O Eclipse está confuso porque a chamada para `System.out.println` está completamente fora do lugar. O Eclipse exibe três mensagens — algo sobre `println`, algo sobre parênteses e algo muito crítico em relação a construções mal colocadas. Nenhuma dessas mensagens endereça a causa do problema. O Eclipse está tentando fazer o melhor em uma situação ruim, mas neste ponto você não deve acreditar em uma só palavra que ele diz.

Os computadores não são inteligentes, mas se alguém programa o Eclipse para dizer `misplaced construct(s)` (construção(ões) mal colocada(s)), então é exatamente o que ele diz. Algumas pessoas dizem que os computadores fazem com que se sintam estúpidas. Para mim, é o contrário. Um computador me lembra o quão idiota pode ser uma máquina e o quão inteligente uma pessoa pode ser. Gosto disso.

Portanto, quando você vir muitas mensagens de erro, leia cada uma com cuidado. Pergunte a si mesmo o que você pode aprender com cada mensagem. Mas não considere cada mensagem como a verdade definitiva. Depois que você tiver examinado cuidadosamente as mensagens do Eclipse, volte sua atenção para o código.

Se você obtiver mais de uma mensagem de erro, sempre veja com cuidado cada mensagem no grupo. Algumas vezes, uma mensagem muito útil está oculta entre um monte de mensagens pouco úteis.

Escrevendo errado as palavras (e outros equívocos)

Você encontrou uma antiga receita de família de ovos recheados (uma de minhas favoritas). Você segue cada passo com o máximo de cuidado, mas não coloca sal por causa da pressão alta de sua avó. Você dá um ovo a ela (uma obra-prima terminada). "Não tem pimenta o suficiente", ela diz, e vai embora.

O próximo prato é bife à bourguignon. Você pega um pedaço sem sal para a querida vovó. "Não está doce o suficiente", ela suspira e sai do cômodo. "Mas é impossível", você pensa. "Não há açúcar no bife à bourguignon. Eu não coloquei sal." Mesmo assim, você volta para a cozinha e prepara purê de batata. Você usa manteiga sem sal, claro. "Ela irá adorar desta vez", você pensa.

"Batatas azedas! Eca!", diz a vovó, enquanto vai até a pia e cospe tudo. Como você tem um ego forte, não se sente insultado pelo comportamento de sua avó. Mas fica um pouco confuso. Por que ela está dizendo tantas coisas diferentes sobre três receitas sem sal? Talvez haja algumas diferenças sutis que você não conheça.

Bem, a mesma coisa acontece quando você está escrevendo programas de computador. Você pode cometer o mesmo tipo de erro duas vezes (ou, pelo menos, cometer o que você pensa ser o mesmo tipo de erro duas vezes) e ver mensagens de erro diferentes a cada vez.

Por exemplo, se você mudar a ortografia ou as letras maiúsculas de `println` na Listagem 5-1, o Eclipse informará que o método `is undefined for the type PrintStream` (está indefinido para o tipo PrintStream). Mas se mudar `System` para `system`, o Eclipse dirá que `system cannot be resolved` (*system* não pode ser resolvido). E com `System` escrito de modo errado, o Eclipse não notará se `println` está escrito corretamente ou não.

Na Listagem 5-1, se você mudar a ortografia de `args`, nada dará errado.

O programa será compilado e executado corretamente. Mas, se mudar a ortografia de `main`, encontrará algumas dificuldades incomuns (se você não acredita, leia a seção "Mensagens do erro de execução").

Ainda na Listagem 5-1, mude a quantidade de sinais de igual na linha `Scanner myScanner = new Scanner(System.in)`. Com um sinal de igual, todos ficam contentes. Se você digitar sem querer dois sinais de igual (`Scanner myScanner == new Scanner(System.in)`), o Eclipse irá sugerir que você volte, informando `Syntax error on token "==", = expected` (Erro de sintaxe na ficha "= =", = é esperado) (veja Figura 5-11). Mas, se você ficar maluco e digitar quatro sinais de igual ou se não digitar nenhum sinal, o Eclipse fará uma má interpretação de tudo e irá sugerir que você `insert ";" to complete BlockStatements` (insira ";" para completar as instruções do bloco). Infelizmente, inserir ponto e vírgula não ajudará em nada (veja Figura 5-12).

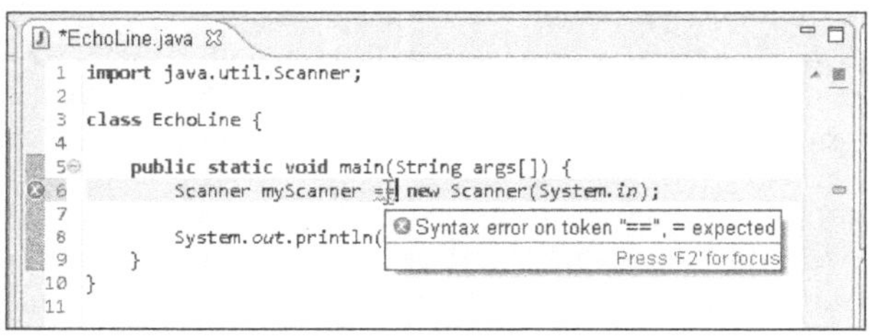

Figura 5-11: Remova o segundo sinal de igual.

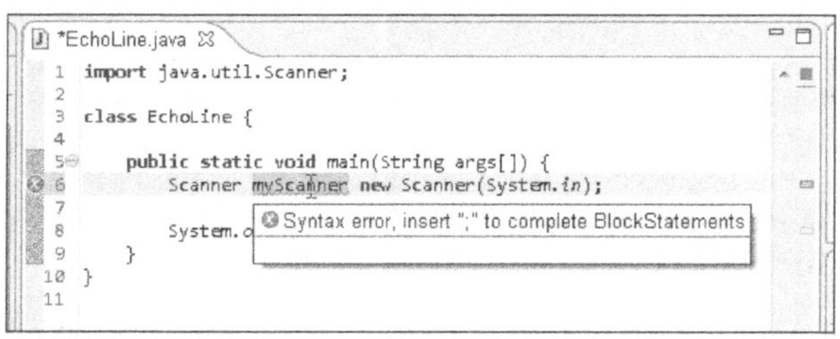

Figura 5-12: Faltou um sinal de igual, mas o Eclipse não nota.

Portanto, lembre-se: o Java responde aos erros de muitas maneiras diferentes. Duas alterações em seu código podem ser parecidas, mas alterações semelhantes nem sempre levam a resultados parecidos. Cada problema em seu código requer sua própria atenção individualizada.

Eis um exercício útil. Comece com um programa Java funcionando adequadamente. Depois de executar o código com sucesso, faça uma alteração que introduza erros intencionalmente. Veja com cuidado cada mensagem de erro e pergunte a si mesmo se a mensagem ajudaria a diagnosticar o problema. Esse exercício é ótimo porque ajuda a pensar nos erros como ocorrências normais e dá experiência ao analisar as mensagens quando você não está sob pressão para fazer seu programa executar corretamente.

Mensagens do erro de execução

Até este ponto no capítulo, descrevi os erros que surgem quando você compila um programa. Outra categoria de erros fica oculta até você executar o programa. Um caso é a ortografia ou a letra maiúscula indevida da palavra `main`.

Suponha que, em um momento de total despreocupação, você tenha escrito `main` incorretamente com a letra M maiúscula:

```
//A linha seguinte está incorreta:
public static void Main(String args[]) {
```

Quando você digita o código, tudo está bem. Você não vê nenhum marcador de erros.

Então você tenta executar seu programa. Nesse ponto, o problema acontece. A catástrofe é mostrada na Figura 5-13.

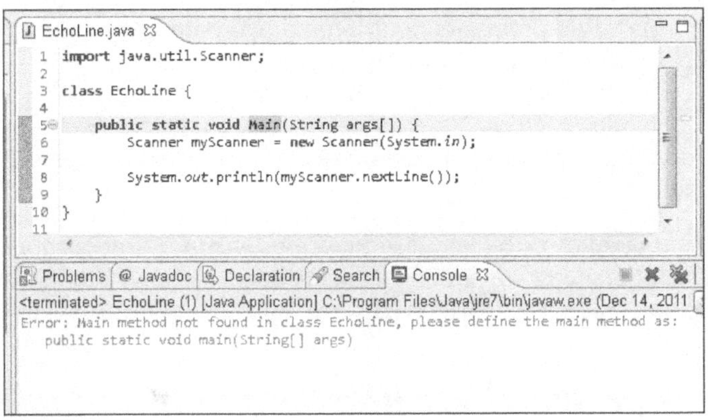

Figura 5-13: Por Deus, o que significa "Método main não encontrado na classe EchoLine?"

É claro que o seu programa tem algo chamado `Main`, mas não tem nada chamado `main`? (Sim, eu já ouvi falar sobre um famoso poeta chamado e.e. cummings, mas quem é, afinal, E.E. Cummings?) O computador não presume que sua palavra `Main` significa o mesmo que a palavra `main` esperada. Você precisa mudar `Main` de volta para `main`. Então tudo estará bem.

Mas, nesse ínterim (ou no meio tempo), como essa letra maiúscula indevida passou pelo compilador? Por que você não viu uma mensagem de erro quando compilou o programa? Se uma letra M maiúscula não perturba o compilador, por que iria bagunçar tudo durante a execução?

A resposta retorna aos diferentes tipos de palavras na linguagem de programação Java. Como é dito no Capítulo 4, o Java tem identificadores e palavras-chave.

As palavras-chave no Java são imutáveis. Se você mudar `class` para `Class` ou mudar `public` para `Public`, então terá algo novo — algo que provavelmente o computador não pode compreender. É por isso que o compilador para nas letras maiúsculas indevidas da palavra-chave. É função do computador assegurar que todas as palavras-chave sejam usadas devidamente.

Por outro lado, os identificadores podem aparecer em todo lugar. Com certeza, há um identificador chamado `main`, mas você pode criar um novo chamado `Main`. Porém, você não deve fazer isso. É confuso demais para as pessoas que conhecem o significado comum do Java para a palavra `main`. Quando o compilador vê uma linha mal digitada, como `public static void Main`, ele apenas supõe que você esteja criando um nome novinho. Portanto, ele permite que a linha passe. Você não recebe reclamações de seu velho amigo, o compilador.

Mas, quando você tenta executar o código, o computador se enfurece. A máquina virtual Java (JVM) executa seu código (para obter detalhes, veja o Capítulo 1). A JVM precisa encontrar um lugar para começar a executar as instruções em seu código, portanto, procura um ponto de partida chamado `main`, com `m` minúsculo. Se a JVM não vir nada chamado `main`, então ficará chateada. "Método Main não encontrado na classe EchoLine", diz a JVM. Portanto, durante a execução, a JVM, não o compilador, envia uma mensagem de erro.

Uma mensagem de erro melhor seria *método **main** não encontrado na classe EchoLine*, com uma letra *m* minúscula em *main*. De vez em quando, as pessoas que criam as mensagens de erro deixam passar um detalhe ou outro.

Que problema? Eu não vejo nenhum problema

Eu termino este capítulo com uma nota otimista, mostrando algumas das coisas que você pode mudar na Listagem 5-1 sem complicar a situação.

Os identificadores que você cria

Se você criar um identificador, poderá escolher seu nome. Por exemplo, na Listagem 5-1, você pode mudar `EchoLine` para `RepeatAfterMe`.

```
class RepeatAfterMe {

    public static void main ... etc.
```

Não há nenhum problema nisso, contanto que você seja consistente. Apenas siga a maioria das etapas na seção "Digitando e executando um programa" anterior neste capítulo.

- Na Etapa 6, ao invés de digitar **EchoLine**, digite **RepeatAfterMe** no campo Name (Nome) da caixa de diálogo Java Class (Classe Java).
- Na Etapa 8, quando você copiar o código da Listagem 5-1, não digite

  ```
  class EchoLine {
  ```

  perto do início da listagem. Pelo contrário, digite as palavras

  ```
  class RepeatAfterMe {
  ```

Espaços e recuo

O Java não é exigente quanto ao uso dos espaços e do recuo. Tudo que você precisa fazer é manter seu programa bem organizado e legível. Eis uma alternativa para o espaço e o recuo do código na Listagem 5-1:

```
import java.util.Scanner;
class EchoLine
{
  public static void main( String args[] )
  {
    Scanner myScanner =
        new Scanner( System.in );
    System.out.println
        ( myScanner.nextLine() );
  }
}
```

Como você escolhe fazer as coisas

Um programa é como uma impressão digital. Dois programas não se parecem muito. Digamos que eu converse sobre um problema de programação com um colega. Então seguimos nossos caminhos e escrevemos nossos próprios programas para resolver o problema. Com certeza, estamos duplicando o esforço. Mas iremos criar exatamente o mesmo código? Claro que não. Cada um tem seu próprio estilo, e o estilo de cada pessoa é único.

Pedi ao programador Java David Herst para escrever seu próprio programa `EchoLine` sem mostrar meu código na Listagem 5-1. Eis o que ele escreveu:

```
import java.io.BufferedReader;
import java.io.InputStreamReader;
import java.io.IOException;

public class EchoLine {
   public static void main(String[] args)
         throws IOException {
      InputStreamReader isr =
         new InputStreamReader(System.in);
      BufferedReader br = new BufferedReader(isr);
```

```
        String input = br.readLine();
        System.out.println(input);
    }
}
```

Não se preocupe com `BufferedReader`, `InputStreamReader` ou coisas assim. Apenas note que, como os flocos de neve, dois programas não são escritos exatamente iguais, mesmo que realizem a mesma tarefa. Isso é ótimo. Significa que seu código, apesar de diferente, pode ser tão bom quanto o da outra pessoa. Isso é muito encorajador.

Capítulo 6

Usando Blocos de Construção: Variáveis, Valores e Tipos

Neste Capítulo

- Declarando variáveis
- Atribuindo valores a variáveis
- Trabalhando com números
- Usando os tipos Java

Voltando a 1946, John von Neumann escreveu um documento pioneiro sobre a recém-emergente tecnologia de computadores e computação. Entre outras coisas, ele estabeleceu um fato fundamental: apesar de toda sua complexidade, o principal objetivo dos computadores é mover os dados de um lugar para outro. Pegue um número — o saldo na conta bancária de uma pessoa. Mova esse número da memória do computador para a sua unidade de processamento. Adicione alguns dólares ao saldo, então volte para a memória do computador. O movimento dos dados... é tudo que existe; não há nada mais.

É isso! Este capítulo mostra como mover seus dados.

Usando Variáveis

Eis um trecho do site de uma empresa de software:

> A SnitSoft reconhece sua obrigação quanto à comunidade da tecnologia da informação. Por este motivo, está tornando disponíveis seus aplicativos mais populares por uma taxa simbólica. Por apenas $5,95, mais envio e manuseio, você recebe um CD-ROM contendo os principais produtos da SnitSoft.

Continue. Clique no link Order Now! (Compre Agora!) e veja o que acontece. Você receberá um formulário de pedido com dois itens. Um item é identificado com `$5,95 (CD-ROM)` e o outro informa `$25,00 (shipping and handling)` (envio e manuseio). Que roubo! Graças à generosidade da SnitSoft, você consegue pagar $30,95 por softwares que valem 10 centavos.

Internamente na página da SnitSoft, um programa de computador faz o cálculo do patife. O programa se parece com o código na Listagem 6-1.

Listagem 6-1: O Grande Feito da SnitSoft

```
class SnitSoft {

    public static void main(String args[]) {
        double amount;

        amount = 5.95;
        amount = amount + 25.00;

        System.out.print(“We will bill $”);
        System.out.print(amount);
        System.out.println(“ to your credit card.”);
    }
}
```

Quando eu executo o código da Listagem 6-1 em meu computador (não no computador da SnitSoft), consigo a saída mostrada na Figura 6-1.

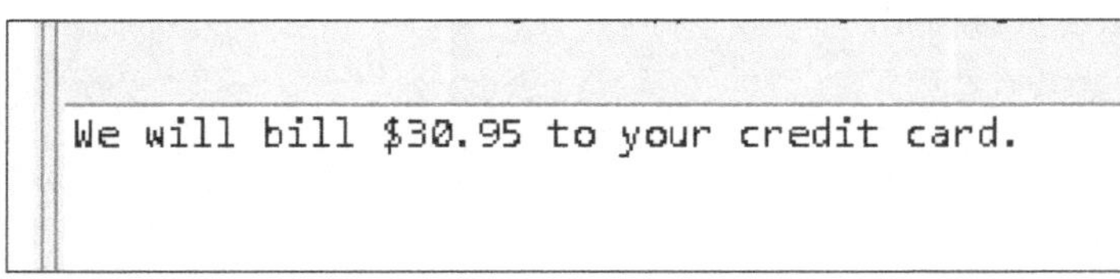

Figura 6-1: Executando o código da Listagem 6-1.

Usando uma variável

O código na Listagem 6-1 usa uma variável chamada `amount`. Um *variável* é um espaço reservado. Você pode colocar um número como 5.95 em uma variável. Depois de ter colocado um número nela, poderá mudar de ideia e colocar um número diferente, como 30.95. (É isso que varia em uma variável.) Naturalmente, se você não salvou o antigo número em outro lugar, ele será apagado.

A Figura 6-2 fornece uma imagem do antes e depois do código na Listagem 6-1. Quando o computador executa `amount = 5.95`, a variável `amount` tem o número 5.95. Então, depois da instrução `amount = amount + 25.00` ser executada, a variável `amount` de repente tem 30.95. Quando você pensar em uma variável, imagine um lugar na memória do computador onde os fios e os transistores armazenam 5.95, 30.95 ou outro valor qualquer. Na Figura 6-2, imagine que cada caixa esteja cercada por milhões de outras caixas.

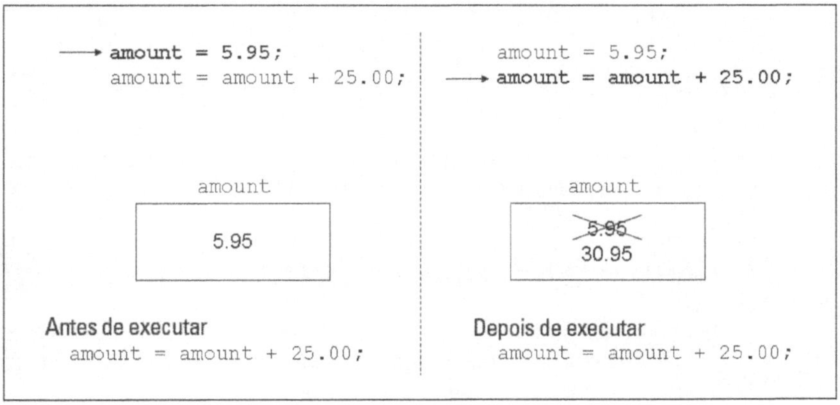

Figura 6-2: Uma variável (antes e depois).

Agora você precisa de uma terminologia. (Você pode acompanhar na Figura 6-3.) O que está armazenado em uma variável é chamado de *valor*. O valor de uma variável pode mudar durante a execução de um programa (quando a SnitSoft adiciona o custo de envio de manuseio, por exemplo). O valor armazenado em uma variável não é necessariamente um número. (Você pode, por exemplo, criar uma variável que sempre armazena uma letra.) O tipo de valor armazenado em uma variável é o *tipo* de uma variável. (Você poderá ler mais sobre os tipos ainda neste capítulo e nos próximos também.)

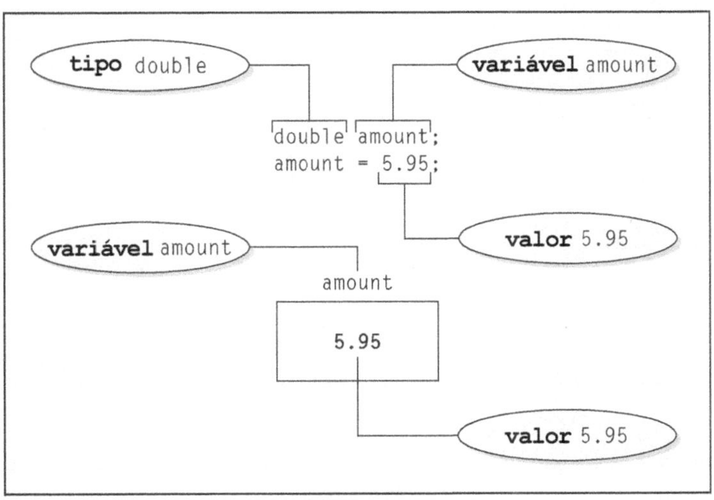

Figura 6-3: Uma variável, seu valor e seu tipo.

Há uma diferença sutil, quase imperceptível, entre uma variável e o *nome* de uma variável. Mesmo na escrita formal, geralmente uso a palavra *variável* quando quero dizer *nome da variável*. Estritamente falando, `amount` é o nome da variável e todo o armazenamento de memória associado a `amount`

(inclusive o valor e o tipo de `amount`) é a variável em si. Se você achar que essa distinção entre *variável* e *nome da variável* é sutil demais, não se preocupe e junte-se ao clube.

Todo nome de variável é um identificador — um nome que você pode criar em seu próprio código (para saber mais sobre isso, veja o Capítulo 4). Ao preparar a Listagem 6-1, criei o nome `amount`.

Compreendendo as instruções de atribuição

As instruções com sinais de igual na Listagem 6-1 são chamadas de *instruções de atribuição*. Em uma instrução de atribuição, você atribui um valor a algo. Em muitos casos, esse algo é uma variável.

Você deve adquirir o hábito de ler as instruções de atribuição da direita para a esquerda. Por exemplo, a primeira instrução de atribuição na Listagem 6-1 informa, "Atribuir `5.95` à variável `amount`". A segunda instrução de atribuição é apenas um pouco mais complicada. Lendo a segunda instrução de atribuição da direita para a esquerda, você terá "Adicionar `25.00` ao valor que já existe na variável `amount` e fazer com que esse número (`30.95`) seja o novo valor da variável `amount`". Para ter uma ilustração gráfica de deixar tonto, veja a Figura 6-4.

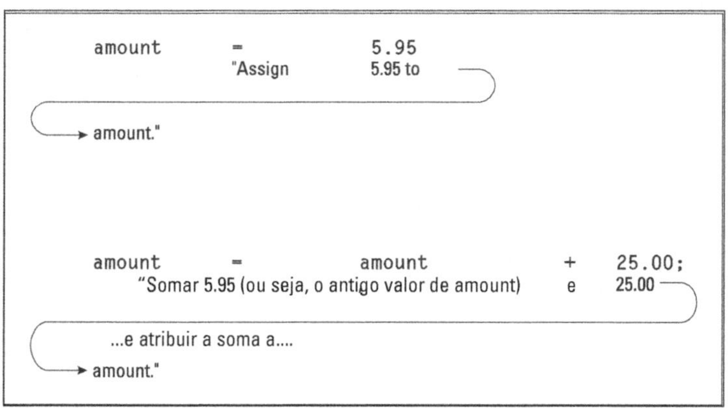

Figura 6-4: Lendo uma instrução de atribuição da direita para a esquerda.

Em uma instrução de atribuição, aquilo que está recebendo o valor sempre está no lado esquerdo do sinal de igual.

Quebrar a linha ou não?

As últimas três instruções na Listagem 6-1 usam um ótimo truque. Você deseja que o programa exiba apenas uma linha na tela, mas essa linha contém três coisas diferentes:

- A linha começa com `We will bill $.`
- A linha continua com o valor da variável `amount`.
- A linha termina com `to your credit card.`

São três coisas distintas, portanto, você coloca em três instruções distintas. As duas primeiras instruções são chamadas para `System.out.print`. A última instrução é uma chamada para `System.out.println`.

As chamadas para `System.out.print` exibem o texto como parte de uma linha, e então deixa o cursor no final da linha atual. Depois de executar `System.out.print`, o cursor ainda fica no final da mesma linha, portanto, o próximo `System.out.qualquercoisa` pode continuar imprimindo a partir deste ponto. Com várias chamadas para `print` terminadas por uma única chamada para `println`, o resultado é apenas uma bela linha de saída, como mostra a Figura 6-5.

Figura 6-5: Os papéis desempenhados por `System.out.print` e `System.out.println`.

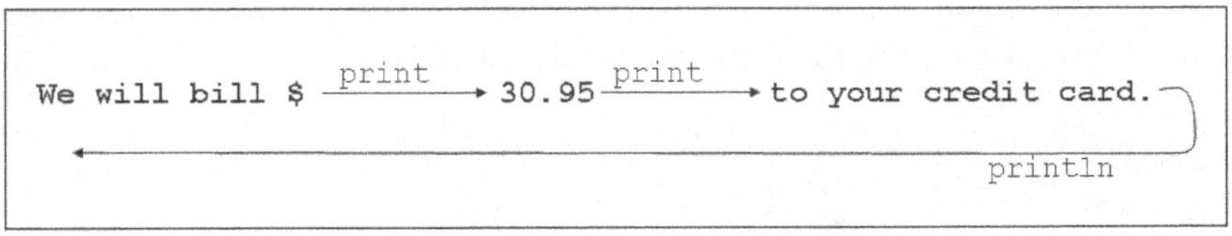

Uma chamada para `System.out.print` escreve algumas coisas e deixa o cursor no final da linha de saída. Uma chamada para `System.out.println` escreve coisas, então termina o serviço movendo o cursor para o início de uma linha da saída novinha.

O que Significam Todos os Zeros e Uns

Eis uma palavra:

gift

A pergunta em discussão é: O que significa esta palavra? Bem, depende de quem a vê. Por exemplo, um falante da Língua Inglesa diria que "gift" significa algo que uma pessoa entrega a outra em uma caixa coberta com papel brilhante e fitas.

Veja! Estou dando a você um presente! (**gift**)

Mas, em alemão, a palavra "gift" significa "veneno".

> Deixe-me dar-lhe um veneno (**gift**), meu caro.

E na Suécia, "gift" pode significar "casado" ou "veneno".

> Assim que eles se casaram (**gift**), ela colocou veneno (**gift**) em sua bebida.

Então, há o francês. Na França, há uma barra de chocolate chamada "Gift".

> Ele voltou de suas férias e tudo que me deu foi uma barra de **Gift**.

Portanto, o que realmente significam as letras g-i-f-t? Bem, elas não têm nenhum significado até você decidir sobre um modo de interpretá-las. O mesmo ocorre para os zeros e os uns dentro do circuito de um computador.

Veja, por exemplo, a sequência 01001010. Essa sequência pode significar a letra *J*, mas também pode significar o número 74. Essa mesma sequência de zeros e uns pode significar $1.0369608636003646 \times 10^{-43}$. E quando interpretada como pixels da tela, a mesma sequência pode representar os pontos mostrados na Figura 6-6. O significado de 01001010 depende inteiramente do modo como o software interpreta a sequência.

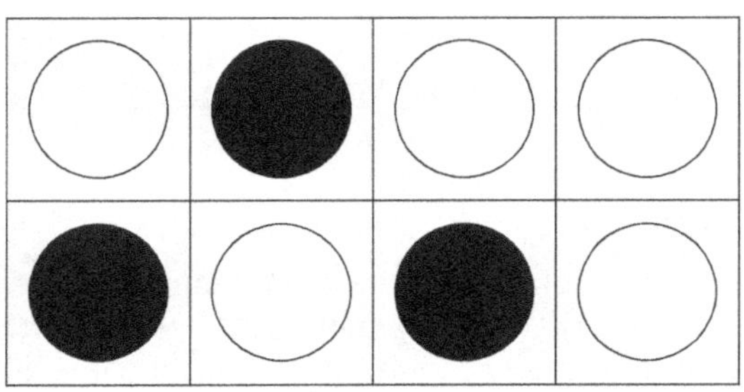

Figura 6-6: Uma visão muito aproximada de oito pixels pretos e brancos da tela.

Tipos e declarações

Como você informa ao computador o que significa 01001010? A resposta está no conceito chamado *tipo*. O tipo de uma variável descreve os tipos de valores que ela tem permissão de armazenar.

Na Listagem 6-1, veja a primeira linha no corpo do método `main`:

```
double amount;
```

A linha é chamada de *declaração da variável*. Colocar essa linha em seu programa é como dizer: "Estou declarando minha intenção de ter uma variável chamada `amount` em meu programa". Essa linha reserva o nome `amount` para você usar no programa.

Nessa declaração da variável, a palavra *double* é uma palavra-chave Java. Essa palavra `double` informa ao computador quais tipos de valores você pretende armazenar em `amount`. Em particular, a palavra `double` significa os números entre $-1.8x10^{308}$ e $1.8x10^{308}$. Esta é uma faixa enorme de números. Sem a notação x10 especial, o segundo desses números é

```
180000000000000000000000000000000000000000000000000000
000000000000000000000000000000000000000000000000000000
000000000000000000000000000000000000000000000000000000
000000000000000000000000000000000000000000000000000000
000000000000000000000000000000000000000000000000000000
000000000000000000000000000000000000000.0
```

Se as pessoas na SnitSoft um dia cobrarem essa quantia pelo envio e manuseio, elas poderão representar a cobrança com uma variável do tipo `double`.

Qual é o ponto?

Mais importante do que a faixa enorme de números da palavra-chave `double` é o fato de que um valor `double` pode ter dígitos à direita do ponto decimal. Depois de você declarar `amount` como sendo do tipo `double`, você poderá armazenar todos os tipos de números em `amount`. Você poderá armazenar 5,95, 0.02398479 ou -3.0. Na Listagem 6-1, se eu não tivesse declarado `amount` como sendo do tipo `double`, então não teria conseguido armazenar 5.95. Ao contrário, teria tido que armazenar o velho 5 ou o velho e triste 6, sem nenhum dígito além do ponto decimal.

Para obter mais informações sobre os números sem pontos decimais, veja o Capítulo 7.

Este parágrafo lida com um ponto realmente difícil, portanto, pule-o se você não estiver com disposição. Geralmente, as pessoas usam a frase "número decimal" para descrever um número com dígitos à direita do ponto decimal. O problema é que a parte "dec" dignifica o número 10, portanto, a palavra "decimal" implica em uma representação de base 10. Como os computadores armazenam as representações de base 2 (não de base 10), a palavra "decimal" para descrever tal número é incorreta. Mas neste livro, simplesmente não posso evitar. Estou chamando-os de "números decimais", gostando ou não os especialistas.

Lendo Números Decimais A Partir do Teclado

Não acredito! A SnitSoft está fazendo uma liquidação! Por uma semana apenas, você pode obter o CD-ROM da SnitSoft por apenas $5.75! É melhor correr e comprar um.

Não, espere! A Listagem 6-1 tem o preço fixo em $5.95. Tenho que corrigir o programa.

Já sei. Tornarei o código mais versátil. Irei inserir a quantia a partir do teclado. A Listagem 6-2 tem o código revisto e a Figura 6-7 mostra uma execução do novo código.

Listagem 6-2: Obtendo um Valor Double a partir do Teclado

```
import java.util.Scanner;

class VersatileSnitSoft {

   public static void main(String args[]) {
      Scanner myScanner = new Scanner(System.in);
      double amount;

      System.out.print(“What’s the price of a CD-ROM? ”);
      amount = myScanner.nextDouble();
      amount = amount + 25.00;

      System.out.print(“We will bill $”);
      System.out.print(amount);
      System.out.println(“ to your credit card.”);
   }
}
```

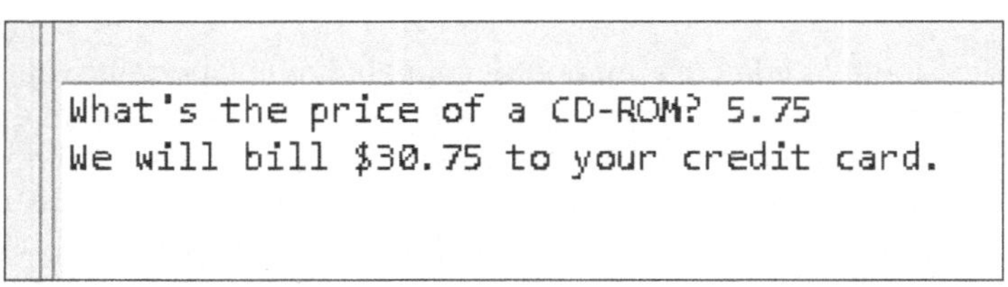

Figura 6-7: Obtendo valor de uma variável double.

Embora sejam métodos, ainda falta sentido

Observe a chamada do método `nextDouble` na Listagem 6-2. Voltando à Listagem 5-1, eu uso `nextLine`, mas aqui na Listagem 6-2 uso `nextDouble`.

Quem faz o que e como?

Quando você escreve um programa, é chamado de *programador*, mas quando executa um programa, é chamado de *usuário*. Portanto, quando você testa seu próprio código, está sendo programador e usuário.

Suponha que seu programa contenha uma chamada `myScanner.nextAlgo()`, como as chamadas nas Listagens 5-1 e 5-2. Então seu programa obtém a entrada com o usuário. Mas quando o programa é executado, como o usuário sabe o que deve digitar no teclado? Se o usuário e o programador forem a mesma pessoa, e o programa for bem simples, então saber o que digitar não será um problema. Por exemplo, quando você começar a executar o código na Listagem 5-1, terá este livro à sua frente e ele informará: "O computador está aguardando que você digite algo... você digita uma linha de texto..." Portanto, você digitará o texto e pressionará Enter. Tudo estará bem.

Mas muito poucos programas vêm com seus próprios livros. Em muitos casos, quando um programa começa a execução, o usuário tem que olhar a tela para descobrir o que fazer em seguida. O código na Listagem 6-2 utiliza essa estratégia. Na Listagem 6-2, a primeira chamada para `print` coloca uma mensagem informativa (`What's the price of a CD-ROM?`) (Qual é o preço de um CD-ROM?) na tela do usuário. Uma mensagem desse tipo é chamada de *prompt*.

Quando você começar a escrever o programa, poderá confundir facilmente os papéis do prompt e da entrada do usuário. Portanto, lembre-se de que não há nenhuma relação predeterminada entre um prompt e a entrada subsequente. Para criar um prompt, você chama `print` ou `println`. Então para ler a entrada do usuário, você chama `nextLine`, `nextDouble` ou um dos outros métodos `nextAlgo` da classe Scanner. Essas chamadas `print` e `next` pertencem a duas instruções separadas. O Java não tem nenhuma instrução simples comumente usada que solicite o prompt e aplique "`next`".

Como programador, seu trabalho é combinar o prompt e `next`. Você pode combiná-los de vários modos. Alguns são úteis para o usuário, e outros não.

- **Se você não tem uma chamada para `print` ou `println`, então o usuário não vê nenhum prompt.** Um cursor piscando fica quieto e aguarda que o usuário digite algo. O usuário tem que adivinhar que tipo de entrada digitar. Às vezes, é a abordagem certa, mas em geral, não.
- **Se você chama `print` ou `println`, mas não chama um método `myScanner.nextAlgo`, então o computador não aguarda que o usuário digite alguma coisa.** O programa segue adiante e executa qualquer instrução que venha imediatamente depois de `print` ou `println`.
- **Se seu prompt exibe uma mensagem equivocada, então você desorienta o usuário.** O Java não tem um recurso predefinido que verifica a adequação de um prompt. Não é uma surpresa. A maioria das linguagens de computador não tem um recurso de verificação do prompt.

Portanto, tenha cuidado com seus prompts e valores obtidos. Seja bom para seu usuário. Lembre-se, você já foi um humilde usuário de computador também.

No Java, cada tipo de entrada requer seu próprio método especial. Se você estiver obtendo uma linha de texto, então `nextLine` funcionará bem. Mas, se estiver lendo alguma coisa a partir do teclado e quiser que essa coisa seja interpretada como um número, precisará de um método como, por exemplo, `nextDouble`.

Para ir da Listagem 6-1 para a Listagem 6-2, adicionei uma declaração `import` e algo como `new Scanner (System.in)`. Você poderá descobrir mais sobre essas coisas lendo a seção sobre entrada e saída no Capítulo 5. (Você pode descobrir ainda mais sobre a entrada e a saída de dados visitando o Capítulo 13.) E há mais exemplos (mais métodos `myScanner.next`*`Algo`*) nos Capítulos 7 e 8.

Métodos e atribuições

Note como utilizo `myScanner.nextDouble` na Listagem 6-2. O método `myScanner.nextDouble` é chamado como parte da instrução de atribuição. Se você vir o Capítulo 5, na seção sobre como o programa EchoLine funciona, perceberá que o computador pode substituir algo por um valor obtido através de uma chamada do método. O computador faz isso na Listagem 6-2. Quando você digita `5.75` no teclado, o computador transforma

```
amount = myScanner.nextDouble();
```

em

```
amount = 5.75;
```

(O computador realmente não rescreve o código na Listagem 6-2. A linha `amount = 5.75` apena mostra o efeito da ação do computador.) Na segunda instrução de atribuição na Listagem 6-2, o computador adiciona 25.00 a 5.75, que está armazenado em `amount`.

Algumas chamadas do método têm esse efeito de substituição e outras (como `System.out.println`, por exemplo) não. Para descobrir mais sobre isso, veja o Capítulo 19.

Variações Sobre um Tema

Na Listagem 6-1, são necessárias duas linhas para dar à variável `amount` seu primeiro valor:

```
double amount;
amount = 5.95;
```

Você pode fazer o mesmo com apenas uma linha:

```
double amount=5.95;
```

Quando você faz isso, não diz que está "atribuindo" um valor à variável `amount`. A linha `double amount=5.95` não é chamada de "instrução de atribuição". Ao contrário, essa linha é chamada de declaração com uma *inicialização*.

Você está *inicializando* a variável `amount`. Você pode fazer todo tipo de coisa com as inicializações, até cálculos.

```
double gasBill  = 174.59;
double elecBill =  84.21;
double H2OBill  =  22.88;
double total    = gasBill + elecBill + H2OBill;
```

Movendo as variáveis de um lugar para outro

Isso ajuda a lembrar a diferença entre inicializações e atribuições. Em primeiro lugar, você pode arrastar uma declaração com sua inicialização para fora de um método.

```
//Isto está correto:
class SnitSoft {
    static double amount = 5.95;

    public static void main(String args[]) {
        amount = amount + 25.00;

        System.out.print("We will bill $");
        System.out.print(amount);
        System.out.println(" to your credit card.");
    }
}
```

Você não pode fazer o mesmo com as instruções de atribuição. (Veja o seguinte código e a Figura 6-8.)

```
//Isto não compila:
class BadSnitSoftCode {
    static double amount;

    amount = 5.95;              //Instrução mal colocada

    public static void main(String args[]) {
        amount = amount + 25.00;

        System.out.print("We will bill $");
        System.out.print(amount);
        System.out.println(" to your credit card.");
    }
}
```

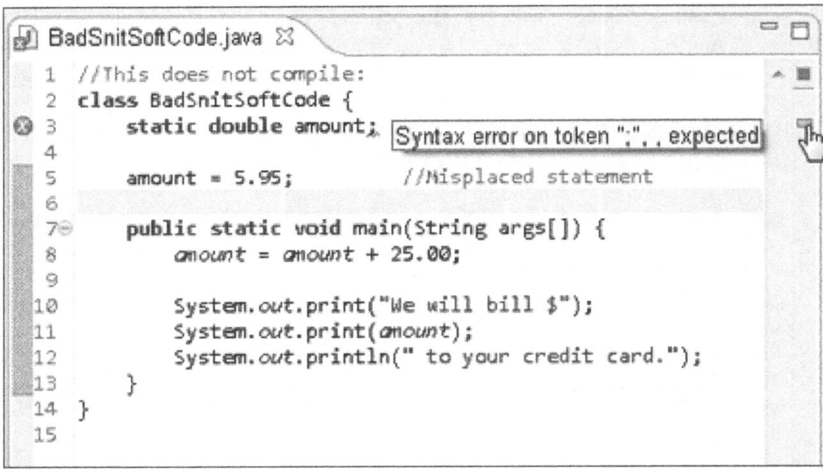

Figura 6-8: Uma tentativa fracassada de compilar BadSnit SoftCode.

Você não pode arrastar instruções para fora dos métodos. (Mesmo que uma declaração de variável termine com ponto e vírgula, uma declaração da variável não é considerada uma instrução. Vai entender!)

A vantagem de colocar uma declaração fora de um método é mostrada no Capítulo 19. Enquanto você aguarda com impaciência a chegada desse capítulo, note como adicionei a palavra `static` a cada declaração que tirei do método `main`. Tive que fazer isso porque o cabeçalho do método `main` tem a palavra `static`. Nem todos os métodos são `static`. Na verdade, a maioria dos métodos não é `static`. Mas sempre que você tira uma declaração de um método `static`, tem que adicionar a palavra `static` ao início da declaração. Todo o mistério que gira em torno da palavra `static` é resolvido no Capítulo 18.

Combinando as declarações de variáveis

O código na Listagem 6-1 tem apenas uma variável (como se as variáveis estivessem em falta). Você pode conseguir o mesmo efeito com diversas variáveis.

```
class SnitSoftNew {

    public static void main(String args[]) {
        double cdPrice;
        double shippingAndHandling;
        double total;

        cdPrice = 5.95;
```

```
        shippingAndHandling = 25.00;
        total = cdPrice + shippingAndHandling;

        System.out.print("We will bill $");
        System.out.print(total);
        System.out.println(" to your credit card.");
    }
}
```

Este novo código fornece a mesma saída do código na Listagem 6-1. (Consulte a Figura 6-1.)

O novo código tem três declarações — uma para cada uma das três variáveis do programa. Como todas as três variáveis têm o mesmo tipo (o tipo `double`), posso modificar o código e declarar todas as três de uma só vez:

```
double cdPrice, shippingAndHandling, total;
```

Sendo assim, o que é melhor, uma declaração ou três declarações? Nenhuma é melhor. É uma questão de estilo pessoal.

Você pode, ainda, adicionar inicializações a uma declaração combinada. Quando adicionar, cada inicialização será aplicada a apenas uma variável. Por exemplo, com a linha

```
double cdPrice, shippingAndHandling = 25.00, total;
```

o valor de `shippingAndHandling` se tornará 25.00, mas as variáveis `cdPrice` e `total` não terão nenhum valor em particular.

Capítulo 7

Números e Tipos

Neste Capítulo

- Processando números inteiros
- Criando novos valores a partir de antigos
- Compreendendo os tipos mais exóticos do Java

Há não muito tempo, as pessoas pensavam que os computadores nada faziam além de cálculos de grandes números. Eles resolviam problemas aritméticos, e este era o final da história.

Nos anos 1980, com o uso difundido dos programas de processamento de texto, o mito do grande cérebro matemático de metal foi esquecido. Mas mesmo naquela época, os computadores faziam grandes cálculos. Afinal, eles são muito rápidos e precisos. Os computadores nunca precisam contar nos dedos. O melhor, os computadores não se sentem sobrecarregados quando fazem cálculos. Odeio terminar uma refeição em um bom restaurante preocupando-me com impostos e gorjetas, mas os computadores não se importam com isso. (Todavia, raramente eles saem para comer.)

Usando Números Inteiros

Deixe-me dizer que não é divertido ser um adulto. Exatamente agora, tenho quatro criancinhas em minha sala. Elas estão olhando para mim porque tenho um grande saco de chicletes na mão. Com 30 chicletes no saco, as crianças estão pensando: "Quem é o melhor? Quem conseguirá mais chicletes? E quem será tratado com injustiça?". Elas insistem em uma contagem de chicletes completa e oficial, com cada criança tendo exatamente o mesmo número dessas pequenas delícias. Devo ter cuidado. Se não tiver, então isso nunca terá fim.

Com 30 chicletes e quatro crianças, não há um modo de dividi-los igualmente. Claro, se eu me livrar de uma criança, então poderei dar dez chicletes a cada uma. O problema é que os chicletes são descartáveis, as crianças não. Portanto, minha única alternativa é repartir os chicletes que eu puder e descartar o resto. "Tudo bem, penso rapidamente", digo para mim mesmo. "Com 30 chicletes e quatro crianças, quantos chicletes posso prometer a cada criança?"

Não perco tempo e programo meu computador para resolver esse problema para mim. Ao terminar, tenho o código na Listagem 7-1.

Listagem 7-1: Como Impedir que Quatro Crianças Tenham um Ataque

```
class KeepingKidsQuiet {

    public static void main(String args[]) {
        int gumballs;
        int kids;
        int gumballsPerKid;

        gumballs = 30;
        kids = 4;
        gumballsPerKid = gumballs / kids;

        System.out.print("Each kid gets ");
        System.out.print(gumballsPerKid);
        System.out.println(" gumballs.");
    }
}
```

Uma execução do programa `KeepingKidsQuiet` é mostrada na Figura 7-1. Se cada criança tiver sete chicletes, então elas não poderão reclamar que estou escolhendo as favoritas. Elas terão que encontrar outra coisa pela qual brigar.

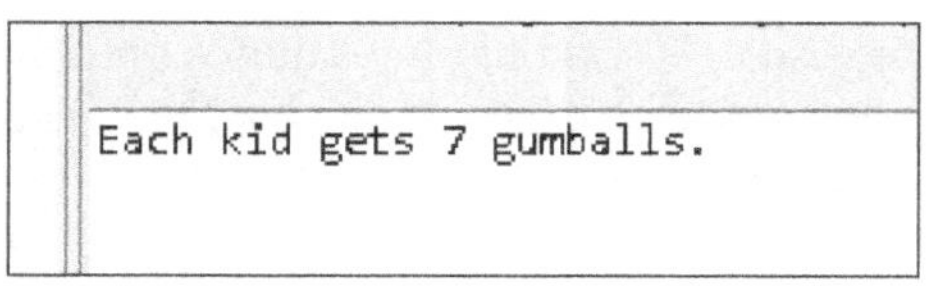

Figura 7-1: Justo e honesto.

No centro do problema do chiclete há os números inteiros — números sem dígitos além do ponto decimal. Quando divido 30 por 4, obtenho 7½, mas não posso levar ½ a sério. Não importa o quanto eu tente, não consigo dividir um chiclete pela metade, pelo menos não sem ouvir "minha metade é maior que a sua". Esse fato se reflete bem no Java. Na Listagem 7-1, todas as três variáveis (`gumballs, kids` e `gumballsPerKid)` são do tipo `int`. Um valor `int` é um número inteiro. Quando você divide um valor `int` por outro (como se faz com a barra na Listagem 7-1), você obtém outro `int`. Quando você divide 30 por 4, obtém 7 — não 7½. Você vê isso na Figura 7-1. Juntas, as instruções

```
gumballsPerKid = gumballs/kids;

System.out.print(gumballsPerKid);
```

colocam o número 7 na tela do computador.

Lendo números inteiros a partir do teclado

Que vida! Ontem havia quatro crianças na minha sala e eu tinha 30 chicletes. Hoje há seis crianças em minha casa e tenho 80 chicletes. Como posso lidar com toda essa mudança? Já sei! Escreverei um programa que lê as quantidades de chicletes e crianças, a partir do teclado. O programa está na Listagem 7-2, e uma execução do programa é mostrada na Figura 7-2.

Listagem 7-2: Um Programa mais Versátil para Crianças e Chicletes

```
import java.util.Scanner;

class KeepingMoreKidsQuiet {

    public static void main(String args[]) {
        Scanner myScanner = new Scanner(System.in);
        int gumballs;
        int kids;
        int gumballsPerKid;

        System.out.print
            ("How many gumballs? How many kids? ");

        gumballs = myScanner.nextInt();
        kids = myScanner.nextInt();

        gumballsPerKid = gumballs / kids;

        System.out.print("Each kid gets ");
        System.out.print(gumballsPerKid);
        System.out.println(" gumballs.");
    }
}
```

Figura 7-2: Na próxima vez, terei 70 crianças e 1.000 chicletes.

```
How many gumballs? How many kids? 80 6
Each kid gets 13 gumballs.
```

Você deve notar algumas coisas na Listagem 7-2. Primeiro, você pode ler um valor `int` com o método `nextInt`. Segundo, pode enviar chamadas sucessivas para os métodos `Scanner`. Na Listagem 7-2, chamo `nextInt` duas vezes. Tudo que tenho que fazer é separar os números digitados com espaços em branco. Na Figura 7-2, coloquei um espaço em branco entre `80` e `6`, porém mais espaços em branco funcionariam também.

Essa regra de espaço em branco aplica-se a muitos métodos `Scanner`. Por exemplo, eis um código que lê três valores numéricos:

```
gumballs = myScanner.nextInt();
costOfGumballs = myScanner.nextDouble();
kids = myScanner.nextInt();
```

A Figura 7-3 mostra a entrada válida para essas três chamadas do método.

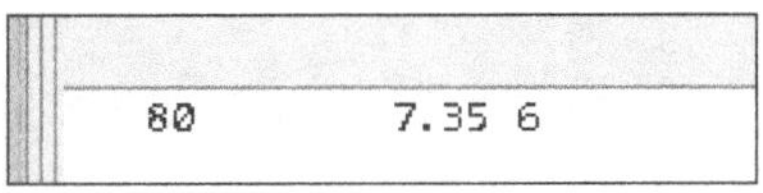

Figura 7-3: Três números para três chamadas do método `Scanner`.

O que você lê é o que você tem

Quando você estiver escrevendo seu próprio código, nunca deverá considerar nada como sendo certo. Suponha que tenha invertido, sem querer, a ordem das instruções de atribuição `gumballs` e `kids` na Listagem 7-2.

```
//Este código é equivocado:
System.out.print("How many gumballs? How many kids? ");

kids = myScanner.nextInt();
gumballs = myScanner.nextInt();
```

Então, a linha `How many gumballs? How many kids?` (Quantos chicletes? Quantas crianças?) fica muito equivocada. Como a instrução de atribuição `kids` vem antes da instrução de atribuição `gumballs`, o primeiro número digitado se torna o valor de `kids` e o segundo número se torna o valor de `gumballs`. Não importa que seu programa exiba a mensagem `How many gumballs? How many kids?`. O que importa é a ordem das instruções de atribuição no programa.

Se a instrução de atribuição `kids` se tornar a primeira por engano, você poderá obter uma resposta estranha, como a resposta zero na Figura 7-4. Eis como a divisão `int` funciona. Ela simplesmente retira qualquer resto. Divida um pequeno número (como 6) por um grande (como 80) e obterá 0.

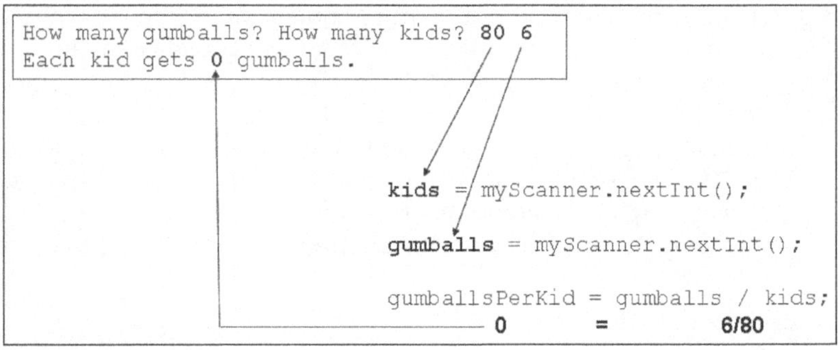

Figura 7-4: Como deixar seis crianças muito tristes.

Criando Novos Valores Aplicando Operadores

O que poderia ser mais reconfortante do que seu velho amigo, o sinal de adição? Ele foi a primeira coisa que você aprendeu em Matemática na escola primária. Quase todos sabem como somar dois e dois. Na verdade, no uso em português, adicionar dois e dois é uma metáfora para algo que é fácil de fazer. Sempre que você vir um sinal de adição, uma de suas células cerebrais dirá: "Obrigado, Senhor, poderia ser algo muito mais complicado".

Assim, o Java tem um sinal de adição. Você pode usá-lo para somar dois números:

```
int apples, oranges, fruit;
apples = 5;
oranges = 16;
fruit = apples + oranges;
```

Naturalmente, o velho sinal de subtração está disponível também:

```
apples = fruit - oranges;
```

Use um asterisco para a multiplicação e uma barra para a divisão:

```
double rate, pay, withholding;
int hours;

rate = 6.25;
hours = 35;
pay = rate * hours;
withholding = pay / 3.0;
```

Quando você divide um valor `int` por outro valor `int`, obtém um valor `int`. O computador não arredonda. Ao contrário, ele corta qualquer resto. Se você colocar `System.out.println(11 / 4)` em seu programa, o computador imprimirá `2`, não `2.75`. Se você precisar de uma resposta decimal, torne qualquer um (ou ambos) dos números que você está dividindo um valor `double`. Por exemplo, se você colocar `System.out.println(11.0 / 4)` em seu programa, o computador dividirá um valor `double`, `11.0`, por um valor `int`, `4`. Como pelo menos um dos dois valores é `double`, o computador imprimirá `2.75`.

Encontrando o resto

Há um operador aritmético útil chamado operador *resto*. O símbolo para o operador resto é o sinal de porcentagem (%). Quando você coloca `System.out.println(11 % 4)` em seu programa, o computador imprime `3`. Ele faz isso porque 4 está em 11 algumas vezes, com um resto 3.

Outro nome para o operador resto é operador *mod*.

O operador resto acaba sendo bem útil. Afinal, um resto é a quantidade que você obteve depois de dividir dois números. E se você estivesse calculando troco para $1.38? Após dividir 138 por 25, você terá 13 centavos restantes, como mostrado na Figura 7-5.

O código na Listagem 7-3 usa essa ideia de resto.

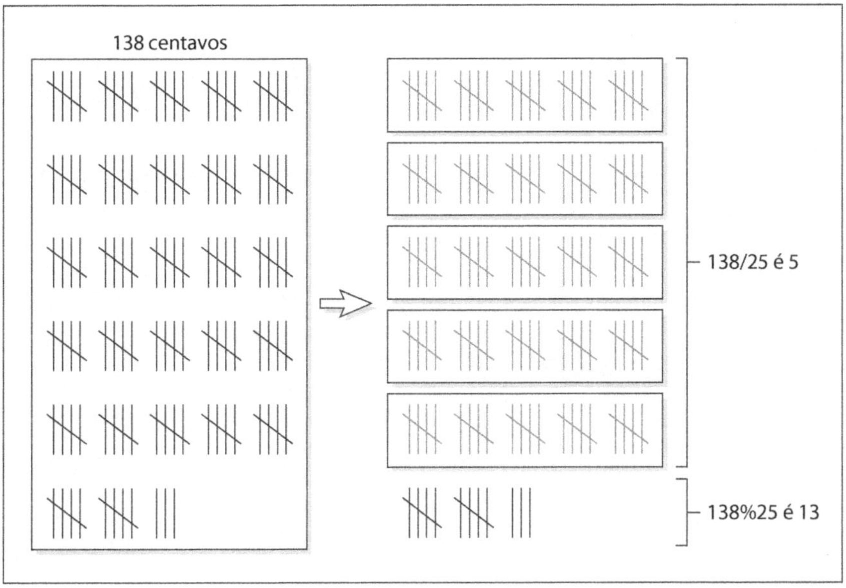

Figura 7-5: Ei, cara! Tem troco para 138 pauzinhos?

Listagem 7-3: Calculando Troco

```
import java.util.Scanner;

class MakeChange {

   public static void main(String args[]) {
      Scanner myScanner = new Scanner(System.in);
      int quarters, dimes, nickels, cents;
      int whatsLeft, total;

      System.out.print("How many cents do you have? ");
      total = myScanner.nextInt();

      quarters = total / 25;
      whatsLeft = total % 25;

      dimes = whatsLeft / 10;
      whatsLeft = whatsLeft % 10;

      nickels = whatsLeft / 5;
      whatsLeft = whatsLeft % 5;

      cents = whatsLeft;

      System.out.println();
      System.out.println
            ("From " + total + " cents you get");
      System.out.println(quarters + " quarters");
      System.out.println(dimes + " dimes");
      System.out.println(nickels + " nickels");
      System.out.println(cents + " cents");
   }
}
```

Uma execução do código na Listagem 7-3 é mostrada na Figura 7-6. Você inicia com um total de 138 centavos. A instrução

```
quarters = total / 25;
```

divide 138 por 25, ficando 5. Isso significa que você pode ter cinco moedas de 25 centavos para 138 centavos. Em seguida, a instrução

```
whatsLeft = total % 25;
```

divide 138 por 25 novamente e coloca apenas o resto, 13, em `whatsLeft`. Agora você está pronto para a próxima etapa, que é tirar quantas moedas de 10 centavos forem possíveis de 13 centavos.

Continue assim até ter obtido todas as moedas de 5 centavos. Nesse ponto, o valor de `whatsLeft` é apenas 3 (significando 3 centavos).

```
How many cents do you have? 138

From 138 cents you get
5 quarters
1 dimes
0 nickels
3 cents
```

Figura 7-6: Troco para $1.38.

Se teu int ofende a ti, jogue-o fora

A execução na Figura 7-6 parece artificial. Por que você começaria com 138 centavos? Por que não usar $1.38, que é mais familiar? O motivo é que o número 1.38 não é inteiro, e os números inteiros são mais precisos do que os outros tipos de números. Na verdade, sem números inteiros, o operador resto não é muito útil. Por exemplo, o valor de `1.38% 0.25` é `0.12999999999999999`. Todos esses noves são difíceis de trabalhar. Imagine ler o extrato de seu cartão de crédito e ver que você deve $0.12999999999999999. Provavelmente, você pagaria $0.13 e deixaria a empresa do cartão de crédito ficar com o troco. Mas depois de anos arredondando números, a empresa de cartões faria uma fortuna! O Capítulo 8 descreve com um pouco mais de detalhe as imprecisões causadas ao usar valores `double`.

Neste livro, mostro o tipo `double` do Java com programas sobre dinheiro. Muitos autores fazem o mesmo. Mas para ter uma maior precisão, você deve evitar usar os valores `double` para dinheiro. Ao contrário, deve usar valores `int` ou `long`, que descreverei na última seção deste capítulo. Melhor ainda, pesquise `BigInteger` e `BigDecimal` na documentação API do Java. Os tipos `Big`*`UmaCoisaOuOutra`* são difíceis de usar, mas fornecem uma larga faixa e uma precisão numérica de alto nível.

Agora, e se você quiser inserir 1.38, então o programa deverá pegar seu 1.38 e transformá-lo em 138 centavos? Como você pode fazer com que o programa faça isso?

Minha primeira ideia é multiplicar 1.38 por 100:

```
//Isto não funciona bem.
double amount;
int total;
amount=myScanner.nextDouble();
total=amount*100;
```

Na aritmética cotidiana, multiplicar por 100 resolve. Mas os computadores são complicados. Com um computador, você tem que ter muito cuidado quando mistura valores `int` e valores `double`. (Veja a primeira figura nesta seção complementar.)

Para colocar um valor `double` em uma variável `int` você precisa de algo chamado *coerção.* Quando você faz a coerção de um valor, basicamente diz: "Tenho consciência de que estou tentando colocar um valor `double` em uma variável `int`. É um ajuste apertado, mas quero fazer isso de qualquer jeito".

Para fazer a coerção, você coloca o nome de um tipo entre parênteses, como a seguir:

```
//Isto funciona!
total = (int) (amount * 100);
```

Essa notação de coerção transforma o valor `double` 138.00 no valor `int` 138, e todos ficam contentes. (Veja a segunda figura nesta seção complementar.)

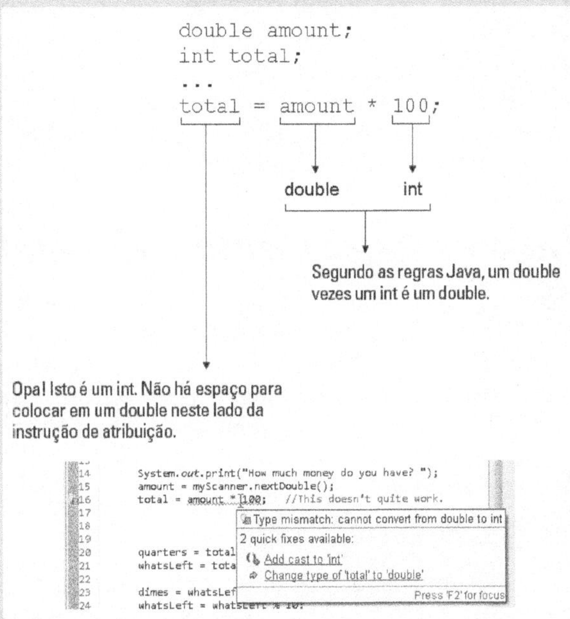

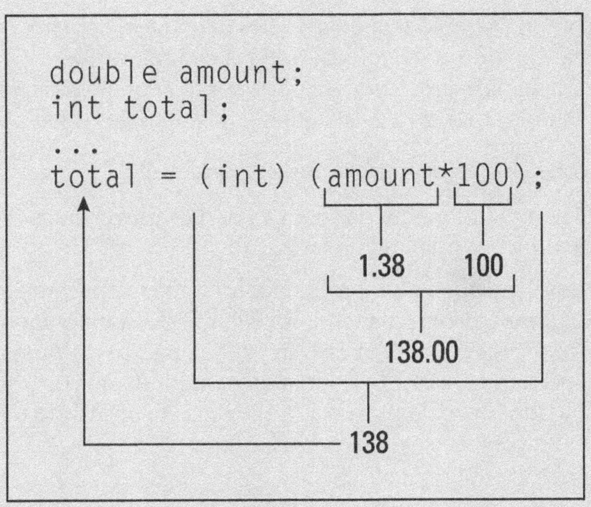

CUIDADO!

Quando duas ou mais variáveis têm tipos parecidos, você pode criá-las com declarações combinadas. Por exemplo, a Listagem 7-3 tem duas declarações combinadas — uma para as variáveis `quarters, dimes, nickels` e `cents` (todas do tipo `int`) e outra para as variáveis `whatsLeft` e `total` (ambas do tipo `int`). Mas, para criar variáveis de diferentes tipos, você precisa separar as declarações. Por exemplo, para criar uma variável `int` chamada `total` e uma variável `double` chamada `amount` você precisa de uma declaração `int total;` e outra declaração `double amount;`.

DICA

A Listagem 7-3 tem uma chamada para `System.out.println()` sem nada entre parênteses. Quando o computador executa essa instrução, o cursor salta para uma nova linha na tela. (Geralmente, uso essa instrução para colocar uma linha em branco na saída de um programa.)

Operadores de aumento e diminuição

O Java tem alguns pequenos operadores ótimos, que facilitam a vida (para o processador do computador, seu cérebro e dedos). Juntos, existem quatro operadores — dois operadores de aumento e dois de diminuição. Os operadores de aumento adicionam um e os operadores de diminuição subtraem um. Para ver como funcionam, você precisa de alguns exemplos.

Usando o pré-incremento

O primeiro exemplo está na Figura 7-7.

Uma execução do programa na Figura 7-7 é mostrada na Figura 7-8. Nessa execução terrivelmente monótona, a contagem de chicletes é exibida três vezes.

O sinal de mais duplo tem dois nomes diferentes, dependendo de onde você o coloca. Quando você coloca ++ antes de uma variável, ++ é chamado de operação de *pré-incremento*. Na palavra pré-incremento, o *pré* significa antes. Neste cenário, a palavra *antes* tem dois significados diferentes.

- Você está colocando ++ antes da variável.
- O computador adiciona 1 ao valor da variável antes de ela ser usada em qualquer outra parte da instrução.

A Figura 7-9 mostra uma reprodução instantânea em câmera lenta da ação do operador de pré-incremento. Na Figura 7-9, o computador encontra a instrução `System.out.println(++gumballs)`. Primeiro o computador adiciona 1 a `gumballs` (aumentando o valor de `gumballs` para 29). Então o computador executa `System.out.println`, usando o novo valor de `gumballs` (29).

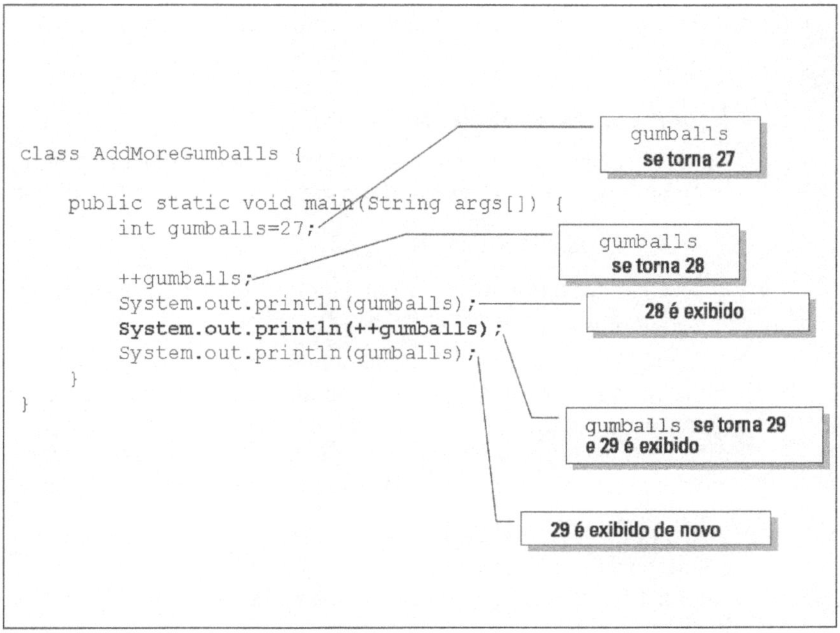

Figura 7-7: Usando o pré-incremento.

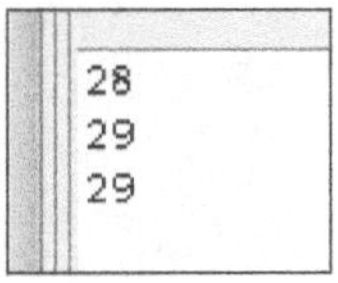

Figura 7-8: Uma execução do código de pré-incremento (o código na Figura 7-7).

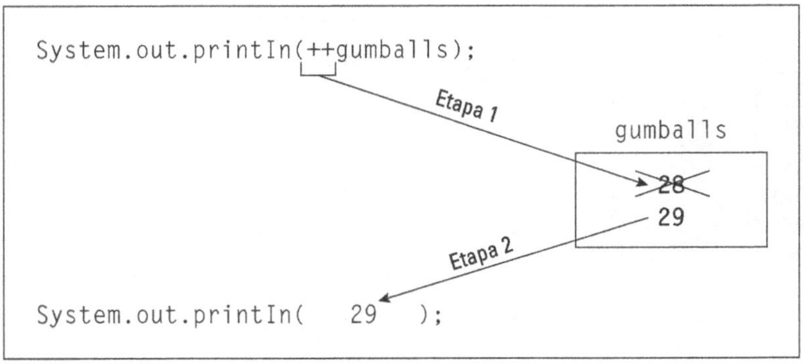

Figura 7-9: O operação de pré-incremento em ação.

LEMBRE-SE

Com `System.out.println(++gumballs)`, o computador adiciona 1 a `gumballs` *antes* de imprimir o novo valor de `gumballs` na tela.

Usando o pós-incremento

Uma alternativa ao pré-incremento é o *pós-incremento*. Em pós-incremento, *pós* significa *depois*. A palavra *depois* tem dois significados diferentes:

- Você coloca ++ depois da variável.
- O computador adiciona 1 ao valor da variável depois de ela ser usada em qualquer outra parte da instrução.

A Figura 7-10 apresenta uma visão detalhada da ação do operador de pós-incremento. Na Figura 7-10, o computador encontra a instrução `System.out.println(gumballs++)`. Primeiro ele executa `System.out.println` usando o *antigo* valor de `gumballs` (28). Então o computador adiciona 1 a `gumballs` (aumentando o valor de `gumballs` para 29).

Veja a linha em negrito do código na Listagem 7-11. O computador imprime o antigo valor de `gumballs` (28) na tela. Só depois de imprimir esse antigo valor o computador adiciona 1 a `gumballs` (aumentando o valor `gumballs` de 28 para 29).

LEMBRE-SE

Com `System.out.println(gumballs++)`, o computador adiciona 1 a `gumballs` *depois* de imprimir o antigo valor que `gumballs` já tinha.

Uma execução do código na Figura 7-11 é mostrada na Figura 7-12. Compare a Figura 7-12 com a execução na Figura 7-8.

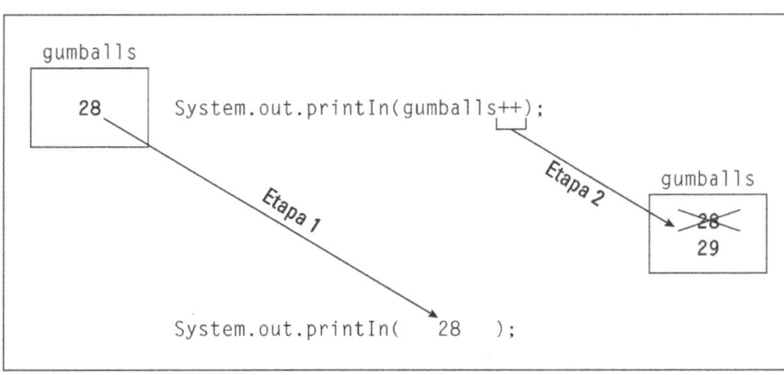

Figura 7-10: O operador de pós-incremento em ação.

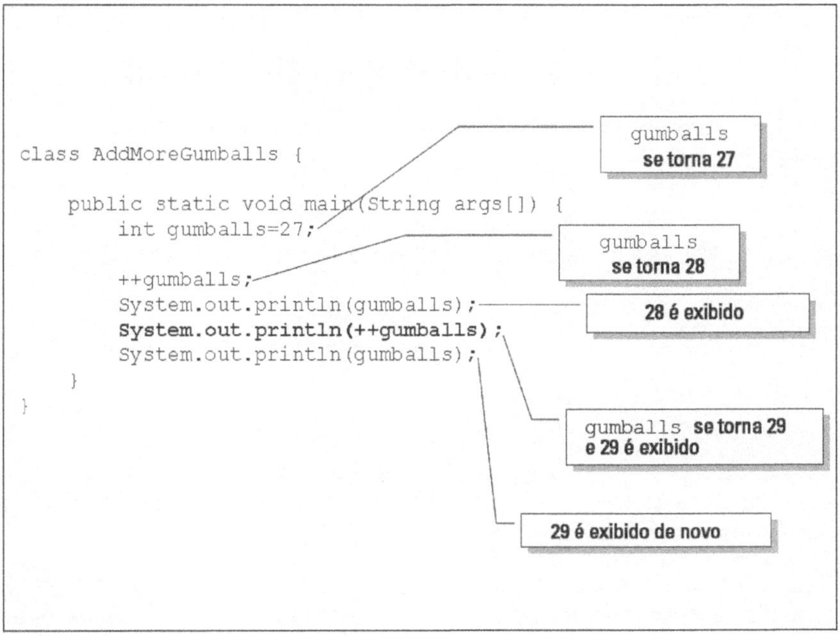

Figura 7-11: Usando o pós-incremento.

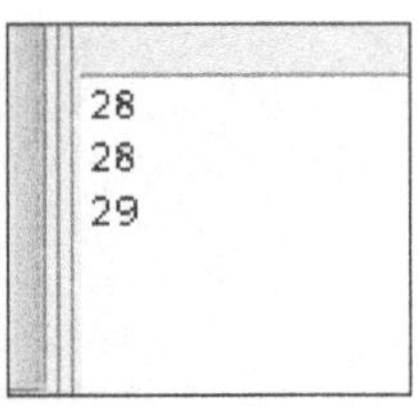

Figura 7-12: Uma execução do código de pós-incremento (o código na Figura 7-11).

- Com o pré-incremento na Figura 7-8, o segundo número exibido é `29`.
- Com o pós-incremento na figura 7-12, o segundo número exibido é `28`.

  Na Figura 7-12, o número `29` não aparece na tela até o final da execução, quando o computador executa o último `System.out.println(gumballs)`.

DICA

Você está tentando decidir entre usar o pré-incremento ou o pós-incremento? Não pense mais. A maioria dos programadores usa o pós-incremento. Em um programa Java típico, geralmente você vê coisas como `gumballs++`. Raramente vê `++gumballs`.

Instruções e expressões

Qualquer parte de um programa de computador com um valor é chamada de *expressão*. Se você escrever

```
gumballs = 30;
```

então `30` será uma expressão (uma expressão cujo valor é a quantidade 30). Se escrever

```
amount = 5.95 + 25.00;
```

então `5.95 + 25.00` será uma expressão (pois 5.95 + 25.00 tem o valor 30.95). Se escrever

```
gumballsPerKid =
        gumballs / kids;
```

então, `gumballs / kids` será uma expressão. (O valor da expressão `gumballs / kids` depende do valor que as variáveis `gumballs` e `kids` tenham quando a instrução com a expressão é executada.)

Isto leva ao assunto dos operadores de pré e pós-incremento e decrementação. Existem dois modos de considerar esses operadores: o modo como todos o compreendem e o modo certo. O modo que explico em grande parte desta seção (em termos de tempo, com *antes* e *depois*) é como todos entendem o conceito. Infelizmente, esse modo não é realmente o correto. Quando você usa ++ ou - -, pode pensar em termos de sequência de tempo. Mas, às vezes, um programador usa ++ ou - - de um modo complicado, e as noções de antes e depois se perdem. Portanto, se você estiver em uma situação difícil, deverá pensar nesses operações em termos de instruções e expressões.

Primeiro, lembre-se de que uma instrução informa ao computador para fazer algo e uma expressão tem um valor. (As instruções são descritas no Capítulo 4 e as expressões foram descritas anteriormente nesta seção complementar.) A qual categoria `gumballs++` pertence? A resposta surpreendente é: ambas. O código Java `gumballs++` é uma instrução e uma expressão.

Suponha que, antes de executar o código `System.out.println(gumballs++)`, o valor de `gumballs` seja 28:

- Como instrução, `gumballs++` pede ao computador para adicionar 1 a `gumballs`.
- Como expressão, o valor de `gumballs++` é 28, não 29.

Assim, mesmo que `gumballs` tenha 1 adicionado, o código `System.out.println(gumballs++)` realmente significa `System.out.println(28)`. (Veja a figura nesta seção complementar.)

Agora, quase tudo que você lê sobre `gumballs++` é verdadeiro para `++gumballs`. A única diferença é que, como expressão, `++gumballs` se comporta de um modo mais claro. Suponha que antes de executar o código `System.out.println(++gumballs)`, o valor de `gumballs` seja 28:

- Como instrução, `++gumballs` pede ao computador para adicionar 1 a `gumballs`.
- Como expressão, o valor de `++gumballs` é 29.

Portanto, com `System.out.println(++gumballs)`, a variável `gumballs` tem 1 adicionado e o código `System.out.println(++gumballs)` realmente significa `System.out.println(29)`.

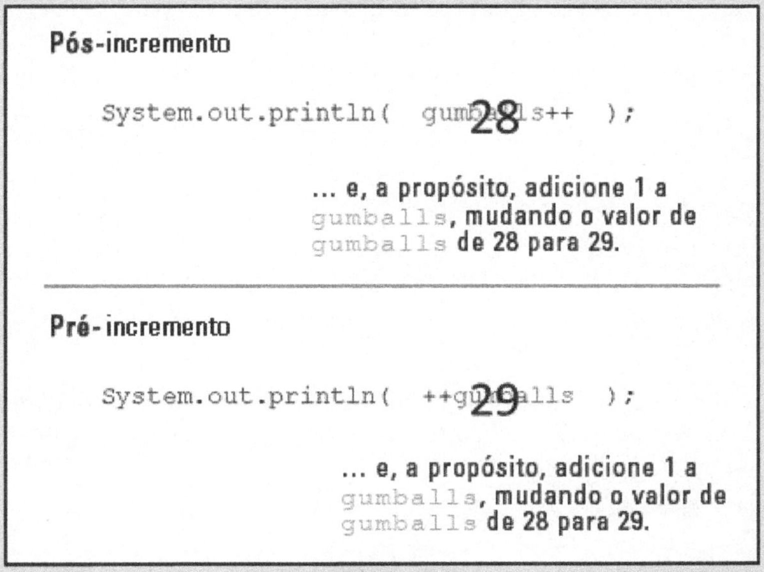

Além do pré-incremento e do pós-incremento, o Java tem dois operadores que usam `--`. Esses operadores são chamados de *pré-decremento* e *pós-decremento*.

- Com a pré-diminuição (`--gumballs`), o computador subtrai 1 do valor da variável antes de a variável ser usada no resto da instrução.
- Com a pós-diminuição (`gumballs--`), o computador subtrai 1 do valor da variável depois de a variável ser usada no resto da instrução.

Operadores de atribuição

Se você leu a seção anterior — a seção sobre os operadores que adicionam 1 — pode estar imaginando se você pode manipular esses operadores para adicionar 2, adicionar 5 ou adicionar 1000000. Você pode escrever `gumballs++++` e ainda se considerar um programador Java? Bem, não pode. Se tentar, então o Eclipse mostrará uma mensagem de erro:

```
Invalid argument to operation ++/--
```

Se não usa o Eclipse, poderá ver uma mensagem de erro diferente:

```
unexpected type
required: variable
found   : value
      gumballs++++;
              ^
```

Sendo Eclipse ou não, o resultado é o mesmo. Ou seja, seu código contém um erro, e você tem que corrigi-lo.

Portanto, como você pode adicionar valores diferentes de 1? Por acaso, o Java tem muitos *operadores de atribuição* que você pode usar. Com um operador de atribuição, você pode somar, subtrair, multiplicar ou dividir por qualquer coisa que desejar. Você pode fazer outras operações excelentes também.

Por exemplo, você pode adicionar 1 à variável `kids` escrevendo

```
kids += 1;
```

Isto é melhor que `kids++` ou `kids = kids + 1`? Não, não é melhor. É apenas uma alternativa. Mas você pode adicionar 5 à variável `kids` escrevendo

```
kids += 5;
```

Você não pode adicionar facilmente 5 com o pré ou o pós-incremento. E se as crianças ficarem presas na máquina de clonagem de um cientista maluco? A instrução

```
kids *= 2;
```

irá multiplicar o número de `kids` por 2.

Com os operadores de atribuição, você pode adicionar, subtrair, multiplicar ou dividir uma variável por qualquer número. O número não tem que ser um literal. Você pode usar uma expressão com valor numérico no lado direito do sinal de igual:

```
double amount = 5.95;
double shippingAndHandling = 25.00, discount = 0.15;

amount += shippingAndHandling;
amount -= discount * 2;
```

O código anterior adiciona 25.00 (`shippingAndHandling`) ao valor de `amount`. Então o código subtrai 0.30 (`discount * 2`) do valor de `amount`. Quanta generosidade!

O Tamanho Importa

Eis as novas palavras do vocabulário de hoje:

> **foregift** (dado antes) *subst.* Um prêmio que um locatário paga ao locador ao fazer uma locação.
>
> **hereinbefore** (neste lugar antes) *adv*. Em uma parte anterior deste documento.

Agora, imagine-se percorrendo um texto compactado. Nesse texto, todos os espaços em branco foram removidos para preservar o espaço de armazenamento. Você encontra a seguinte sequência de letras:

> nestelugardadoantesdeeditar

A pergunta é: O que essas letras significam? Se você souber o comprimento de cada palavra, poderá responder à pergunta.

> neste lugar dado antes de editar

> nestelugardado antesdeeditar

> nestelugar dado antes de Editar

Um computador enfrenta o mesmo tipo de problema. Quando um computador armazena vários números na memória ou em um disco, ele não coloca espaços em branco entre os números. Portanto, imagine que uma pequena parte da memória do computador se pareça com a Figura 7-13. (O computador trabalha exclusivamente com zeros e uns, mas a Figura 7-13 usa dígitos comuns. Com dígitos comuns, é mais fácil ver o que está acontecendo.)

Qual número ou quais números são armazenados na Figura 7-13? São dois números, 42 e 21? Ou é um número, 4.221? E quanto ao armazenamento de quatro números, 4, 2, 2 e 1? Tudo depende da quantidade de espaço que cada número consome.

Figura 7-13: Armazenando os dígitos 4221.

4	2	2	1

Imagine uma variável que armazene o número de dias úteis em um mês. Esse número nunca será maior que 31. Você pode representar esse pequeno número com apenas oito zeros e uns. Mas, e uma variável que conta as estrelas no Universo? Esse número poderia facilmente ser maior que um trilhão, e para representar um trilhão com precisão você precisará de 64 zeros e uns.

Neste ponto, o Java vem ao seu resgate. O Java tem quatro tipos de números inteiros. Como na Listagem 7-1, eu declaro

```
int gumballsPerKid;
```

Também posso declarar

```
byte paydaysInAMonth;
short sickDaysDuringYourEmployment;
long numberOfStars;
```

Cada um desses tipos (`byte`, `short`, `int` e `long`) tem sua própria faixa de possíveis valores (veja Tabela 7-1).

O Java tem dois tipos de números decimais (números com dígitos à direita do ponto decimal). Como na Listagem 6-1, eu declaro

```
double amount;
```

Também posso declarar

```
float monthlySalary;
```

Dada a escolha entre `double` e `float`, sempre escolho `double`. Uma variável do tipo `double` tem uma maior faixa possível de valores e uma precisão muito maior (veja Tabela 7-1).

Tabela 7-1 Tipos Numéricos Primitivos do Java

Nome do Tipo	*Faixa de Valores*
Tipos de Número Inteiro	
`byte`	-128 a 127
`short`	-32768 a 32767
`int`	-2147483648 a 2147483647
`long`	-9223372036854775808 a 9223372036854775807
Tipos de Número Decimal	
`float`	-3.4×10^{38} a 3.4×10^{38}
`double`	-1.8×10^{308} a 1.8×10^{308}

A Tabela 7-1 lista seis tipos *primitivos* do Java (também conhecidos como tipos *simples*). O Java tem apenas oito tipos primitivos, portanto, apenas dois tipos primitivos do Java estão faltando na Tabela 7-1.

O Capítulo 8 descreve os dois tipos primitivos restantes. O Capítulo 17 apresenta os tipos que não são primitivos.

Como programador iniciante, você não tem que escolher entre os tipos na Tabela 7-1. Simplesmente use `int` para os números inteiros e `double` para os números decimais. Se, em suas viagens, você vir algo como `short` ou `float` no programa de outra pessoa, apenas lembre-se do seguinte:

- Os tipos `byte`, `short`, `int` e `long` representam números inteiros.
- Os tipos `float` e `double` representam números decimais.

Na maioria das vezes, isso é tudo o que você precisa saber.

Capítulo 8

Números? Quem Precisa de Números?

Neste Capítulo

- Trabalhando com caracteres
- Lidando com os valores "true" ou "false"
- Aprimorando seu conhecimento sobre os tipos primitivos do Java

Eu, particularmente, não gosto dos aparelhos de fax. Elas são muito ineficientes. Envie um pequeno fax e o que você tem? Tem duas fatias de árvore — uma na extremidade de envio e outra na extremidade de recebimento. Também tem milhões de pontos — pontos que percorrem pequeninas linhas na página impressa.

Compare um fax com uma mensagem de e-mail. Usando o e-mail, posso enviar uma inscrição para um concurso com 25 palavras e apenas 2.500 zeros e uns, e não gasto nenhum papel. Melhor ainda, uma mensagem de e-mail não descreve pontos claros e pontos escuros. Uma mensagem de e-mail contém códigos para cada uma das letras — uma pequena sequência de zeros e uns para a letra A, uma sequência diferente de zeros e uns para a letra B, e assim por diante. O que poderia ser mais simples?

Agora, imagine enviar um fax com uma palavra. A palavra "true" (verdadeiro), que pretende significar "sim, aceito sua oferta para escrever o *Começando a Programar em Java Para Leigos*, Tradução da 3ª edição". Um fax com essa mensagem envia uma imagem das quatro letras t-r-u-e, com linhas confusas, com sujeira no papel e pequenos pontos brancos no lugar onde o cartucho fica sem tinta.

Mas, na verdade, qual é essência da mensagem "true"? Existem apenas duas possibilidades, não é? A mensagem poderia ser "true" (verdadeiro) ou "false" (falso), e para representar essas possibilidades preciso de muito pouco alarde. Que tal 0 para "false" e 1 para "true"?

> Eles perguntam: "Você aceita nossa oferta para escrever o *Começando a Programar em Java Para Leigos*, 3ª edição?".
>
> "1", eu respondo.

É muito ruim que eu não tenha pensando nisso alguns meses atrás. De qualquer modo, este capítulo lida com letras, verdadeiro, falso e outras coisas.

Caracteres

Nos Capítulos 6 e 7, você armazenou números em todas as suas variáveis. Isso é bom, mas há mais coisas na vida do que números. Por exemplo, escrevi este livro com um computador, e o livro contém milhares e milhares de coisas não numéricas chamadas *caracteres*.

O tipo Java que é usado para armazenar os caracteres é o *char*. A Listagem 8-1 tem um programa simples que usa o tipo `char`, e uma execução do programa na Listagem 8-1 é mostrada na Figura 8-1.

Listagem 8-1: Usando o Tipo char

```
class LowerToUpper {

    public static void main(String args[]) {
        char smallLetter, bigLetter;

        smallLetter = 'b';
        bigLetter = Character.toUpperCase(smallLetter);
        System.out.println(bigLetter);
    }
}
```

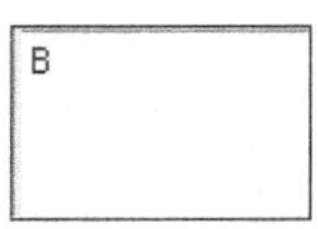

Figura 8-1: A incrível saída do programa!

Na Listagem 8-1, a primeira instrução de atribuição armazena a letra `b` na variável `smallLetter`. Nessa instrução, note como `b` está entre aspas simples. Em um programa Java, todo literal `char` inicia e termina com aspas simples.

PAPO DE ESPECIALISTA

Quando você coloca uma letra entre aspas, informa ao computador que a letra não é um nome de variável. Por exemplo, na Listagem 8-1, a instrução incorreta `smallLetter = b` informaria ao computador para procurar uma variável chamada `b`. Como não há nenhuma variável chamada `b`, você veria a mensagem `b cannot be resolved to a variable` (b não pode ser determinado para uma variável).

Na segunda instrução de atribuição da Listagem 8-1, o programa chama um método da API cujo nome é `Character.toUpperCase`. O método

`Character.toUpperCase` faz o que seu nome sugere — produz o equivalente em letra maiúscula de uma letra minúscula. Na Listagem 8-1, esse equivalente com letra maiúscula (a letra `B`) é atribuído à variável `bigLetter` e o `B` em `BigLetter` é impresso na tela, como mostrado na Figura 8-2.

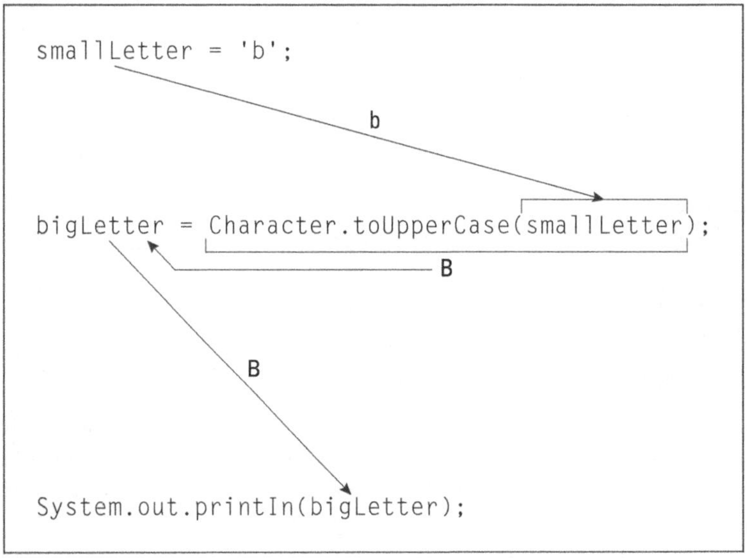

Figura 8-2: A ação na Listagem 8-1.

LEMBRE-SE

Quando o computador exibe um valor `char` na tela, ele não coloca o caractere entre aspas simples.

Eu discordo...

Há pouco tempo, eu imaginava o que aconteceria se eu chamasse o método `Character.toUpperCase` e fornecesse ao método um caractere que não começasse com letra minúscula. Eu peguei a documentação da API Java, mas não encontrei nenhuma informação útil. A documentação dizia que `toUpperCase` "converte o argumento de caractere em letra maiúscula, usando as informações de mapeamento do arquivo UnicodeData". Obrigado, mas isso não é útil para mim.

Por mais bobo que pareça, perguntei a mim mesmo o que eu faria se fosse o método `toUpperCase`. O que eu diria se alguém me desse um `R` maiúsculo e dissesse para transforma esta letra em maiúsculo? Eu diria: "Pegue de volta a porcaria de seu `R` maiúsculo". No jargão do computador, eu enviaria uma mensagem de erro para a pessoa. Portanto, imaginei se eu obteria uma mensagem de erro quando aplicasse `Character.toUpperCase` na letra `B`.

Eu tentei. Eu preparei o experimento na Listagem 8-2.

Listagem 8-2: Investigando o Comportamento de toUpperCase

```
class MyExperiment {

    public static void main(String args[]) {
        char smallLetter, bigLetter;

        smallLetter = 'R';
        bigLetter = Character.toUpperCase(smallLetter);
        System.out.println(bigLetter);

        smallLetter = '3';
        bigLetter = Character.toUpperCase(smallLetter);
        System.out.println(bigLetter);
    }
}
```

Em meu experimento, não misturei produtos químicos nem explodi nada. Eis o que fiz:

- **Eu atribuí 'R' a `smallLetter`.**

  O método `toUpperCase` pegou o `R` maiúsculo e retornou outro `R` maiúsculo (veja Figura 8-3). Não recebi nenhuma mensagem de erro. Isso me informou o que o método `toUpperCase` faz com uma letra que já é maiúscula. O método não faz nada.

- **Eu atribuí '3' a `smallLetter`.**

  O método `toUpperCase` pegou o dígito `3` e retornou o mesmo dígito `3` (veja Figura 8-3). Não recebi nenhuma mensagem de erro. Isso me informou o que o método `toUpperCase` faz com um caractere que não é uma letra. Ele não faz absolutamente nada.

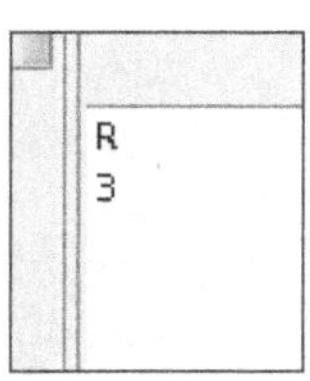

Figura 8-3: Executando o código na Listagem 8-2.

Eu escrevo sobre este experimento para mostrar algo importante. Quando você não entende algo sobre a programação de computadores, geralmente é bom escrever um programa de teste. Crie um experimento e veja como o computador responde.

Eu pensei que enviar uma letra `R` maiúscula para o método `toUpperCase` me retornaria uma mensagem de erro, mas eu estava errado. Vê? As respostas para as perguntas não caem do céu. As pessoas que criaram a API Java tomaram decisões. Elas fizeram algumas escolhas óbvias, mas também fizeram algumas escolhas inesperadas. Ninguém sabe tudo sobre os recursos do Java, deste modo não espere enfiar todas as respostas em sua cabeça.

A documentação Java é ótima, mas para cada pergunta que a documentação responde, ela ignora três outras. Portanto, tenha coragem. Não tenha medo de experimentar. Escreva muitos programas pequenos e experimentais. Você não pode quebrar o computador, então jogue duro com ele. Seu espírito questionador sempre será compensado.

Ler e compreender a documentação API do Java é uma arte, não uma ciência. Para ter conselhos sobre como tirar o máximo dessa documentação, veja o Apêndice no site deste livro — `http://allmycode.com/BeginProg3`.

Um caractere apenas, por favor

Um variável `char` armazena apenas um caractere. Assim, se você ficar tentado a escrever as seguintes instruções

```
char smallLetters;
smallLetters = 'barry';    //Não faça isto
```

resista à tentação. Você não pode armazenar mais de uma letra por vez em uma variável `char` e não pode colocar mais de uma letra entre aspas simples. Se estiver tentando armazenar palavras ou frases (não apenas letras simples), então precisará usar algo chamado *String*. Para ver o tipo `String` do Java, consulte o Capítulo 18.

Variáveis e reciclagem

Na Listagem 8-2, eu uso `smallLetter` duas vezes e uso `bigLetter` duas vezes. Por isso são chamadas de *variáveis*. Primeiro, o valor de `smallLetter` é `R`. Depois, vario o valor de `smallLetter` para que o valor se torne `3`.

Quando atribuo um novo valor a `smallLetter`, o antigo valor é removido. Por exemplo, na Listagem 8-4, a segunda atribuição `smallLetter` coloca `3` em `smallLetter`. Quando o computador executa essa segunda instrução de atribuição, o antigo valor `R` é apagado.

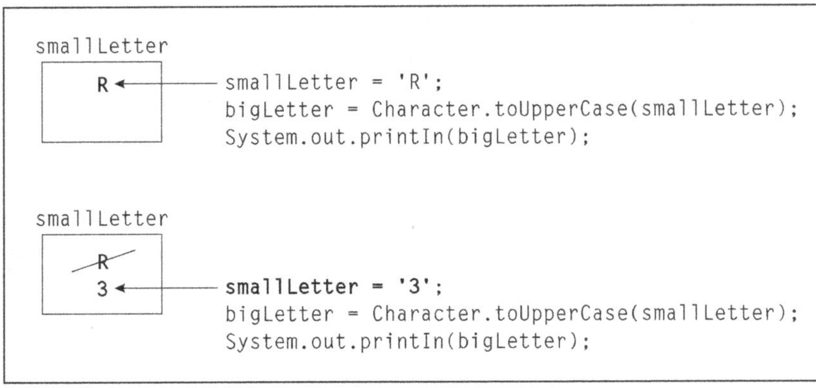

Figura 8-4: Variando o valor de `smallLetter`.

Tudo bem? Você consegue aceitar o esquecimento do valor que `smallLetter` já teve? Sim. Na Listagem 8-2, está tudo certo. Depois de você ter atribuído um valor a `bigLetter` com a instrução

```
bigLetter = Character.toUpperCase(smallLetter);
```

pode esquecer tudo sobre o valor `smallLetter` existente. Você não precisa fazer isto:

```
// Este código é complicado,
// As variáveis extras são desnecessárias.
char smallLetter1, bigLetter1;
char smallLetter2, bigLetter2;

smallLetter1 = 'R';
bigLetter1 = Character.toUpperCase(smallLetter1);
System.out.println(bigLetter1);

smallLetter2 = '3';
bigLetter2 = Character.toUpperCase(smallLetter2);
System.out.println(bigLetter2);
```

Você não precisa armazenar os valores antigo e novo em variáveis separadas. Ao contrário, pode reutilizar as variáveis `smallLetter` e `bigLetter`, como na Listagem 8-2.

Essa reutilização de variáveis não evita que você faça muita digitação extra. Não economiza muito espaço na memória também. Mas reutilizar as variáveis mantém o programa arrumado. Quando você vir a Listagem 8-2, poderá notar que o código tem duas partes e verá que ambas as partes fazem mais ou menos a mesma coisa.

O código na Listagem 8-2 é simples e gerenciável. Em um pequeno programa, a simplicidade e o gerenciamento não importam muito. Mas em um grande programa, é fundamental pensar com cuidado sobre o uso de cada variável.

Quando não reutilizar uma variável

A seção anterior analisa a reutilização das variáveis para tornar um programa agradável e fácil de ler. Esta seção mostra o outro lado. Nela, o problema em mãos força-o a criar novas variáveis.

Suponha que você esteja escrevendo um código para inverter as letras em uma palavra com quatro letras. Você armazena cada letra em sua própria variável separada. A Listagem 8-3 mostra o código, e a Figura 8-5 exibe o código em ação.

Listagem 8-3: Colocando uma Palavra de Trás para Frente

```
import java.util.Scanner;

class ReverseWord {

  public static void main(String args[]) {
    Scanner myScanner = new Scanner(System.in);
    char c1, c2, c3, c4;

    c1 = myScanner.findWithinHorizon(“.”, 0).charAt(0);
    c2 = myScanner.findWithinHorizon(“.”, 0).charAt(0);
    c3 = myScanner.findWithinHorizon(“.”, 0).charAt(0);
    c4 = myScanner.findWithinHorizon(“.”, 0).charAt(0);

    System.out.print(c4);
    System.out.print(c3);
    System.out.print(c2);
    System.out.print(c1);
    System.out.println();
  }
}
```

Figura 8-5: Stop e pots!

O segredo na Listagem 8-3 é o seguinte:

- Atribua valores às variáveis `c1`, `c2`, `c3` e `c4` nessa ordem.
- Exiba esses valores das variáveis na tela na ordem inversa: `c4`, `c3`, `c2`, então `c1`, como mostrado na Figura 8-6.

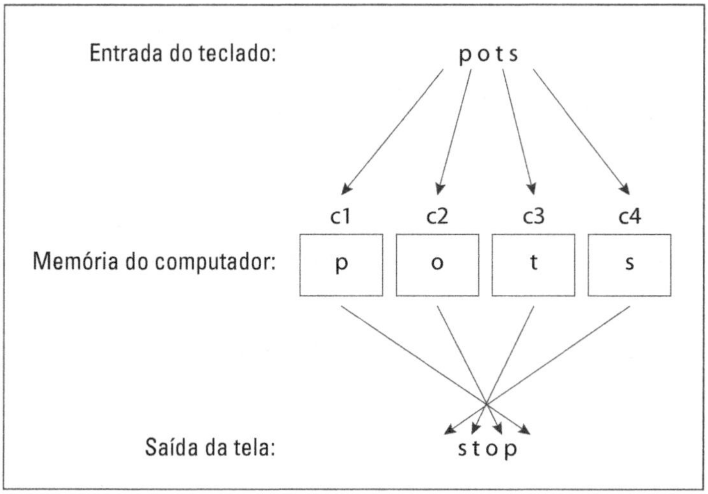

Figura 8-6: Usando quatro variáveis.

Se você não usar quatro variáveis separadas, então não terá o resultado desejado. Por exemplo, imagine que você armazene os caracteres em apenas uma variável. Você executa o programa e digita a palavra `pots`. Quando for o momento de exibir a palavra na ordem inversa, o computador lembrará do `s` final na palavra `pots`. Mas, ele não lembrará do `p`, `o` ou `t`, como mostrado na Figura 8-7.

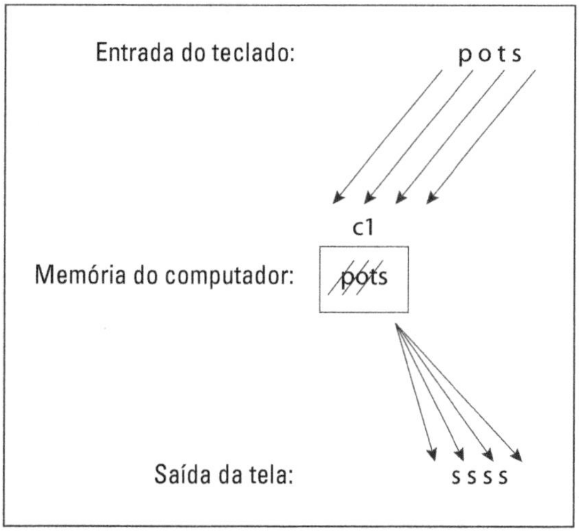

Figura 8-7: Obtendo coisas erradas porque você usou apenas uma variável.

Eu gostaria de lhe dar 12 regras simples para ajudá-lo a decidir sobre quando reutilizar ou não as variáveis. O problema é que eu não posso. Tudo depende do que você está tentando fazer. Portanto, como você descobre sozinho quando reutilizar ou não as variáveis? Como um cara diz para o colega que pergunta sobre como chegar ao Carnegie Hall: "Prática, prática, prática".

O que está por trás do findWithinHorizon sem sentido?

Sem entrar muitos em detalhes, é assim que `findWithinHorizon(".", 0).charAt(0)` funciona:

O método `findWithinHorizon` do Java procura coisas na entrada. As coisas que o método encontra dependem daquilo que você coloca entre parênteses. Por exemplo, uma chamada para `findWithinHorizon("\\d\\d\\d", 0)` procura um grupo de três dígitos. Com a seguinte linha de código

```
System.out.println(myScanner.
  findWithinHorizon("\\d\\d\\d", 0));
```

posso digitar

```
Testing 123 Testing Testing
```

e o computador responderá exibindo

```
123
```

Na chamada `findWithinHorizon("\\d\\d\\d", 0)`, cada `\\d` significa um único dígito. `\\d` é uma das muitas abreviações no código especial chamado *expressões regulares*.

Agora, eis a parte estranha. No mundo das expressões regulares, um ponto significa qualquer caractere. (Ou seja, um ponto significa "qualquer caractere, não necessariamente um ponto".) Portanto, `findWithinHorizon(".", 0)` informa ao computador para encontrar o próximo caractere de qualquer tipo que o usuário digita no teclado. Quando você estiver tentando inserir um único caractere, `findWithinHorizon(".", 0)` será muito útil.

Na chamada `findWithinHorizon("\\d\\d\\d", 0)`, o `0` informa a `findWithinHorizon` para continuar pesquisando até o final da entrada. Esse valor `0` é um caso especial, porque qualquer coisa diferente de `0` limita a pesquisa a certo número de caracteres. (É por isso que o nome do método contém a palavra *horizon* (horizonte). *horizon* é a distância até a qual o método vê. Eis alguns exemplos:

- Com a mesma entrada `Testing 123 Testing Testing`, a chamada `findWithinHorizon("\\d\\d\\d", 9)` retorna `null`. Ela retorna `null` porque os primeiros nove caracteres da entrada (os caracteres `Testing 1` — sete letras, um espaço em branco e um dígito) não contêm três dígitos consecutivos. Esses nove caracteres não coincidem com o padrão `\\d\\d\\d`.
- Com a mesma entrada, a chamada `findWithinHorizon ("\\d\\d\\d", 10)` também retorna `null`. Ela retorna `null` porque os dez primeiros caracteres da entrada (os caracteres `Testing 12`) não contêm três dígitos consecutivos.
- Com a mesma entrada, a chamada `findWithinHorizon ("\\d\\d\\d", 11)` retorna `123`. Ela retorna `123` porque os 11 primeiros caracteres da entrada (os caracteres `Testing 123`) contêm três dígitos consecutivos.
- Com a entrada `A57B442123 Testing`, a chamada `findWithinHorizon ("\\d\\d\\d", 12)` retorna `442`. Ela retorna `442` porque entre os 12 primeiros caracteres da entrada (os caracteres `A57B442123 Test`), a primeira sequência que consiste em três dígitos consecutivos é a sequência `442`.

(continua)

(continuação)

Mas espere! Para obter um único caractere do teclado, chamo `findWithinHorizon(".", 0).charAt(0)`. Qual é o papel de `charAt (0)` ao ler um único caractere? Infelizmente, qualquer chamada `findWithinHorizon` se comporta como se fosse encontrar muitos caracteres, não apenas um. Mesmo quando você chama `findWithinHorizon (".", 0)` e o computador obtém apenas uma letra do teclado, o programa Java trata a letra como um dos muitos caracteres de entrada possíveis.

A chamada para `charAt(0)` cuida do problema dos múltiplos caracteres. Essa chamada `charAt(0)` informa ao Java para pegar o caractere inicial de quaisquer caracteres que `findWithinHorizon` busque.

Sim, é complicado. E sim, eu não gosto de explicar isso. Mas não, você não tem que entender nenhum detalhe desta seção complementar. Apenas leia os detalhes, se quiser, e pule se não se importar.

Lendo caracteres

As pessoas que criaram a classe `Scanner` do Java não criaram um método `next` para ler um caractere. Portanto, para digitar um caractere, colo dois métodos da API Java juntos. Uso os métodos `findWithinHorizon` e `charAt`.

A Tabela 5-1 no Capítulo 5 apresenta a técnica `findWithinHorizon(".", 0).charAt(0)` para ler um único caractere de entrada, e a Listagem 8-3 usa a técnica para ler um caractere por vez. (Na verdade, a Listagem 8-3 usa a técnica quatro vezes para ler quatro caracteres individuais.)

Observe o formato da entrada na Figura 8-5. Para inserir os caracteres na palavra `pots`, digito quatro letras, uma após a outra, sem espaço em branco entre elas e sem aspas. A técnica `findWithinHorizon(".", 0).charAt(0)` funciona assim, mas não culpe a mim ou minha técnica. Os métodos de leitura de caracteres de outros desenvolvedores funcionam igualmente. Não importa o método de quem você usa, ler um caractere é diferente de ler um número. Eis como:

- **Com métodos, tais como `nextDouble` e `nextInt`, você digita espaços em branco entre os números.**

  Se eu digitar **80 6**, então duas chamadas para `nextInt` informarão o número `80`, seguido do número `6`. Se eu digitar **806**, então uma chamada para `nextInt` informará o número `806` (oitocentos e seis), como mostrado na Figura 8-8.

- **Com `findWithinHorizon(".", 0).charAt(0)`, você não digita espaços em branco entre os números.**

  Se eu digitar **po**, então duas chamadas sucessivas para `findWithinHorizon(".", 0).charAt(0)` informarão a letra `p`, seguida da letra `o`. Se eu digitar **p o**, então duas chamadas para `findWithinHorizon(".", 0).charAt(0)` informarão a letra p, seguida de um caractere de espaço em branco. (Sim, o espaço em branco é um caractere!) Novamente, veja a Figura 8-8.

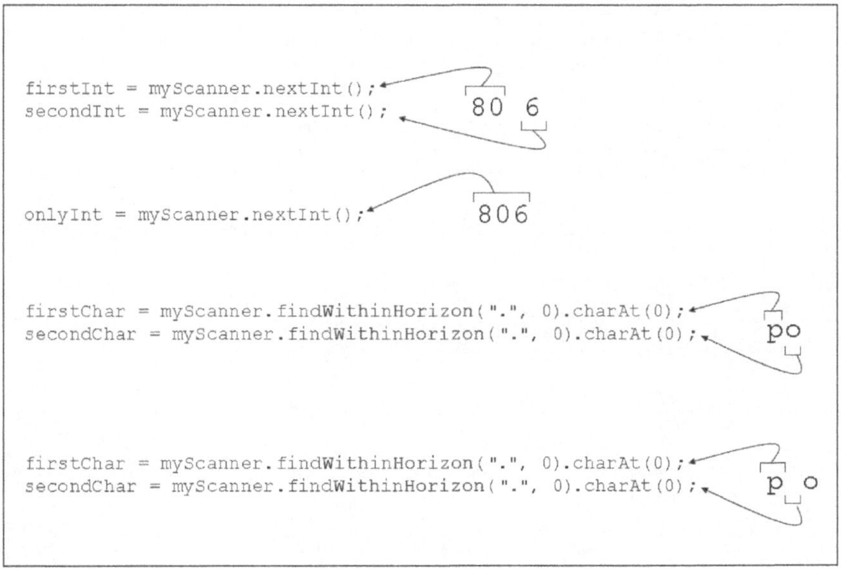

Figura 8-8: Lendo números e caracteres.

Para representar um único caractere no texto de um programa de computador, você colocará o caractere entre aspas simples. Mas quando digitar um caractere como parte da entrada de um programa, não irá colocá-lo entre aspas.

Suponha que seu programa chame `nextInt` e então `findWithinHorizon(".", 0).charAt(0)`. Se você digitar **80x** no teclado, verá uma mensagem de erro. (A mensagem informa `InputMismatchException`. O método `nextInt` espera que você digite um espaço em branco após cada valor `int`.) Agora, o que acontecerá se, ao invés de digitar **80x**, você digitar **80 x** no teclado? Então o programa terá `80` para o valor `int`, seguido de um espaço em branco para o valor do caractere. Para o programa obter o `x`, ele terá que chamar `findWithinHorizon(".", 0).charAt(0)` mais uma vez. Parece um desperdício, mas faz sentido a longo prazo.

Tipo boolean

Tenho um grande problema. Tenho 140 chicletes e 15 crianças correndo à minha volta e gritando em minha sala. Elas estão gritando porque cada uma deseja dez chicletes, e estão correndo porque é isso que as elas fazem em uma sala repleta de coisas. Preciso de um programa que me diga se posso dar dez chicletes a cada criança.

Preciso de uma variável do tipo *boolean*. Uma variável `boolean` armazena um dos dois valores — `true` ou `false` (`true` — verdadeiro, eu posso dar dez chicletes a cada criança; ou `false` — falso, não posso dar dez chicletes a cada criança). De qualquer modo, as crianças ficarão loucas, portanto, eu escrevi um pequeno programa e coloquei-o na Listagem 8-4. A saída do programa é mostrada da Figura 8-9.

Listagem 8-4: Usando o Tipo boolean

```
class CanIKeepKidsQuiet {

    public static void main(String args[]) {
        int gumballs;
        int kids;
        int gumballsPerKid;
        boolean eachKidGetsTen;

        gumballs = 140;
        kids = 15;
        gumballsPerKid = gumballs / kids;

        System.out.print("True or false? ");
        System.out.println("Each kid gets 10 gumballs.");
        eachKidGetsTen = gumballsPerKid >= 10;
        System.out.println(eachKidGetsTen);
    }
}
```

```
Verdadeiro ou falso? Cada criança recebe
dez chicletes.falso
```

Figura 8-9: Ah, não!

Na Listagem 8-4, a variável `eachKidGetsTen` é do tipo `boolean`. Portanto, o valor armazenado na variável `eachKidGetsTen` pode ser `true` ou `false`. (Não posso armazenar um número ou um caractere na variável `eachKidGetsTen`.)

Para encontrar um valor para a variável `eachKidGetsTen`, o programa verifica para saber se `gumballsPerKid` é maior ou igual a 10. (Os símbolos >= significam "maior ou igual a". Que pena! Não há nenhuma tecla ≥ no teclado padrão do computador.) Como `gumballsPerKid` é apenas nove, `gumballsPerKid >= 10` é falso. Portanto, `eachKidGetsTen` se torna `false`. Uau! As crianças irão quebrar a casa! (Antes que façam isso, veja a Figura 8-10.)

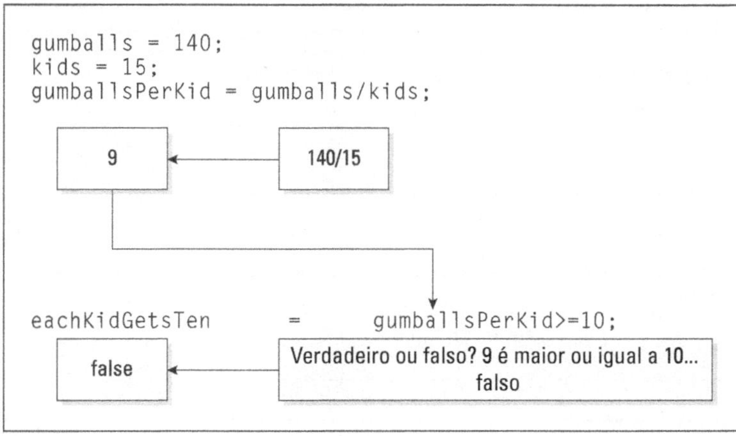

Figura 8-10: Atribuindo um valor à variável `eachKidGetsTen`.

Expressões e condições

Na Listagem 8-4, o código `gumballsPerKid >= 10` é uma expressão. O valor da expressão depende do valor armazenado na variável `gumballsPerKid`. Em um dia ruim, o valor de `gumballsPerKid >= 10` é `false`. Portanto, a variável `eachKidGetsTen` é atribuída ao valor `false`.

Uma expressão como `gumballsPerKid >= 10` cujo valor é `true` ou `false` é algumas vezes chamada de *condição*.

Valores como `true` e `false` podem parecer que contêm caracteres, mas, na verdade, não. Internamente, a Máquina Virtual Java não armazena os valores `boolean` com as letras t-r-u-e ou f-a-l-s-e. Ao contrário, a JVM armazena códigos, tais como 0 para false e 1 para true. Quando o computador exibe um valor `boolean` (como em `System.out.println(eachKidGetsTen)`), a Máquina Virtual Java converte um código como 0 na palavra de cinco letras `false`.

Comparando números; comparando caracteres

Na Listagem 8-4, comparo o valor de uma variável com o número 10. Uso o operador >= na expressão

```
gumballsPerKid >= 10
```

Naturalmente, a comparação com "maior ou igual a" não vai muito longe. A Tabela 8-1 mostra os operadores que você pode usar para comparar as coisas umas com as outras.

Tabela 8-1 — Operadores de Comparação

Símbolo do Operador	*Significado*	*Exemplo*
= =	igual a	`seuPalpite = = Numerovencedor`
!=	diferente de	`5 != numberOfCows`
<	menor que	`strikes < 3`
>	maior que	`numberOfBoxtops > 1000`
<=	menor ou igual a	`numberOfCows + numberOfBulls <= 5`
>=	maior ou igual a	`gumballsPerKid >= 10`

Com os operadores na Tabela 8-1 você pode comparar números e caracteres.

Observe o sinal de igual duplo na primeira linha da Tabela 8-1. Não tente usar um único sinal de igual para comparar dois valores. A expressão `seuPalpite = Numerovencedor` (com um sinal de igual) não compara `seuPalpite` com `Numerovencedor`. Ao contrário, `seuPalpite = Numerovencedor` muda o valor de `seuPalpite`. (Atribui o valor de `Numerovencedor` à variável `seuPalpite`.)

Você pode comparar outras coisas (além de números e caracteres) com os operadores = = e !=. Mas quando o fizer, precisará ter cuidado. Para obter mais informações, veja o Capítulo 18.

Comparando números

Nada é mais monótono do que comparar números. "Verdadeiro ou falso? Cinco é maior ou igual a dez." Falso. Cinco não é maior nem igual a dez. Entende o que quero dizer? Cha-to.

Comparar números inteiros é um caso simples. Mas, infelizmente, quando você compara números decimais, há um truque. Faça um programa converter Celsius em Fahrenheit. Espere! Não pegue qualquer programa; pegue o programa na Listagem 8-5.

Listagem 8-5: Está Quente e Aconchegante Aqui

```
import java.util.Scanner;

class CelsiusToFahrenheit {

  public static void main(String args[]) {

    Scanner myScanner = new Scanner(System.in);
    double celsius, fahrenheit;
```

```
        System.out.print("Enter the Celsius temperature: ");
        celsius = myScanner.nextDouble();

        fahrenheit = 9.0 / 5.0 * celsius + 32.0;

        System.out.print("Room temperature? ");
        System.out.println(fahrenheit == 69.8);
    }
}
```

Se você executar o código na Listagem 8-5 e digitar o número 21, o computador encontrará o valor `9.0 / 5.0 * 21 + 32.0`. Acredite se quiser, você desejará verificar a resposta do computador. (Quem sabe? Talvez o computador erre!) Você precisa fazer algum cálculo, mas não pegue sua calculadora. Uma calculadora é apenas um pequeno computador, e esses tipos de máquina defendem umas às outras. Para verificar o trabalho do computador você precisa fazer o cálculo à mão. O quê? Você diz que tem fobia de matemática? Bem, não se preocupe. Fiz todo o cálculo na Figura 8-11.

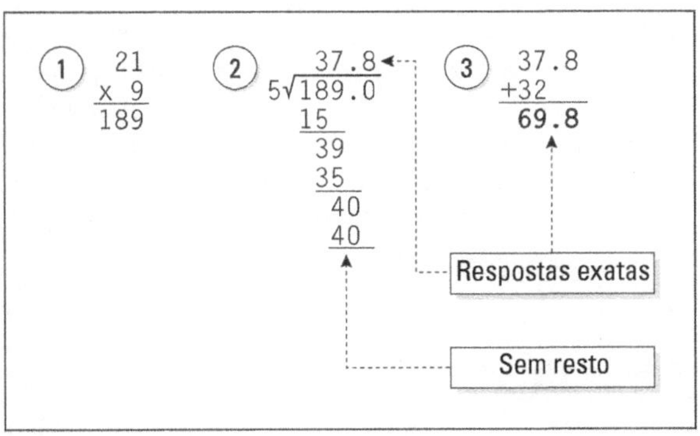

Figura 8-11: A temperatura Fahrenheit é exatamente 69.8.

Se você fizer o cálculo à mão, então o valor que obterá para `9.0 / 5.0 * 21 + 32.0` será exatamente 69.8. Portanto, execute o código na Listagem 8-5 e forneça o valor 21 à variável `celsius`. Você deverá obter `true` quando exibir o valor `fahrenheit == 69.8`, certo?

Bem, não. Veja a execução na Figura 8-12. Quando o computador avaliar `fahrenheit == 69.8`, o valor acabará sendo `false`, não `true`. O que está acontecendo aqui?

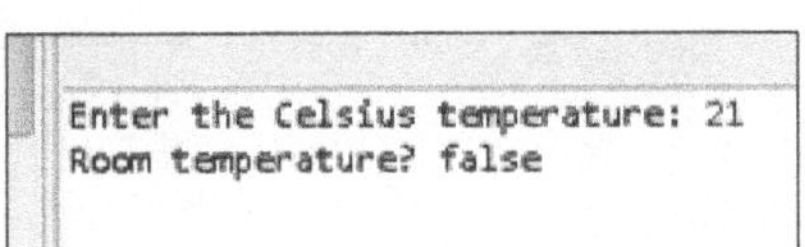

Figura 8-12: Uma execução do código na Listagem 8-5.

Uma pequena investigação pode ser adequada. Portanto, revise os fatos:

- **Fato:** O valor de `fahrenheit` deveria ser exatamente 69.8.
- **Fato:** Se `fahrenheit` for 69.8, então `fahrenheit == 69.8` será `true`.
- **Fato:** Na Figura 8-12, o computador exibe a palavra `false`. Portanto, a expressão `fahrenheit == 69.8` não é `true`.

Como você concilia esses fatos? Pode haver uma pequena dúvida no fato de que `fahrenheit == 69.8` é `false`, então o que isso tem a dizer sobre o valor de `fahrenheit`? Em nenhum lugar na Listagem 8-5 o valor de `fahrenheit` é exibido. Isso poderia ser um problema?

Neste ponto, uso um truque popular entre programadores. Adiciono instruções para exibir o valor de `fahrenheit`.

```
fahrenheit = 9.0 / 5.0 * celsius + 32.0;
System.out.print("fahrenheit: ");    // Adicionado
System.out.println(fahrenheit);      // Adicionado
```

Uma execução do código melhorado é mostrada na Figura 8-13. Como você pode ver, o computador se perde. Ao invés do valor 69.8 esperado, o valor do computador para `9.0 / 5.0 * 21 + 32.0` é 69.80000000000001. É assim que a coisa funciona. O computador faz todo o cálculo com zeros e uns, portanto, o cálculo dele não se parece com a aritmética de base 10 na Figura 8-11. A resposta do computador não está errada. A resposta é apenas um pouco imprecisa.

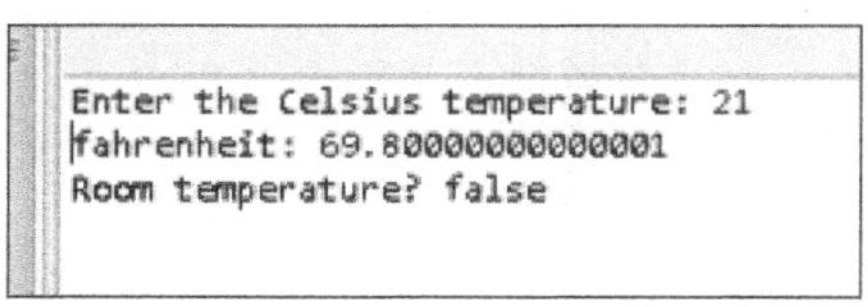

Figura 8-13: O valor total da variável `fahrenheit`.

Em um exemplo no Capítulo 7, o operador de resto (%) do Java fornece a resposta `0.12999999999999999`, ao invés do `0.13` esperado. O mesmo tipo estranho de coisa ocorre no exemplo desta seção. Mas o código da seção não usa um operador de resto exótico. O código da seção usa seus velhos amigos — divisão, multiplicação e adição.

Portanto, tenha cuidado quando comparar dois números quanto à igualdade (com ==) ou quanto à diferença (com !=). Pequenas imprecisões podem surgir em praticamente todo lugar quando você trabalha com o tipo `double` ou o tipo `float` do Java. E várias pequenas imprecisões podem se juntar a outras, tornando-se uma imprecisão muito grande. Quando você compara dois valores `double` ou dois valores `float`, os valores quase nunca são perfeitamente iguais.

Se seu programa não fizer o que você acha que ele deveria, então verifique suas suspeitas sobre os valores das variáveis. Adicione instruções `print` e `println` ao seu código.

Quando você comparar valores `double`, dê a si mesmo um espaço para ação. Ao invés de comparar quanto à igualdade exata, pergunte se determinado valor está razoavelmente próximo do valor esperado. Por exemplo, use uma condição como `fahrenheit == 69.8 - 0.01 && fahrenheit <= 69.8 + 0.01` para descobrir se `fahrenheit` está dentro de 0.01 do valor 69.8. Para ler mais sobre as condições contendo o operador `&&` do Java, veja o Capítulo 10.

Depuração automatizada

Se seu programa não estiver funcionando corretamente, você poderá tentar algo chamado *depurador*. Um depurador adiciona automaticamente chamadas `print` e `println` invisíveis ao seu código suspeito. Na verdade, os depuradores têm todos os tipos de recursos para ajudá-lo a diagnosticar os problemas. Por exemplo, um depurador pode pausar a execução de seu programa e aceitar comandos especiais para exibir os valores das variáveis. Com alguns depuradores, você pode pausar uma execução e mudar o valor de uma variável (apenas para ver se as cosias ficam melhores quando você faz isto.)

Uma *perspective* Eclipse é uma coleção de exibições destinadas a ajudá-lo com certo aspecto do desenvolvimento do programa. Por padrão, o Eclipse inicia na *perspective Java* — a organização das exibições para ajudá-lo a criar programas Java. Outra perspectiva — a *perspective Debug* (Depuração) — ajuda a diagnosticar os erros em seu código.

Neste livro, não incentivo o uso de um depurador automatizado. Mas, para qualquer projeto grande de programação, a depuração automatizada é uma ferramenta essencial. Portanto, se você pretende escrever programas maiores e melhores, experimente a perspectiva Debug do Eclipse. Para ver uma pequena amostra das capacidades da perspectiva Debug, faça o seguinte:

1. **No editor (onde você vê seu código Java), clique duas vezes na margem à esquerda de uma linha de código.**

   Um pequeno ponto azul aparecerá na margem (veja a figura). Esse ponto indica um *breakpoint* no código. Nas etapas seguintes, você fará a execução do programa pausar nesse ponto de interrupção. Na figura, clico na última linha de código na Listagem 8-5.

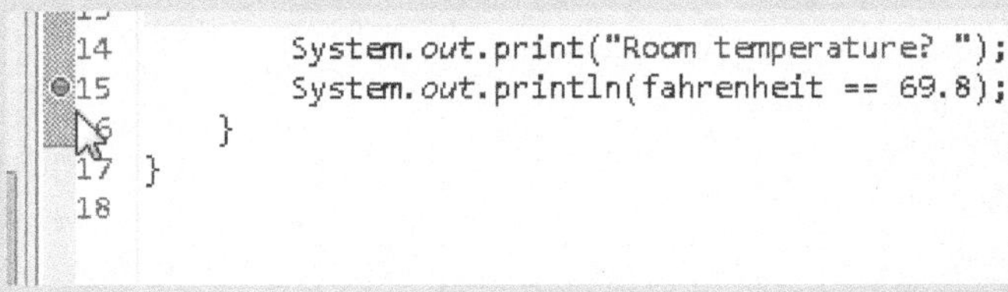

(continua)

(continuação)

2. **No menu principal do Eclipse, clique em Window (Janela) ⇨ Open Perspective (Abrir Perspectiva) ⇨ Debug (Depurar).**

   Como resultado, o Eclipse exibirá um novo layout. O novo layout contém algumas exibições familiares, tais como a exibição Console e a exibição Outline (Resumo). O layout também contém algumas exibições novas, como a exibição Debug, exibição Variables (Variáveis) e exibição Breakpoints (Pontos de Interrupção) (veja a figura).

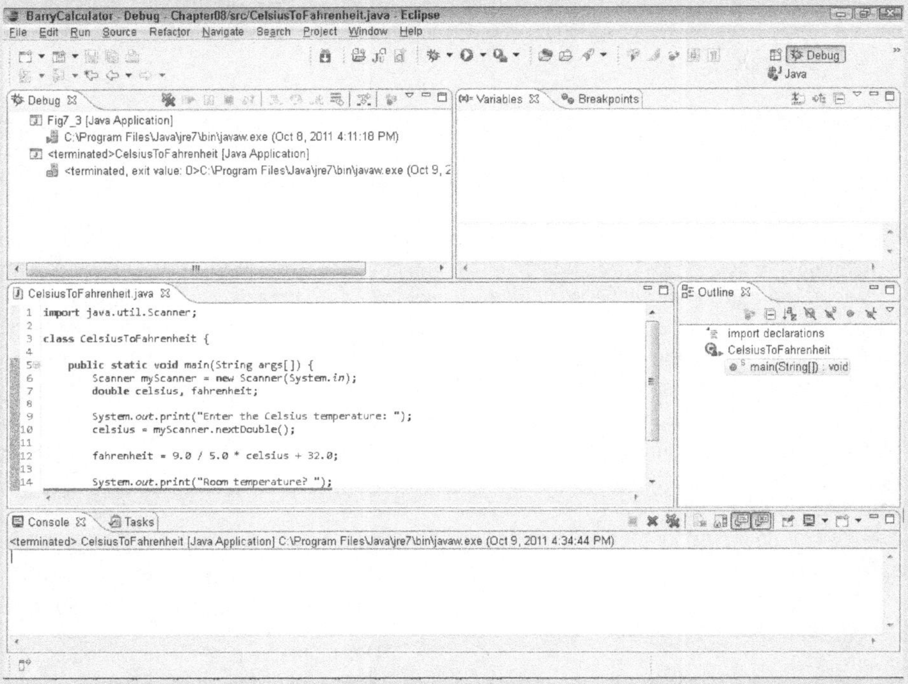

3. **No menu principal do Eclipse, clique em Run (Executar) ⇨ Debug As (Depurar Como) ⇨ Java Application (Aplicativo Java).**

   Lembre-se de selecionar o item de menu Debug As. Selecionar esse item ativará todas as ferramentas de depuração.

   Seu código começará a ser executado. Como você está trabalhando com o programa na Listagem 8-5, o código irá solicitar que insira a temperatura Celsius.

4. **Digite o número `21`, então pressione Enter.**

   Seu código continuará a ser executado até que a execução atinja o ponto de interrupção. Nesse ponto, a execução fará uma pausa para permitir que você examine o estado do programa.

5. **No canto superior direito da janela do Eclipse, procure a exibição Variables.**

   A exibição Variables mostra os valores das variáveis do programa. (Não é nenhuma surpresa.) Na figura, o valor da variável `fahrenheit` é 69.80000000000001. Que bonito! Usando as ferramentas de depuração você pode examinar os valores das variáveis durante a execução!

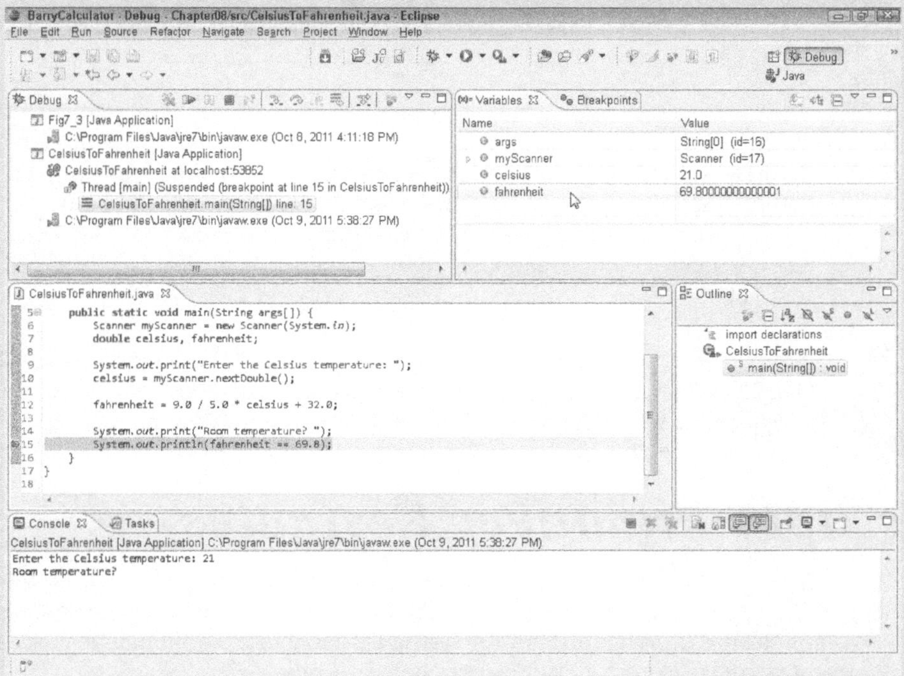

6. **Para terminar a execução de seu programa, clique no botão Resume (Retomar) no topo da exibição Debug (veja figura).**

7. **Para retornar a perspective Java, clique em Window (Janela) ⇨ Open Perpective (Abrir Perspectiva) ⇨ Java.**

Comparando caracteres

Os operadores de comparação na Tabela 8-1 fazem um trabalho extra com os caracteres. Em termos gerais, o operador < significa "vem antes no alfabeto". Mas você tem que ter cuidado com o seguinte:

- Como `B` vem antes de `H` no alfabeto, a condição `'B' < 'H'` é `true`. Nenhuma surpresa.
- Como `b` vem antes de `h` no alfabeto, a condição `'b' < 'h'` é `true`. Nenhuma surpresa também.
- Toda letra maiúscula vem antes de qualquer letra minúscula, portanto, a condição `'b' < 'H'` é `false`. Isso, sim, surpreende (veja Figura 8-14).

Figura 8-14: A ordem das letras.

Na prática, você raramente tem motivos para comparar uma letra com outra. Mas no Capítulo 18 poderá ler sobre o tipo `String` do Java. Com o tipo `String` você pode comparar palavras, nomes e outras coisas. Nesse ponto terá que pensar com cuidado na ordem alfabética, e as ideias na Figura 8-14 serão úteis.

PAPO DE ESPECIALISTA

Internamente, as letras de `A` a `Z` são armazenadas com códigos numéricos de 65 a 90. As letras de `a` a `z` são armazenadas com os códigos de 97 a 122. É por isso que toda letra maiúscula é "menor que" qualquer letra minúscula.

Os Tipos Primitivos Restantes

No Capítulo 7 informo que o Java tem oito tipos primitivos, mas a Tabela 7-1 lista apenas seis dos oito tipos. A Tabela 8-2 descreve os dois tipos restantes — os tipos `char` e `boolean`. A Tabela 8-2 não é muito estimulante, mas não posso deixá-lo com a história incompleta da Tabela 7-1.

Tabela 8-2 Tipos Primitivos não Numéricos do Java

Nome do Tipo	*Faixa de Valores*
Tipo de Caractere	
`char`	Milhares de caracteres, glifos e símbolos
Tipo Lógico	
`boolean`	Apenas `true` ou `false`

Se você dissecar as partes da máquina virtual Java, verá que o Java considera `char` como sendo um tipo numérico. Isso ocorre porque o Java representa os caracteres com algo chamado *Unicode* — um padrão internacional para representar os alfabetos das muitas línguas no mundo. Por exemplo, a representação Unicode da letra maiúscula C é 67. A representação da letra hebraica aleph é 1488. E (para ter um exemplo mais obscuro) a representação de uma fricativa sonora na fonética é 635. Mas não se preocupe com tudo isso. O único motivo para eu escrever sobre o aspecto numérico do tipo `char` é salvar minha honra entre meus amigos especialistas.

Depois de ver a Tabela 8-2, você pode estar imaginando o que é um glifo. (Na verdade, tenho orgulho de escrever sobre este conceito secreto, tendo você algum uso para a informação ou não.) Um *glifo* é uma representação em particular de um caractere. Por exemplo, a e *a* são dois glifos diferentes, mas ambos representam a mesma letra minúscula do alfabeto romano. (Como esses dois glifos têm o mesmo significado, são chamados de *alógrafos*. Se você quiser parecer inteligente, encontre um modo de introduzir as palavras *glifo* e *alógrafo* em uma conversa informal!)

Parte III

Controlando o Fluxo

A 5ª Onda Por Rich Tennant

Nesta parte...

Um programa de computador é como um videogame de ação. Não é o tipo de jogo que envolve tiros, socos ou corrida. É um jogo que envolve estratégias. Encontre o anel dourado para abrir a passagem secreta. Salve a princesa dizendo palavras mágicas. Esse tipo de coisa.

Portanto, nesta parte do livro, você cria passagens. Quando seu programa avança de uma sala virtual para outra, ele fica cada vez mais perto da solução de um problema importante.

Ei, admita. Parece divertido!

Capítulo 9

Bifurcações na Estrada

Neste Capítulo

- Escrevendo instruções que escolhem entre as alternativas
- Colocando instruções dentro umas das outras
- Escrevendo vários tipos de instruções de tomada de decisão

Eis um fragmento do livro *Java Para Leigos*, Capítulo 2:

> **Se você estiver tentando armazenar palavras ou frases (não apenas letras simples),** então precisará usar algo chamado *String*.*

O fragmento mostra dois pontos importantes. Primeiro, você pode ter que usar algo chamado *String*. Segundo, sua escolha de ação pode depender de algo que pode ser true (verdadeiro) ou false (falso).

> **Se for verdade** que você está tentando armazenar palavras ou frases, precisará usar algo chamado *String*.

Este capítulo lida com a tomada de decisão, que desempenha um papel fundamental na criação de instruções. Com o material deste capítulo você expandirá seu poder de programação muito rapidamente.

Decisões, Decisões!

Imagine-se viajando por uma estrada calma do interior. Você está aproveitando um dia de verão agradável. Não está quente demais, e uma brisa agradável aqui no hemisfério sul faz com que se sinta revigorado e alerta. Você está segurando uma cópia deste livro, aberta no Capítulo 9. Você lê o parágrafo sobre como armazenar as palavras ou as frases, e então levanta os olhos.

* Se você não conseguir encontrar uma cópia do *Java Para Leigos* em sua livraria local, visite `http://www.altabooks.com.br`.

Você vê uma bifurcação na estrada. Vê duas placas — uma apontado para a direita; outra apontando para a esquerda. Uma placa informa "Armazenar palavras ou frases? True". A outra informa "Armazenar palavras ou frases? False". Você avalia a situação sobre as 'palavras ou frases' e prossegue, indo para a direita ou para a esquerda, dependendo da situação de seu software. Um diagrama desta história é mostrado na Figura 9-1.

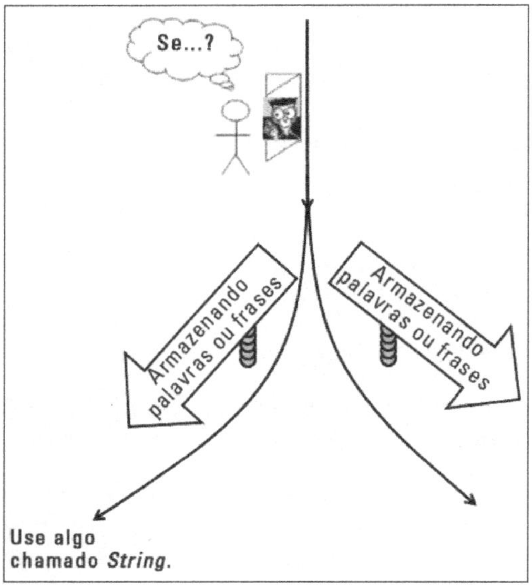

Figura 9-1: Qual caminho seguir?

A vida está cheia de bifurcações na estrada. Pegue uma lista de instruções comuns para esquentar um lanche congelado:

- **Instruções para preparo no micro-ondas:**

  Coloque em um prato próprio para micro-ondas.

  Micro-ondas em temperatura alta por dois minutos.

  Vire o produto.

  Micro-ondas em temperatura alta por mais dois minutos.

- **Instruções para forno convencional:**

  Preaqueça o forno a 350 graus.

  Coloque o produto na assadeira.

  Asse por 25 minutos.

Novamente, você escolhe entre as alternativas. Se você usar um forno de micro-ondas, fará isto. Do contrário, fará aquilo.

Na verdade, é difícil imaginar instruções úteis que não envolvam escolhas. Se você for uma dona de casa com dois dependentes ganhando mais de $30.000 por ano, marque aqui. Se não lembra como usar as chaves nos programas Java, veja o Capítulo 4. O usuário digitou corretamente sua senha? Se digitou, então permita que ele faça *login;* se não, chute seu traseiro. Se você acha que o mercado irá subir, então compre ações; do contrário, compre títulos. E se você compra ações, quais deve comprar? E quando deve vender?

Tomando Decisões (Instruções if do Java)

Quando você trabalha com programas de computador, toma uma decisão após outra. Quase toda linguagem de programação tem um modo de desvio para uma entre duas direções. No Java (e em muitas outras linguagens), o recurso de desvio é chamado de *instrução if*. Verifique a Listagem 9-1 para ver uma instrução `if`.

Listagem 9-1: Uma Instrução if

```
if (randomNumber > 5) {
    System.out.println("Yes. Isn't it obvious?");
} else {
    System.out.println("No, and don't ask again.");
}
```

Para ver um programa completo contendo o código da Listagem 9-1, pule para a Listagem 9-2 (ou se preferir, ande, salte ou corra para a Listagem 9-2).

A instrução `if` na Listagem 9-1 apresenta um desvio, uma decisão, dois cursos alternativos de ação. Em português claro, essa instrução tem o seguinte significado:

```
Se o valor da variável numeroaleatorio for maior que 5,
  exiba "Sim. Não é óbvio?" na tela.
Do contrário,
    exiba "Não, e não pergunte de novo" na tela.
```

Como ilustração, você obtém a bifurcação mostrada na Figura 9-2.

Examinando com cuidado as instruções if

Uma instrução `if` pode ter a seguinte forma:

```
if (Condição) {
    AlgumasInstruções
} else {
    OutrasInstruções
}
```

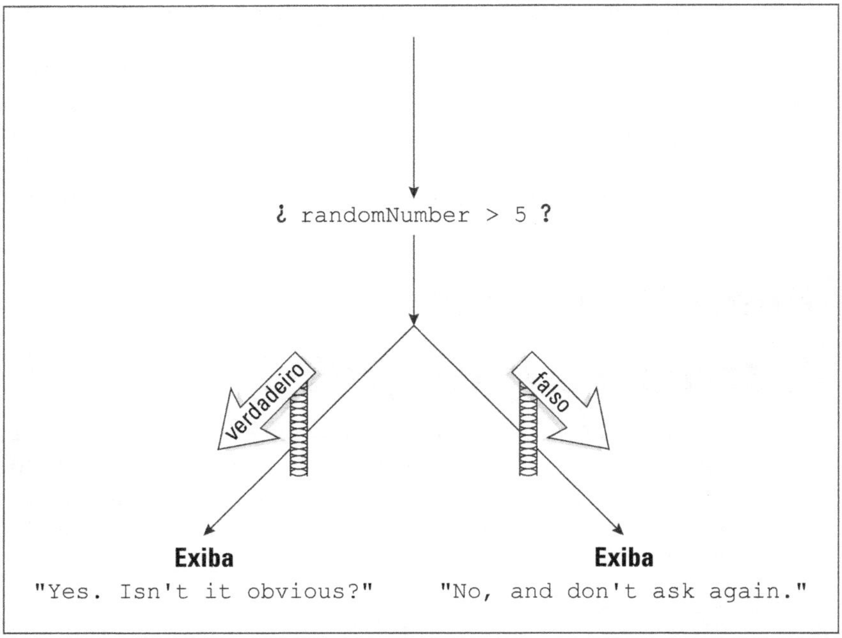

Figura 9-2: Um número aleatório decide seu destino.

Para ter uma instrução `if` real, substitua os três espaços reservados `Condição`, `AlgumasInstruções` e `OutrasInstruções` por um texto significativo. Eis como fiz as substituições na Listagem 9-1:

- Substituo `Condição` por `randomNumber > 5`.
- Substituo *AlgumasInstruções* por `System.out.println("Yes. Isn't it obvious?");`.
- Substituo *OutrasInstruções* por `System.out.println("No. Don't ask again.");`.

As substituições são mostradas na Figura 9-3.

Algumas vezes, preciso de nomes alternativos para as partes de uma instrução `if`. Chamo-as de *cláusula if* e *cláusula else*.

```
if (Condição) {
    cláusula if
} else {
    cláusula else
}
```

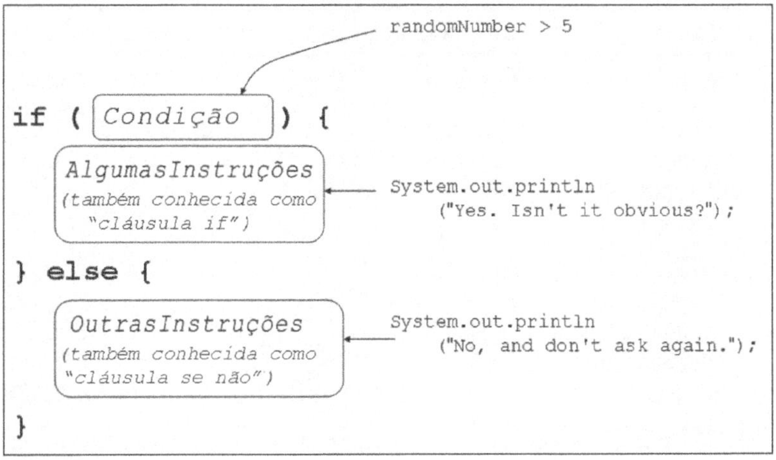

Figura 9-3: Uma instrução `if` e seu formato.

Uma instrução `if` é um exemplo de *instrução composta* — uma instrução que inclui outras instruções. A instrução `if` na Listagem 9-1 contém duas chamadas `println` e essas chamadas para `println` são instruções.

Note como uso parênteses e pontos e vírgulas na instrução `if` na Listagem 9-1. Em particular, observe o seguinte:

- A condição deve ficar entre parênteses.
- As instruções dentro da cláusula `if` terminam com pontos e vírgulas. Assim como as instruções dentro da cláusula `else`.
- Não há nenhum ponto e vírgula imediatamente após a condição.
- Não há nenhum ponto e vírgula imediatamente depois da palavra `else`.

Como programador iniciante, você pode achar que essas regras são arbitrárias. Mas não são. Elas pertencem a uma gramática elaborada com muito cuidado. São como as regras gramaticais das frases em português, mas são ainda mais lógicas! (Desculpe-me, Kelly.)

A Tabela 9-1 mostra o que pode dar errado quando você quebra as regras de pontuação da instrução `if`. Os dois últimos itens da tabela são os mais evidentes. Nessas duas situações, o compilador não pega o erro. Isto o tranquiliza com um falso sentimento de segurança. O problema é que, quando você executa o programa, o comportamento do código não é o esperado.

Tabela 9-1 Mensagens de Erro Comuns da Instrução if

Erro	*Exemplo*	*Mensagens Mais Prováveis ou Resultados*
Faltam parênteses na condição	`if randomNumber > 5 {`	'(' esperado Erro de sintaxe na ficha "if", (esperado após a ficha

Falta o ponto e vírgula depois da instrução dentro da cláusula if ou da cláusula else	`if (randomNumber > 5) {`
	`System.out.println("Y")`
	`}`
		';' esperado
		Erro de sintaxe, insira ";" para completar BlockStatements

Ponto e vírgula imediatamente após a condição	`if (randomNumber > 5);`
	`System.out.println("Y"); {`
	`} else {`
		'else' sem 'if'
		Erro de sintaxe na ficha "else", apague a ficha

Ponto e vírgula imediatamente após a palavra else	`} else; {`	O programa compila sem erros, mas a instrução após a palavra else é sempre executada, seja a condição true ou false.

Faltam chaves	`if (randomNumber > 5)`
	`System.out.println("Y");`
	`else`
	`System.out.println("N");`
		O programa compila algumas vezes sem erros, mas a execução do programa pode não fazer o que você espera. (Portanto, o importante é: não omita as chaves.)

Quando você criar seu código, ajudará lembrar que uma instrução `if` é uma unidade indivisível. Ao invés de digitar a primeira linha inteira (a condição e tudo), tente digitar o resumo da estrutura da instrução `if`.

```
if () {              //A fazer: Preencha a condição.
                     //A fazer: Preencha AlgumasInstruções.
} else {
                     //A fazer: Preencha OutrasInstruções.
}
```

Com o resumo inteiro no lugar, você poderá começar a trabalhar nos itens em sua lista de tarefas. Quando aplicar esse tipo de pensamento em uma instrução composta, será mais difícil cometer um erro.

Um programa completo

A Listagem 9-2 contém um programa completo com uma instrução `if` simples. O código da listagem se comporta como um oráculo eletrônico. Pergunte sim ou não a um programa e ele responderá de volta. Naturalmente, a resposta para sua pergunta é gerada aleatoriamente. Mas quem se importa? É divertido perguntar de qualquer modo.

Listagem 9-2: Eu Sei Tudo

```
import java.util.Scanner;
import java.util.Random;

class AnswerYesOrNo {

  public static void main(String args[]) {
    Scanner myScanner = new Scanner(System.in);
    Random myRandom = new Random();
    int randomNumber;

    System.out.print("Type your question, my child:  ");
    myScanner.nextLine();

    randomNumber = myRandom.nextInt(10) + 1;

    if (randomNumber > 5) {
      System.out.println("Yes. Isn't it obvious?");
    } else {
      System.out.println("No, and don't ask again.");
    }
  }
}
```

A Figura 9-4 mostra várias execuções do programa na Listagem 9-2. A ação do programa tem quatro partes:

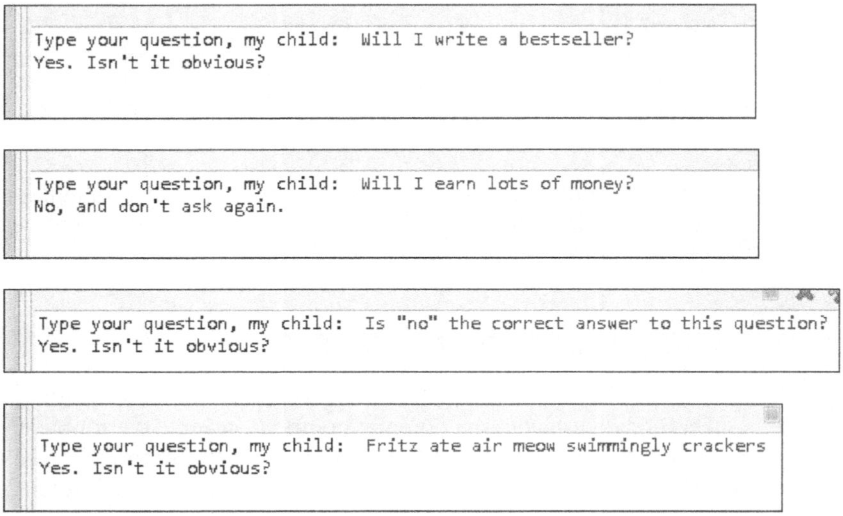

Figura 9-4: O programa Java que sabe tudo em ação.

1. **Peça ao usuário.**

   Chame `System.out.print`, informando ao usuário para digitar uma pergunta.

2. **Obtenha a pergunta do usuário a partir do teclado.**

   Na Figura 9-4, executo o programa `AnswerYesOrNo` quatro vezes e digito uma pergunta diferente a cada vez. Nesse ínterim, voltando à Listagem 9-2, a instrução

   ```
   myScanner.nextLine();
   ```

   absorve minha pergunta e não faz absolutamente nada com ela. Isto é uma anormalidade, mas você é esperto, portanto, pode lidar com o problema.

   Normalmente, quando um programa obtém a entrada do teclado, ele faz algo com ela. Por exemplo, o programa pode atribuir a entrada a uma variável:

   ```
   amount = myScanner.nextDouble();
   ```

   Como alternativa, o programa pode exibir a entrada na tela:

   ```
   System.out.println(myScanner.nextLine());
   ```

   Mas o código na Listagem 9-2 é diferente. Quando o programa `AnswerYesOrNo` é executado, o usuário tem que digitar algo. (A chamada para `getLine` aguarda que o usuário digite algo e então pressione Enter.) Mas o programa `AnswerYesOrNo` não precisa armazenar a entrada para fazer qualquer análise. (O computador faz o que eu faço quando minha esposa me pergunta se pretendo limpar minha bagunça. Eu ignoro a pergunta e invento uma resposta arbitrária.) Portanto, o programa não faz nada com a entrada do usuário. A chamada para `myScanner.nextLine` simplesmente fica lá em uma instrução própria, sem fazer nada, comportando-se como um grande buraco negro. Não é normal um programa fazer isso, mas um oráculo eletrônico é algo incomum. Ele requer um código um tanto incomum.

3. **Obtenha um número aleatório — qualquer valor `int` de 1 a 10.**

   Tudo bem, sabichão. Você simplesmente descartou a entrada do usuário. Como você responderá sim ou não à pergunta do usuário?

   Tudo bem! Sem problemas! Você exibirá uma resposta aleatória. O usuário não sabe a diferença. (Aha, aha!) Você pode fazer isso desde que possa gerar números aleatórios. Os números de 1 a 10 servirão bem.

   Na Listagem 9-2, as partes `Random` e `myRandom` parecem muito com o código `Scanner`, já familiar. Do ponto de vista de um programador iniciante, `Random` e `Scanner` funcionam quase que do mesmo modo. Naturalmente, há uma importante diferença. Uma chamada para o método `nextInt(10)` da classe `Random` não obtém nada a partir do teclado. Ao contrário, esse método `nextInt(10)` obtém um número inesperadamente.

   O nome `Random` é definido na API Java. A chamada para `myRandom.nextInt(10)` na Listagem 9-2 obtém um número de 0 a 9. Então meu código adiciona 1 (criando um número de 1 a 10) e atribui esse número à variável `randomNumber`. Quando isso for feito, você estará pronto para responder à pergunta do usuário.

   PAPO DE ESPECIALISTA: Na API do Java, a palavra `Random` é o nome de uma classe Java e `nextInt` é o nome de um método Java. Para obter mais informações sobre a relação entre classes e métodos, veja os Capítulos 17, 18 e 19.

4. **Responda sim ou não.**

   Chamar `myRandom.nextInt(10)` é como girar uma roda em um show na TV. A roda tem muitas aberturas numeradas de 1 a 10. A instrução `if` na Listagem 9-2 transforma seu número em uma alternativa sim ou não. Se você tirar um número maior que 5, o programa responderá *sim*. Do contrário (se tirar um número menor ou igual a 5), ele responderá *não*.

   Você pode confiar em mim em relação a isto. Tomei muitas decisões importantes com base em meu programa `AnswerYesOrNo`.

Indentando as instruções if em seu código

Observe como, na Listagem 9-2, as chamadas `println` dentro da instrução `if` são recuadas. Estritamente falando, você não tem que recuar as instruções que estão dentro de uma instrução `if`. Quanto ao compilador, você pode escrever seu programa inteiro em uma única linha ou colocar todas as suas instruções em um zigue-zague engenhoso e disforme. O problema é que, se você não recuar suas instruções de alguma maneira lógica, então nem você nem ninguém poderá entender o código. Na Listagem 9-2, o recuo das chamadas `println` ajuda seus olhos (e cérebro) a ver rapidamente que essas instruções estão subordinadas ao fluxo `if/else` geral.

A aleatoriedade me deixa tonto

Quando você chama `myRandom.nextInt(10) + 1`, obtém um número de 1 a 10. Como um teste, escrevi um programa que chama `myRandom.nextInt(10) + 1` 20 vezes.

```
Random myRandom=new Random();
System.out.print
  (myRandom.nextInt(10) + 1);
System.out.print(" ");
System.out.print
  (myRandom.nextInt(10) + 1);
System.out.print(" ");
System.out.print
  (myRandom.nextInt(10) + 1);
//... E assim por diante.
```

Executei o programa várias vezes e obtive os resultados mostrados na seguinte figura. (Na verdade, copiei os resultados da exibição Console do Eclipse para o Bloco de Notas do Windows.) Veja rapidamente a figura e note duas tendências:

- Não há nenhum modo óbvio de prever qual número vem em seguida.
- Nenhum número ocorre mais do que outro.

```
7 2 1 6 4 10 10 5 7 7 4 9 7 9 6 8 7 8 3 10
3 4 8 7 6 8 1 5 7 2 3 5 7 1 8 2 6 5 8 3
2 1 10 6 2 2 4 3 3 6 5 2 7 4 4 8 8 9 7 4
7 5 8 4 7 3 2 9 7 6 7 7 3 6 5 3 10 4 8 3
9 4 9 1 4 4 7 2 7 1 4 1 9 8 2 7 7 2 5 1
1 1 2 3 10 5 2 9 7 7 7 6 2 3 9 6 9 10 10 2
```

A máquina virtual Java faz saltos para manter essas tendências. É por isso que produzir números de modo aleatório é muito capcioso. Eis alguns fatos interessantes sobre o processo:

- Os cientistas e não cientistas usam o termo *número aleatório*. Mas, na realidade, não há tal número aleatório. Afinal, o quão aleatório é um número como 9?

Um número é *aleatório*, apenas quando é um em uma coleção muito desordenada de números. Mais precisamente, um número é *aleatório* se o processo usado para gerar o número segue as duas tendências listadas acima. Como são cautelosos, os cientistas evitam o termo *número aleatório* e usam o termo *número gerado aleatoriamente*.

- É difícil gerar números aleatoriamente. Os programas de computador fazem o melhor que podem, mas, no final, os programas de computador de hoje seguem um padrão, e esse padrão não é realmente aleatório.

Para gerar números aleatórios de um modo verdadeiramente aleatório, você precisa de um grande recipiente de bolas de pingue-pongue, como o tipo usado nos sorteios de loteria. O problema é que a maioria dos computadores não vem com grandes recipientes de bolas de pingue-pongue entre seus periféricos. Portanto, estritamente falando, os números gerados pela classe `Random` do Java não são aleatórios. Ao invés disso, os cientistas chamam esses números de *pseudoaleatórios*.

- É uma surpresa, mas saber um valor gerado aleatoriamente não ajuda em nada na previsão do próximo valor gerado aleatoriamente.

Por exemplo, se você jogar uma moeda duas vezes e obtiver o valor cara a cada vez, é muito provável que obtenha coroa na próxima jogada? Não, ainda será 50-50.

Se você tem três filhos e estiver esperando o quarto, a quarta criança será uma menina? Não. O sexo de uma criança não tem nenhuma relação com os sexos dos outros filhos. (Estou ignorando qualquer efeito biológico, sobre o qual não conheço nada. Espere! Conheço alguns fatos básicos da Biologia: um recém-nascido tem mais probabilidade de ser um menino do que uma menina! Para cada um dos 21 meninos recém-nascidos, existem apenas 20 meninas recém-nascidas. Os meninos são mais frágeis, portanto, morrem mais rapidamente. É por isso que a natureza faz nascer mais meninos.)

Em um pequeno programa, um código não indentado ou mal indentado já é pouco tolerado. Mas em um programa complicado, a indentação que não segue um padrão lógico e claro é um grande pesadelo.

Sempre use indentação em seu código para tornar o fluxo do programa bem claro.

Variações Sobre o Tema

Não gosto de esfolar gatos. Mas ouvi dizer que, se eu precisar, há várias técnicas para isso. Lembrarei disso na próxima vez em que meu gato Histamina trocar a caixa de areia pelo tapete.[*]

De qualquer modo, se você estiver esfolando gatos, cachorros ou outras coisas assim ou escrevendo programas de computador, o mesmo princípio será igual. Você sempre tem alternativas. A Listagem 9-2 mostra um modo de escrever uma instrução `if`. O resto deste capítulo (e todo o Capítulo 10) mostrará outras maneiras de criar instruções `if`.

... Or else o quê?

Você pode criar uma instrução `if` sem uma cláusula `else`. Por exemplo, imagine uma página web na qual um em dez visitantes escolhidos aleatoriamente recebe uma oferta especial. Para manter os visitantes adivinhando, chamo o método `nextInt` da classe `Random` e faço a oferta a qualquer pessoa cujo número é o 7 da sorte.

- Se `myRandom.nextInt(10) + 1` gerar o número 7, exiba uma mensagem de oferta especial.
- Se `myRandom.nextInt(10) + 1` gerar qualquer número diferente de 7, não faça nada. Não exiba uma mensagem de oferta especial nem a mensagem desencorajadora "Desculpe, nenhuma oferta para você".

O código para implementar tal estratégia é mostrado na Listagem 9-3. Algumas execuções do código são mostradas na Figura 9-5.

* Rick Ross, que leu sobre esfolar gatos em um de meus outros livros, enviou-me esta informação via e-mail: "... na página 10, você se refere a 'esfolar gatos' e prossegue analisando caixas de areia e coisas parecidas. Observe que a expressão 'mais de um modo de esfolar um gato' refere-se à dificuldade de remover a pele não comestível do peixe-gato e que há mais de um modo de fazê-lo. Isso varia desde prender a cauda do animal na tábua e pegar o alicate para retirar a pele até deixar o gato peludo com a bendita pele e não se preocupar com isso. Eu cresci em The River (o grande rio que vai de norte/sul nos EUA, que começa com 'M' e tem muitas letras repetidas), portanto, isto é parte de nossa experiência local. Esse é um engano comum (e também cruel e revoltante). Pensei que você gostaria de saber."

Listagem 9-3: Você Não Está com Sorte?

```
import java.util.Random;

class SpecialOffer {

    public static void main(String args[]) {
        Random myRandom = new Random();
        int randomNumber = myRandom.nextInt(10) + 1;

        if (randomNumber == 7) {
            System.out.println("An offer just for you!");
        }

        System.out.println(randomNumber);
    }
}
```

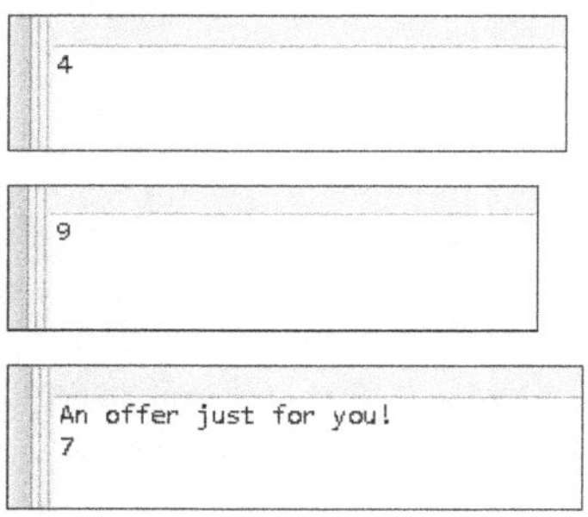

Figura 9-5: Três execuções do código na Listagem 9-3.

A instrução `if` na Listagem 9-3 não tem nenhum cláusula `else`. Essa instrução `if` tem a seguinte forma:

```
if (Condição) {
    AlgumasInstruções
}
```

Quando `randomNumber` é 7, o computador exibe `An offer just for you!` (Uma oferta para você!) Quando `randomNumber` não é 7, o computador não exibe `An offer just for you!` A ação é mostrada na Figura 9-6.

Sempre (quero dizer *sempre*) use um sinal de igual duplo quando comparar dois números ou caracteres na condição de uma instrução `if`. Nunca (isto é *nunca, jamais, nunca mesmo*) use um sinal de igual simples para comparar dois valores. Um sinal de igual simples faz uma atribuição, não uma comparação.

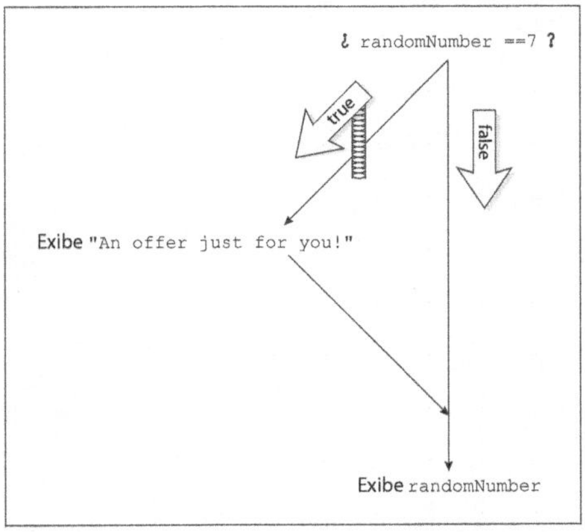

Figura 9-6: Se você não tiver nada de bom a dizer, não diga nada.

Na Listagem 9-3, tomei a liberdade de adicionar um `println` extra. Esse `println` (no final do método `main`) exibe o número aleatório gerado por minha chamada para `nextInt`. Em uma página web com ofertas especiais, provavelmente você não veria o número gerado aleatoriamente, mas não posso testar meu código `SpecialOffer` sem saber quais números o código gera.

De qualquer modo, note que o valor de `randomNumber` é exibido em toda execução. O `println` para `randomNumber` não fica dentro da instrução `if`. (Esse `println` vem depois da instrução `if`.) Portanto, o computador sempre executa esse `println`. Se `randomNumber == 7` é true ou false, o computador tomará a ação `if` apropriada, então continuará a executar `System.out.println(randomNumber)`.

Colocando mais coisas em uma instrução if

Eis uma situação interessante: você tem duas equipes de beisebol — Hankees e Socks. Você deseja exibir os placares das equipes em duas linhas separadas, com a pontuação do vencedor vindo primeiro. (Na tela do computador, a pontuação do vencedor é exibida acima da pontuação do perdedor. No caso de um empate, você exibe as duas pontuações idênticas, uma acima da outra.) A Listagem 9-4 tem o código.

Listagem 9-4: A Melhor Equipe Será Exibida Primeiro

```
import java.util.Scanner;
import static java.lang.System.in;
import static java.lang.System.out;

class TwoTeams {

    public static void main(String args[]) {
        Scanner myScanner = new Scanner(in);
```

(continua)

Listagem 9-4: ***(continuação)***

```
        int hankees, socks;

        out.print("Hankees and Socks scores?  ");
        hankees = myScanner.nextInt();
        socks = myScanner.nextInt();
        out.println();

        if (hankees > socks) {
            out.print("Hankees: ");
            out.println(hankees);
            out.print("Socks:   ");
            out.println(socks);
        } else {
            out.print("Socks:   ");
            out.println(socks);
            out.print("Hankees: ");
            out.println(hankees);
        }
    }
}
```

A Figura 9-7 tem algumas execuções do código. (Para mostrar algumas execuções em uma figura, copiei os resultados da exibição Console do Eclipse para o Bloco de Notas do Windows.)

Com as chaves, muitas chamadas `print` e `println` são colocadas de modo seguro dentro da cláusula `if`. Outro grupo de chamadas `print` e `println` é colocado dentro da cláusula `else`. Isto cria a situação de bifurcação mostrada na Figura 9-8.

```
Hankees and Socks scores?  9 4

Hankees: 9
Socks:   4



Hankees and Socks scores?  3 8

Socks:   8
Hankees: 3



Hankees and Socks scores?  0 0

Socks:   0
Hankees: 0
```

Figura 9-7: Vê? O código na Listagem 9-4 realmente funciona!

Instruções e blocos

Um modo elegante de considerar as instruções `if` é perceber que você pode colocar apenas uma instrução dentro de cada cláusula de uma instrução `if`.

```
if (Condição) {
    UmaInstrução
else
    OutraInstrução
```

Em uma primeira leitura desta regra de uma instrução, provavelmente você está pensando que há um erro de impressão. Afinal, na Listagem 9-4, cada cláusula (a cláusula `if` e a cláusula `else`) parece conter quatro instruções, não apenas uma.

Mas tecnicamente a cláusula `if` na Listagem 9-4 tem apenas uma instrução, e a cláusula `else` na Listagem 9-4 tem apenas uma instrução. O truque é que quando você coloca entre chaves muitas instruções, você tem o que é chamado de *bloco*, e um bloco se comporta, em todas as maneiras, como uma única instrução. Na verdade, a documentação oficial do Java lista um bloco como um tipo de instrução (um dos muitos tipos diferentes de instruções). Portanto, na Listagem 9-4, o bloco

```
{
    out.print("Hankees: ");
    out.println(hankees);
    out.print("Socks:    ");
    out.println(socks);
}
```

é uma única instrução. É uma instrução que tem quatro instruções menores. Assim, esse grande bloco, essa única instrução, serve como uma e apenas uma instrução dentro da cláusula `if` na Listagem 9-4.

É assim que a regra de uma instrução funciona. Em uma instrução `if`, quando você deseja que o computador execute várias instruções, combina-as em uma grande instrução. Para tanto, você cria um bloco usando chaves.

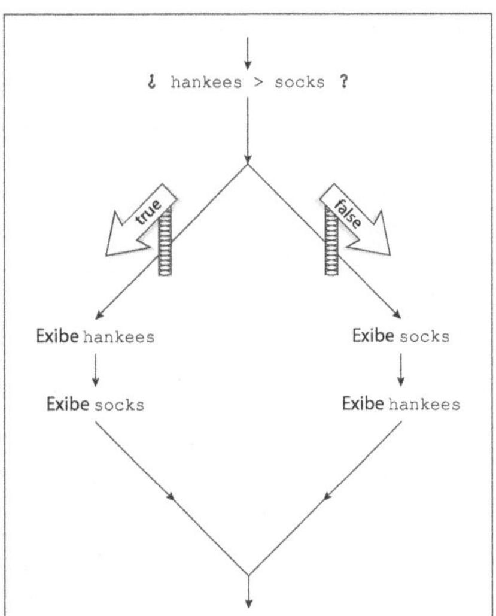

Figura 9-8: Torça para sua equipe favorita.

Algumas declarações de import úteis

Quando eu escrevi o exemplo desta seção, fiquei cansado de escrever a palavra `System`. Afinal, a Listagem 9-4 tem dez linhas `System.out.print`. Neste ponto no livro, meu computador não deveria lembrar o que significa `out.print`?

Naturalmente, os computadores não funcionam assim. Se você quiser que um computador "saiba" o que `out.print` significa, terá que codificar esse conhecimento em algum lugar dentro do compilador Java.

Felizmente para mim, a capacidade de abreviar coisas, como `System.out.print` está disponível do Java 5.0 em diante. (Um compilador Java mais antigo, simplesmente para no código na Listagem 9-4.) Essa capacidade de abreviar as coisas é chamada de *importação estática*. É mostrada na segunda e terceira linhas da Listagem 9-4.

Sempre que eu inicio um programa com a linha

```
import static java.lang.System.out;
```

posso substituir `System.out` pelo `out` simples no resto do programa. O mesmo ocorre com `System.in`. Com uma declaração de importação perto do início da Listagem 9-4, posso substituir `new Scanner(System.in)` pelo `new Scanner(in)` mais simples.

Você pode estar imaginando para que tanta confusão. Se eu posso abreviar `java.util.Scanner` escrevendo `Scanner`, o que há de tão especial em abreviar `System.out`? E por que tenho que escrever `out.print`? Posso cortar `System.out.print` para ter a simples palavra `print`? Veja novamente as primeiras linhas da Listagem 9-4. Quando preciso da palavra `static`? E qual é a diferença entre `java.util` e `java.lang`?

Desculpe-me. Minha resposta para estas perguntas não irá emocioná-lo. O fato é que não posso explicar nenhuma dessas questões até o Capítulo 18. Antes de eu poder explicar as declarações de importação estática, preciso apresentar algumas ideias. Preciso descrever as classes, pacotes e membros estáticos.

Portanto, até que você chegue ao Capítulo 18, tenha paciência comigo. Apenas cole as três declarações de importação no início de seus programas Java e confie que tudo funcionará bem.

LEMBRE-SE

Você pode abreviar `System.out` com a única palavra `out`. E pode abreviar `System.in` com a única palavra `in`. Apenas copie as declarações `import` *exatamente* como as vê na Listagem 9-4. Qualquer desvio nas linhas na Listagem 9-4 poderá gerar um erro do compilador.

Capítulo 10

Qual Caminho Ele Seguiu?

Neste Capítulo

- Descomplicando as condições complicadas
- Escrevendo um ótimo código condicional
- Misturando suas instruções `if`

É hora do imposto de renda de novo. No momento, estou trabalhando no Formulário 12432-89B:

> Se você é casado, com menos de três filhos e seu rendimento é maior que o EIQ (Quota de Rendimento Estimada) ou se é solteiro e mora em uma área não residencial (como definido na Seção 10, Parte iii do Decreto de Zonas Uniformes), se você é autônomo com LLC (Sociedade Limitada) ou se é qualificado para os benefícios por tempo de trabalho, então pule as Etapas 3 e 4 ou 4, 5 e 6, dependendo de suas respostas para as Perguntas 2a e 3d.

Este capítulo não é tão complexo quanto o Formulário 12432-89B, mas lida com a potencial complexidade das instruções `if`.

Formando Condições Maiores e Melhores

Na Listagem 9-2, o código escolhe um curso de ação com base em uma chamada para o método `nextInt` da classe `Random`. Isso é bom para o programa de oráculo eletrônico descrito no Capítulo 9, mas e se você estiver rolando dados? No jogo de gamão e em outros jogos com dados, tirar 3 e 5 não é igual a tirar 4 e 4, mesmo que o total de ambos seja 8. O próximo movimento varia, dependendo de o resultado ser valores dobrados ou não. Para fazer o computador rolar dois dados, você executará `myRandom.nextInt(6) + 1` duas vezes. Então combinará as duas jogadas em uma instrução ↓← maior e mais complicada.

Portanto, para simular um jogo de gamão (e muitas outras situações mais práticas), você precisará combinar as condições.

```
If die1 + die2 equals 8 and die1 equals die2, ...
```

Você precisa de coisas, como *and* e *or* — coisas que podem ligar as condições. O Java tem operadores para representar esses conceitos, que são descritos na Tabela 10-1 e mostrados na Figura 10-1.

Tabela 10-1 Operadores Lógicos

Símbolo do operador	*Significado*	*Exemplo*	*Ilustração*
`&&`	and	`4 < age && age < 8`	Figura 10-1(a)
`||`	or	`age < 4 || 8 < age`	Figura 10-1(b)
`!`	not	`!eachKidGetsTen`	Figura 10-1(c)

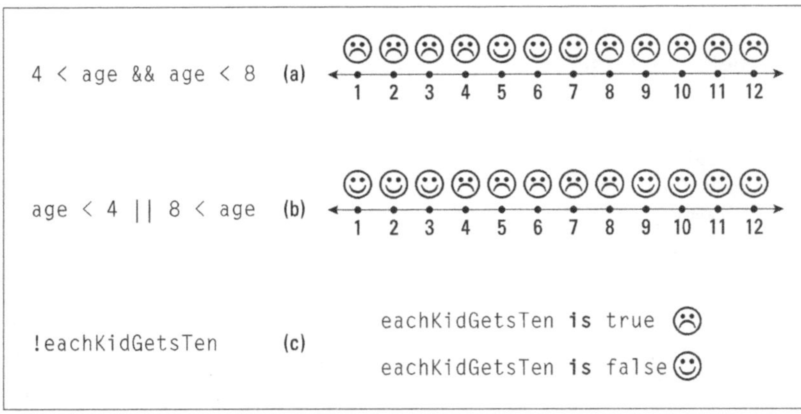

Figura 10-1: Quando você atende a uma condição, fica contente.

As condições combinadas, como as da Tabela 10-1, podem ser muito confusas. É por isso que eu piso com cuidado quando uso tais coisas. Eis uma pequena explicação de cada exemplo na tabela:

- `4 < age && age < 8`

  O valor da variável `age` é maior que 4 *e* menor que 8. Os números 5, 6, 7, 8, 9... são todos maiores que 4. Mas entre esses números, apenas 5, 6 e 7 são menores que 8. Portanto, apenas os números 5, 6 e 7 atendem a esta condição combinada.

- `age < 4 || 8 < age`

  O valor da variável `age` é menor que 4 *ou* maior que 8. Para criar a condição or, você usa dois sinais | |. Em muitos teclados de computador você pode encontrar o símbolo | | imediatamente acima da tecla Enter (a mesma tecla da barra invertida, mas com a tecla Shift pressionada).

  Nesta condição combinada, o valor da variável `age` é menor que 4 ou maior que 8. Portanto, por exemplo, se um número for menor que 4, então ele atenderá à condição. Números como 1, 2 e 3 são menores que 4, portanto, eles atendem à condição combinada.

E mais, se um número for maior que 8, então ele atenderá à condição combinada. Números como 9, 10 e 11 são maiores que 8, portanto, eles atenderão à condição.

- `!eachKidGetsTen`

  Se eu não tivesse experiência com as linguagens de programação de computadores, ficaria confuso com o ponto de exclamação. Eu pensaria que `!eachKidGetsTen` significa "Sim, cada criança *consegue* dez". Mas não é isso que a expressão significa. A expressão informa: "A variável `eachKidGetsTen` *não* tem o valor `true`". No Java e em outras linguagens de programação, um ponto de exclamação significa *negativo*, *de modo algum* ou *não*.

  A Listagem 8-4 tem uma variável `boolean` chamada `eachKidGetsTen`. O valor de uma variável `boolean` é `true` ou `false`. Como ! significa *não*, as expressões `eachKidGetsTen` e `!eachKidGetsTen` têm valores opostos. Assim, quando `eachKidGetsTen` é verdadeiro, `!eachKidGetsTen` é falso (e vice-versa).

DICA

O operador || do Java é *inclusivo*. Isto significa que você obtém `true` sempre que algo no lado esquerdo é `true`, algo no lado direito é `true` ou ambos são `true`. Por exemplo, a condição `2 < 10 || 20 < 10` é true.

CUIDADO!

No Java, você não pode combinar as comparações como faz em Português. Em português você pode dizer: "Teremos entre três a dez pessoas na mesa de jantar". Mas no Java você verá uma mensagem de erro se escrever `3 <= people <= 10`. Para fazer essa comparação você precisa de algo como `3 <= people && people <= 10`.

Combinando condições: um exemplo

Eis um exemplo útil de uso dos operadores lógicos. Um cinema exibe seus preços de entrada.

Preço normal: $9,25

Crianças abaixo de 12 anos: $5,25

Idosos (65 anos ou mais): $5,25

Como os preços para crianças e idosos são iguais, você pode combiná-los em uma categoria. (Nem sempre é a melhor estratégia de programação, mas faça isso de qualquer modo para este exemplo.) Para encontrar o valor do ingresso de determinado frequentador você precisará de uma ou mais instruções `if`. Você pode estruturar as condições de muitas maneiras, e eu escolhi uma dessas maneiras para o código na Listagem10-1.

Listagem 10-1: Você Está Pagando Demais?

```
import java.util.Scanner;

class TicketPrice {

    public static void main(String args[]) {
        Scanner myScanner = new Scanner(System.in);
        int age;
        double price = 0.00;

        System.out.print("How old are you? ");
        age = myScanner.nextInt();

        if (age >= 12 && age < 65) {
            price = 9.25;
        }
        if (age < 12 || age >= 65) {
            price = 5.25;
        }

        System.out.print("Please pay $");
        System.out.print(price);
        System.out.print(". ");
        System.out.println("Enjoy the show!");
    }
}
```

Diversas execuções do programa `TicketPrice` (veja Listagem 10-1) são mostradas na Figura 10-2. (Para tornar agradável a exibição, copiei as execuções da view Console do Eclipse para o Bloco de Notas do Windows.) Quando você chegar à idade de 12 anos, começará a pagar o preço total. Você continuará pagando o preço total até ter 65 anos. Nesse ponto em diante, pagará o preço reduzido novamente.

A parte principal da Listagem 10-1 é o bloco de instruções `if` no meio, que são mostradas na Figura 10-3.

```
How old are you? 11
Please pay $5.25. Enjoy the show!

How old are you? 12
Please pay $9.25. Enjoy the show!

How old are you? 35
Please pay $9.25. Enjoy the show!

How old are you? 64
Please pay $9.25. Enjoy the show!

How old are you? 65
Please pay $5.25. Enjoy the show!
```

Figura 10-2: Os preços das entradas para *Começando a Programar em Java Para Leigos: O Filme.*

- Os testes condicionais da primeira instrução `if` são para o grupo de preço normal. Qualquer pessoa que tenha menos de 12 anos *e* esteja abaixo de 65 anos pertence a este grupo.
- Os testes condicionais da segunda instrução `if` são para as idades extremas. Uma pessoa que está abaixo de 12 *ou* tem 65 anos ou mais pertence a esta categoria.

DICA

Quando você formular o oposto de uma condição existente, geralmente poderá seguir o padrão na Listagem 10-1. O oposto de >= é <. O oposto de < é >=. O oposto de `&&` é `||`.

CUIDADO!

Se você mudar os valores na Listagem 10-1, poderá ter problemas. Por exemplo, com a instrução `price = 5.00`, o programa exibirá `Please pay $5.0. Enjoy the show!` (Por favor, pague $5.0. Divirta-se com o filme!) Isto acontece porque o Java não armazena os dois zeros à direita do ponto decimal (e o Java não sabe e não se importa com o fato de 5.00 ser uma quantia em dinheiro). Para corrigir isso, veja a análise de `NumberFormat.getCurrencyInstance` no Capítulo 18.

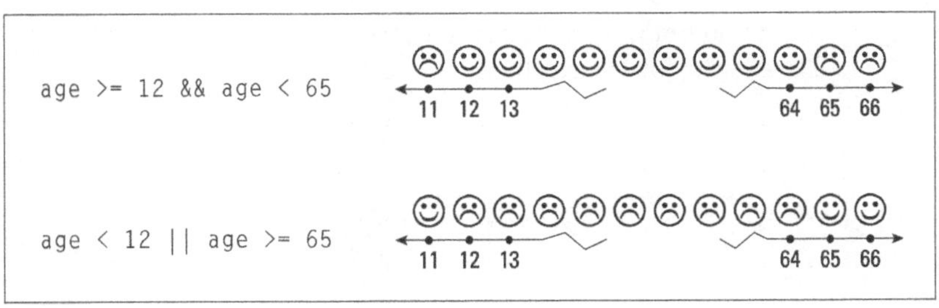

Figura 10-3: Os significados das condições na Listagem 10-1.

Quando inicializar?

Veja a Listagem 10-1 e observe a inicialização da variável `price`:

```
double price = 0.00;
```

Esta linha declara a variável `price` e define o valor inicial da variável para `0.00`. Quando omito essa inicialização, obtenho uma mensagem de erro informando que a variável não foi inicializada:

```
The local variable price may not have been initialized
```

Qual é a situação aqui? Não inicializo a variável `age`, mas o compilador não reclama. Por que o compilador está preocupando-se com a variável `price`? A resposta está na colocação das instruções de atribuição do código. Considere os dois fatos a seguir:

- **A instrução que atribui um valor a `age` (`age = myScanner.nextInt( )`) não está dentro de uma instrução `if`.** Esta instrução de atribuição sempre é executada e (contanto que nada extraordinário aconteça) um valor certamente será atribuído à variável `age`.

- **As duas instruções que atribuem um valor a `price` (`price = 9.25` e `price = 5.25`) estão dentro das instruções `if`.**

  Se você vir a Figura 10-3, notará que todo o espectro de idades está coberto. Ninguém aparece na bilheteria com uma idade que force ambas as condições `if` a serem `false`. Portanto, sempre que você executa o programa `TicketPrice`, a primeira ou a segunda atribuição `price` é executada.

  O problema é que o compilador não é esperto o bastante para verificar tudo isso. O compilador apenas vê a estrutura na Figura 10-4 e fica com medo de que o computador não pegará nenhum dos desvios `true`.

  Se (por alguma razão imprevista) ambas as condições das instruções `if` forem false, então a variável `price` não será atribuída a um valor. Portanto, sem uma inicialização, `price` não tem nenhum valor. (Mais precisamente, `price` não tem nenhum valor que seja dado intencionalmente a ele no código.)

  Finalmente, o computador atinge a instrução `System.out.print(price)`. Ele não pode exibir `price`, a menos que `price` tenha um valor significativo. Portanto, nesse ponto, o compilador desiste com desgosto.

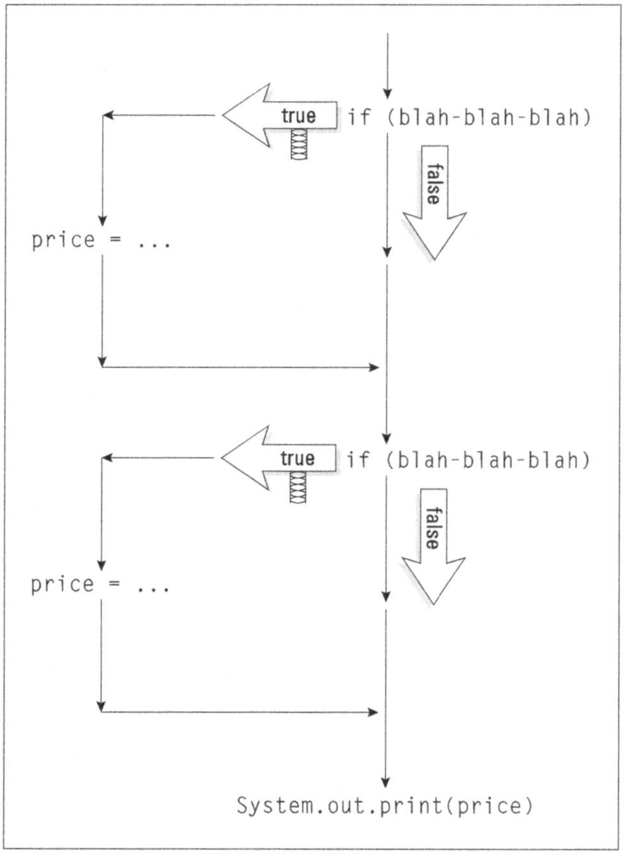

Figura 10-4: As escolhas na Listagem 10-1.

Cada vez mais condições

Noite passada consegui um cupom de desconto fazendo uma refeição na lanchonete local. O cupom é para um desconto de $2,00 em um ingresso no cinema local. Para usar o cupom no programa `TicketPrice`, tenho que ajustar o código na Listagem 10-1. O código revisado está na Listagem 10-2. Na Figura 10-5 executo esse novo código algumas vezes.

Listagem 10-2: Você Tem um Cupom?

```
import java.util.Scanner;

class TicketPriceWithDiscount {

    public static void main(String args[]) {
        Scanner myScanner = new Scanner(System.in);
        int age;
        double price = 0.00;
        char reply;

        System.out.print("How old are you? ");
        age = myScanner.nextInt();

        System.out.print("Have a coupon? (Y/N) ");
        reply = myScanner.findWithinHorizon(".", 0)
                                        .charAt(0);

        if (age >= 12 && age < 65) {
            price = 9.25;
        }
        if (age < 12 || age >= 65) {
            price = 5.25;
        }

        if (reply == 'Y' || reply == 'y') {
            price -= 2.00;
        }
        if (reply != 'Y' && reply != 'y' &&
            reply!='N' && reply!='n') {
            System.out.println("Huh?");
        }

        System.out.print("Please pay $");
        System.out.print(price);
        System.out.print(". ");
        System.out.println("Enjoy the show!");
    }
}
```

```
How old are you? 51
Have a coupon? (Y/N) Y
Please pay $7.25. Enjoy the show!

How old are you? 51
Have a coupon? (Y/N) y
Please pay $7.25. Enjoy the show!

How old are you? 51
Have a coupon? (Y/N) N
Please pay $9.25. Enjoy the show!

How old are you? 51
Have a coupon? (Y/N) X
Huh?
Please pay $9.25. Enjoy the show!
```

Figura 10-5: Executando o código na Listagem 10-2.

A Listagem 10-2 tem duas instruções `if` cujas condições envolvem caracteres:

- Na primeira instrução, o computador verifica para saber se a variável `reply` armazena a letra `Y` *ou* a letra `y`. Se for o caso, ele subtrai 2.00 de `price`. (Para obter informações sobre operadores, tais como `-=`, veja o Capítulo 7.)
- A segunda instrução tem uma condição mais pesada. A condição testa para saber se a variável `reply` armazena qualquer valor razoável. Se reply *não for* `Y` *e não for* `y`, *não for* `N` *e não for* `n`, então o computador expressará sua preocupação exibindo "Heim?" (Como um cliente pagante, a palavra "Heim?" na tela do caixa automático de ingressos certamente chamará sua atenção.)

DICA

Quando você cria uma condição complexa com múltiplas partes, sempre tem várias maneiras de pensar sobre a condição. Por exemplo, você pode reescrever a última condição na Listagem 10-2 como `if (!(reply == 'Y' || reply == 'y' || reply == 'N' || reply == 'n'))`. *"Se não for caso de* `reply` *ser* `Y, y, N,` *ou* `n`, então exiba 'Heim?'". Portanto, qual modo de escrever a condição é melhor — o modo como faço na Listagem 10-2 ou o modo como faço nesta dica? Depende de seu gosto. Aquilo que tornar a lógica mais fácil para você entender será o melhor modo.

Usando variáveis booleanas

Não importa o quão bom é um programa, você sempre pode torná-lo um pouco melhor. Pegue o código na Listagem 10-2. O monte de instruções `if` deixa-o nervoso? Você quase para quando lê cada condição? Não seria ótimo se pudesse ver uma condição e a entendesse rapidamente?

Até certo ponto, você pode. Se você quiser criar algumas variáveis adicionais, poderá tornar seu código mais fácil de ler. A Listagem 10-3 mostra como.

Listagem 10-3: George Boole Ficaria Orgulhoso

```
import java.util.Scanner;

class NicePrice {
```

```
    public static void main(String args[]) {
        Scanner myScanner = new Scanner(System.in);
        int age;
        double price = 0.00;
        char reply;
        boolean isKid, isSenior, hasCoupon, hasNoCoupon;

        System.out.print("How old are you? ");
        age = myScanner.nextInt();

        System.out.print("Have a coupon? (Y/N) ");
        reply = myScanner.findWithinHorizon(".", 0).charAt(0);

        isKid = age < 12;
        isSenior = age >= 65;
        hasCoupon = reply == 'Y' || reply == 'y';
        hasNoCoupon = reply == 'N' || reply == 'n';

        if (!isKid && !isSenior) {
            price = 9.25;
        }
        if (isKid || isSenior) {
            price = 5.25;
        }

        if (hasCoupon) {
            price -= 2.00;
        }
        if (!hasCoupon && !hasNoCoupon) {
            System.out.println("Huh?");
        }

        System.out.print("Please pay $");
        System.out.print(price);
        System.out.print(". ");
        System.out.println("Enjoy the show!");
    }
}
```

As execuções do código da Listagem 10-3 se parecem com a Figura 10-5. A única diferença entre as Listagens 10-2 e 10-3 é o uso das variáveis `boolean`. Na Listagem 10-3 você testa todos os sinais "menor que" e sinais de igualdade duplos antes de iniciar qualquer instrução `if`. Quando você encontrar as duas instruções `if`, as condições poderão usar palavras simples — palavras como `isKid`, `isSenior` e `hasCoupon`. Você pode ler mais sobre as variáveis `boolean` no Capítulo 8.

Adicionar uma variável `boolean` pode tornar seu código muito mais gerenciável. Mas algumas linguagens de programação não têm variáveis `boolean`, portanto, muitos programadores preferem criar as condições `if` dinamicamente. É por isso que misturo as duas técnicas (condições com e sem variáveis `boolean`) neste livro.

Misturando operadores lógicos diferentes

Se você leu a Listagem 10-2, sabe que meu cinema local oferece cupons de desconto. O problema é que eu não posso usar um cupom junto com nenhum outro desconto. Tentei convencer a pessoa que recolhe o bilhete que tenho menos de 12 anos de idade, mas ela não acreditou. Quando isso não funcionou, tentei combinar o cupom com o desconto de idoso. Também não deu certo. O cinema deve usar algum software que verifica pessoas iguais a mim. Parece com o código na Listagem 10-4. Veja a Figura 10-6.

Listagem 10-4: Nenhuma Chance Extra para Crianças ou Idosos

```
import java.util.Scanner;

class CheckAgeForDiscount {

    public static void main(String args[]) {
        Scanner myScanner = new Scanner(System.in);
        int age;
        double price = 0.00;
        char reply;

        System.out.print("How old are you? ");
        age = myScanner.nextInt();

        System.out.print("Have a coupon? (Y/N) ");
        reply = myScanner.findWithinHorizon(".", 0)
                                              .charAt(0);

        if (age >= 12 && age < 65) {
            price = 9.25;
        }
        if (age < 12 || age >= 65) {
            price = 5.25;
        }

        if ((reply == 'Y' || reply == 'y') &&
            (age >= 12 && age < 65)) {
            price -= 2.00;
        }

        System.out.print("Please pay $");
        System.out.print(price);
        System.out.print(". ");
        System.out.println("Enjoy the show!");
    }
}
```

```
How old are you? 7
Have a coupon? (Y/N) Y
Please pay $5.25. Enjoy the show!

How old are you? 25
Have a coupon? (Y/N) y
Please pay $7.25. Enjoy the show!

How old are you? 25
Have a coupon? (Y/N) n
Please pay $9.25. Enjoy the show!

How old are you? 85
Have a coupon? (Y/N) y
Please pay $5.25. Enjoy the show!

How old are you? 85
Have a coupon? (Y/N) Y
Please pay $5.25. Enjoy the show!
```

Figura 10-6: Executando o código na Listagem 10-4.

A Listagem 10-4 é muito parecida com as anteriores, as Listagens 10-1 e 10-2. A grande diferença é a instrução `if` em negrito. Essa instrução testa duas coisas e cada coisa tem duas partes:

1. **O cliente tem um cupom?**

   Ou seja, o cliente respondeu com `Y` *ou* com `y`?

2. **O cliente está no grupo de idade normal?**

   Ou seja, o cliente tem pelo menos 12 anos de idade *e* menos de 65 anos?

Na Listagem 10-4, reuni os itens 1 e 2 usando o operador `&&`. Fiz isso porque ambos os itens (item 1 *e* item 2) devem ser true (verdadeiros) para que o cliente seja qualificado para o desconto de $2,00, como mostrado na Figura 10-7.

Usando parênteses

A Listagem 10-4 demonstra algo importante sobre as condições. Algumas vezes você precisa de parênteses para uma condição funcionar corretamente. Veja, por exemplo, a seguinte instrução `if` incorreta:

```
//Este código está incorreto:
if (reply == 'Y' || reply == 'y' &&
    age >= 12 && age < 65) {
    price -= 2.00;
}
```

Compare esse código com o código correto na Listagem 10-4. Esse código incorreto não tem parênteses para agrupar `reply == 'Y'` com `reply == 'y'` ou agrupar `age >= 12` com `age < 65`. O resultado são as execuções estranhas na Figura 10-8.

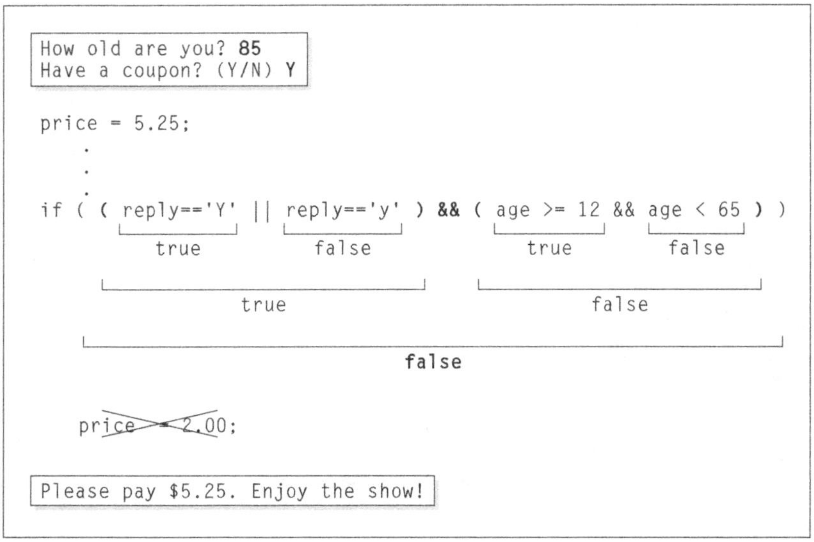

Figura 10-7: Ambos os critérios reply (resposta) e age (idade) devem ser true (verdadeiros).

```
How old are you? 85
Have a coupon? (Y/N) y
Please pay $5.25. Enjoy the show!

How old are you? 85
Have a coupon? (Y/N) Y
Please pay $3.25. Enjoy the show!
```

Figura 10-8: Uma grande ofensa.

Na Figura 10-8, note que as entradas `y` e `Y` geram preços diferentes de ingresso, mesmo que a idade seja 85 nas duas execuções. Isso acontece porque, sem parênteses, qualquer operador `&&` é avaliado antes de qualquer operador ||. (Esta é a regra na linguagem de programação Java — avaliar `&&` antes de ||.) Quando `reply` é `Y`, a condição na instrução `if` ruim assume a seguinte forma:

```
reply == 'Y' || alguma-outra-coisa-que-não-importa
```

Sempre que `reply == 'Y'` é `true`, a condição inteira é `true` automaticamente, como mostrado na Figura 10-9.

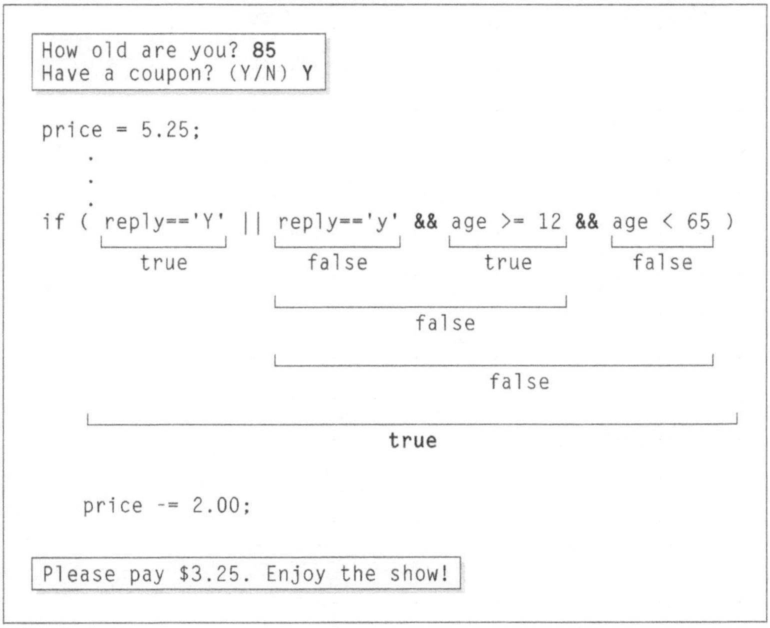

Figura 10-9: "True ou false" se torna "true".

Construindo um Aninhamento

O ano é 1968 e *The Prisoner* está na TV. No último episódio, o herói da série encontra seu inimigo, "Número Um". No início, Número Um usa uma máscara assombrosa com rosto contente/rosto triste, e quando a máscara cai, há uma máscara de macaco embaixo. Para descobrir o que está por trás da máscara de macaco você terá que ver a série em DVD. Mas nesse ínterim, note as camadas: uma máscara dentro de uma máscara. Você pode fazer a mesma coisa com as instruções `if`. O exemplo desta seção mostra como.

Mas primeiro veja a Listagem 10-4. Nesse código, a condição `age >= 12 && age < 65` é testada duas vezes. Nas duas vezes, o computador envia os números 12, 65 e o valor `age` em sua confusão de circuitos, e nas duas vezes o computador tem a mesma resposta. Isto é um desperdício, mas desperdiçar não é sua única preocupação.

E se você decidir mudar o limite de idade para os ingressos do idoso? De agora em diante, ninguém abaixo de 100 anos receberá tal desconto. Você procura o código e vê o primeiro teste `age >= 12 && age < 65`. Você muda `65` para `100`, se parabeniza e volta para casa. O problema é que você mudou um dos dois testes `age >= 12 && age < 65`, mas não mudou o outro. Não seria melhor manter todo o teste `age >= 12 && age < 65` em apenas um lugar?

A Listagem 10-5 vem em seu resgate. Na Listagem 10-5, eu coloco todas as minhas instruções `if` juntas em um grande conjunto. O código é denso, mas faz muito bem o trabalho.

Listagem 10-5: Instruções if Aninhadas

```
import java.util.Scanner;

class AnotherAgeCheck {

    public static void main(String args[]) {
        Scanner myScanner = new Scanner(System.in);
        int age;
        double price = 0.00;
        char reply;

        System.out.print("How old are you? ");
        age = myScanner.nextInt();

        System.out.print("Have a coupon? (Y/N) ");
        reply = myScanner.findWithinHorizon(".", 0).charAt(0);

        if (age >= 12 && age < 65) {
            price = 9.25;
            if (reply == 'Y' || reply == 'y') {
                price -= 2.00;
            }
        } else {
            price = 5.25;
        }

        System.out.print("Please pay $");
        System.out.print(price);
        System.out.print(". ");
        System.out.println("Enjoy the show!");
    }
}
```

Instruções if aninhadas

Uma execução do código na Listagem 10-5 é idêntica à execução da Listagem 10-4. Você pode ver várias execuções na Figura 10-6. A ideia principal na Listagem 10-5 é colocar uma instrução `if` dentro de outra. Afinal, o Capítulo 9 informa que uma instrução `if` pode ter a seguinte forma:

```
if (Condição) {
    AlgumasInstruções
} else {
    OutrasInstruções
}
```

Quem diz que `AlgumasInstruções` não pode conter uma instrução `if`? Aliás, `OutrasInstruções` também pode contar uma instrução `if`. E sim, você pode criar uma instrução `if` dentro de uma instrução `if`, dentro de uma instrução `if`. Não há um limite predefinido de instruções `if` que você pode ter.

```
if (age >= 12 && age < 65) {
    price = 9.25;
    if (reply == 'Y' || reply == 'y') {
        if (isSpecialFeature) {
            price -= 1.00;
        } else {
            price -= 2.00;
        }
    }
} else {
    price = 5.25;
}
```

Quando você coloca uma instrução `if` dentro de outra, cria instruções `if` *aninhadas*. As instruções aninhadas não são difíceis de escrever, contanto que você faça as coisas lentamente e mantenha uma imagem clara do fluxo do código em sua cabeça. Se ajudar, desenhe um diagrama como o mostrado na Figura 10-10.

Quando você aninha as instruções, é obrigatório o uso do recuo e das chaves (veja Figura 10-11). Quando o código apresenta indentações mal colocadas ou inexistentes, ninguém (nem mesmo o programador que o escreveu) consegue descobrir como o código funciona. Uma instrução aninhada com uma indentação malfeita é o pesadelo de um programador.

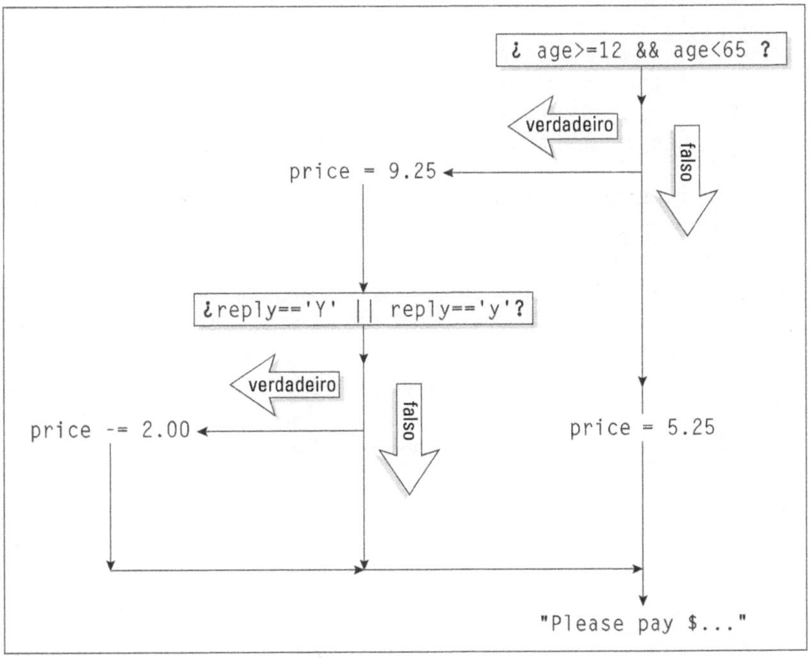

Figura 10-10: O fluxo na Listagem 10-5.

Figura 10-11: Tenha cuidado ao adicionar a devida indentação e chaves.

Duas instruções em uma cláusula `if`; são necessárias chaves.

Uma instrução em uma cláusula `if`; as chaves são opcionais.

```
if (age >= 12 && age < 65)
{
    price = 9.25;
    if (reply=='Y' || reply=='y')
        price -= 2.00;
}
else
    price = 5.25;
```

Um instrução em uma cláusula `else`; as chaves são opcionais.

Instruções if em cascata

Eis uma charada: Você tem duas equipes de beisebol — Hankees e Socks. Você deseja exibir os placares das equipes em duas linhas separadas, com a pontuação do vencedor vindo primeiro. (Na tela do computador, a pontuação do vencedor é exibida acima da pontuação do perdedor.) O que acontece quando as pontuações empatam?

Você desiste? A resposta é que não há uma resposta correta. O que acontece depende do modo como você escreve o programa. Veja novamente a Listagem 9-4 no Capítulo 9. Quando as pontuações são iguais, a condição `hankees > socks` é `false`. Portanto, o fluxo de execução do programa segue para a cláusula `else`. Essa cláusula exibe a pontuação dos Socks primeiro e a pontuação dos Hankees depois. (Consulte a Figura 9-7.)

O programa não tem que funcionar assim. Se eu pegar a Listagem 9-4 e mudar `hankees > socks` para `hankees >= socks`, então, no caso de um empate, a pontuação dos Hankees virá primeiro.

Suponha que você queira um pouco mais de controle. Quando as pontuações forem iguais, você deseja uma mensagem `It's a tie` (É um empate). Para tanto, pense em termos de bifurcação com três direções. Você tem uma direção para uma vitória dos Hankees, outra para uma vitória dos Socks e uma terceira para um empate. Você pode escrever este código de vários modos diferentes, mas uma maneira que faz muito sentido para mim está na Listagem 10-6. Para obter três execuções do código na Listagem 10-6, veja a Figura 10-12.

Listagem 10-6: No Caso de um Empate...

```
import java.util.Scanner;
import static java.lang.System.out;

class WinLoseOrTie {

    public static void main(String args[]) {
        Scanner myScanner = new Scanner(System.in);
        int hankees, socks;

        out.print("Hankees and Socks scores?  ");
        hankees = myScanner.nextInt();
        socks = myScanner.nextInt();
        out.println();
```

```
            if (hankees > socks) {
                out.println("Hankees win...");
                out.print("Hankees: ");
                out.println(hankees);
                out.print("Socks:   ");
                out.println(socks);
            } else if (socks > hankees) {
                out.println("Socks win...");
                out.print("Socks:   ");
                out.println(socks);
                out.print("Hankees: ");
                out.println(hankees);
            } else {
                out.println("It's a tie...");
                out.print("Hankees: ");
                out.println(hankees);
                out.print("Socks:   ");
                out.println(socks);
            }
        }
    }
```

```
Hankees and Socks scores?  9 4

Hankees win...
Hankees: 9
Socks:   4


Hankees and Socks scores?  3 8

Socks win...
Socks:   8
Hankees: 3


Hankees and Socks scores?  0 0

It's a tie...
Hankees: 0
Socks:   0
```

Figura 10-12: Vamos, equipe, vamos!

A Listagem 10-6 mostra um modo de pensar sobre o problema. Você tem uma pergunta com mais de duas respostas. (No problema do beisebol desta seção, a pergunta é "Quem vencerá?", e as respostas são "Hankees", "Socks" ou "Nenhum".) O problema implora por uma instrução `if`, mas uma instrução `if` tem apenas dois desvios — o desvio `true` e o desfio `false`. Portanto, você combina as alternativas para formar *instruções if em cascata*.

Na Listagem 10-6, o formato das instruções `if` em cascata é

```
if (Condição1)
    AlgumasInstruções
} else if (Condição2) {
    OutrasInstruções
} else {
    AindaMaisInstruções
}
```

Em geral, você pode usar `else if` quantas vezes desejar:

```
if (hankeesWin) {
    out.println("Hankees win...");
    out.print("Hankees: ");
    out.println(hankees);
    out.print("Socks:   ");
    out.println(socks);
} else if (socksWin) {
    out.println("Socks win...");
    out.print("Socks:   ");
    out.println(socks);
    out.print("Hankees: ");
    out.println(hankees);
} else if (isATie) {
    out.println("It's a tie...");
    out.print("Hankees: ");
    out.println(hankees);
    out.print("Socks:   ");
    out.println(socks);
} else if (gameCancelled) {
    out.println("Sorry, sports fans.");
} else {
    out.println("The game isn't over yet.");
}
```

Não há nada de especial nas instruções `if` em cascata. Este não é um recurso novo da linguagem de programação. As instruções `if` em cascata têm a vantagem de uma escapatória no Java — uma escapatória onde podemos omitir as chaves em certas circunstâncias. Exceto isso, as instruções `if` em cascata apenas fornecem um novo modo de pensar sobre as decisões em seu código.

Nota: A Listagem 10-6 usa uma declaração de importação estática para evitar a repetição desnecessária das palavras `System.out`. Para ler um pouco sobre a declaração de importação estática (junto com uma desculpa por não ter explicado este conceito mais completamente), veja o Capítulo 9. Então, para ler a história real sobre as declarações de importação estática, veja o Capítulo 18.

Enumerando as Possibilidades

O Capítulo 8 descreve o tipo `boolean` do Java — o tipo com apenas dois valores (`true` e `false`). O tipo `boolean` é muito útil, mas algumas vezes você precisa de mais valores. Afinal, os valores de um semáforo podem ser `verde`, `amarelo` ou `vermelho`. Os naipes das cartas de um baralho podem ser `espada`, `paus`, `copas` ou `ouro`. E um dia da semana pode ser `segunda`, `terça`, `quarta`, `quinta` ou `sexta-feira`.

A vida está cheia de pequenos conjuntos de possibilidades, e o Java tem um recurso que pode refletir essas possibilidades. O recurso é chamado de tipo `enum`. Ele está disponível no Java da versão 5.0 em diante.

Criando um tipo enum

A história na Listagem 10-6 tem três possíveis finais — os Hankees vencem, os Socks vencem ou o jogo empata. Você pode representar as possibilidades com a seguinte linha do código Java:

```
enum WhoWins {home, visitor, neither}
```

O jogo desta semana é disputado no estádio SnitSoft de Hankeeville, portanto, o valor `home` representa uma vitória para os Hankees, e o valor `visitor` representa uma vitória para os Socks.

Um dos objetivos na programação de computadores é fazer com que a estrutura de cada programa espelhe o problema que o programa resolve. Quando um programa o lembra sobre seu problema subjacente, ele é fácil de entender e barato de manter. Por exemplo, um programa para colocar em tabelas as contas do cliente deve usar nomes como `customer` e `account`. E um programa que lida com três possíveis resultados (a casa vence, o visitante vence e empate) deve ter uma variável com três valores possíveis. A linha `enum WhoWins {home, visitor, neither}` cria um tipo para armazenar três valores.

O tipo `WhoWins` é chamado de *tipo enum*. Considere o novo tipo `WhoWins` como um `boolean` potencializado. Ao invés de dois valores (`true` e `false`), o tipo `WhoWins` tem três valores (`home`, `visitor` e `neither`). Você pode criar uma variável do tipo `WhoWins`.

```
WhoWins who;
```

então atribuir um valor à nova variável.

```
who = WhoWins.home;
```

Na próxima seção você fará um bom uso do tipo `WhoWins`.

Usando um tipo enum

A Listagem 10-7 mostra como usar o tipo `WhoWins` novinho.

Listagem 10-7: Vencedores Orgulhosos e Perdedores Tristes

```
import java.util.Scanner;
import static java.lang.System.out;

class Scoreboard {

    enum WhoWins {home, visitor, neither}

    public static void main(String args[]) {
        Scanner myScanner = new Scanner(System.in);
        int hankees, socks;
        WhoWins who;

        out.print("Hankees and Socks scores?  ");
        hankees = myScanner.nextInt();
        socks = myScanner.nextInt();
        out.println();

        if (hankees > socks) {
            who = WhoWins.home;
            out.println("The Hankees win :-)");
        } else if (socks > hankees) {
            who = WhoWins.visitor;
            out.println("The Socks win :-(");
        } else {
            who = WhoWins.neither;
            out.println("It's a tie :-|");
        }

        out.println();
        out.println("Today's game is brought to you by");
        out.println("SnitSoft, the number one software");
        out.println("vendor in the Hankeeville area.");
        out.println("SnitSoft is featured proudly in");
        out.println("Chapter 6. And remember, four out");
        out.println("of five doctors recommend");
        out.println("SnitSoft to their patients.");
        out.println();

        if (who == WhoWins.home) {
            out.println("We beat 'em good. Didn't we?");
        }

        if (who == WhoWins.visitor) {
            out.println("The umpire made an unfair");
            out.println("call.");
        }
        if (who == WhoWins.neither) {
            out.println("The game goes into overtime.");
        }
    }
}
```

As três execuções do programa na Listagem 10-7 são mostradas na Figura 10-13. Eis o que acontece na Listagem 10-7:

- **Crio uma variável para armazenar valores do tipo `WhoWins`.**

  Exatamente como a linha

  ```
  double amount;
  ```

  declara `amount` para armazenar os valores `double` (valores como 5.95 e 30.95), a linha

  ```
  WhoWins who;
  ```

  declara `who` para armazenar os valores `WhoWins` (valores como `home`, `visitor` e `neither`).

- **Atribuo um valor à variável `who`.**

  Eu executo uma das

  ```
  who = WhoWins.something;
  ```

  instruções de atribuição. A instrução que eu executo depende do resultado da comparação `hankees > socks` da instrução `if`.

  Observe que eu me refiro a cada um dos valores `WhoWins` na Listagem 10-7. Escrevo `WhoWins.home`, `WhoWins.visitor` ou `WhoWins.neither`. Se eu esquecer do prefixo `WhoWins` e digitar

  ```
  who = home;  //Esta atribuição não funciona!
  ```

  então o compilador exibirá a mensagem de erro `home cannot be resolved to a variable` (home não pode ser determinado para uma variável). É assim que os tipos `enum` funcionam.

- **Comparo o valor da variável com cada um dos valores `WhoWins`.**

  Em uma instrução `if`, verifico a condição `who == WhoWins.home`. Nas duas instruções `if` restantes, verifico os outros valores `WhoWins`.

Perto do final da Listagem 10-7, eu poderia ter terminado sem os valores `enum`. Poderia ter testado coisas como `hankees > socks`, uma segunda vez.

```
if (hankees > socks) {
    out.println("The Hankees win :-)");
}

// E depois no programa...

if (hankees > socks) {
    out.println("We beat 'em good. Didn't we?");
}
```

Mas essa tática seria deselegante. Em um programa mais complicado, poderia ter de verificar `hankees > socks` uma dúzia de vezes. Seria como fazer a mesma pergunta várias vezes.

Ao invés de verificar repetidamente a condição `hankees > socks`, eu armazeno o resultado do jogo como um valor `enum`. Então verifico o valor `enum` quantas vezes quiser. Este é um modo muito organizado de resolver o problema da verificação repetida.

```
Hankees and Socks scores?  9 4

The Hankees win :-)

Today's game is brought to you by
SnitSoft, the number one software
vendor in the Hankeeville area.
SnitSoft is featured proudly in
Chapter 6. And remember, four out
of five doctors recommend
SnitSoft to their patients.

We beat 'em good. Didn't we?


Hankees and Socks scores?  3 8

The Socks win :-(

Today's game is brought to you by
SnitSoft, the number one software
vendor in the Hankeeville area.
SnitSoft is featured proudly in
Chapter 6. And remember, four out
of five doctors recommend
SnitSoft to their patients.

The umpire made an unfair call.


Hankees and Socks scores?  0 0

It's a tie :-|

Today's game is brought to you by
SnitSoft, the number one software
vendor in the Hankeeville area.
SnitSoft is featured proudly in
Chapter 6. And remember, four out
of five doctors recommend
SnitSoft to their patients.

The game goes into overtime.
```

Figura 10-13: Divertiu-se em Hankeeville?

Capítulo 11

Como Chavear um Switch Virtual

Neste Capítulo

- Lidando com muitas alternativas
- Saltando do meio de uma instrução
- Lidando com atribuições alternativas

Imagine jogar *Let's Make a Deal* com dez portas diferentes. "Escolha a porta número 1, porta número 2, porta número 3, porta número 4... Espere! Uma pausa para os comerciais. Quando voltarmos, direi os nomes das outras seis portas."

O que Monty Hall precisa é da instrução `switch` do Java.

Conheça a Instrução Switch

O código na Listagem 9-2, no Capítulo 9, simula um brinquedo da sorte — um oráculo eletrônico. Faça uma pergunta ao programa e ele gera aleatoriamente a resposta sim ou não. Mas, como brinquedo, o código na Listagem 9-2 não é muito divertido. O código tem duas respostas possíveis. Não há nenhuma variedade. Até as primeiras bonecas falantes podiam dizer cerca de dez frases diferentes.

Suponha que você queira melhorar o código na Listagem 9-2. A chamada para `my Random.nextInt(10) + 1` gera números de 1 a 10. Portanto, talvez você possa exibir uma frase diferente para cada um dos dez números. Uma grande pilha de instruções `if` deve resolver:

```
if (randomNumber == 1) {
    System.out.println("Yes. Isn't it obvious?");
}
if (randomNumber == 2) {
    System.out.println("No, and don't ask again.");
}
```

```
if (randomNumber == 3) {
    System.out.print("Yessir, yessir!");
    System.out.println(" Three bags full.");
}
if (randomNumber == 4)
    .
    .
    .
if (randomNumber < 1 || randomNumber > 10) {
    System.out.print("Sorry, the electronic oracle");
    System.out.println(" is closed for repairs.");
}
```

Mas essa abordagem parece ser um desperdício. Por que não criar uma instrução que verifica o valor de `randomNumber` apenas uma vez e então toma uma ação com base no valor encontrado? Felizmente, tal instrução existe: a instrução *switch*. A Listagem 11-1 tem um exemplo de instrução `switch`.

Listagem11-1: Uma Resposta para Cada Ocasião

```
import java.util.Scanner;
import java.util.Random;
import static java.lang.System.out;

class TheOldSwitcheroo {

    public static void main(String args[]) {
        Scanner myScanner = new Scanner(System.in);
        Random myRandom = new Random();
        int randomNumber;

        out.print("Type your question, my child:  ");
        myScanner.nextLine();

        randomNumber = myRandom.nextInt(10) + 1;

        switch (randomNumber) {
        case 1:
            out.println("Yes. Isn't it obvious?");
            break;

        case 2:
            out.println("No, and don't ask again.");
            break;
        case 3:
```

```
            out.print("Yessir, yessir!");
            out.println(" Three bags full.");
            break;

        case 4:
            out.print("What part of 'no'");
            out.println(" don't you understand?");
            break;

        case 5:
            out.println("No chance, Lance.");
            break;

        case 6:
            out.println("Sure, whatever.");
            break;

        case 7:
            out.print("Yes, but only if");
            out.println(" you're nice to me.");
            break;

        case 8:
            out.println("Yes (as if I care).");
            break;

        case 9:
            out.print("No, not until");
            out.println(" Cromwell seizes Dover.");
            break;

        case 10:
            out.print("No, not until");
            out.println(" Nell squeezes Rover.");
            break;

        default:
            out.print("You think you have");
            out.print(" problems?");
            out.print(" My random number");
            out.println(" generator is broken!");
            break;
        }

        out.println("Goodbye");
    }
}
```

Os casos em uma instrução switch

A Figura 11-1 mostra três execuções do programa na Listagem 11-1. Eis o que acontece durante uma dessas execuções:

- O usuário digita uma pergunta difícil e a variável `randomNumber` obtém um valor. Na segunda execução da Figura 11-1, esse valor é 2.
- A execução do código na Listagem 11-1 atinge o início da instrução `switch`, portanto, o computador começa a verificar as cláusulas `case` dessa instrução. O valor 2 não coincide com a cláusula `case` superior (a cláusula `case 1`), então o computador vai para a próxima cláusula `case`.
- O valor da próxima cláusula `case` (o número 2) coincide com o valor da variável `randomNumber`, portanto, o computador executa as instruções nessa cláusula `case 2`. Essas duas instruções são

  ```
  out.println("No, and don't ask again.");
  break;
  ```

  A primeira das duas instruções exibe `No, and don't ask again` (Não, e não pergunte de novo) na tela. A segunda instrução é chamada de instrução *break*. (Que surpresa!) Quando o computador encontra uma instrução `break`, ele salta de qualquer instrução `switch` em que esteja. Portanto, na Listagem 11-1, o computador salta diretamente, sem passar em `case 3`, `case 4` etc. O computador salta para a instrução após o final da instrução `switch`.
- O computador exibe `Goodbye` (Adeus), porque é isso que a instrução após `switch` informa-o para fazer.

```
Type your question, my child:  Is the Continuum Hypothesis true?
Sure, whatever.
Goodbye

Type your question, my child:  Does P=NP?
No, and don't ask again.
Goodbye

Type your question, my child:  Does Turing machine T halt on input i?
Yes, but only if you're nice to me.
Goodbye
```

Figura 11-1: Executando o código da Listagem 11-1.

A ideia geral por trás do programa na Listagem 11-1 é mostrada na Figura 11-2.

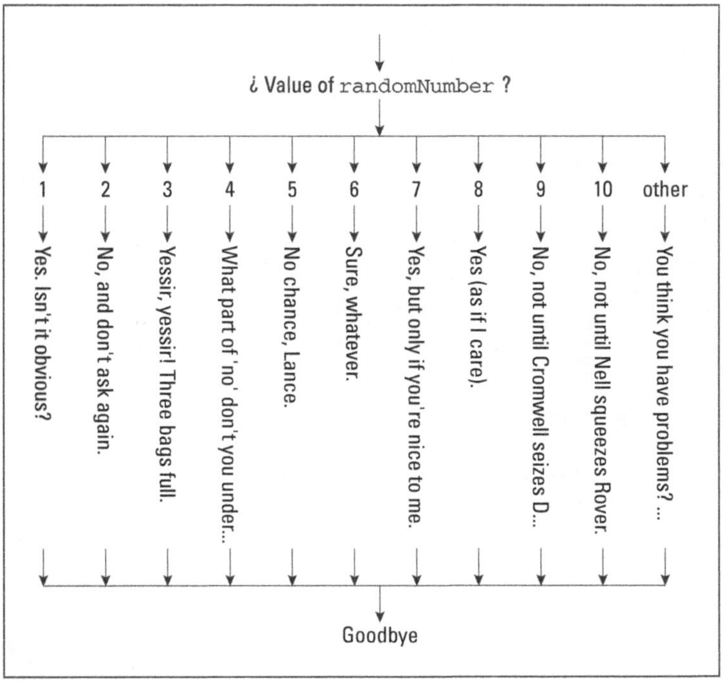

Figura 11-2: Uma bifurcação com onze direções.

O padrão em uma instrução switch

E se algo der terrivelmente errado durante a execução do programa da Listagem 11-1? Suponha que a expressão `myRandom.nextInt(10) + 1` gere um número que não esteja na faixa de 1 a 10. Então o computador responde passando todas as cláusulas `case`. Ao invés de parar em uma cláusula `case`, o computador salta para a cláusula `default`. Na cláusula `default`, o computador exibe `You think you have problems?...` (Você acha que tem problemas?...), e então passa pelo `break` e sai da instrução `switch`. Depois que o computador sai da instrução `switch`, ele exibe `Goodbye` (Adeus).

DICA

Você realmente não precisa colocar `break` no final de uma instrução `switch`. Na Listagem 11-1, o último `break` (o `break` que faz parte da cláusula `default`) serve apenas para manter o padrão.

Detalhes minuciosos sobre a instrução switch

Uma instrução `switch` pode ter a seguinte forma:

```
switch (Expressão) {
case PrimeiroValor:
    Instruções

case SegundoValor:
    MaisInstruções

// … mais casos...


default:
    AindaMaisInstruções
}
```

Eis algumas notícias sobre as instruções `switch`:

- *`Expressão`* não tem que ser um valor `int`. Pode ser `char`, `byte`, `short` ou `int`.

  Por exemplo, o código a seguir funciona no Java 5 ou posterior:

  ```
  char letterGrade;
  letterGrade =
      myScanner.findWithinHorizon(".",0).charAt(0);

  switch (letterGrade) {
  case 'A':
      System.out.println("Excellent");
      break;

  case 'B':
      System.out.println("Good");
      break;

  case 'C':
      System.out.println("Average");
      break;
  }
  ```

  Na verdade, se você evitar usar a classe `Scanner` e seu método `findWithinHorizon`, então a instrução `switch` deste tópico funcionará com todas as versões do Java — antigas e novas.

- Se você usar o Java 7 ou posterior, *`Expressão`* poderá ser uma `String`. Por exemplo, o seguinte código não funciona com o Java 6, mas funciona bem no Java 7:

  ```
  String description;
  description = myScanner.next();

  switch (description) {
  case "Excellent":
      System.out.println('A');
      break;
  ```

```
case "Good":
    System.out.println('B');
    break;

case "Average":
    System.out.println('C');
    break;
}
```

- *Expressão* não tem que ser uma única variável. Pode ser qualquer expressão do tipo `char`, `byte`, `short` ou `int`. Por exemplo, você pode simular o rolar de dois dados com o seguinte código:

```
int die1, die2;

die1 = myRandom.nextInt(6) + 1;
die2 = myRandom.nextInt(6) + 1;

switch (die1 + die2) {
   //...etc.
```

- Os casos em uma instrução `switch` não precisam estar em ordem. Eis um código aceitável:

```
switch (randomNumber) {
case 2:
    System.out.println("No, and don't ask again.");
    break;

case 1:
    System.out.println("Yes. Isn't it obvious?");
    break;

case 3:
    System.out.print("Yessir, yessir!");
    System.out.println(" Three bags full.");
    break;

//...etc.
```

  Essa mistura de casos pode reduzir sua velocidade quando estiver tentando ler um programa, mas é legal mesmo assim.

- Você não precisa de um `case` para cada valor esperado de *Expressão*. Você pode deixar alguns valores esperados para `default`. Eis um exemplo:

```
switch (randomNumber) {
case 1:
    System.out.println("Yes. Isn't it obvious?");
    break;

case 5:
    System.out.println("No chance, Lance.");
    break;
```

```
case 7:
    System.out.print("Yes, but only if");
    System.out.println(" you're nice to me.");
    break;

case 10:
    System.out.print("No, not until");
    System.out.println(" Nell squeezes Rover.");
    break;

default:
    System.out.print("Sorry,");
    System.out.println(" I just can't decide.");
    break;
}
```

- A cláusula `default` é opcional.

```
switch (randomNumber) {
case 1:
    System.out.println("Yes. Isn't it obvious?");
    break;

case 2:
    System.out.println("No, and don't ask again.");
    break;

case 3:
    System.out.print("I'm too tired.");
    System.out.println(" Go ask somebody else.");
}
System.out.println("Goodbye");
```

Se você não tiver nenhuma cláusula `default` e um valor não coberto por um caso aparecer, então a instrução `switch` não fará nada. Por exemplo, se `randomNumber` for 4, então o código anterior exibirá `Goodbye` e nada mais.

- De algumas maneiras, as instruções `if` são mais versáteis que as instruções `switch`. Por exemplo, você não pode usar uma condição na *`Expressão`* de uma instrução `switch`:

```
// Você não pode fazer isto:
switch (age >= 12 && age < 65)
```

Você não pode usar uma condição como um valor `case` também:

```
// Você não pode fazer isto:
switch (age) {
case age <= 12: //... etc.
```

Usar break ou não

Em um momento ou outro, todo programador Java esquece de usar as instruções `break`. No início, a saída resultante fica confusa, mas então o programador lembra da falha. O termo *falha* descreve o que acontece quando você termina um `case` sem um instrução `break`. O que acontece é que a execução do código segue executando a próxima instrução `case` na fila. A execução continua seguindo até que você finalmente atinja uma instrução `break` ou chegue ao final da instrução `switch` inteira.

Se você não acredita, veja a Listagem 11-2. O código dessa listagem tem uma instrução `switch` ruim.

Listagem 11-2: Por favor, Insira um Break!

```
/*
 * Este não é um bom código. O programador esqueceu de algumas
 * instruções break.
 */
import java.util.Scanner;
import java.util.Random;
import static java.lang.System.out;

class BadBreaks {

    public static void main(String args[]) {
        Scanner myScanner = new Scanner(System.in);
        Random myRandom = new Random();
        int randomNumber;

        out.print("Type your question, my child:  ");
        myScanner.nextLine();

        randomNumber = myRandom.nextInt(10) + 1;

        switch (randomNumber) {
        case 1:
            out.println("Yes. Isn't it obvious?");

        case 2:
            out.println("No, and don't ask again.");

        case 3:
            out.print("Yessir, yessir!");
            out.println(" Three bags full.");
```

(continua)

Listagem 11-2: ***(continuação)***

```
        case 4:
            out.print(“What part of ‘no’”);
            out.println(“ don’t you understand?”);
            break;

        case 5:
            out.println(“No chance, Lance.”);

        case 6:
            out.println(“Sure, whatever.”);

        case 7:
            out.print(“Yes, but only if”);
            out.println(“ you’re nice to me.”);

        case 8:
            out.println(“Yes (as if I care).”);

        case 9:
            out.print(“No, not until”);
            out.println(“ Cromwell seizes Dover.”);

        case 10:
            out.print(“No, not until”);
            out.println(“ Nell squeezes Rover.”);

        default:
            out.print(“You think you have”);
            out.print(“ problems?”);
            out.print(“ My random number”);
            out.println(“ generator is broken!”);
        }

        out.println(“Goodbye”);
    }
}
```

Coloquei duas execuções deste código na Figura 11-3. Na primeira execução, `randomNumber` é 7. O programa executa os cases de 7 a 10 e o `default`. Na segunda execução, `randomNumber` é 3. O programa executa os cases 3 e 4. Então, como o case 4 tem uma instrução break, o programa salta de `switch` e exibe `Goodbye`.

A instrução `switch` na Listagem 11-2 não tem algumas instruções `break`. Mesmo sem essas instruções `break`, o código é compilado sem erros. Mas quando você executa o código na Listagem 11-2, não obtém os resultados desejados.

```
Type your question, my child:  Do good things happen to good people?
Yes, but only if you're nice to me.
Yes (as if I care).
No, not until Cromwell seizes Dover.
No, not until Nell squeezes Rover.
You think you have problems? My random number generator is broken!
Goodbye

Type your question, my child:  Is your switch statement missing some breaks?
Yessir, yessir! Three bags full.
What part of 'no' don't you understand?
Goodbye
```

Figura 11-3: Por favor, decida-se.

Usando a Falha a Seu Favor

Em geral, quando você está usando uma instrução `switch`, não deseja uma falha, portanto, adiciona instruções `break` em toda `switch`. Mas algumas vezes, a falha é exatamente o que você precisa.

Pegue o número de dias em um mês. Há uma regra simples para isso? Os meses que contêm a letra "r" têm 31 dias? Os meses nos quais "i" vem antes de "e", exceto após "c", têm 30 dias?

Você pode lidar com as condições `if` como quiser. Mas para lidar com todas as possibilidades, prefiro uma instrução `switch`. A Listagem 11-3 demonstra a ideia.

Listagem 11-3: Encontrando o Número de Dias em um Mês

```
import java.util.Scanner;

class DaysInEachMonth {

    public static void main(String args[]) {
        Scanner myScanner = new Scanner(System.in);
        int month, numberOfDays = 0;
        boolean isLeapYear;

        System.out.print("Which month? ");
        month = myScanner.nextInt();

        switch (month) {
        case 1:
        case 3:
        case 5:
        case 7:
        case 8:
```

(continua)

Listagem 11-3: ***(continuação)***

```
            case 10:
            case 12:
                numberOfDays = 31;
                break;

            case 4:
            case 6:
            case 9:
            case 11:
                numberOfDays = 30;
                break;

            case 2:
                System.out.print("Leap year (true/false)? ");
                isLeapYear = myScanner.nextBoolean();
                if (isLeapYear) {
                   numberOfDays = 29;
                } else {
                   numberOfDays = 28;
                }
            }

            System.out.print(numberOfDays);
            System.out.println(" days");
        }
    }
```

A Figura 11-4 mostra várias execuções do programa na Listagem 11-3. Para o mês 6, o computador salta para `case 6`. Não há nenhuma instrução dentro da cláusula `case 6`, portanto, essa parte da execução do programa é bem chata.

```
Which month? 1
31 days

Which month? 6
30 days

Which month? 2
Leap year (true/false)? false
28 days

Which month? 2
Leap year (true/false)? true
29 days
```

Figura 11-4: Quantos dias até o fim do prazo?

Mas sem `break` na cláusula `case 6`, o computador continua executando até `case 9`. Mais uma vez, o computador não encontra nenhuma instrução e nenhum `break`, portanto, aventura-se até o próximo case, que é `case 11`. Nesse ponto, o computador faz uma descoberta valiosa. Ele atribui 30 a `numberOfDays` e sai da instrução `switch` inteira (veja Figura 11-5).

Figura 11-5: Siga a bola saltitante.

Fevereiro é o melhor mês de todos. Em primeiro lugar, o case fevereiro na Listagem 11-3 contém uma chamada para o método `nextBoolean` da classe `Scanner`. O método espera que eu digite `true` ou `false`. O código usa qualquer palavra digitada para atribuir um valor à variável `boolean`. (Na Listagem 11-3, atribuo `true` ou `false` à variável `isLeapYear`.)

Fevereiro também contém sua própria instrução `if`. No Capítulo 10 eu aninhei as instruções `if` em outras instruções `if`. Mas em fevereiro, aninho uma instrução `if` em uma instrução `switch`. Que legal.

Usando um Operador Condicional

O Java tem um ótimo recurso sobre o qual não posso deixar de escrever. Usando esse recurso, você pode pensar em alternativas de um modo muito natural.

E o que quero dizer com "modo natural"? Se eu pensar em voz alta quando imito a instrução `if` perto do final da Listagem 11-3, irei propor isto:

```
//O pensamento na Listagem 11-3:
O que devo fazer em seguida?
Se este é um ano bissexto,
     Farei com que numberOfDays seja 29;
Do contrário,
     Farei com que numberOfDays seja 28.
```

Estou passeando por uma instrução `if`, sem uma dica sobre o que farei em seguida. Isso parece algo idiota. É fevereiro, e todos sabem o que fazer em fevereiro. Você pergunta quantos dias tem o mês.

Em minha opinião, o código na Listagem 11-3 não reflete o modo mais natural de pensar sobre fevereiro. Portanto, eis um modo mais natural:

```
//Um modo mais natural de pensar sobre o problema:
O valor de numberOfDays é...
    Espere! Este é um ano bissexto?
            Se for sim, 29
            Se for não, 28
```

Neste segundo modo, mais natural de pensar, sei desde o início que estou selecionando um número de dias. Portanto, quando chego na bifurcação (`Este é um ano bissexto?`), a única tarefa restante é escolher entre 29 e 28.

Posso fazer uma escolha com requinte:

```
case 2:
    System.out.print("Leap year (true/false)? ");
    isLeapYear = myScanner.nextBoolean();
    numberOfDays = isLeapYear ? 29 : 28;
```

A combinação `? :` é chamada de *operador condicional*. Na Figura 11-6, mostro como meu pensamento natural sobre fevereiro pode ganhar forma no formato de um operador condicional.

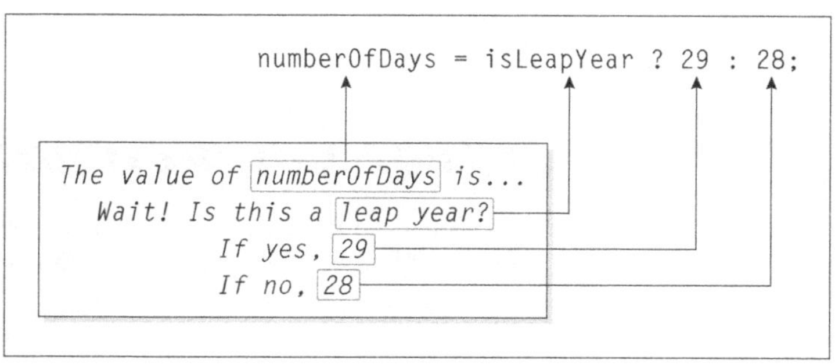

Figura 11-6: De sua mente para o código do computador.

No geral, `isLeapYear ? 29 : 28` é uma expressão com um valor. E qual valor tem essa expressão? Bem, o valor de `isLeapYear ? 29 : 28` é 29 ou 28. Depende de `isLeapYear` ser ou não true. Eis como o operador condicional funciona:

- Se o que estiver antes do ponto de interrogação for `true`, então o valor da expressão inteira será qualquer coisa que vier entre o ponto de interrogação e os dois-pontos.
- Se o que estiver antes do ponto de interrogação for `false`, então o valor da expressão inteira será qualquer coisa que vier depois dos dois-pontos.

A Figura 11-7 fornece um modo engraçado de visualizar estas ideias.

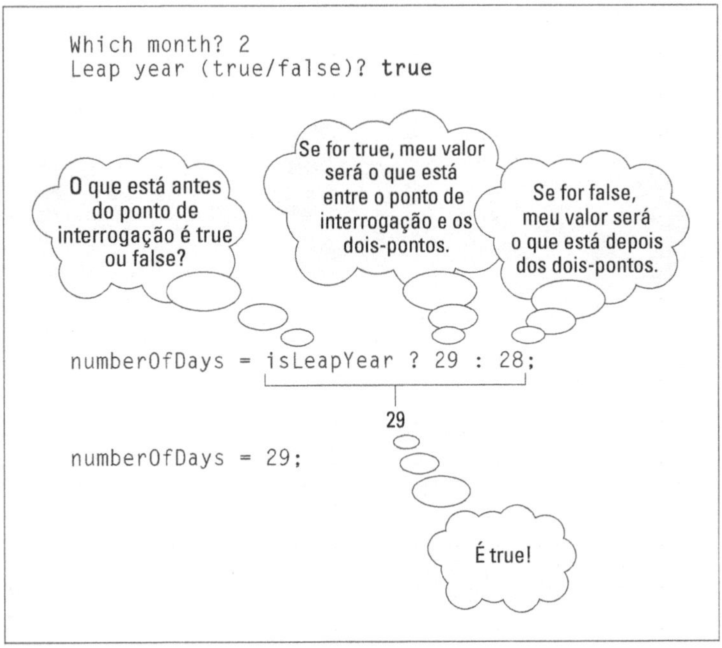

Figura 11-7: Você já viu uma expressão falando consigo mesma?

Portanto, o efeito geral do operador condicional é como se o computador estivesse executando

```
numberOfDays = 29;
```

ou

```
numberOfDays = 28;
```

De qualquer modo, `numberOfDays` obtém um valor, e o código resolve o problema com estilo.

Capítulo 12

Por Aí Ele Vai

Neste Capítulo

- Criando loops do programa
- Formulando soluções para problemas com loops
- Diagnosticando problemas do loop

O Capítulo 8 tem um código para inverter as letras em uma palavra com quatro letras digitadas pelo usuário. Caso não tenha lido o Capítulo 8 ou simplesmente não queira revisitá-lo, eis uma recapitulação rápida do código:

```
c1 = myScanner.findWithinHorizon(".",0).charAt(0);
c2 = myScanner.findWithinHorizon(".",0).charAt(0);
c3 = myScanner.findWithinHorizon(".",0).charAt(0);
c4 = myScanner.findWithinHorizon(".",0).charAt(0);

System.out.print(c4);
System.out.print(c3);
System.out.print(c2);
System.out.print(c1);
```

O código é funcional para palavras com apenas quatro letras, mas como você inverte uma palavra com cinco letras? Como o código está, você tem que adicionar duas instruções novas:

```
c1 = myScanner.findWithinHorizon(".",0).charAt(0);
c2 = myScanner.findWithinHorizon(".",0).charAt(0);
c3 = myScanner.findWithinHorizon(".",0).charAt(0);
c4 = myScanner.findWithinHorizon(".",0).charAt(0);
c5 = myScanner.findWithinHorizon(".",0).charAt(0);

System.out.print(c5);
System.out.print(c4);
System.out.print(c3);
System.out.print(c2);
System.out.print(c1);
```

Que droga! Você adiciona instruções a um programa sempre que o tamanho de uma palavra muda! Você remove as instruções quando a entrada diminui! Esta não pode ser a melhor maneira de resolver o problema. Talvez você possa instruir o computador para que ele adicione instruções automaticamente. (Mas novamente, talvez não possa.)

Por sorte, você pode fazer algo ainda melhor. Pode escrever uma instrução uma vez e informar ao computador para executá-la mutias vezes. Quantas vezes? Você pode informar ao computador para executar uma instrução quantas vezes ela precisar ser executada.

É uma ótima ideia. O resto deste capítulo tem os detalhes.

Repetindo as Instruções Várias Vezes (Instruções while do Java)

Eis um jogo de dados simples. Continue rolando dois dados até obter 7 ou 11. A Listagem 12-1 exibe um programa que simula a ação no jogo e a Figura 12-1 mostra duas execuções do programa.

Listagem 12-1: Tire 7 ou 11

```
import java.util.Random;
import static java.lang.System.out;

class SimpleDiceGame {

    public static void main(String args[]) {
        Random myRandom = new Random();
        int die1 = 0, die2 = 0;

        while (die1 + die2 != 7 && die1 + die2 != 11) {
            die1 = myRandom.nextInt(6) + 1;
            die2 = myRandom.nextInt(6) + 1;

            out.print(die1);
            out.print(" ");
            out.println(die2);
        }

        out.print("Rolled ");
        out.println(die1 + die2);
    }
}
```

```
3 1
4 3
Rolled 7

2 1
4 6
5 3
6 4
4 6
1 5
2 2
1 5
1 3
2 6
1 4
6 5
Rolled 11
```

Figura 12-1: Mamãe precisa de um novo par de sapatos.

No centro da Listagem 12-1 está algo chamado de *instrução while* (também conhecida como *loop while*). Uma instrução `while` tem a seguinte forma:

```
while (Condição) {
    Instruções
}
```

Reformulando em português, a instrução `while` na Listagem 12-1 diria

```
enquanto a soma dos dois dados não for 7 e não for 11,
continue fazendo o que existe entre as chaves: {

}
```

O que existe entre as chaves (e que é repetido várias vezes) é o código que obtém dois números aleatórios novos e exibe os valores desses números. As instruções entre chaves são repetidas, contanto que `die1 + die2 != 7 && die1 + die2 != 11` continue sendo true.

Cada repetição das instruções no loop é chamada de *iteração* do loop. Na Figura 12-1, a primeira execução tem duas iterações, e a segunda execução tem 12 iterações.

Quando `die1 + die2 != 7 && die1 + die2 != 11` não for mais true (ou seja, quando `sum` for 7 ou 11), então a repetição das instruções irá parar. O computador irá para as instruções que vêm depois do loop.

Seguindo a ação em um loop

Para rastrear a ação do código na Listagem 12-1, pegarei emprestado os números da primeira execução na Figura 12-1:

- No início, os valores de `die1` e `die2` são 0.
- O computador vai para o início da instrução `while` e verifica se `die1 + die2 != 7 && die1 + die2 != 11` é true (veja Figura 12-2). A condição é true, portanto, o computador pega o caminho `true` na Figura 12-3.

O computador realiza uma iteração do loop. Durante essa iteração, ele obtém novos valores para `die1` e `die2` e os imprime na tela. Na primeira execução da Figura 12-1, os novos valores são 3 e 1.

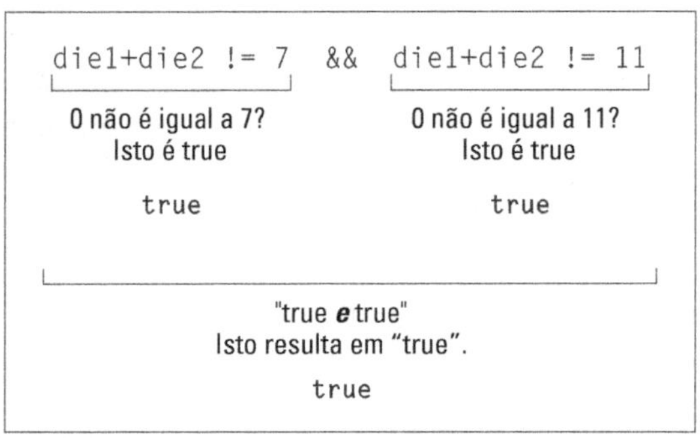

Figura 12-2: Dois erros não resultam em um acerto, mas dois trues resultam em um true.

- O computador volta para o início da instrução `while` e verifica se `die1 + die2 != 7 && die1 + die2 != 11` ainda é true. A condição é true, portanto, o computador pega o caminho `true` na Figura 12-3.

  O computador realiza outra iteração do loop. Durante essa iteração ele obtém novos valores para `die1` e `die2` e os imprime na tela. Na Figura 12-1, os novos valores são 4 e 3.

- O computador volta para o início da instrução `while` e verifica se `die1 + die2 != 7 && die1 + die2 != 11` ainda é true. Veja só! Esta condição se tornou false! (Veja Figura 12-4). O computador pega o caminho `false` na Figura 12-3.

  O computador salta para as instruções localizadas após o loop. Ele exibe `Rolled 7` (Tirou 7) e termina sua execução do programa.

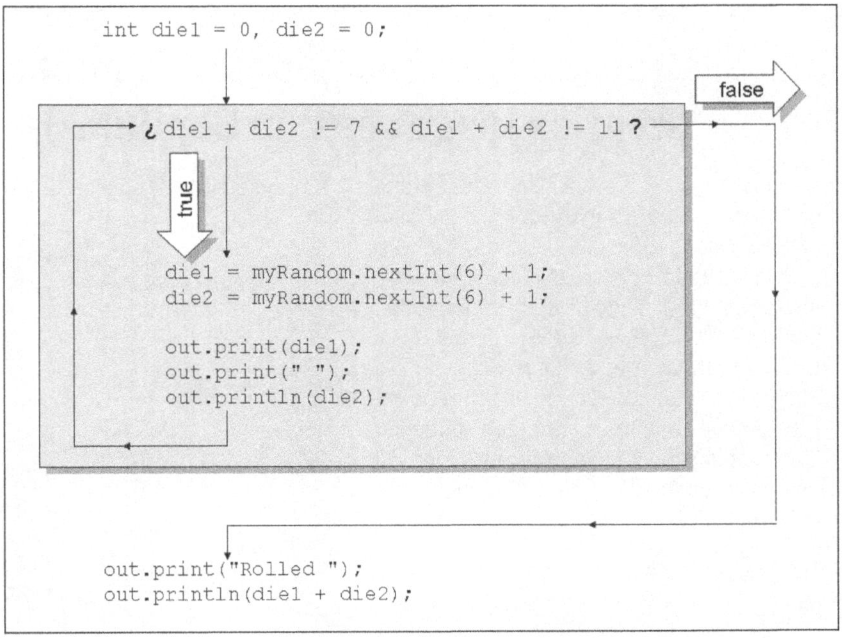

Figura 12-3: Os caminhos no código na Listagem 12-1.

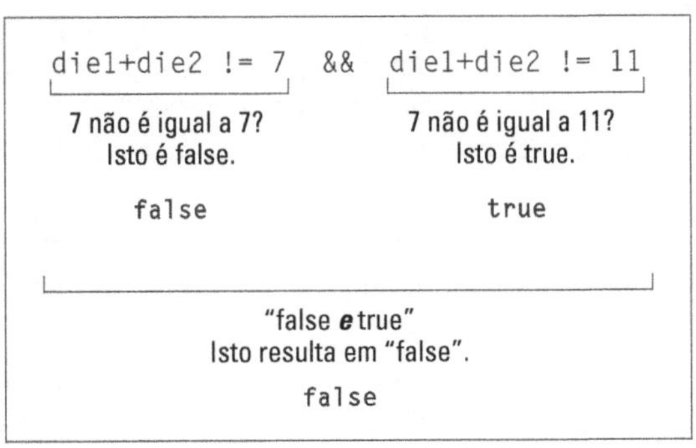

Figura 12-4: Veja! Tirei um sete!

Sem escape inicial

Na Listagem 12-1, quando o computador encontra `die1 + die2 != 7 && die1 + die2 != 11` como sendo true, ele continua e executa todas as cinco instruções dentro das chaves do loop. O computador executa

```
die1 = myRandom.nextInt(6) + 1;
die2 = myRandom.nextInt(6) + 1;
```

Instruções e blocos (plagiando minhas próprias instruções do Capítulo 9)

As instruções `while` do Java têm muito em comum com as instruções `if`. Como uma instrução `if`, uma instrução `while` é uma *instrução composta* – ou seja, uma instrução `while` inclui outras instruções dentro dela. Também, as instruções `if` e `while` geralmente incluem `blocos` de instruções. Quando você coloca chaves em torno de muitas instruções, obtém o que é chamado de *bloco,* e um bloco se comporta, em todos os sentidos, como uma única instrução.

Em uma instrução `while` típica, você deseja que o computador repita várias instruções menores diversas vezes. Para repetir várias instruções menores, você combina-as em uma grande instrução. Para tanto, você cria um bloco usando chaves.

Na Listagem 12-1, o bloco

```
{
   die1=myRandom.nextInt(6)+1;
   die2=myRandom.nextInt(6)+1;

   out.print(die1);
   out.print(" ");
   out.println(die2);
}
```

é uma única instrução. É uma instrução que tem, nela, cinco instruções menores. Portanto, esse grande bloco (esta única instrução) serve como uma grande instrução dentro da instrução `while` na Listagem 12-1.

Eis a história sobre as instruções e os blocos `while`. Para descobrir como isto se aplica às instruções `if`, veja a seção complementar "Instruções e blocos" quase ao final do Capítulo 9.

Talvez (apenas talvez) os novos valores de `die1` e `die2` somem 7. Mesmo assim, o computador não salta no meio do loop. O computador termina a iteração e executa

```
out.print(die1);
out.print(" ");
out.println(die2);
```

mais uma vez. O computador executa o teste novamente (para ver se `die1 + die2 != 7 && die1 + die2 != 11` ainda é true) apenas depois de ter executado totalmente todas as cinco instruções no loop.

Pensando Sobre os Loops (Quais Instruções Ficam Onde)

Eis uma versão simplificada do jogo de cartas Vinte e Um: você continua pegando cartas até o total ser 21 ou mais. Então, se o total for 21, você vence. Se o total for maior, você perde. (A propósito, cada carta com figura conta como 10.) Para jogar este jogo, você deseja um programa cujas execuções se pareçam com as da Figura 12-5.

Na maioria das seções deste livro, coloquei a listagem de um programa antes da descrição de seus recursos. Mas esta seção é diferente. Ela lida com estratégias para criar um código. Portanto, começo dando ideias sobre as estratégias.

```
Card     Total
8        8
6        14
3        17
4        21
You win :-)


Card     Total
1        1
7        8
3        11
4        15
2        17
2        19
3        22
You lose :-(
```

Figura 12-5: Ou soma, ou some.

Encontrando algumas partes

Como você escreve um programa que joga uma versão simplificada do Vinte e Um? Eu começo pescando dicas nas regras do jogo, explicadas no primeiro parágrafo desta seção. A grande expedição de pescaria é mostrada na Figura 12-6.

Com o raciocínio na Figura 12-6, eu preciso de um loop e uma instrução `if`:

```
while (total < 21) {
    //faça algo
}

if (total == 21) {
    //Você vence
} else {
    //Você perde
}
```

O que mais preciso fazer para este programa funcionar? Veja a saída de amostra na Figura 12-5. Preciso de um cabeçalho com as palavras `Card` e `Total`. Isto é uma chamada para `System.out.println`:

```
System.out.println("Card    Total");
```

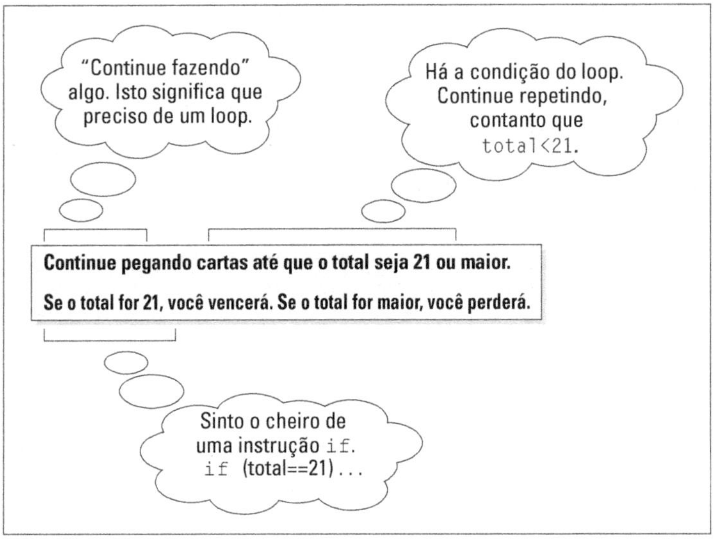

Figura 12-6: Pensando sobre um problema de programação.

Também preciso de várias linhas da saída — cada uma contendo dois números. Por exemplo, na Figura 12-5, a linha `6 14` exibe os valores de duas variáveis. Uma variável armazena a carta tirada mais recentemente; a outra armazena o total de todas as cartas tiradas até então:

```
System.out.print(card);
System.out.print("        ");
System.out.println(total);
```

Agora eu tenho quatro partes de código, mas não decidi como elas se encaixam. Bem, você pode seguir em frente e me chamar de louco. Mas, neste ponto no processo, imagino essas quatro partes de código circulando entre elas, como parte de uma sequência de sonhos em um filme de baixo orçamento. Como você pode imaginar, não sou muito bom em ilustrar o código em círculos nas sequências de sonho. Ainda assim, levei minha ideia para o pessoal no departamento de artes na Wiley, e eles propuseram a imagem na Figura 12-7.

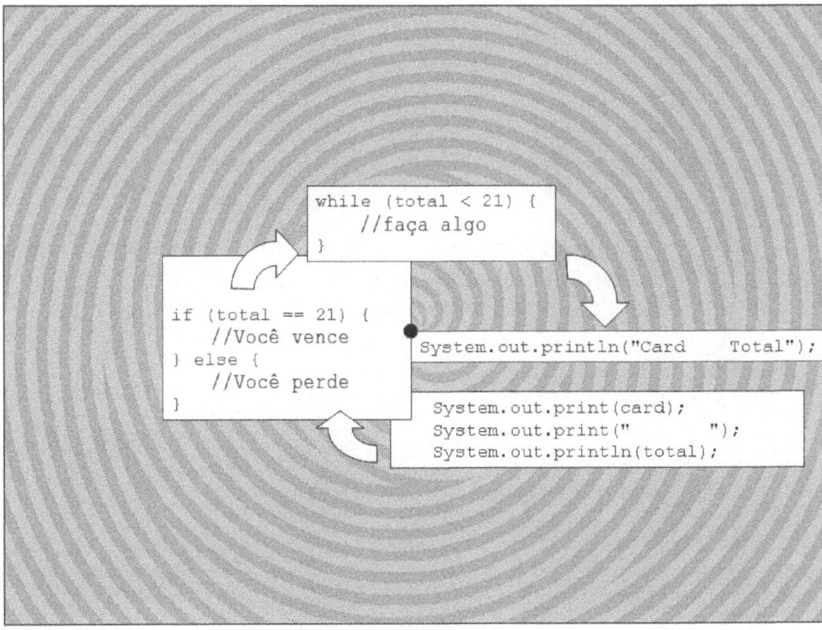

Figura 12-7: ... e onde eles param, ninguém sabe.

Montando as partes

Onde eu deveria colocar cada parte do código? O melhor modo de abordar o problema é perguntar quantas vezes cada parte do código deve ser executada:

- **O programa exibe os valores `card` e `total` mais de uma vez.** Por exemplo, na primeira execução da Figura 12-5, o programa exibe esses valores quatro vezes (primeiro `8 8`, então `6 14` etc.). Para obter essa exibição repetida, coloquei o código que cria a exibição dentro do loop:

```
while (total < 21) {
    System.out.print(card);
    System.out.print("        ");
    System.out.println(total);
}
```

- **O programa exibe o cabeçalho `Card Total` apenas uma vez por execução.** Esta exibição vem antes de qualquer exibição repetida de números , portanto, coloquei o código do cabeçalho antes do loop:

```
System.out.println("Card    Total");

while (total < 21) {
    System.out.print(card);
    System.out.print("        ");
    System.out.println(total);
}
```

- **O programa exibe `You win` ou `You lose` apenas uma vez por execução.** Esta exibição de mensagem vem depois das exibições repetidas de números. Portanto, coloquei o código win/lose (vencer/perder) depois do loop:

```
//O código de rascunho preliminar — NÃO está pronto para o horário nobre
System.out.println("Card    Total");

while (total < 21) {
    System.out.print(card);
    System.out.print("        ");
    System.out.println(total);
}

if (total == 21) {
    System.out.println("You win :-)");
} else {
    System.out.println("You lose :-(");
}
```

Obtendo valores para as variáveis

Eu quase tenho um programa que funciona. Mas, se eu pegar o código que desenvolvi para uma execução de teste mental, terei alguns problemas. Para ver o que quero dizer, coloque-se no lugar do computador por um minuto.

Você começa no topo do código mostrado na seção anterior (o código que começa com o comentário `Rascunho preliminar`. Na primeira instrução do código, você exibe as palavras `Card Total`. Até então, tudo bem. Mas então você encontra o loop `while` e testa a condição `total < 21`. Bem, `total` é menor que 21 ou não é? Honestamente, fico tentado a inventar uma resposta, porque estou sem graça por não saber qual é o valor da variável `total`. (Estou certo de que o computador está sem graça também.)

A variável `total` deve ter um valor conhecido antes de o computador chegar ao início do loop `while`. Como um jogador começa sem cartas, o valor `total` inicial deve ser 0. Isso resolve. Declaro `int total = 0` no início do programa.

Mas, e minha amiga, a variável `card`? Devo atribuir zero para `card` também? Não. Não há nenhuma carta com valor zero no baralho (pelo menos, não quando estou jogando honestamente). E mais, `card` deve obter um novo valor várias vezes durante a execução do programa.

Espere! Na oração anterior, a frase *várias vezes* instiga um neurônio em meu cérebro. Ela estimula a reação *dentro de um loop*. Portanto, coloco uma atribuição para a variável `card` dentro de meu loop `while`:

```
//Isto é um RASCUNHO — ainda NÃO está pronto para o horário nobre:
int card, total = 0;

System.out.println("Card      Total");

while (total < 21) {
    card = myRandom.nextInt(10) + 1;

    System.out.print(card);
    System.out.print("         ");
    System.out.println(total);
}

if (total == 21) {
    System.out.println("You win :-)");
} else {
    System.out.println("You lose :-(");
}
```

O código ainda tem um erro, e provavelmente posso encontrá-lo assumindo o papel do computador. Mas, ao contrário, eu resolvo arriscar. Executo este código beta para ver o que acontece. A Figura 12-8 mostra parte de uma execução.

```
Card    Total
5       0
10       0
3       0
4       0
8       0
5       0
5       0
1       0
6       0
7       0
2       0
1       0
3       0
4       0
8       0
3       0
```

Figura 12-8: Uma execução incorreta.

Infelizmente, a execução na Figura 12-8 não para sozinha. Esse tipo de processamento é chamado de *loop infinito*. O loop executa sempre, até que alguém puxe o cabo de força do computador.

Você pode parar a execução de um programa imediatamente. Procure o pequeno retângulo vermelho na parte superior da exibição Console do Eclipse. Quando você passa o mouse sobre o retângulo, a dica da ferramenta informa "Terminar". Quando você clica no retângulo, o programa Java ativo é interrompido e o retângulo fica cinza.

Da infinidade à afinidade

Para alguns problemas, um loop infinito é normal e desejável. Considere, por exemplo, um aplicativo crítico de tempo real — um controle de tráfego aéreo ou o monitoramento de uma máquina cardiopulmonar. Nessas situações, um programa deve ser executado e executado sem parar.

Mas um jogo Vinte e Um deve terminar muito rapidamente. Na Figura 12-8, o jogo não termina porque `total` nunca atinge 21 ou mais. Na verdade, `total` é sempre zero. O problema é que meu código não tem uma instrução para mudar o valor da variável `total`. Devo adicionar o valor de cada carta a `total`.

```
total += card;
```

Novamente, pergunto a mim mesmo onde esta instrução deve ficar no código. Quantas vezes o computador deve executar essa instrução de atribuição? Uma vez no início do programa? Uma vez no final da execução? Repetidamente?

O computador deve adicionar repetidamente o valor de uma carta ao total da execução. Na verdade, o computador deve adicionar ao total sempre que uma carta é tirada. Portanto, a instrução de atribuição anterior deve estar dentro do loop `while`, logo ao lado da instrução que obtém um novo valor `card`:

```
card = myRandom.nextInt(10) + 1;
total += card;
```

Com esta revelação, estou pronto para ver o programa completo. O código está na Listagem 12-2, e duas execuções do código são mostradas na Figura 12-5.

Listagem 12-2: Uma Versão Simplificada do Jogo Vinte e Um

```
import java.util.Random;

class PlayTwentyOne {

    public static void main(String args[]) {
```

```
        Random myRandom = new Random();
        int card, total = 0;

        System.out.println("Card    Total");

        while (total < 21) {
            card = myRandom.nextInt(10) + 1;
            total += card;

            System.out.print(card);
            System.out.print("      ");
            System.out.println(total);
        }

        if (total == 21) {
            System.out.println("You win :-)");
        } else {
            System.out.println("You lose :-(");
        }
    }
}
```

Se você leu esta seção inteira, então provavelmente está cansado. Criar um loop pode ser muito trabalhoso. Felizmente, quanto mais você pratica, mais fácil fica.

Escapismo

Você pode usar um truque ótimo para fazer a saída de um programa alinhar-se corretamente. Na Figura 12-5, os números `8  8`, e então `6  14` (etc.) são exibidos. Desejo que esses números fiquem logo abaixo das palavras `Card` e `Total` do cabeçalho. Normalmente, você pode conseguir colunas verticais perfeitas pressionando a tecla tab, mas um programa de computador cria a saída na Figura 12-5. Como você pode fazer com que um programa de computador pressione a tecla tab?

No Java, há um modo. Você pode colocar `\t` entre aspas duplas.

```
System.out.println
          ("Card\tTotal");

System.out.print(card);
System.out.print("\t");
System.out.println(total);
```

Na primeira instrução, o computador exibe `Card`, então salta para a próxima parada da tabulação na tela, depois exibe `Total`. Nas próximas três instruções, o computador exibe um número da carta (como, por exemplo, o número `6`), então salta para a próxima parada da tabulação (diretamente abaixo da palavra `Total`), então exibe o valor `total` (como o número `14`).

A combinação `\t` de caracteres é um exemplo de *sequência de escape*. Outra sequência de escape do Java, a combinação `\n`, move o cursor para uma nova linha. Em outras palavras, `System.out.print("Hello\n")` faz o mesmo que `System.out.println("Hello")`.

Pensando Sobre os Loops (Preparação)

Lembro quando eu era jovem. Eu morava em Front Street, na Filadélfia, perto de onde o trem El virava na Avenida Kensington. Logo cedo pela manhã, eu tinha que sair e pegar água no poço. Eu bombeava várias vezes antes de a água sair. Meus pais chamavam isso de "preparação da bomba".

Atualmente, eu não preparo bombas. Preparo loops `while`. Considere o caso de um administrador de rede atarefado. Ele precisa de um programa que extraia um nome de usuário de um endereço de e-mail. Por exemplo, o programa informa

```
John@BurdBrain.com
```

e escreve

```
John
```

Como o programa faz isto? Como os outros exemplos no capítulo, provavelmente isto envolve a repetição:

```
Faça repetidamente o seguinte:
    Leia um caractere.
    Escreva o caractere.
```

Então o programa para a repetição quando encontra o sinal @. Eu faço uma tentativa de escrever este programa. Minha primeira tentativa não funciona, mas é um bom começo. Está na Listagem 12-3.

Listagem 12-3: Tentando Obter um Nome de Usuário em um Endereço de E-mail

```
/*
 * Este código NÃO funciona, mas não desanimo.
 */
import java.util.Scanner;

class FirstAttempt {

    public static void main(String args[]) {
        Scanner myScanner = new Scanner(System.in);
        char symbol = ' ';

        while (symbol != '@') {
            symbol = myScanner.findWithinHorizon(".",0)
                                                .charAt(0);
            System.out.print(symbol);
        }
```

```
            System.out.println();
        }
    }
```

Quando você executar o código na Listagem 12-3, obterá a saída mostrada na Figura 12-9. O usuário digita um caractere após o outro — a letra `J`, então `o`, depois `h` etc. No início, o programa na Listagem 12-3 não faz nada. (O computador não envia nenhuma entrada do usuário para o programa até que o usuário pressione Enter.) Depois que o usuário digita o endereço de e-mail inteiro e pressiona Enter, o programa obtém o primeiro caractere (o `J` em `John`).

Infelizmente, a saída do programa não é o que você esperava. Ao invés de apenas o nome de usuário `John`, você obtém o nome de usuário e o sinal @.

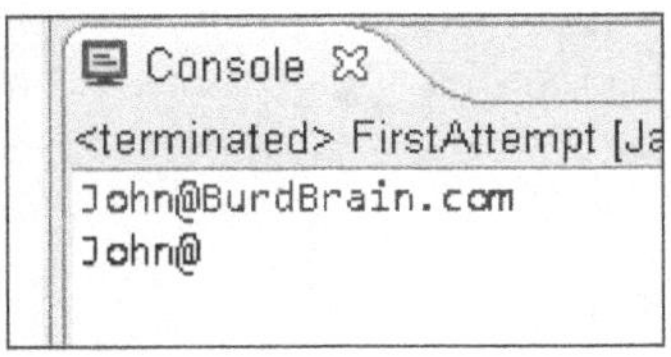

Figura 12-9: Opa! Obtive o sinal @ também.

Para descobrir por que isso acontece, siga as ações do computador enquanto ele lê a entrada `John@BurdBrain.com`:

```
Atribua o valor ' ' a symbol (um espaço em branco).

o espaço em branco é igual ao caractere @?
Não, então execute uma iteração.
    Receba a letra   'J'.
    Imprima a letra  'J'.

'J' é igual ao caractere @?
Não, então execute uma iteração.
    Receba a letra   'o'.
    Imprima a letra  'o'.

'o' é igual ao caractere @?
Não, então execute uma iteração.
    Receba a letra   'h'.
    Imprima a letra  'h'.

'h' é igual ao caractere @?
Não, então execute uma iteração.
    Receba a letra   'n'.
    Imprima a letra  'n'.
```

```
'n' é igual ao caractere @? //Aqui está o problema
Não, então execute uma iteração.
    Receba o caractere @.
    Imprima o caractere @.          //Opa!

'@' é igual ao caractere @
Sim, então interrompa a iteração.
```

Perto do final da execução do programa, o computador compara a letra `n` com o sinal @. Como `n` não é um sinal @, o computador entra diretamente no loop:

- A primeira instrução no loop lê um sinal @ do teclado.
- A segunda instrução no loop não verifica para saber se é hora de parar a impressão. Ao contrário, essa segunda instrução apenas prossegue e exibe o sinal @.

Depois de você ter exibido do sinal @, não há como voltar atrás. Não pode mudar de ideia e remover o sinal @. Portanto, o código na Listagem 12-3 não funciona bem.

Resolvendo o problema

Você aprende com seus erros. O problema na Listagem 12-3 é que entre ler e escrever um caractere, o programa não verifica se há um sinal @. Ao invés de executar "Teste, Entrada, Impressão", ele deve executar "Entrada, Teste, Impressão". Ou seja, ao invés de fazer isto:

```
'o' é igual ao caractere @?
Não, então execute uma iteração.
    Receba a letra  'h'.
    Imprima a letra  'h'.

'h' é igual ao caractere @?
Não, então execute uma iteração.
    Receba a letra  'n'.
    Imprima a letra  'n'.

'n' igual ao caractere @? //Aqui está o problema.
Não, então execute uma iteração.
    Receba o  caractere @.
    Imprima o  caractere @.          //Opa!
```

o programa deveria fazer isto:

```
     Receba a letra 'o'.
'o' é igual ao caractere @?
Não, então execute uma iteração.
    Imprima a letra  'o'.

     Receba a letra 'n'.
'n' é igual ao caractere @?
Não, então execute uma iteração.
     Imprima a letra 'n'.

    Receba o  caractere @.
caractere @  é igual ao caractere @?
Sim, então interrompa a iteração.
```

Este ciclo é mostrado na Figura 12-10:

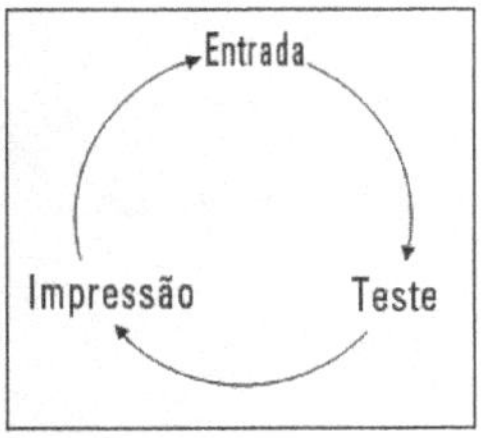

Figura 12-10: O que o programa precisa fazer.

Você pode tentar imitar o seguinte padrão informal:

```
    Digite um caractere.
Esse caractere é igual a um sinal @?
Se não, faça a iteração do loop.
    Imprima o caractere.
```

O problema é que você não pode colocar o teste de um loop `while` no meio do loop:

```
//  Este código não funciona
//  como você deseja;
{
   symbol = myScanner.findWithinHorizon(".",0).charAt(0);
while (symbol != '@')
   System.out.print(symbol);
}
```

Você não pode colocar a condição de uma instrução `while` entre duas instruções que pretende repetir. Então, o que você pode fazer? Você precisa seguir o fluxo na Figura 12-11. Como todo loop `while` inicia com um teste, é aí que você entra no círculo. Primeiro Teste, então Imprima e, finalmente, faça a Entrada.

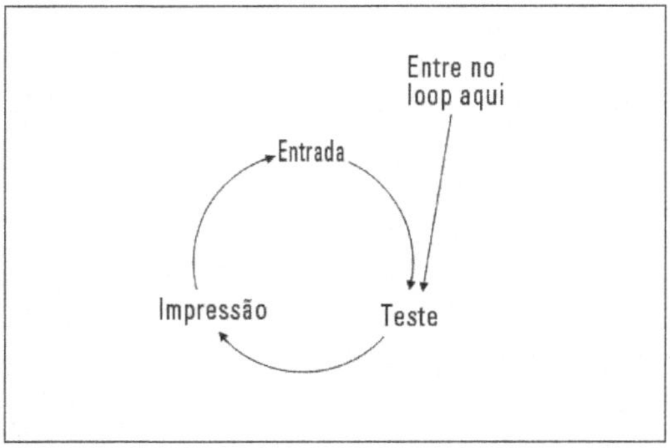

Figura 12-11: Entrando em um loop.

A Listagem 12-4 mostra a materialização da estratégia "teste, então imprima, depois faça a entrada".

Listagem 12-4: Bela Tentativa, Mas...

```
/*
 * Este código quase funciona, mas há um pequeno erro:
 */
import java.util.Scanner;

class SecondAttempt {

    public static void main(String args[]) {
        Scanner myScanner = new Scanner(System.in);
        char symbol = ' ';

        while (symbol != '@') {
            System.out.print(symbol);
            symbol = myScanner.findWithinHorizon(".",0)
                                        .charAt(0);
        }

        System.out.println();
    }
}
```

Uma execução do código da Listagem 12-4 é mostrada na Figura 12-12. O código está quase correto, mas ainda tenho um pequeno problema. Note o espaço em branco antes da entrada do usuário. O programa entra prematuramente no loop. Na primeira vez que o computador executa as instruções

```
System.out.print(symbol);
symbol = myScanner.findWithinHorizon(".",0).charAt(0);
```

ele exibe um espaço em branco indesejado. Então o computador obtém o `J` em `John`. Em alguns aplicativos, um espaço em branco extra não seria um problema. Mas em outros, a saída extra poderia ser desastrosa.

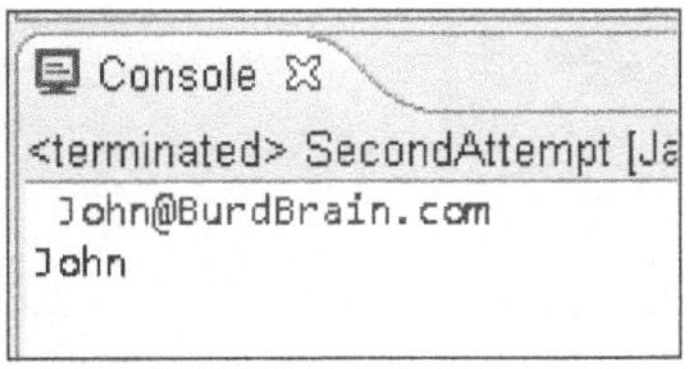

Figura 12-12: O computador exibe um espaço em branco extra.

Corrigindo o problema

Desastroso ou não, um espaço em branco indesejado é o sintoma de uma falha lógica. O programa não deve exibir os resultados antes de ter um resultado significativo para exibir. A solução para esse problema é chamada de... (tambores, por favor) ... *preparação do loop*. Você coloca `findWithinHorizontal(".",0).charAt(0)` uma vez para ter alguns valores fluindo. A Listagem 12-5 mostra como fazer isto.

A Listagem 12-5 segue a estratégia mostrada na Figura 12-13. Primeiro você obtém um caractere (a letra `J` em `John`, por exemplo), e então entra no loop. Depois de estar no loop, você testa a letra quanto ao sinal @ e imprime a letra, se for adequada. A Figura 12-14 mostra uma bela execução do programa `GetUserName`.

Listagem 12-5: Como Preparar um Loop

```
/*
 * Este código funciona corretamente!
 */
import java.util.Scanner;

class GetUserName {

    public static void main(String args[]) {
        Scanner myScanner = new Scanner(System.in);
        char symbol;

        symbol = myScanner.findWithinHorizon(".",0)
                                              .charAt(0);

        while (symbol != '@') {
            System.out.print(symbol);
```

(continua)

Listagem 12-5: ***(continuação)***

```
            symbol = myScanner.findWithinHorizon(".",0)
                                        .charAt(0);
        }

        System.out.println();
    }
}
```

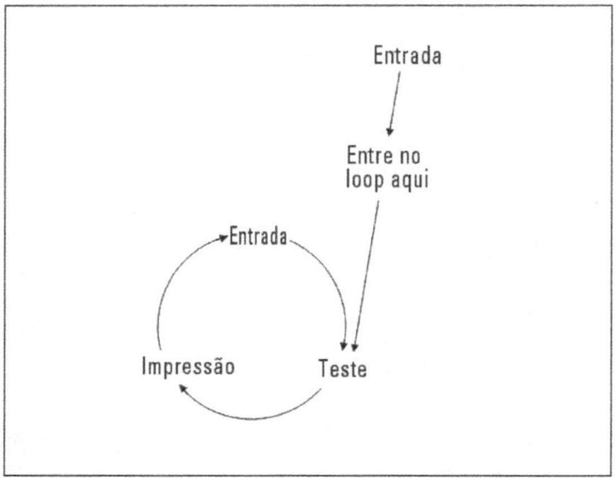

Figura 12-13: A estratégia na Listagem 12-5.

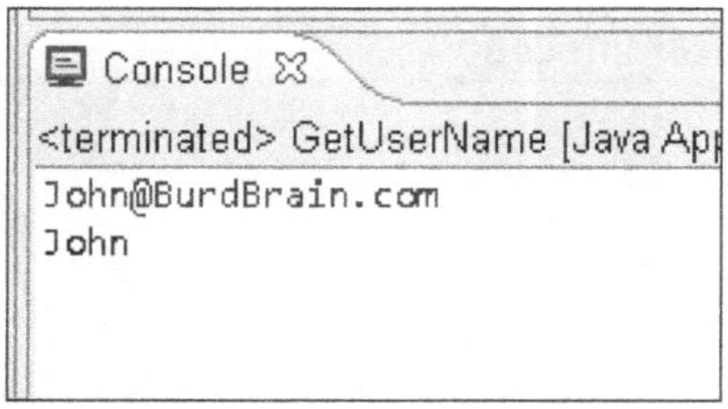

Figura 12-14: Uma execução do código na Listagem 12-5.

A preparação dos loops é uma técnica de programação importante, mas não é o final da história. Nos Capítulos 14, 15 e 16 você poderá ler sobre outros truques úteis do loop.

Capítulo 13

Pilhas de Arquivos: Lidando com a Sobrecarga de Informações

Neste Capítulo

- Usando os dados em seu disco rígido
- Escrevendo código para acessar o disco rígido
- Solucionando problemas do comportamento de entrada/saída

Considere estas situações:

- Você é um empresário com centenas de faturas. Para evitar as caixas cheias de papel, armazena os dados em um arquivo em seu disco rígido. Você precisa de um código personalizado para ordenar e classificar as faturas.
- Você é um astrônomo com dados das varreduras do céu noturno. Quando você estiver pronto para analisar uma amostra dos dados, carregará a amostra no disco rígido de seu computador.
- Você é autor de um livro de autoajuda popular. A moda do último ano era chamada de Método de Autoespelhamento. A loucura deste ano é Crie seu Sistema de Receitas. Você não pode alterar o manuscrito sem convertê-lo para as novas especificações da editora. Você precisa de um software que torne esta tarefa possível.

Cada situação requer um novo programa de computador e cada programa lê a partir de um grande arquivo de dados. Além de tudo isso, cada programa cria um arquivo novinho contendo resultados claros e brilhantes.

Nos capítulos anteriores, os exemplos obtinham a entrada do teclado e enviavam a saída para a view Console do Eclipse. Isso é ótimo para as pequenas tarefas, mas você não pode fazer com que o computador solicite cada detalhe nos dados do céu noturno. Para os grandes problemas, você precisa de muitos dados, e o melhor lugar para armazenar os dados é no disco rígido de um computador.

Executando um Programa Orientado a Discos

Para lidar com os volumes de dados, você precisa de ferramentas para ler (e gravar) a partir dos arquivos em disco. Com uma rápida menção a arquivos em disco, o coração de algumas pessoas começa a palpitar com medo. Afinal, um arquivo em disco é evasivo e invisível. Ele está armazenado em algum lugar dentro de seu computador, com algum processo magnético mágico.

A verdade é que obter dados em um disco é muito parecido com obter dados a partir do teclado. E imprimir dados em um disco é como imprimir dados na tela do computador.

PAPO DE ESPECIALISTA

Neste livro, exibir a saída de texto de um programa "na tela do computador" significa mostrar o texto na exibição Console do Eclipse. Se você preteriu o Eclipse em favor de um IDE diferente (como, por exemplo, NetBeans ou IntelliJ IDEA) ou se evita todos os IDEs em favor da janela de comando de seu sistema, então, para você, "na tela do computador" significa algo ligeiramente diferente. Leia as entrelinhas quando necessário. E mais, tenho muita consciência de que alguns computadores têm memória flash sem nenhum bendito disco real. Portanto, termos como "orientado a discos" e "arquivos em disco" estão mostrando os sinais da idade. Mas encaremos os fatos: uma "loja de discos" não vende mais discos de vinil, e nas unidades de medida americanas, 12 polegadas não são mais o comprimento do pé do rei. As telas LCD de hoje não precisam mais de economia. E diferentemente dos antigos rádios de carro mecânicos, os botões de rádio (radio buttons) de uma página web não marcam suas estações favoritas.

Considere a situação quando você executou o código nos capítulos anteriores. Você digita algo no teclado. O programa pega esse algo e o transforma em outra coisa. O programa envia a nova coisa para a exibição Console. Na verdade, o fluxo de dados vai do teclado, passa pelas partes internas do computador e segue para a tela, como mostrado na Figura 13-1.

Naturalmente, o objetivo neste capítulo é a situação na Figura 13-2. Há um arquivo que contém dados em seu disco rígido. O programa pega os dados no arquivo em disco e os transforma em dados novinhos. O programa então envia os novos dados para outro arquivo no disco rígido. De fato, o fluxo de dados vai de um arquivo em disco, passa pelas partes internas do computador e segue para outro arquivo em disco.

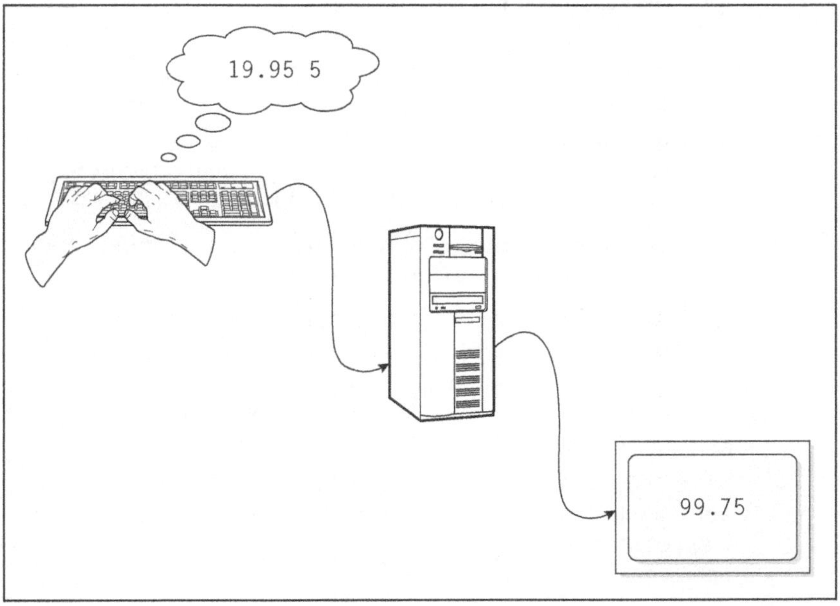

Figura 13-1: Usando o teclado e a tela.

Figura 13-2: Usando arquivos em disco.

As duas situações nas Figuras 13-1 e 13-2 são muito parecidas. Na verdade, ajuda lembrar estes pontos fundamentais:

- **Os dados em um arquivo em disco não são diferentes dos dados digitados em um teclado.**

  Se um programa de leitura do teclado espera que você digite `19.95 5`, então o programa de leitura de disco correspondente espera um arquivo contendo esses mesmos caracteres, `19.95 5`. Se um programa de leitura do teclado espera que você pressione Enter e digite mais caracteres, então o programa de leitura de disco correspondente espera mais caracteres na próxima linha no arquivo.

- **Os dados em um arquivo em disco não são diferentes dos dados vistos na exibição Console do Eclipse.**

  Se um programa de impressão na tela exibe o número `99.75`, então o programa de gravação em disco correspondente escreve o número `99.75` em um arquivo. Se um programa de impressão na tela move o cursor para a próxima linha, então o programa de gravação em disco correspondente cria uma nova linha no arquivo.

Se você tiver problemas para imaginar o que há em um arquivo em disco, pense no texto que você digitaria no teclado ou no texto que veria na tela do computador (isto é, na exibição Console do Eclipse). Esse mesmo texto pode aparecer em um arquivo no seu disco rígido.

Um programa de amostra

A Listagem 13-1 contém um programa de teclado/tela. O programa multiplica o preço unitário pela quantidade para obter o preço total. Uma execução do código é mostrada na Figura 13-3.

Listagem 13-1: Usando o Teclado e a Tela

```
import java.util.Scanner;

class ComputeTotal {

    public static void main(String args[]) {
        Scanner myScanner = new Scanner(System.in);
        double unitPrice, quantity, total;

        unitPrice = myScanner.nextDouble();
        quantity = myScanner.nextInt();

        total = unitPrice * quantity;

        System.out.println(total);
    }
}
```

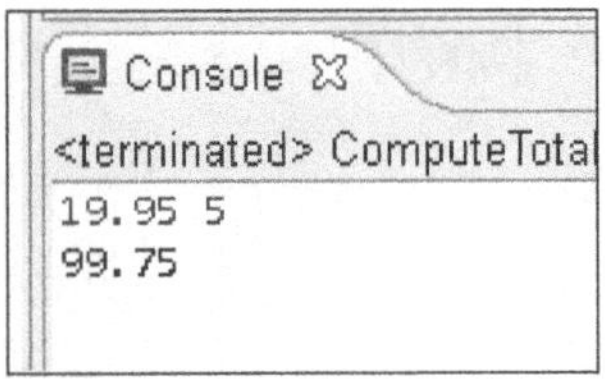

Figura 13-3: Leia a partir do teclado; escreva na tela.

O objetivo é escrever um programa como o da Listagem 13-1. Mas, ao invés de conversar com seu teclado e tela, esse novo programa conversa com seu disco rígido. O novo programa lê o preço unitário e a quantidade em seu disco rígido e escreve o total de volta nesse disco.

A API do Java tem tudo o que você precisa para interagir com um disco rígido. Um belo exemplo está na Listagem 13-2.

Listagem 13-2: Usando Arquivos de Entrada e Saída

```
import java.util.Scanner;
import java.io.File;
import java.io.FileNotFoundException;
import java.io.PrintStream;

class ReadAndWrite {

    public static void main(String args[])
                        throws FileNotFoundException {

        Scanner diskScanner =
            new Scanner(new File(“rawData.txt”));
        PrintStream diskWriter =
            new PrintStream(“cookedData.txt”);
        double unitPrice, quantity, total;

        unitPrice = diskScanner.nextDouble();
        quantity = diskScanner.nextInt();

        total = unitPrice * quantity;

        diskWriter.println(total);
    }
}
```

Para um guia sobre como cuidar do arquivo `rawData.txt` (cujo nome aparece na Listagem 13-2), veja a seção “Criando um arquivo de entrada” a seguir.

Criando um código que bagunça seu disco rígido

> *"Eu ______________ (imprimir seu nome) _____ concordo em pagar $ _____ todo mês, no ____° dia do mês."*

Preencha as lacunas. Isso é tudo que você tem que fazer. Ler a entrada em um disco pode funcionar da mesma forma. Apenas preencha as lacunas na Listagem 13-3.

Listagem 13-3: Um Modelo para Ler os Dados de um Arquivo em Disco

```
/*
 * Antes do Eclipse poder compilar este código,
 * você deve preencher as lacunas.
 */
import java.util.Scanner;
import java.io.File;
import java.io.FileNotFoundException;

class ___________ {

    public static void main(String args[])
                        throws FileNotFoundException {

        Scanner diskScanner =
            new Scanner(new File("_________"));


        ______ = diskScanner.nextInt();
        ______ = diskScanner.nextDouble();
        ______ = diskScanner.nextLine();
        ______ = diskScanner.findWithinHorizon(".",0)
                                             .charAt(0);

        // Etc.
    }
}
```

Para usar a Listagem 13-3, crie um nome para sua classe. Insira esse nome no primeiro espaço em branco. Digite o nome do arquivo de entrada no segundo espaço (entre as aspas). Então, para ler um número inteiro do arquivo de entrada, chame `diskScanner.nextInt`. Para ler um número com um ponto decimal, chame `diskScanner.nextDouble`. Você pode chamar qualquer método `Scanner` na Tabela 5-1 do Capítulo 5 (os mesmos métodos chamados quando você obtém as teclas pressionadas do teclado).

A coisa na Listagem 13-3 não é um programa completo. Ao contrário, é um *modelo de código* — uma parte do código meio pronta, com espaços para você preencher.

Com o modelo na Listagem 13-3, você pode inserir dados a partir de um arquivo em disco. Com um modelo parecido, você pode gravar a saída em um arquivo. O modelo está na Listagem 13-4.

Listagem 13-4: Um Modelo para Gravar Dados em um Arquivo em Disco

```
/*
 * Antes do Eclipse poder compilar este código,
 * você deve preencher as lacunas.
 */
import java.io.File;
import java.io.FileNotFoundException;
import java.io.PrintStream;

class ___________ {

    public static void main(String args[])
                        throws FileNotFoundException {

        PrintStream diskWriter =
                         new PrintStream("_________");

        diskWriter.print(_____);
        diskWriter.println(_____);

        // Etc.
    }
}
```

Para usar a Listagem 13-4, insira o nome de sua classe no primeiro espaço em branco. Digite o nome do arquivo de saída no espaço entre as aspas. Então, para gravar parte de uma linha no arquivo de saída, chame `diskWriter.print`. Para gravar o resto de uma linha no arquivo de saída, chame `diskWriter.prinln`.

O Eclipse tem um recurso predefinido para criar e inserir modelos de código. Para começar a usar os modelos do Eclipse, escolha Window (Janela) ⇨ Preferences (Preferências) no Windows ou Eclipse ⇨ Preferences (Preferências) em um Mac. Na caixa de diálogos Preferences resultante, escolha Java ⇨ Editor ⇨ Templates (Modelos). Criar novos modelos não é simples. Mas, se você explorar um pouco, conseguirá muito.

Se seu programa obtiver a entrada de um arquivo em disco e gravar a saída em outro, então combine o que existe nas Listagens 13-3 e 13-4. Quando fizer isso, terá um programa como o mostrado na Listagem 13-2.

Uma visão rápida dos recursos de acesso ao disco do Java

Modelos como aqueles nas Listagens 13-3 e 13-4 são muito bons. Mas saber como os modelos funcionam é ainda melhor. Eis algumas novidades que descrevem os funcionamentos internos do código de acesso ao disco do Java.

- **`PrintStream` é algo que você pode usar para gravar a saída.**

  `PrintStream` é como `Scanner`. A grande diferença é que `Scanner` é para ler a entrada e `PrintStream` é para gravar a saída. Para saber o que eu quero dizer, veja a Listagem 13-2. Note a semelhança entre as instruções que usam `Scanner` e as instruções que usam `PrintStream`.

A palavra `PrintStream` é definida na API Java.

- **Na Listagem 13-2, a expressão `new File("rawData.txt")` desempenha o mesmo papel que `System.in` em muitos outros programas.**

  Exatamente como `System.in` significa o teclado do computador, a expressão `new File("rawData.txt")` significa um arquivo no disco rígido de seu computador. Quando o computador chama `new File("rawData.txt")`, ele cria algo como `System.in` — algo que você pode colocar dentro dos parênteses de `new Scanner( )`.

A palavra `File` é definida na API Java.

- **`FileNotFoundException` é algo que pode dar errado durante uma tentativa de ler a entrada de um arquivo em disco (ou uma tentativa de gravar a saída em um arquivo em disco).**

O acesso ao arquivo em disco é cheio de armadilhas. Mesmo os melhores programas às vezes têm problemas de acesso ao disco. Portanto, para se preparar para tais armadilhas, o Java insiste que você adicione algumas palavras extras ao seu código.

Na Listagem 13-2, as palavras `throws FilesNotFoundException` adicionadas formam uma *cláusula throws*. Uma cláusula throws é um tipo de aviso legal. Colocar uma cláusula throws em seu código é como dizer: "Eu entendo que este código pode ter problemas".

Naturalmente, no domínio legal, você geralmente não tem escolha quanto a assinar os avisos legais. "Se você não assinar este aviso legal, então o cirurgião não irá operá-lo." Tudo bem, então assinarei. O mesmo ocorre com uma cláusula throws do Java. Se você colocar coisas, como `new PrintStream("cookedData.txt")` em seu código e não adicionar algo como `throws FileNotFoundException`, então o compilador Java irá recursar-se a compilar seu código.

Então, quando você precisa da cláusula `throws FileNotFoundException` e quando pode ficar sem ela? Bem, ter certas coisas em seu código — coisas como `new PrintStream("cookedData.txt")` — faz com que você crie uma cláusula throws. Você pode aprender tudo sobre as situações que exigem essas cláusulas. Mas neste ponto será melhor concentrar-se nos outros problemas da programação. Como programador Java iniciante, a coisa mais segura a fazer é seguir os modelos nas Listagens 13-3 e 13-4.

(continua)

A palavra `FileNotFoundException` é... adivinhe... definida na API Java.

- **Para criar o código deste capítulo, inventei os nomes `diskScanner` e `diskWriter`.**

As palavras `diskScanner` e `diskWriter` não vêm da API Java. No lugar de `diskScanner` e `diskWriter`, você pode usar qualquer nome desejado. Tudo que tem a fazer é escolher nomes de forma consistente em cada um de seus programas Java.

Executando o programa de amostra

Testar o código na Listagem 13-2 é um processo com três etapas. Eis um resumo delas:

1. **Crie o arquivo `rawData.txt`.**
2. **Execute o código na Listagem 13-2.**
3. **Veja o conteúdo do arquivo `cookedData.txt`.**

As próximas seções cobrirão cada etapa em detalhes.

Criando um arquivo de entrada

Você pode usar qualquer editor de texto para criar um arquivo de entrada para o código na Listagem 13-2. Nesta seção, mostro como usar o editor predefinido do Eclipse.

Para criar um arquivo de entrada:

1. **Selecione um projeto no Package Explorer do Eclipse.**

   Neste exemplo, selecione o projeto 13-02 (o projeto que contém o código da Listagem 13-2).

   No Package Explorer, selecione uma seção cuja etiqueta seja o nome de um projeto. (Selecione a seção `13-02` para executar o código na Listagem 13-2.) Não selecione um item em um projeto. (Por exemplo, não selecione a seção `src` ou a seção `(default package)`.)

2. **No menu principal do Eclipse, escolha File (Arquivo) ⇨ New (Novo) ⇨ File.**

   A caixa de diálogo New File (Novo Arquivo) do Eclipse será exibida.

3. **No campo File Name (Nome do Campo), digite o nome de seu novo arquivo de dados.**

   Você pode digitar qualquer nome que seu computador considere como sendo um nome de arquivo válido. Para o exemplo desta seção usei o nome `rawData.txt`, mas outros nomes, como `rawData.dat`, `rawData` ou `raw123.01.dataFile`, são bons. Tento evitar nomes problemáticos (que incluem nomes curtos sem significado e nomes contendo espaços em branco), mas o nome escolhido cabe inteiramente a você (e ao sistema operacional de seu computador, às ideias do seu chefe e às especificações de seu cliente).

4. **Clique em Finish (Terminar).**

   O nome do arquivo aparecerá no Package Explorer do Eclipse. Um editor vazio (com o nome do novo arquivo em sua guia) aparecerá na área do editor do Eclipse.

5. **Digite o texto no editor.**

   Para criar o exemplo desta seção, digitei o texto `19.95 5`, como mostrado na Figura 13-4. Para criar seu próprio exemplo, digite qualquer texto de que seu programa precise durante a execução.

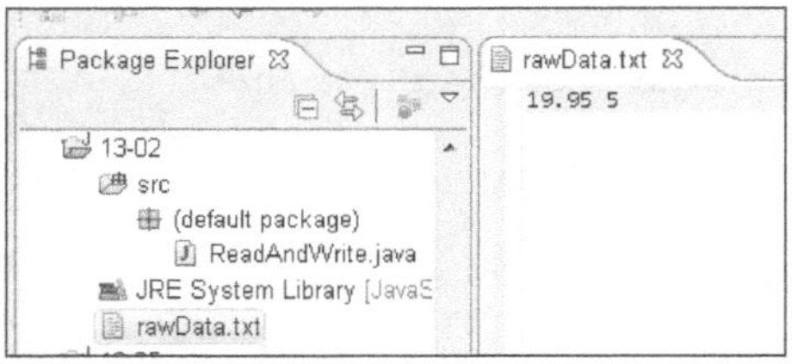

Figura 13-4: Editando um arquivo de entrada.

Executando o código

Para executar o código, faça o mesmo que você faz com qualquer outro programa Java. Selecione o projeto que deseja executar (projeto 13-02 neste exemplo). Então escolha Run (Executar) ⇨ Run As (Executar Como) ⇨ Java Application (Aplicativo Java).

Quando você executar o programa na Listagem 13-2, nenhum texto aparecerá na exibição Console do Eclipse. Essa total falta de saída percebida pode assustar algumas pessoas. A verdade é que um programa como o da Listagem 13-2 faz todo seu trabalho internamente. O programa não tem nenhuma instrução que leia a partir do teclado e não tem nenhuma instrução que imprima na tela. Portanto, se você tiver um disco rígido muito barulhento, poderá ouvir um som baixinho quando escolher Run ⇨ Run As ⇨ Java Application, mas se não digitar nenhuma entrada do programa, não verá nenhuma saída.

O programa envia toda sua saída para um arquivo em seu disco rígido. Assim, o que você faz para ver o conteúdo do arquivo?

Exibindo o arquivo de saída

Para ver a saída do programa na Listagem 13-2, siga estas etapas:

1. **No Project Explorer, selecione a seção do projeto `13-02`.**

2. **No menu principal, escolha File (Arquivo) ⇨ Refresh (Atualizar).**

3. **No Project Explorer, expanda a seção do projeto `13-02`.**

   Um novo arquivo chamado `cookedData.txt` aparecerá na árvore Package Explorer (no projeto 13-02).

4. **Clique duas vezes na seção `cookedData.txt` na árvore Package Explorer.**

   O conteúdo de `cookedData.txt` aparecerá no editor do Eclipse (veja Figura 13-5).

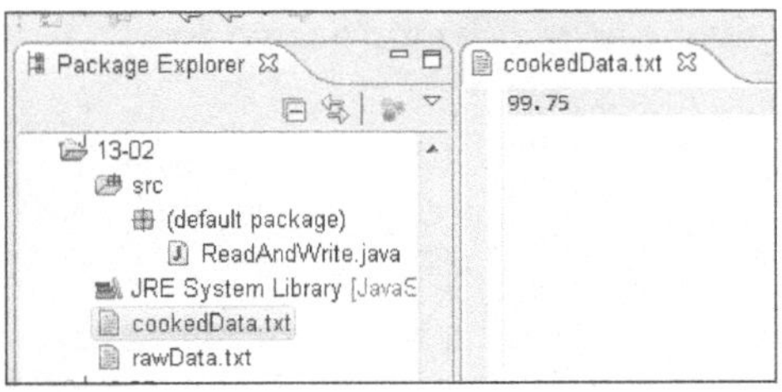

Figura 13-5: Exibindo um arquivo de saída.

Solucionando problemas com os arquivos em disco

Quando você executar o código na Listagem 13-2, o computador executará `new Scanner(newFile("rawData.txt"))`. Se a Máquina Virtual Java não puder encontrar o arquivo `rawData.txt`, então você verá uma mensagem como a mostrada na Figura 13-6. Essa mensagem de erro pode ser muito frustrante. Em muitos casos, você sabe muito bem que há um arquivo `rawData.txt` em seu disco rígido. O computador estúpido simplesmente não consegue encontrá-lo.

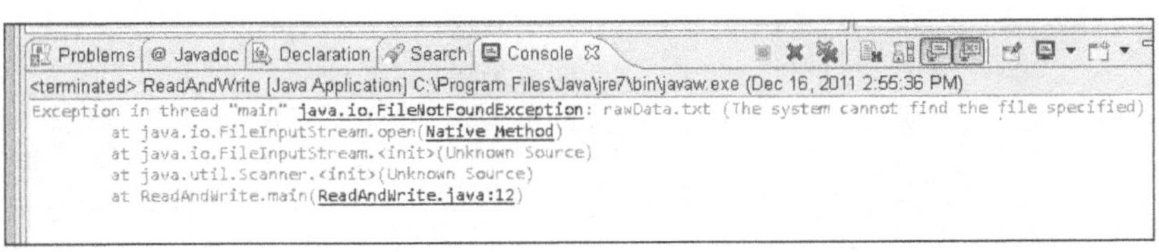

Figura 13-6: O computador não consegue encontrar seu arquivo.

Não há nenhum modo rápido e seguro de corrigir esse problema. Mas você sempre deve verificar as seguintes coisas primeiro:

- **Verifique novamente se existe um arquivo chamado `rawData.txt`.**

  Abra Meu computador (no Windows) ou Finder (em um Mac) e explore para saber se existe um arquivo com esse nome.

  DICA

  Os nomes de arquivo exibidos em Meu Computador e no Finder podem ser capciosos. Você pode ver o nome `rawData` mesmo que o nome real do arquivo seja `rawData.txt`. Para corrigir esse problema de uma vez por todas, veja o Capítulo 2.

- **Verifique a ortografia do nome do arquivo.**

  Certifique-se de que o nome em seu programa seja exatamente igual ao nome do arquivo em seu disco rígido. Uma letra mal colocada pode impedir o computador de encontrar um arquivo.

- **Se você usa o Linux (ou um tipo de UNIX diferente do Mac OS X), verifique as letras maiúsculas do nome do arquivo.**

  No Linux, e em muitas versões do UNIX, a diferença entre as letras maiúsculas e minúsculas pode confundir o computador.

- **Verifique se o arquivo está no diretório correto.**

  Com certeza você tem um arquivo chamado `rawData.txt`. Mas não espere que seu programa Java procure em cada pasta em seu disco rígido para encontrar o arquivo. Como você sabe qual pasta deve hospedar os arquivos como `rawData.txt`?

  Funciona assim: cada projeto Eclipse tem sua própria pasta no disco rígido de seu computador. Você vê a pasta do projeto 13-02 e sua subpasta src na Figura 13-5. Mas, na Figura 13-7, o Windows Explorer mostra a pasta 13-02, sua subpasta src e suas outras subpastas chamadas `settings` e `bin`. (Os usuários Mac podem ver as mesmas subpastas em uma janela Finder.)

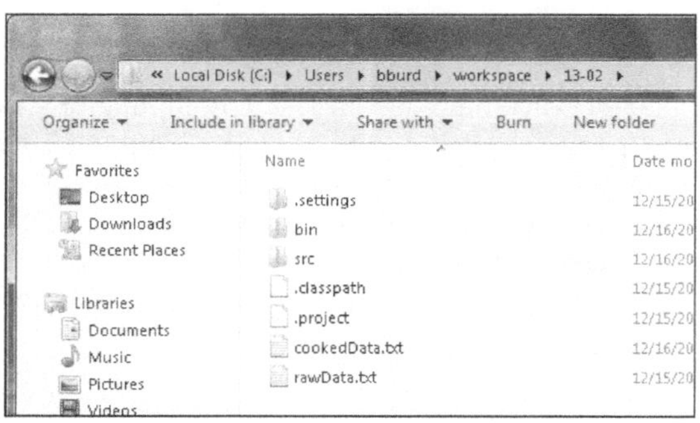

Figura 13-7: O conteúdo da pasta do projeto 13-02 no disco rígido de seu computador.

As pastas `src`, `bin` e `settings` contêm arquivos próprios. Mas, na Figura 13-7, os arquivos `rawData.txt` e `cookedData.txt` estão imediatamente dentro da pasta do projeto 13-02. Em outras palavras, os arquivos `rawData.txt` e `cookedData.txt` residem na raiz da pasta do projeto 13-02.

Quando você executar o exemplo desta seção, o arquivo `rawData.txt` deverá estar na raiz da pasta do projeto 13-02 em seu disco rígido. É por isso que na Etapa 1 da seção "Criando um arquivo de entrada", eu o lembrei de selecionar a pasta do projeto 13-02, não a subpasta `src` do projeto.

A Figura 13-7 mostra os arquivos de entrada e saída na raiz de seu projeto Eclipse. Mas, em geral, os locais do arquivo podem ser capciosos, especialmente se você mudar do Eclipse para um IDE pouco familiar. A regra geral (sobre colocar os arquivos de entrada e saída imediatamente dentro de um diretório do projeto) pode não se aplicar aos outros ambientes de programação.

Portanto, eis um truque que você pode usar: seja qual for o IDE usado (ou mesmo se você cria os programas Java sem um IDE), execute esta versão simplificada do código na Listagem 13-2:

```
import java.io.File;
import java.io.FileNotFoundException;
import java.io.PrintStream;

class JustWrite {

    public static void main(String args[])
        throws FileNotFoundException {

        PrintStream diskWriter =
            new PrintStream("cookedData.txt");
        diskWriter.println(99.75);
    }
}
```

Este programa não precisa de um arquivo `rawData.txt`. Se você executar esse código e não vir nenhuma mensagem de erro, então pesquise seu disco rígido para obter a saída do programa (o arquivo `cookedData.txt`). Note o nome da pasta que contém o arquivo `cookedData.txt`. Quando você colocar `rawData.txt` nessa mesma pasta, então qualquer problema que você tinha ao executar o código da Listagem 13-2 deverá desaparecer.

- **Verifique o conteúdo do arquivo `rawData.txt`.**

  Sempre ajuda conferir o arquivo `rawData.txt` e assegurar que ele contenha os números `19.95 5`. Se `rawData.txt` não aparecer na área do editor do Eclipse, encontre o projeto da Listagem 13-2 (o projeto chamado 13-02) no Package Explorer. Clicar duas vezes na seção `rawData.txt` do projeto fará com que o arquivo apareça na área do editor do Eclipse.

  LEMBRE-SE

  Por padrão, a classe `Scanner` do Java procura os espaços em branco entre os valores da entrada. Portanto, o arquivo `rawData.txt` deste exemplo deve conter `19.95 5`, não `19.955`, nem `19.95,5`.

  PAPO DE ESPECIALISTA

  A classe `Scanner` procura qualquer tipo de *espaço vazio* entre os valores. Esses caracteres de espaço vazio podem incluir espaços em branco, tabulações e novas linhas. Assim, por exemplo, o arquivo `rawData.txt` pode conter `19.95    5` (com vários espaços em branco entre `19.95` e `5`) ou pode ter `19.5` e `5` em duas linhas separadas.

Escrevendo um Programa Orientado a Discos

A Listagem 13-2 é muito parecida com a Listagem 13-1. Na verdade, você pode ir da Listagem 13-1 para a Listagem 13-2 com uma edição simples. Veja como:

- **Adicione as seguintes declarações de importação ao início de seu código:**

```
import java.io.File;
import java.io.FileNotFoundException;
import java.io.PrintStream;
```

- **Adicione a seguinte cláusula throws ao cabeçalho do método:**

```
throws FileNotFoundException
```

- **Na chamada para `new Scanner`, substitua `System.in` por uma chamada para `new File`, como a seguir:**

```
Scanner aVariableName=
    new Scanner(new File("inputFileName"))
```

- **Crie um `PrintStream` para gravar a saída em um arquivo em disco:**

```
PrintStream anotherVariableName=
    new PrintStream("outputFileName");
```

- **Use o nome da variável `Scanner` nas chamadas para `nextInt`, `nextLine` etc.**

  Por exemplo, para ir da Listagem 13-1 para a Listagem 13-2, eu mudo

```
unitPrice = myScanner.nextDouble();
quantity = myScanner.nextInt();
```

  para

```
unitPrice = diskScanner.nextDouble();
quantity = diskScanner.nextInt();
```

- **Use o nome da variável `PrintStream` nas chamadas para `print` e `println`.**

  Por exemplo, para ir da Listagem 13-1 para a Listagem 13-2, eu mudo

```
System.out.println(total);
```

  para

```
diskWriter.println(total);
```

Lendo a partir de um arquivo

Todos os métodos `Scanner` podem ler a partir dos arquivos existentes em disco. Por exemplo, para ler uma palavra de um arquivo chamado `mySpeech`, use o seguinte tipo de código:

```
Scanner diskScanner =
    new Scanner(new File("mySpeech"));

String oneWord = diskScanner.next();
```

Para ler um caractere de um arquivo chamado `letters.dat`, e então exibir o caractere na tela, você poderá fazer algo como:

```
Scanner diskScanner =
    new Scanner(new File("letters.dat"));

System.out.println(
    diskScanner.findWithinHorizon(".",0).charAt(0));
```

Note como leio a partir de um arquivo chamado `mySpeech`, não de um `mySpeech.txt` ou `mySpeech.doc`. Qualquer coisa colocada depois do ponto é chamada de *extensão do nome de arquivo*, e para um arquivo repleto de números e outros dados, a extensão de arquivo é opcional. Com certeza, um programa Java deve ser chamado de `algo.java`, mas um arquivo de dados pode ser chamado de `mySpeech.txt`, `mySpeech.reallymine.allmine` ou apenas `mySpeech`. Contanto que o nome em sua chamada `new File` seja igual ao nome de arquivo no disco rígido de seu computador, tudo estará bem.

Gravando em um arquivo

Os métodos `print` e `println` podem gravar nos arquivos em disco. Eis alguns exemplos:

- Durante uma execução do código na Listagem 13-2, a variável `total` armazena o número 99.75. Para colocar 99.75 no arquivo `cookedData.txt`, você executa

  ```
  diskWriter.println(total);
  ```

  Esta chamada `println` grava em um arquivo em disco devido à seguinte linha na Listagem 13-2:

  ```
  PrintStream diskWriter =
      new PrintStream("cookedData.txt");
  ```

- Em outra versão do programa, você pode decidir não usar uma variável `total`. Para gravar 99.75 no arquivo `cookedData.txt`, você poderá chamar

  ```
  diskWriter.println(unitPrice * quantity);
  ```

- Para exibir OK na tela, você poderá fazer a seguinte chamada do método:

```
System.out.print("OK");
```

Para gravar OK em um arquivo chamado approval.txt, você poderá usar o seguinte código:

```
PrintStream diskWriter =
    new PrintStream("approval.txt");

diskWriter.print("OK");
```

- Você pode decidir gravar OK como dois caracteres separados. Para escrever na tela, você poderá fazer as seguintes chamadas:

```
System.out.print('O');
System.out.print('K');
```

E para gravar OK no arquivo approval.txt, você poderá usar o seguinte código:

```
PrintStream diskWriter =
    new PrintStream("approval.txt");

diskWriter.print('O');
diskWriter.print('K');
```

- Como seus correspondentes para System.out, os métodos print e println para gravar no disco diferem em seus comportamentos de final de linha. Por exemplo, você pode querer exibir o seguinte texto na tela:

```
Hankees  Socks
7        3
```

Para tanto, você pode fazer as seguintes chamadas de método:

```
System.out.print("Hankees  ");
System.out.println("Socks");
System.out.print(7);
System.out.print("        ");
System.out.println(3);
```

Para colocar o mesmo texto em um arquivo chamado scores.dat, você poderá usar o seguinte código:

```
PrintStream diskWriter =
    new PrintStream("scores.dat");

diskWriter.print("Hankees  ");
diskWriter.println("Socks");
diskWriter.print(7);
diskWriter.print("        ");
diskWriter.println(3);
```

Nomeie o arquivo

E se um arquivo que contém dados não estiver na pasta de projetos do seu programa? Se este for o caso, quando você chamar `new File`, o nome do arquivo terá que incluir também os nomes das pastas. Por exemplo, no Windows, seu programa `TallyBudget.java` pode estar em sua pasta `c:\User\MyUserName\workspace\13-09` e um arquivo chamado `totals` pode estar em uma pasta chamada `c:\advertisements`. (Veja a seguinte figura.)

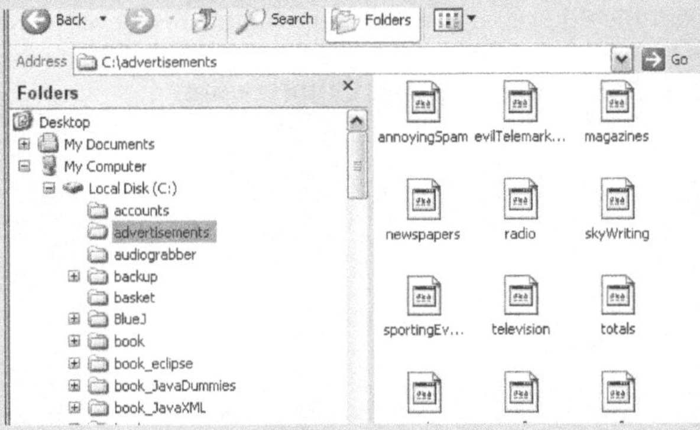

Então, para se referir ao arquivo `totals`, você incluirá os nomes das pastas, nome de arquivo e (para ter segurança) a letra do drive:

```
Scanner diskScanner = new Scanner
(new File("c:\\advertisements\\totals"));
```

Observe que eu uso barras invertidas duplas para separar a letra do drive, nome da pasta e nome de arquivo. Para descobrir o motivo, veja a seção complementar intitulada "Escapismo", no Capítulo 12. A string `"\totals"` com uma barra invertida simples significa uma tabulação, seguida de `otals`. Mas neste exemplo, o nome do arquivo é `totals`, e não `otals`. Com uma única barra invertida, o nome `...advertisements\totals"` não funcionaria corretamente.

Entre aspas, você usa a barra invertida dupla para indicar o que geralmente seria uma barra invertida simples. Portanto, a string `"c:\\advertisements\\totals"` significa `c:\advertisements\totals`. Isso é bom porque `c:\advertisements\totals` é o modo como normalmente você se refere a um arquivo no Windows.

Se você quiser evitar toda a confusão da barra invertida, poderá usar barras comuns para especificar o local de cada arquivo. O Windows responderá exatamente do mesmo modo a `new File("c:\\advertisements\\totals")` e a `new File("c:/advertisements/totals")`. E se você usar o UNIX ou um Macintosh, a falta de sentido das barras invertidas duplas não se aplicará a você. Simplesmente escreva,

```
Scanner diskScanner =
 new Scanner (new File(
 "/Users/me/advertisements/totals"));
```

ou algo parecido que reflita a estrutura de diretórios de seu sistema.

Gravando, Regravando e Regravando de Novo

Por ser brincalhão, tentei um pequeno experimento. Perguntei a mim mesmo o que aconteceria se eu executasse o mesmo programa de gravação de arquivos mais de uma vez. Assim, criei um pequeno programa (o programa na Listagem 13-5) e o executei duas vezes. Então examinei o arquivo de saída dele. O arquivo de saída (mostrado na Figura 13-8) contém apenas duas letras.

Listagem 13-5: Um Pequeno Experimento

```
import java.io.File;
import java.io.FileNotFoundException;
import java.io.PrintStream;

class WriteOK {

    public static void main(String args[])
        throws FileNotFoundException {

        PrintStream diskWriter =
            new PrintStream(new File("approval.txt"));

        diskWriter.print  ('O');
        diskWriter.println('K');
    }
}
```

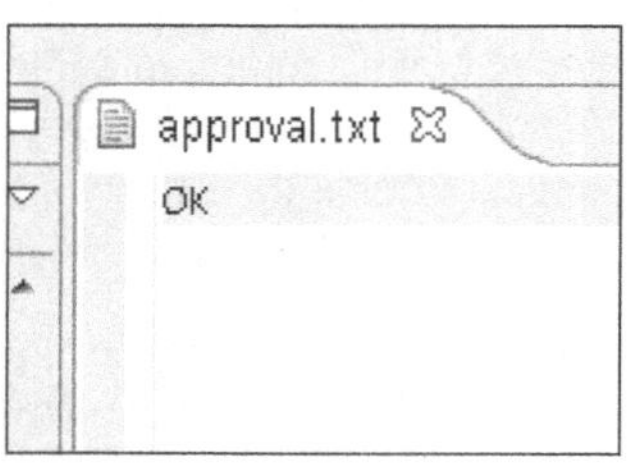

Figura 13-8: Testando as coisas.

Eis a sequência de eventos do início ao fim do experimento:

1. **Antes de executar o código na Listagem 13-5, o disco rígido de meu computador não tinha o arquivo `approval.txt`.**

   Tudo bem. Todo experimento tem que iniciar em algum lugar.

2. **Executo o código na Listagem 13-5.**

   A chamada para `new PrintStream` na Listagem 13-5 cria um arquivo chamado `approval.txt`. Inicialmente, o novo arquivo `approval.txt` não tem caracteres. Mais adiante na Listagem 13-5, as chamadas para `print` e `println` colocam caracteres no arquivo. Portanto, depois de executar o código, o arquivo `approval.txt` contém duas letras: as letras `OK`.

3. **Executo o código na Listagem 13-5 uma segunda vez.**

   Neste ponto, eu poderia imaginar ver `OKOK` no arquivo `approval.txt`. Mas não é isso que vejo na Figura 13-8. Depois de executar o código duas vezes, o arquivo `approval.txt` contém apenas um `OK`. Eis o motivo:

   - A chamada para `new PrintStream` na Figura 13-5 apaga meu arquivo `approval.txt` existente. A chamada cria um novo arquivo `approval.txt` vazio.
   - Depois de criar um novo arquivo `approval.txt`, a chamada do método `print` coloca a letra `O` no novo arquivo.
   - A chamada do método `println` adiciona a letra `K` ao mesmo arquivo `approval.txt`.

Esta é a história. A cada vez que você executa o programa, ele descarta qualquer arquivo `approval.txt` já existente no disco rígido. Então o programa adiciona dados a um arquivo `approval.txt` recém-criado.

Capítulo 14

Criando Loops Dentro de Loops

Neste Capítulo

- Analisando as estratégias do loop
- Diagnosticando os problemas do loop
- Criando loops aninhados

Se você for editor na Alta Books, não leia os próximos parágrafos. Neles irei revelar um segredo profissional importante (algo que você realmente não deseja que eu faça).

Irei descrever um processo certeiro sobre como escrever um livro *Para Leigos* que seja campeão de vendas. Eis o processo:

Escreva várias palavras para criar uma frase. Faça isto várias vezes para criar um parágrafo.

```
Repita o seguinte para formar um parágrafo:
Repita o seguinte para formar uma sentença:
      Escreva uma palavra.
```

Repita as instruções anteriores várias vezes para criar uma seção. Crie várias seções, então crie vários capítulos.

```
Repita o seguinte para formar um livro best-seller
da série Para Leigos:
   Repita o seguinte para formar um capítulo:
      Repita o seguinte para formar uma seção:
         Repita o seguinte para formar um parágrafo:
            Repita o seguinte para formar uma sentença:
               Escreva uma palavra.
```

Este processo envolve um loop dentro de um loop dentro de um loop dentro de um loop dentro de um loop. É como uma gravura de M.C Escher. É útil ou é supérfluo?

Bem, no mundo da programação de computadores, este tipo de coisa ocorre o tempo inteiro. A maioria dos loops com cinco camadas está oculta em chamadas de método, mas os loops com duas camadas dentro de loops são ocorrências diárias. Portanto, este capítulo informa como criar um loop dentro de um loop. É algo muito útil.

A propósito, se você for um editor da Alta Books, poderá começar a ler novamente deste ponto em diante.

Fazendo uma Pequena Visita ao Seu Antigo Código

O programa na Listagem 12-5 extrai o nome de usuário de um endereço de e-mail. Por exemplo, o programa lê

```
John@BurdBrain.com
```

a partir do teclado e escreve

```
John
```

na tela. Deixe-me dizer... neste livro, tenho algumas desculpas muito ruins para escrever programas, mas este exemplo de e-mail simples está em primeiro lugar na lista! Por que você desejaria digitar algo no teclado só para fazer o computador exibir parte do que digitou? Deve haver um uso melhor para um código deste tipo.

Certamente há. A administradora de redes `BurdBrain.com` tem uma lista de endereços de e-mail com 10 mil funcionários. Mais precisamente, o disco rígido da administradora tem um arquivo chamado `email.txt`. Esse arquivo contém 10 mil endereços de e-mail, com um endereço em cada linha, como mostrado na Figura 14-1.

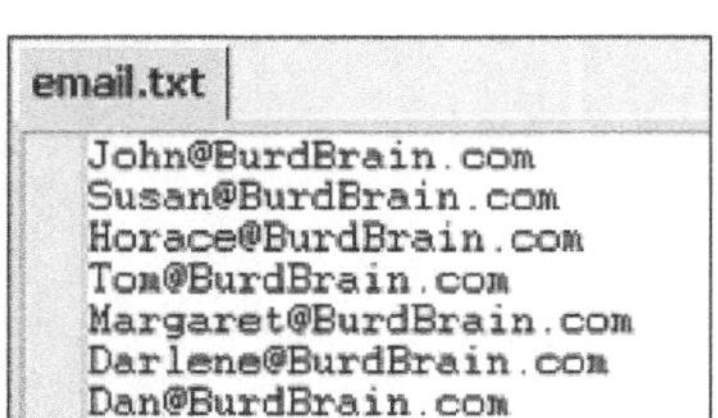

Figura 14-1: Uma lista dos endereços de e-mail.

O software de e-mail da empresa tem um recurso interessante. Para enviar um e-mail dentro da empresa, você não precisa digitar um endereço de e-mail inteiro. Por exemplo, para enviar um e-mail para John, você pode digitar o nome de usuário `John`, ao invés de `John@BurdBrain.com`. (A parte `@ BurdBrain.com` é chamada de *nome de host*.)

Portanto, a administradora de redes da empresa deseja separar o conteúdo do arquivo `email.txt`. Ela deseja um novo arquivo, `usernames.txt`, que contenha os nomes de usuário sem os nomes de host, como mostrado na Figura 14-2.

Figura 14-2: Os nomes de usuário extraídos da lista de endereços de e-mail.

Retrabalhando algum código existente

Para resolver o problema da administradora, você precisa modificar o código na Listagem 12-5. A nova versão obtém um endereço de e-mail de um arquivo em disco e grava um nome de usuário em outro arquivo em disco. A nova versão está na Listagem 14-1.

Listagem 14-1: De um Arquivo para Outro

```
import java.util.Scanner;
import java.io.File;
import java.io.FileNotFoundException;
import java.io.PrintStream;

class ListOneUsername {

   public static void main(String args[])
                       throws FileNotFoundException {

      Scanner diskScanner =
         new Scanner(new File("email.txt"));
      PrintStream diskWriter =
         new PrintStream("usernames.txt");
      char symbol;

      symbol =
```

(continua)

listagem 14-1 ***(continuação)***

```
            diskScanner.findWithinHorizon(".",0).charAt(0);

        while (symbol != '@') {
            diskWriter.print(symbol);
            symbol =
              diskScanner.findWithinHorizon(".",0).charAt(0);
        }

        diskWriter.println();
    }
}
```

A Listagem 14-1 faz praticamente a mesma coisa que a Listagem 12-5 anterior. A única diferença é que o código na Listagem 14-1 não interage com o usuário. Ao contrário, o código na Listagem 14-1 interage com os arquivos em disco.

Executando seu código

Eis como você executa o código na Listagem 14-1:

1. **Crie um arquivo chamado `email.txt` em seu diretório de projetos do Eclipse.**

   No arquivo `email.txt`, coloque apenas um endereço de e-mail. Qualquer endereço serve, contanto que contenha um sinal @.

2. **Coloque o arquivo `ListOneUsername.java` (o código da Listagem 14-1) no diretório `src/(default package)` de seu projeto.**

3. **Execute o código na Listagem 14-1.**

   Quando você executar o código, não verá nada interessante na exibição Console. Que pena!

4. **Veja o conteúdo do arquivo `usernames.txt`.**

   Se seu arquivo `email.txt` contiver `John@BurdBrain.com`, então o arquivo `usernames.txt` conterá `John`.

Para obter mais detalhes sobre qualquer uma destas etapas, veja a análise que acompanha as Listagens 13-2, 13-3 e 13-4 no Capítulo 13.

Criando um Código Útil

A seção anterior descreveu o problema de uma administradora de redes — criar um arquivo com nomes de usuário a partir de um arquivo com endereços de e-mail. O código na Listagem 14-1 resolve parte do problema

— ele extrai apenas um endereço de e-mail. É um bom começo, mas para obter apenas um nome de usuário você não precisa de um programa de computador. Lápis e papel servirão.

Portanto, não deixe a administradora de redes esperando por mais tempo. Nesta seção você desenvolverá um programa que processa dezenas, centenas e até milhares de endereços de e-mail a partir de um arquivo em seu disco rígido.

Primeiro você precisa de uma estratégia para escrever o programa. Pegue as instruções na Listagem 14-1 e execute-as várias vezes. Melhor, faça com que as instruções executem a si mesmas repetidamente. Felizmente você já sabe como fazer algo assim. Você usa um loop. (Veja o Capítulo 12 para saber o básico sobre os loops.)

Portanto, eis a estratégia: pegue as instruções na Listagem 14-1 e coloque-as em um loop maior:

```
while (não está no final do arquivo email.txt) {
    Execute as instruções na Listagem 14-1
}
```

Voltando ao código na Listagem 14-1, você vê que as instruções nele têm um loop `while` próprio. Assim, a estratégia envolve colocar um loop dentro de outro loop:

```
while (não está no final do arquivo email.txt) {
    //Blah-blah

    while (symbol != '@') {
        //Blah-blah-blah
    }

    //Blah-blah-blah-blah
}
```

Como um loop está dentro de outro, eles são chamados de *loops aninhados*. O antigo loop (o loop `symbol != '@'`) é o *loop interno*. O novo loop (o loop do final de arquivo) é chamado de *loop externo*.

Verificando o final de um arquivo

Agora, tudo que você precisa é de um modo de testar a condição do loop. Como você sabe quando está no final do arquivo `email.txt`?

A resposta vem da classe `Scanner` do Java. O método `hasNext` dessa classe responde `true` ou `false` para a seguinte pergunta:

> O arquivo `email.txt` tem algo a ser lido (além do que você já leu)?

Se as chamadas `findWithinHorizon` do programa não devoraram todos os caracteres no arquivo `email.txt`, então o valor de `diskScanner.hasNext()` será `true`. Portanto, para continuar fazendo o loop enquanto você não chegou ao final do arquivo `email.txt`, você fará o seguinte:

```
while (diskScanner.hasNext( )) {
    Execute as instruções na Listagem 14-1
}
```

A primeira realização desta estratégia está na Listagem 14-2.

Listagem 14-2: A Combinação Mecânica de Dois Loops

```
/*
 * * Este código NÃO funciona(mas
 * você aprende com seus erros).
 */

import java.util.Scanner;
import java.io.File;
import java.io.FileNotFoundException;
import java.io.PrintStream;

class ListAllUsernames {

   public static void main(String args[])
                     throws FileNotFoundException {

      Scanner diskScanner =
         new Scanner(new File("email.txt"));
      PrintStream diskWriter =
         new PrintStream("usernames.txt");
      char symbol;

      while (diskScanner.hasNext()) {
         symbol = diskScanner.findWithinHorizon(".",0)
                                          .charAt(0);

         while (symbol != '@') {
            diskWriter.print(symbol);
            symbol = diskScanner.findWithinHorizon(".",0)
                                          .charAt(0);
         }

         diskWriter.println();
      }
   }
}
```

Quando você executar o código na Listagem 14-2, terá a resposta desapontadora mostrada na Figura 14-3.

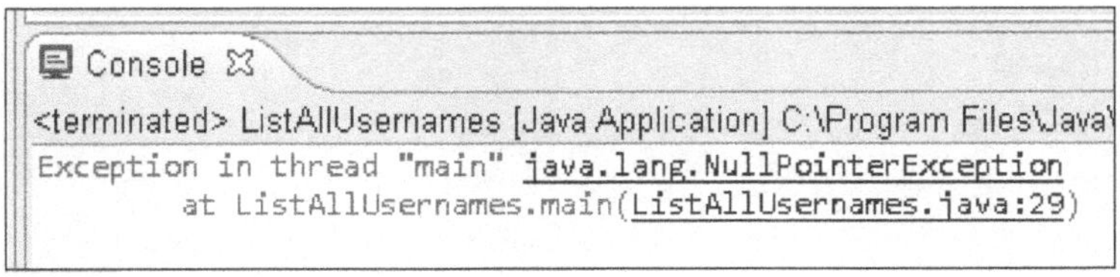

Figura 14-3: Você fracassou.

Como se sente um computador

O que está errado no código da Listagem 14-2? Para descobrir, finjo ser o computador. "Se eu fosse um computador, o que eu faria quando executasse o código na Listagem 14-2?"

As primeiras coisas que eu faria estão representadas na Figura 14-4. Eu leria o `J` em `John`, então escreveria o `J` em `John`, depois leria a letra `o` (também em `John`).

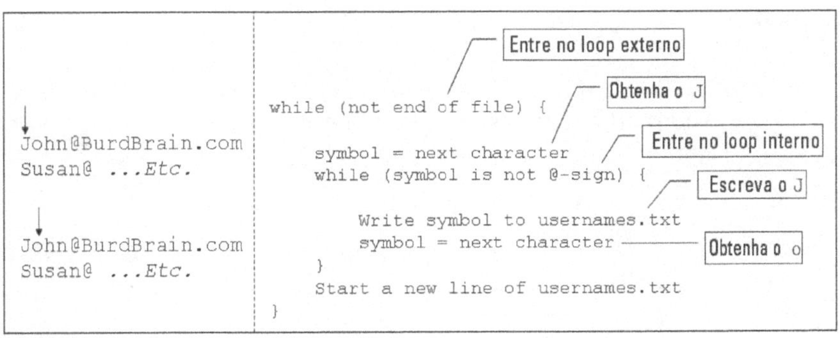

Figura 14-4: Desempenhando a função do código na Listagem 14-2.

Depois de algumas viagens no loop interno, eu obteria o sinal @ em `John@BurdBrain.com`, como mostrado na Figura 14-5.

Encontrar o sinal @ irá retirar-me do loop interno, posicionando-me no início do loop externo, como mostrado na Figura 14-6.

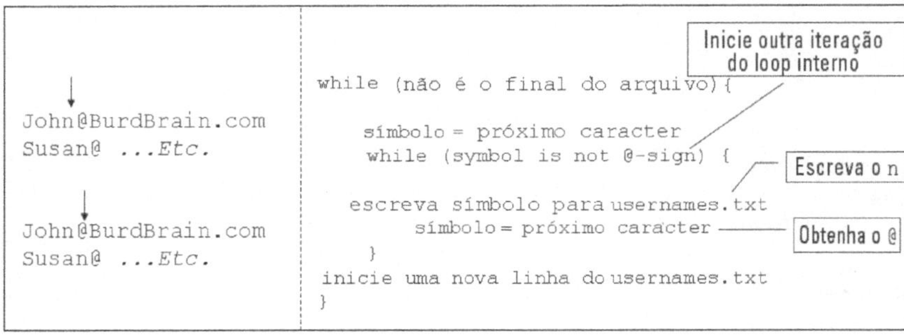

Figura 14-5: Atingindo o final do nome de usuário.

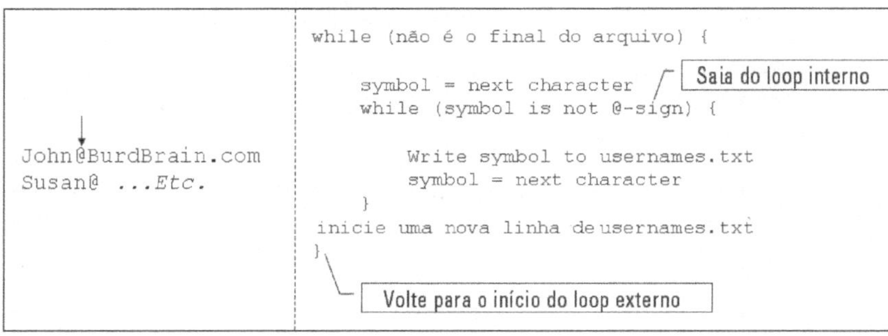

Figura 14-6: Saindo do loop interno.

Eu obteria o `B` em `BurdBrain` e voltaria para o loop interno. Mas, então, (o horror dos horrores!) eu gravaria o `B` no arquivo `usernames.txt` (veja Figura 14-7).

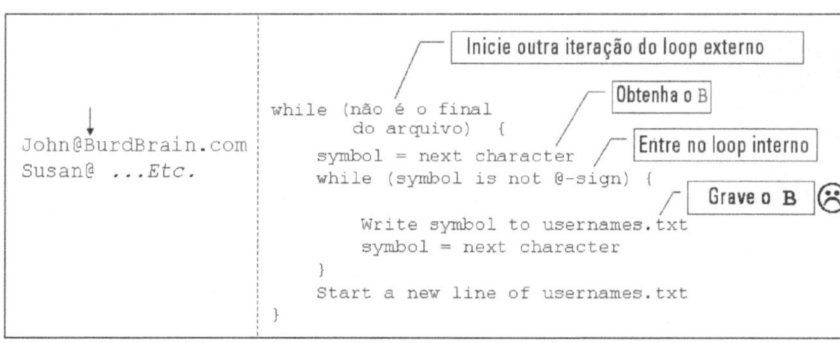

Figura 14-7: Meu erro.

Eis o erro! Você não deseja gravar os nomes de host no arquivo `usernames.txt`. Quando o computador encontrasse o sinal @, ele deveria ter pulado o resto do endereço de e-mail de John.

Neste ponto, você tem uma escolha. Pode saltar diretamente para o código correto na Listagem 14-3 ou pode ler para descobrir sobre a mensagem de erro na Figura 14-3.

Por que o computador vai além do final do arquivo sem querer

Ah! Você está imaginando por que a Figura 14-3 tem aquela mensagem de erro desagradável.

Mais uma vez, finjo ser o computador. Terminei as etapas na Figura 14-7. Eu não deveria processar `BurdBrain.com` com o loop interno. Mas infelizmente, eu processo.

Continuo executando e processando mais endereços de e-mail. Quando chego ao final do último endereço de e-mail, pego o `m` de `BurdBrain.com` e volto para testar quanto ao sinal @, como mostrado na Figura 14-8.

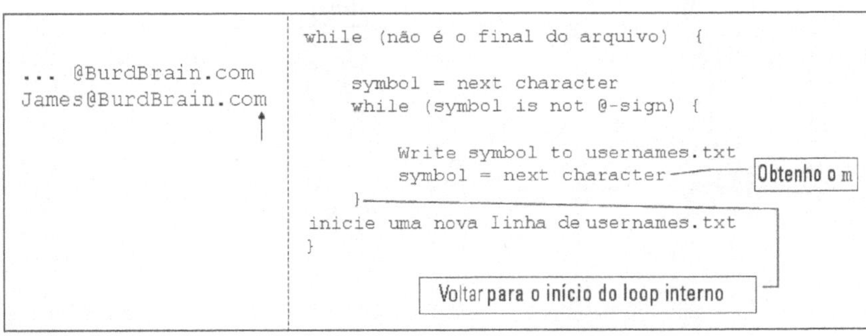

Figura 14-8: A última parte da jornada.

Agora tenho problemas. Este último `m` certamente não é um sinal @. Então salto do loop interno e tento obter outro caractere (veja Figura 14-9). O arquivo `email.txt` não tem mais caracteres, portanto, o Java envia uma mensagem de erro para a tela do computador. (A mensagem de erro `NullPointerException` está na Figura 14-3.)

Resolvendo o problema

A Listagem 14-3 tem a solução para o problema descrito nas figuras 14-1 e 14-2. O código nessa listagem é quase idêntico ao código na Listagem 14-2. A única diferença é a chamada extra para `nextLine`. Quando o computador atinge um sinal @, a chamada `nextLine` devora o resto da linha de entrada. (Em outras palavras, a chamada `nextLine` engole o resto do endereço de e-mail. A ideia funciona porque cada endereço de e-mail está em sua própria linha separada.) Depois de mastigar e engolir `@BurdBrain.com`, o computador vai elegantemente para a próxima linha da entrada.

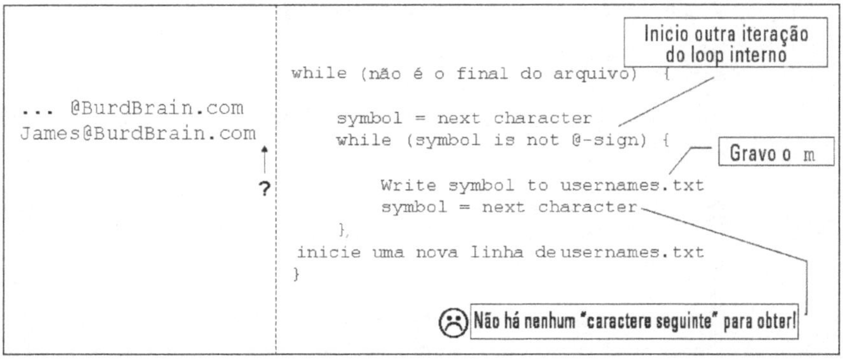

Figura 14-9: Tentando ler além do final do arquivo.

Listagem 14-3: Está Muito Melhor!

```
/*
 * Este código está correto!!!
 */

import java.util.Scanner;
import java.io.File;
import java.io.FileNotFoundException;
import java.io.PrintStream;

class ListAllUsernames {

   public static void main(String args[])
                        throws FileNotFoundException {

      Scanner diskScanner =
         new Scanner(new File("email.txt"));
      PrintStream diskWriter =
         new PrintStream("usernames.txt");
      char symbol;
```

```
        while (diskScanner.hasNext()) {
            symbol = diskScanner.findWithinHorizon(".",0)
                                                .charAt(0);

            while (symbol != '@') {
                diskWriter.print(symbol);
                symbol = diskScanner.findWithinHorizon(".",0)
                                                .charAt(0);
            }

            diskScanner.nextLine();
            diskWriter.println();
        }
    }
}
```

Para executar o código na Listagem 14-3 você precisa de um arquivo `email.txt` — um arquivo como o mostrado na Figura 14-1. No arquivo `email.txt`, digite vários endereços de e-mail. Qualquer endereço servirá, contanto que cada um contenha um sinal @ e cada endereço esteja em sua própria linha separada. Salve o arquivo `email.txt` em seu diretório de projetos, junto com o arquivo `ListAllUsernames.java` (o código da Listagem 14-3). Para obter mais detalhes, veja a análise que acompanha as Listagens 13-2, 13-3 e 13-4 no Capítulo 13.

Na Listagem 14-3, você atingiu um importante marco. Você analisou um problema de programação delicado e encontrou uma solução funcional e completa. As ferramentas usadas incluíram pensar nas estratégias e desempenhar o papel do computador. Com o passar do tempo, você poderá usar essas ferramentas para resolver problemas maiores e melhores.

Capítulo 15

O Velho Atraso

Neste Capítulo

- Criando ações repetidas
- Criando loops dentro de loops
- Insistindo em uma resposta válida do usuário
- Fazendo loop em valores enumerados

Lembro-me nitidamente da sensação de medo que eu sentia a caminho da casa da tia Edna. Ela era uma mulher idosa e suas intenções eram boas. Mas as visitas à casa dela eram sempre uma agonia.

Primeiro sentávamos na sala de estar e falávamos sobre os outros parentes. Tudo bem, contanto que eu entendesse sobre o que as pessoas estavam falando. Algumas vezes a fofoca era sobre assuntos de adultos, e eu ficava muito entediado.

Depois de todo o falatório familiar, meu pai ajudava tia Edna com as contas. Era divertido ver porque a tia Edna tinha uma doença herdada geneticamente. Como eu e muitos outros antepassados, tia Edna não conseguia controlar a papelada para salvar sua vida. Era como se o papel tivesse alergênicos que faziam formigar a sua pele. Depois de dez minutos de prestação de contas, meu pai encontrava um erro, um cálculo indevido ou alguma outra coisa na contabilidade que exigia atenção. Ele perguntava sobre isso à tia Edna e ela encolhia os ombros. Ele ficava agitado tentando rastrear o problema, enquanto tia Edna virava os olhos e sorria com uma satisfação ignorante. Era bem divertido.

Então, quando a prestação das contas terminava, sentávamos para jantar. Era quando eu lembrava por que eu temia essas visitas. O jantar era insuportável. Tia Edita acreditava em fletcherismo — um movimento saudável cujos seguidores mastigavam cada porção de alimento 100 vezes. Os seguidores mais dedicados usavam um gráfico, com um número diferente para a mastigação de cada tipo de alimento. O número mínimo de mastigação para qualquer alimento era 32 — uma mastigada para cada dente na boca. As pessoas que faziam isso diziam que estavam "fletcherizando".

Meus pais achavam que esse negócio de Fletch era loucura, mas eles respeitavam tia Edna e achavam que as pessoas da idade dela deveriam ser mimadas, não afrontadas. Quanto a mim, eu achava que explodiria de monotonia. Cada refeição durava uma eternidade. Cada garfada era uma provação. Ainda consigo lembrar do meu mantra — as palavras que eu dizia para mim mesmo sem nenhum significado:

```
Eu mastiguei 0 vezes até agora.
Eu já mastiguei 100 vezes? Se não, então
   Mastigue!
   Adiciono 1 ao número de vezes que mastiguei.
   Volto a "Já mastiguei"
            para descobrir se terminei.
```

Repetindo as Instruções em Certo Número de Vezes (Instruções for do Java)

A vida está repleta de exemplos de loops de contagem. E a programação de computadores espelha a vida (... ou é o contrário?). Quando você diz para um computador o que fazer, geralmente está informando-o para imprimir três linhas, processar dez contagens, discar um milhão de números de telefone ou qualquer outra coisa. Como os loops de contagem são muito comuns na programação, as pessoas que criaram as linguagens de programação desenvolveram instruções apenas para esses tipos de loop. No Java, a instrução que repete algo um certo número de vezes é chamada de instrução *for*. Um exemplo de instrução `for` está na Listagem 15-1.

Listagem 15-1: A Vingança de Horace Fletcher

```
import static java.lang.System.out;

class AuntEdnaSettlesForTen {

    public static void main(String args[]) {

        for (int count = 0; count < 10; count++) {
            out.print("I've chewed ");
            out.print(count);
            out.println(" time(s).");
        }

        out.println("10 times! Hooray!");
        out.println("I can swallow!");
    }
}
```

A Figura 15-1 mostra o que você obtém quando executa o programa na Listagem 15-1:

- A instrução `for` na Listagem 15-1 inicia definindo a variável `count` para ser igual a 0.
- Então a instrução `for` testa para assegurar que `count` seja menor que 10 (que certamente é).
- Depois a instrução `for` prossegue e executa as instruções de impressão entre chaves. Neste estágio inicial do jogo, o computador imprime `I've chewed 0 time(s)` (Mastiguei 0 vez(es)).
- Finalmente, a instrução *for* executa `count++` — a última coisa entre os parênteses da instrução `for`. Esta última ação adiciona 1 ao valor de `count`.

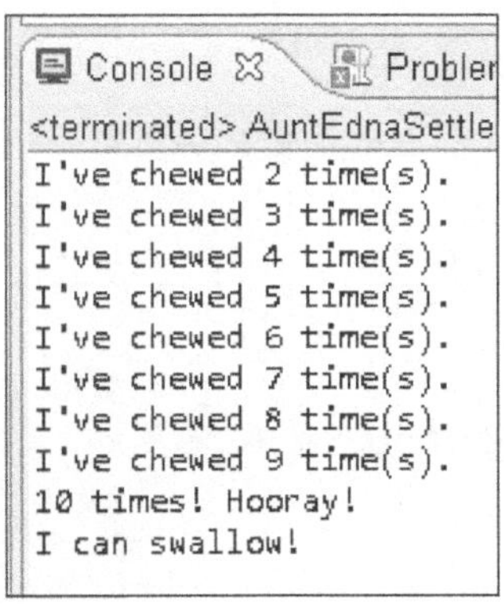

Figura 15-1: Mastigando dez vezes.

Isto termina a primeira iteração da instrução `for` na Listagem 15-1. Naturalmente, esse loop tem mais a fazer do que apenas uma iteração:

- Com `count` agora sendo igual a 1, a instrução `for` verifica novamente para assegurar que `count` seja menor que 10. (Sim, 1 é menor que 10.)
- Como o teste dá certo, a instrução `for` volta para as instruções entre chaves e imprime `I've chewed 1 time(s)` (Mastiguei 1 vez(es)) na tela.
- Então a instrução `for` executa o último `count++` entre parênteses. A instrução adiciona 1 ao valor de `count`, aumentando o valor de `count` para 2.

E assim por diante. Tudo isso continua sendo repetido várias vezes até que, após dez iterações, o valor de `count` finalmente atinge 10. Quando isto acontece, a verificação de `count` sendo menor que 10 falha e a execução do loop termina. O computador salta para qualquer instrução que venha imediatamente após a instrução `for`. Na Listagem 15-1, o computador imprime `10 times! Hooray! I can swallow!` (10 vezes! Viva! Posso engolir!). Todo o processo é mostrado na Figura 15-2.

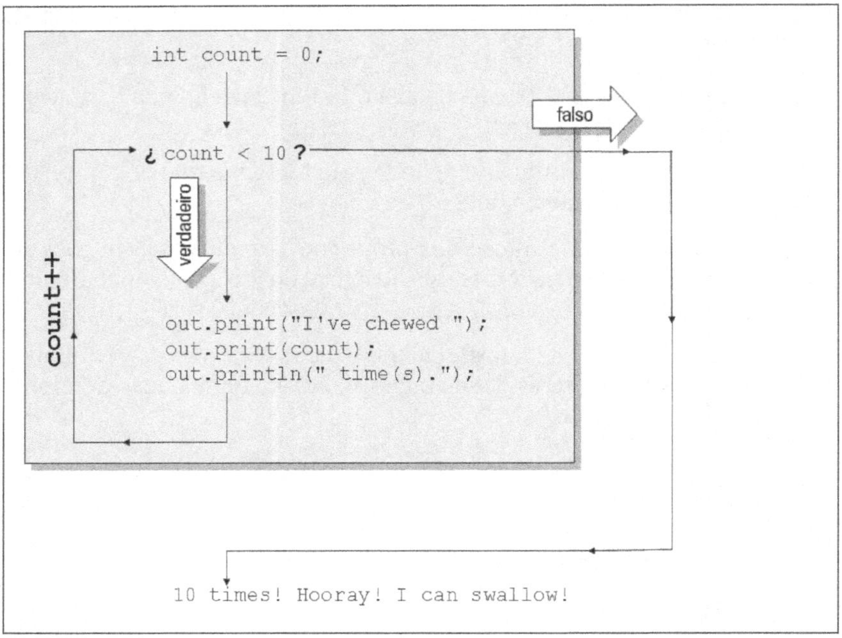

Figura 15-2: A ação do loop for na Listagem 15-1.

A anatomia de uma instrução for

Uma instrução `for` típica é assim:

```
for (Inicialização: Condição: Atualização) {
    Instruções
}
```

Depois da palavra `for`, você coloca três coisas entre parênteses: uma *Inicialização*, uma *Condição* e uma *Atualização*.

Cada um dos três itens entre parênteses desempenha seu próprio papel distinto:

- **Inicialização:** A inicialização é executada uma vez, quando a execução de seu programa atinge pela primeira vez a instrução `for`.
- **Condição:** A condição é testada várias vezes (no início de cada iteração).
- **Atualização:** A atualização também é avaliada várias vezes (no final de cada iteração).

Se ajudar, pense no loop como se seu texto tivesse mudado de lugar:

```
//Isto NÃO é um código real
int count = 0
for count < 0 {
    out.print("I've chewed ");
    out.print(count);
    out.println(" time(s).");
    count++;
}
```

Você não pode escrever uma instrução `for` real assim. (O compilador jogaria um código como este diretamente na lixeira.) Mesmo assim, esta é a ordem na qual as partes da instrução `for` são executadas.

A primeira linha de uma instrução `for` (a palavra `for` seguida do que existe entre parênteses) não é uma instrução completa. Portanto, você quase nunca coloca ponto e vírgula depois do que está entre parênteses. Se você cometer um erro e digitar um ponto e vírgula,

```
//NÃO FAÇA ISTO;
for (int count = 0; count < 10; count++); {
```

geralmente, colocará o computador em um loop infinito e sem sentido. O cursor do computador apenas ficará no local e piscará até você parar à força a execução do programa.

Inicializando um loop for

Veja a primeira linha do loop `for` na Listagem 15-1 e note a declaração `int count = 0`. É algo novo. Quando você cria um loop `for`, pode declarar uma variável (como `count`) como parte da inicialização do loop.

Se você declarar uma variável na inicialização de um loop `for`, não poderá usar essa variável fora do loop. Por exemplo, na Listagem 15-1, tente colocar `out.println(count)` depois do final do loop:

```
//Este código não compila.
for (int count = 0; count < 10; count++) {
    out.print("I've chewed ");
    out.print(count);
    out.println(" time(s).");
}

out.print(count);    //A variável count não
          // existe aqui.
```

Com esta referência extra para a variável `count`, o compilador gera uma mensagem de erro. Você pode ver a mensagem na Figura 15-3. Se você não tiver experiência com as instruções `for`, a mensagem poderá ser uma surpresa. "O que significa 'count cannot be resolved to a variable' (count não pode ser determinado para uma variável)? Há uma declaração da variável `count` apenas quatro linhas acima dessa instrução." Ah, sim, mas a variável `count` é declarada na inicialização do loop `for`. Fora do loop `for`, a variável `count` não existe.

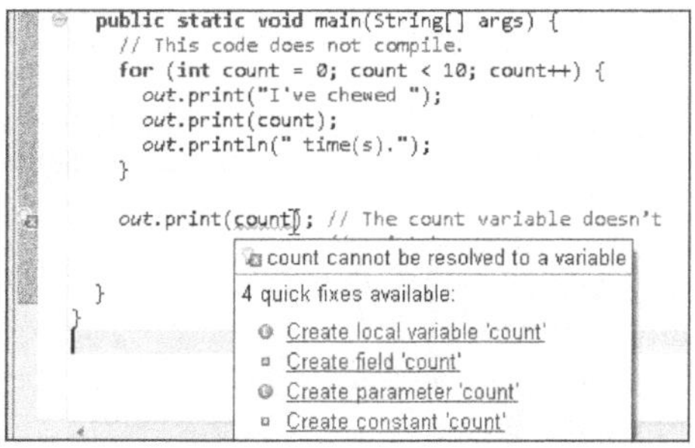

Figura 15-3: Que variável count? Não vejo nenhuma variável count.

Para usar uma variável fora de uma instrução `for`, você tem que declarar essa variável fora da instrução `for`. Você pode até fazer isto com a variável de contagem da instrução `for`. A Listagem 15-2 tem um exemplo.

Listagem 15-2: Usando uma Variável Declarada Fora de um Loop for

```
import static java.lang.System.out;

class AuntEdnaDoesItAgain {

    public static void main(String args[]) {
        int count;

        for (count = 0; count < 10; count++) {
            out.print("I've chewed ");
            out.print(count);
            out.println(" time(s).");
        }

        out.print(count);
        out.println(" times! Hooray!");
        out.println("I can swallow!");
    }
}
```

A execução do código na Listagem 15-2 é idêntica à execução da Listagem 15-1. A execução é representada na Figura 15-1. Ao contrário de sua antecessora, a Listagem 15-2 pode se dar ao luxo de usar a variável `count` para exibir o número 10. Ela pode fazer isso porque na Listagem 15-2 a variável `count` pertence ao método `main` inteiro, não ao loop `for` apenas.

Instruções de loop versáveis

Se você ficasse preso em uma ilha deserta com apenas um tipo de loop, qual desejaria ter? A resposta é: você pode conviver com qualquer tipo de loop. A escolha entre um loop `while` e um loop `for` é uma questão de estilo de código e eficiência. Não é uma questão de necessidade.

Qualquer coisa que possa ser feita com um loop `for`, pode ser feita com um loop `while` também. Considere, por exemplo, o loop `for` na Listagem 15-1. Eis como você pode conseguir o mesmo efeito com um loop `while`:

```
int count = 0;
while (count < 10) {
  out.print("I've chewed ");
  out.print(count);
  out.println(" time(s).");
  count++;
}
```

No loop `while` você tem instruções explícitas para declarar, inicializar e aumentar a variável `count`.

O mesmo tipo de truque funciona ao contrário. Qualquer coisa que possa ser feita com um loop `while` pode ser feita com um loop `for` também. Mas transformar certos loops `while` em loops `for` parece forçado e pouco natural. Considere o loop `while` na Listagem 12-2:

```
while (total < 21) {
  card =
    myRandom.nextInt(10) + 1;
  total += card;
  System.out.print(card);
  System.out.print("     ");
  System.out.println(total);
}
```

Transformar esse loop em um loop `for` significa desperdiçar grande parte do que existe entre os parênteses do loop `for`:

```
for ( ; total < 21 ; ) {
  card =
    myRandom.nextInt(10) + 1;
  total += card;
  System.out.print(card);
  System.out.print("     ");
  System.out.println(total);
}
```

O loop `for` anterior tem uma condição, mas não tem nenhuma inicialização nem uma atualização. Tudo bem. Sem uma inicialização, nada especial acontece quando o computador entra pela primeira vez no loop `for`. E sem uma atualização, nada especial acontece no final de cada iteração. É estranho, mas funciona.

Em geral, quando você escreve uma instrução `for`, está contando quantas vezes repetirá algo. Mas, na verdade, você pode fazer praticamente qualquer tipo de repetição com uma instrução `for`.

Observe as palavras `for (count = 0` na Listagem 15-2. Como `count` é declarado antes da instrução `for`, você não declara `count` de novo na inicialização da instrução `for`. Tentei declarar `count` duas vezes, como no código a seguir:

```
//Isto NÃO funciona:
int count;

for (int count = 0; count < 10; count++) {
    ...etc.
```

E o Eclipse me disse para arrumar:

```
Duplicate local variable count                    ^
```

Usando Loops for Aninhados

Como você está lendo o *Começando a Programar em Java Para Leigos*, 3ª Edição, suponho que gerencia um grande hotel. O próximo capítulo informará tudo o que você precisa saber sobre o gerenciamento de hotéis. Mas antes de começar a ler tal capítulo, você pode ter uma pequena prévia nesta seção.

Eu sei que seu hotel tem nove andares e cada andar tem 20 quartos. Nesta tarde ensolarada, alguém entrega a você um pen drive contendo um arquivo cheio de números. Você copia o arquivo `hotelData` para seu disco rígido, então exibe o arquivo no editor do Eclipse. Você vê o que é mostrado na Figura 15-4.

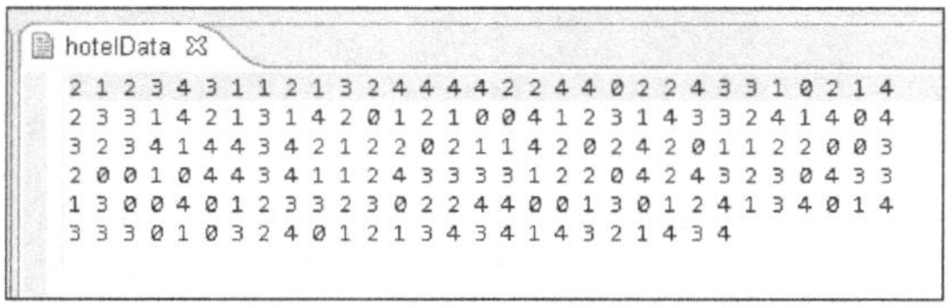

Figura 15-4: Um arquivo contendo os dados de ocupação do hotel.

Este arquivo fornece o número de hóspedes em cada quarto. Por exemplo, no início do arquivo, você vê `2 1 2`. Isto significa que, no primeiro andar, o Quarto 1 tem dois hóspedes, o Quarto 2 tem um hóspede e o Quarto 3 tem dois hóspedes. Depois de ler 20 desses números, você vê `0 2 2`. Portanto, no segundo andar, o Quarto 1 tem zero hóspede, o Quarto 2 tem dois hóspedes e o Quarto 3 tem dois hóspedes. A história continua até o último número no arquivo. Segundo esse número, o Quarto 20, no nono andar, tem quatro hóspedes.

Você gostaria de ter uma exibição mais ordenada desses números — o tipo de exibição da Figura 15-5. Portanto, pega seu teclado e escreve rapidamente um programa Java.

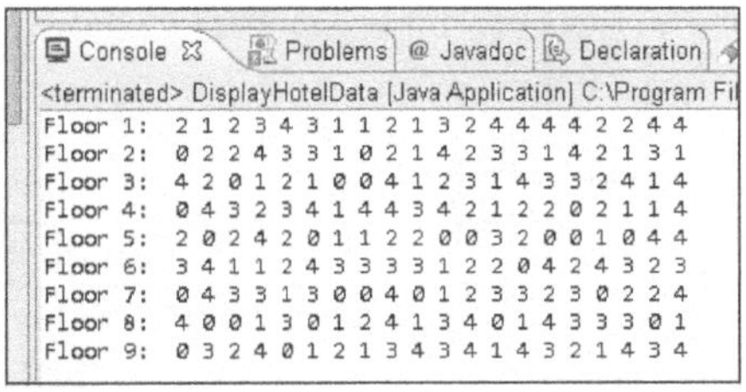

Figura 15-5: Uma exibição legível dos dados na Figura 15-4.

Como em alguns outros exemplos, você decide quais instruções ficam onde perguntado a si mesmo quantas vezes cada instrução deve ser executada. Para os iniciantes, a exibição na Figura 15-5 tem nove linhas, e cada linha tem 20 números:

```
for (cada um dos 9 andares)
    for (cada um dos 20 quartos)
        pegue um número do arquivo e
        imprima-o na tela
```

Portanto, seu programa tem um loop `for` dentro de um loop `for` — um par de loops `for` aninhados.

Em seguida você nota como cada linha começa na Figura 15-5. Cada linha contém a palavra `Floor` (andar) seguida do número do andar. Como a exibição `Floor` ocorre apenas nove vezes na Figura 15-5, as instruções para imprimir essa exibição pertencem ao loop *`for each of 9 floors`* (e não ao loop *`for each of 20 rooms`*). As instruções devem estar antes do loop *`for each of 20 rooms`* porque a exibição `Floor` vem uma vez antes da exibição dos 20 números de cada linha:

```
for (each of 9 floors)
    exibe "Andar" e o número do andar,
    for (each of 20 rooms on a floor)
        get a number from the file and
        display the number on the screen.
```

Você está quase pronto para escrever o código. Mas há um detalhe que é fácil de esquecer. (Bem, é um detalhe que eu sempre esqueço.) Depois de exibir 20 números, o programa avança para uma nova linha. Essa ação de nova linha ocorre apenas nove vezes durante a execução do programa e sempre ocorre *depois* que o programa exibe 20 números:

```
for (each of 9 floors)
    display "Floor" and the floor number,
    for (each of 20 rooms on a floor)
        get a number from the file and
        display the number on the screen,
    Vá para a próxima linha.
```

É assim. É tudo de que você precisa. O código para criar e exibição da Figura 15-5 está na Listagem 15-3.

Listagem 15-3: Ei! Isto É um for pelo for?

```
import java.util.Scanner;
import java.io.File;
import java.io.FileNotFoundException;
import static java.lang.System.out;

class DisplayHotelData {

   public static void main(String args[])
      throws FileNotFoundException {

      Scanner diskScanner =
         new Scanner(new File("hotelData"));

      for (int floor = 1; floor <= 9; floor++) {
         out.print("Floor ");
         out.print(floor);
         out.print(":  ");

         for (int roomNum = 1; roomNum <= 20; roomNum++) {
            out.print(diskScanner.nextInt());
            out.print(' ');
         }

         out.println();
      }
   }
}
```

O código na Listagem 15-3 tem a variável `floor` indo de 1 a 9 e tem a variável `roomNum` indo de 1 a 20. Como o loop `roomNum` está dentro do loop `floor`, a escrita de vinte números ocorre nove vezes. Isso é bom. É exatamente o que eu queria.

Repetindo Até Obter o que Você Precisa (Instruções "do" do Java)

Apresentei o loop `while` do Java no Capítulo 12. Quando você cria um loop `while`, escreve a condição do loop primeiro. Depois da condição, você escreve o código que é executado repetidamente.

```
while (Condição) {
    O código que é executado repetidamente
}
```

Esse modo de escrever uma instrução `while` não é por acaso. A aparência da instrução enfatiza um ponto importante — que o computador sempre verifica a condição antes de executar qualquer código repetido.

Se a condição do loop nunca for true, então o que existe dentro do loop nunca será executado — nem uma única vez. Na verdade, você pode inventar facilmente um loop `while` cujas instruções nunca sejam executadas (embora eu não consiga pensar em um motivo para você querer fazer isto):

```
//Este código não imprime nada:
int twoPlusTwo = 2 + 2;
while (twoPlusTwo == 5) {
    System.out.println("Are you kidding?");
    System.out.println("2+2 doesn't equal 5.");
    System.out.print  ("Everyone knows that");
    System.out.println(" 2+2 equals 3.");
}
```

Apesar desse exemplo bobo `twoPlusTwo`, a instrução `while` acaba sendo a mais útil das construções de loop do Java. Em particular, o loop `while` é bom para as situações em que você deve olhar antes de pular. Por exemplo: "Enquanto o dinheiro estiver em minha conta, preencha um cheque mensal para a hipoteca". Quando você encontrar pela primeira vez essa instrução, se sua conta tiver um saldo zero, não desejará preencher um cheque para a hipoteca — nem mesmo um cheque.

Mas às vezes (não muitas) você desejará pular antes de olhar. Em uma situação em que você está pedindo ao usuário uma resposta, talvez a resposta do usuário faça sentido, mas talvez não. Talvez o dedo do usuário tenha escorregado, ou ele não entendeu a pergunta. Em muitas situações, é importante interpretar corretamente a resposta do usuário. Se a resposta não fizer sentido, você terá que perguntar de novo.

Obtendo uma resposta confiável

Considere um programa que apaga vários arquivos. Antes de apagar qualquer coisa, o programa pede a confirmação do usuário. Se o usuário digitar `Y` (Yes), então apague; se ele digitar `N` (`No`), então não apague. Naturalmente, apagar arquivos é algo sério. Digitar uma tecla equivocadamente para uma resposta "sim" pode apagar os registros da empresa. (E digitar uma tecla equivocadamente para uma resposta "não" pode manter a evidência incriminadora sobre a empresa.) Portanto, se houver qualquer dúvida sobre a resposta do usuário, o programa deverá pedir ao usuário para responder de novo.

Pare um momento para pensar sobre o fluxo de ações — o que deveria e o que não deveria acontecer quando o computador executa o loop. Um loop desse tipo não precisa verificar nada antes de obter a primeira resposta do usuário. Na verdade, antes do usuário dar a primeira resposta, o loop não tem nada a verificar. O loop não deve iniciar com "contanto que a resposta do usuário seja inválida, obtenha outra resposta dele". Ao contrário, o loop deve simplesmente prosseguir, obter uma resposta do usuário, então verificar a resposta para ver se ela faz sentido. O código para fazer tudo isso está na Listagem 15-4.

Listagem 15-4: Repetir Antes de Excluir

```
/*
 * AVISO LEGAL: Nem o autor, a Alta Books, nem ninguém
 * mais, mesmo remotamente ligado à criação deste livro,
 * assume qualquer responsabilidadepor qualquer dano de
 * qualquer tipo devido ao uso deste código, ou ao uso de
 * qualquer trabalho derivado deste código, inclusive
 * qualquer trabalho criado parcial ou totalmente pelo leitor.
 *
 * Assine aqui:___________________________________
 */

import java.util.Scanner;
import java.io.IOException;

class IHopeYouKnowWhatYoureDoing {

  public static void main(String args[])
      throws IOException {

    Scanner myScanner = new Scanner(System.in);
    char reply;

    do {
      System.out.print("Reply with Y or N...");
      System.out.print("  Delete all .keep files? ");
      reply =
        myScanner.findWithinHorizon(".", 0).charAt(0);
    } while (reply != 'Y' && reply != 'N');

    if (reply == 'Y') {

      String opSystem = System.getProperty("os.name");

      if (opSystem.contains("Windows")) {

        Runtime.getRuntime().exec("cmd /c del *.keep");

      } else if (opSystem.contains("Mac")) {
```

```
                Runtime.getRuntime().exec(
                    new String[] { "/bin/sh", "-c",
                        "rm -f *.keep" });
            }
        }
    }
}
```

O código `exec.(*cmd ... )` na Listagem 15-4 funciona em todas as versões industriais do Microsoft Windows, inclusive no Windows 7 e no Windows XP. Para conseguir o mesmo efeito no Windows 95, 98 ou Me, você terá que mudar a última linha do código, como a seguir:

```
Runtime.getRuntime().exec("start command /c del *.keep");
```

De qualquer modo, a chamada para `Runtime.getRuntime...bla-bla` apaga todos os arquivos cujos nomes terminam com `.keep`.

Não há no Java uma maneira fácil de se referir a todos os arquivos cujos nomes terminam com `.keep`. Portanto, na Listagem 15-4, chamo `Runtime.getRuntime().exec` para executar um comando do sistema operacional. Este `Runtime` pode ser capcioso, portanto, não se preocupe com os detalhes. Apenas acredite — as chamadas para `Runtime.getRuntime().exec` na Listagem 15-4 apagam arquivos.

Para apagar apenas um arquivo, use o método `delete` da API Java. Por exemplo, para apagar seu arquivo `myData.txt`, execute `new File("myData.txt").delete()`. E não deixe que a parte `new File` engane você. O código `new File("myData.txt").delete()` se livra de um arquivo que já existe no disco rígido de seu computador.

O método `Runtime.getRuntime().exec` é um daqueles métodos do tipo "você precisa de uma cláusula throws" que eu apresentei no Capítulo 13. Diferente dos métodos no Capítulo 13, o método `exec` faz com que você envie uma `IOException`. E com uma cláusula `throws IOException`, vem uma declaração `import java.io.IOException`.

Neste ponto, você pode estar imaginando como eu sei que o método `exec` precisa de uma cláusula `throws IOException`. Quantos outros métodos da API Java requerem cláusulas throws e como você descobre sobre todas essas coisas? A resposta é que você encontra essa informação na documentação da API do Java. Para obter detalhes, veja o site Web deste livro (`allmycode.com/BeginProg3`).

Removendo arquivos

Uma execução do programa da Listagem 15-4 é mostrada na Figura 15-6. Antes de apagar um monte de arquivos, o programa pergunta ao usuário se pode mesmo fazer a eliminação. Se o usuário der uma das duas respostas esperadas (`Y` ou `N`), então o programa irá proceder de acordo com o seu desejo. Mas, se o usuário digitar qualquer outra letra (ou qualquer dígito, símbolo de pontuação ou outra coisa), então o programa solicitará outra resposta.

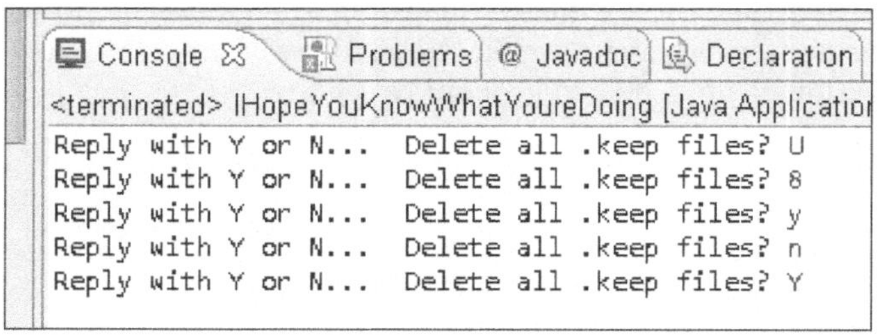

Figura 15-6: Não! Não faça isto!

Na Figura 15-6, o usuário hesita por um tempo, primeiro com a letra `U`, depois o dígito `8`, então com letras minúsculas. Finalmente, ele digita `Y` e o programa apaga os arquivos `.keep`. Se você comparar os arquivos em seu disco rígido (antes e depois da execução do programa), verá que o programa descarta os arquivos com nomes terminados em `.keep`.

Se você usa o Eclipse, eis como pode saber se os arquivos estão sendo apagados:

1. **Crie um projeto Java contendo o código na Listagem 15-4.**

   Se você seguiu as etapas no Capítulo 2 para importar os exemplos deste livro, poderá pular esta etapa de criação de um projeto e usar o projeto 15-04 existente.

2. **No Package Explorer, selecione o projeto.**

   LEMBRE-SE

   Não selecione uma subpasta do projeto. (Por exemplo, não selecione a pasta `src`.) Ao contrário, selecione a raiz do projeto. Para obter mais informações sobre a raiz de um projeto, veja o Capítulo 13.

3. **No menu principal do Eclipse, escolha File (Arquivo) ⇨ New (Novo) ⇨ File.**

   A caixa de diálogo New File (Novo Arquivo) do Eclipse aparecerá.

   DICA

   Na caixa de diálogo New File, certifique-se de que o nome da pasta-raiz de seu projeto esteja no campo Enter or Select The Parent Folder (Inserir ou Selecionar a Pasta-Pai) da caixa. Por exemplo, se você seguiu as etapas no Capítulo 2 para importar os exemplos deste livro, certifique-se de que 15-04 (e nenhum outro texto) apareça no campo Enter or Select The Parent Folder.

4. **No campo File Name (Nome do Arquivo) da caixa de diálogo, digite o nome de seu novo arquivo de dados.**

   Digite `irreplaceableInfo.keep` ou algo assim.

5. **Clique em Finish (Terminar).**

   O nome do arquivo aparecerá no Package Explorer do Eclipse. Para este experimento você não precisa adicionar nenhum texto ao arquivo. O arquivo existe apenas para ser apagado.

6. **Repita as Etapas de 2 a 5 mais algumas vezes.**

   Crie arquivos chamados *`qualquerCoisa`*`.keep` e arquivos que não tenham `.keep` em seus nomes.

7. **Execute o programa.**

   Quando o programa for executado, digite **Y** para apagar os arquivos `.keep`. (O programa apaga os arquivos `.keep` apenas no diretório-raiz deste projeto. A execução do programa não tem efeito em nenhum outro arquivo fora desse diretório.)

   Depois de executar o programa, você desejará verificar se ele realmente apagou os arquivos `.keep`.

8. **No Package Explorer, selecione a raiz do projeto (novamente, para garantir).**

9. **No menu principal do Eclipse, escolha File (Arquivo) ⇨ Refresh (Atualizar).**

   O Eclipse examina novamente o diretório do projeto e lista os arquivos do diretório na árvore do Package Explorer. Supondo que o programa fez seu trabalho corretamente, os arquivos com nomes terminando em `.keep` não aparecerão mais na árvore.

Usando a instrução "do" do Java

Para escrever o programa na Listagem 15-4 você precisa de um loop – um loop que pergunte repetidamente ao usuário se os arquivos `.keep` devem ser apagados. O loop continua a perguntar até que o usuário dê uma resposta significativa. O loop testa sua condição no final de cada iteração, depois de cada resposta do usuário.

É por isso que o programa na Listagem 15-4 tem um loop *do* (também conhecido como loop *do...while*). Com um loop `do`, o programa entra diretamente, executa algumas instruções e então verifica uma condição. Se a condição é true, então o programa volta para o início do loop para fazer outra rodada. Se a condição é false, então o computador sai do loop (e salta para qualquer código que venha imediatamente após o loop). A ação do loop na Listagem 15-4 é mostrada na Figura 15-7.

Uma visão detalhada da instrução do

O formato de um loop do é

```
do {
    Instruções
} while (Condição)
```

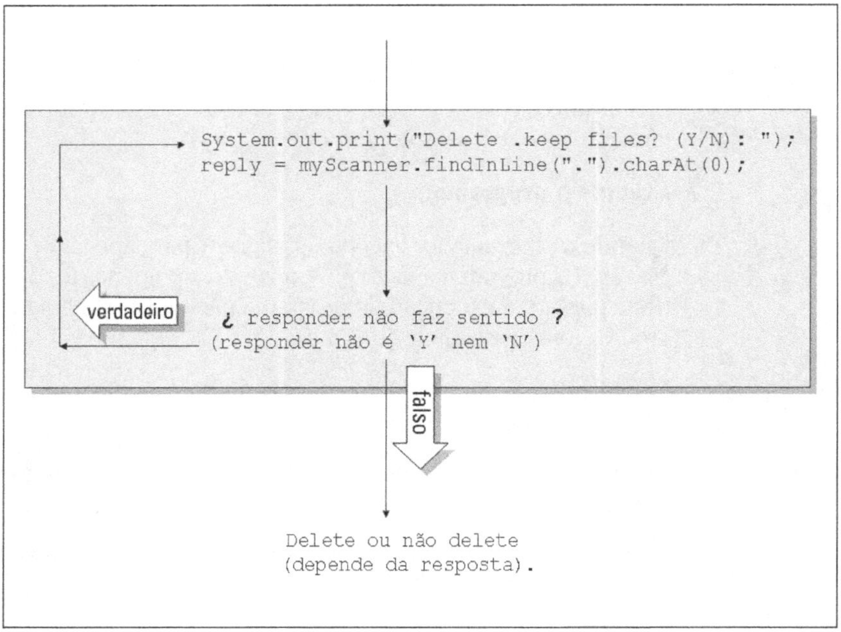

Figura 15-7: Aqui seguimos o loop, fazemos o loop.

Escrever a `Condição` no final do loop me lembra que o computador executa antes a `Instrução` dentro do loop. Depois de o computador executar a `Instrução`, ele prossegue para verificar a `Condição`. Se a `Condição` for true, o computador voltará para outra iteração da `Instrução`.

Com um loop `do`, o computador sempre executa as instruções dentro do loop pelo menos uma vez:

```
//Este código imprime algo:
int twoPlusTwo = 2 + 2;
do {
    System.out.println("Are you kidding?");
    System.out.println("2+2 doesn't equal 5.");
    System.out.print  ("Everyone knows that");
    System.out.println(" 2+2 equals 3.");
} while (twoPlusTwo == 5);
```

Este código exibe `Are you kidding? 2+2 doesn't equal 5` ... *and so on* (Você está brincando? 2+2 não é igual a 5 ... etc.), então testa a condição `twoPlusTwo == 5`. Como `twoPlusTwo == 5` é false, o computador não volta para outra iteração. Ao contrário, ele salta para qualquer código que venha imediatamente após o loop.

Repetindo com Valores Predeterminados (Instrução for Aperfeiçoada do Java)

A maioria das pessoas diz que "nunca ganha nada". Outras pessoas ganham em rifas, sorteios e competições, mas não ganham coisas. Bem, tenho novidades para essas pessoas — o restante das pessoas também não ganha coisas. Ninguém ganha coisas. É assim que as leis da probabilidade funcionam. Sua chance de ganhar em uma das loterias populares é mais ou menos de uma em 135 milhões. Se você vender sua casa que vale $250 mil e usar todo o dinheiro para comprar bilhetes de loteria, sua chance de ganhar ainda seria de apenas uma em 540. Se você jogar todos os dias do mês (vendendo uma casa por dia), sua chance de ganhar uma bolada ainda seria inferior a uma em 15.

Naturalmente, nada no parágrafo anterior aplica-se a mim. Eu não compro bilhetes de loteria, mas geralmente ganho coisas. Minha tendência para ganhar começou há alguns anos. Ganhei um software Java caro no final de um seminário online. Mais tarde naquele mês, ganhei um anel para o dedo mindinho com um microchip (uma lembrança de uma conferência Java de 1998). No ano seguinte, ganhei um PDA sem fio. Apenas uma semana depois, ganhei uma impressora comercial sofisticada.

Nunca gasto dinheiro para entrar em nenhuma competição. Todas esses ganhos são gratuitos. Quando a conferência nacional dos educadores da Ciência da Computação reuniu-se em Reno, Nevada, meus colegas me convenceram a tentar as máquinas caça-níqueis. Perdi $23, então ganhei de volta $18. Nesse momento, parei de jogar. Eu quis sair enquanto estava perdendo apenas $5.

É por isso que minha escrita de um programa Java sobre máquinas caça-níqueis é tão estranha. Uma máquina caça-níqueis típica tem três carretéis, com cada um tendo cerca de 20 símbolos. Mas para mostrar as ideias desta seção não preciso de 20 símbolos. Ao contrário, uso quatro símbolos — uma cereja, um limão, uma laranja e um nabo.

Criando um loop for aperfeiçoado

Quando você jogar em minha máquina caça-níqueis simplificada, poderá girar qualquer uma das mais de 60 combinações — cereja+cereja+laranja, nabo+nabo+nabo ou qualquer coisa. O objetivo deste capítulo é listar todas as possíveis combinações. Mas primeiro mostrarei outro tipo de loop. A Listagem 15-5 define um tipo enum para os símbolos de uma máquina caça-níqueis e exibe uma lista dos símbolos. (Para uma introdução sobre os tipos enum, veja o Capítulo 10.)

Listagem 15-5: Símbolos da Máquina Caça-Níqueis

```
import static java.lang.System.out;

class ListSymbols {

  enum Symbol {
    cherry, lemon, kumquat, rutabaga
  }

  public static void main(String args[]) {
    for (Symbol leftReel : Symbol.values()) {
      out.println(leftReel);
    }
  }
}
```

A Listagem 15-5 usa o *loop for aperfeiçoado* do Java. A palavra "aperfeiçoado" significa "aperfeiçoado em comparação com os loops nas versões anteriores do Java". O loop `for` aperfeiçoado foi introduzido no Java versão 5.0. Se você executar o Java versão 1.4.2 (ou algo assim), então não poderá usar um loop `for` aperfeiçoado.

Eis o formato do loop `for` aperfeiçoado:

```
for (NomeTipo nomeVariável : FaixaDeValores) {
    Instruções
}
```

Eis como o loop na Listagem 15-5 segue o formato:

- **Na Listagem 15-5, a palavra `Symbol` é o nome de um tipo.**

  O tipo `int` descreve valores, tais como -1, 0, 1 e 2. O tipo `boolean` descreve os valores `true` e `false`. E (por causa do código na Listagem 15-5) o tipo `Symbol` descreve os valores `cherry`, `lemon`, `kumquat` e `rutabaga`. Para obter mais informações sobre os tipos enum, como, por exemplo, `Symbol`, veja o Capítulo 10.

- **Na Listagem 15-5, a palavra `leftReel` é o nome de uma variável.**

  O loop na Listagem 15-1 define `count` como sendo uma variável `int`. Do mesmo modo, o loop na Listagem 15-5 define `leftReel` como sendo uma variável `Symbol`. Portanto, na teoria, a variável `leftReel` pode aceitar qualquer um dos quatro valores `Symbol`.

  A propósito, eu chamo esta variável de `leftReel` porque o código lista todos os símbolos que podem aparecer no carretel mais à esquerda da máquina caça-níqueis. Como todos os três carretéis da máquina caça-níqueis têm os mesmos símbolos, eu também poderia ter nomeado essa variável como `middleReel` ou `rightReel`. Mas pensando novamente, guardarei os nomes `middleReel` e `rightReel` para um exemplo posterior.

- **Na Listagem 15-5, a expressão `Symbol.values()` significa os quatro valores na Listagem 15-5.**

  Para citar o que eu já disse no ponto anterior, "na teoria, a variável `leftReel` pode aceitar qualquer um dos quatro valores `Symbol`". Bem, a parte *`FaixaDeValores`* da instrução `for` transforma a teoria em prática. O terceiro item entre parênteses informa: "Tenha tantas iterações do loop quanto valores `Symbol` e faça com que a variável `leftReel` aceite um valor `Symbol` diferente durante cada iteração do loop".

  Portanto, o loop na Listagem 15-5 passa por quatro iterações — uma iteração na qual `leftReel` tem o valor `cherry`, outra iteração na qual `leftReel` tem o valor `lemon`, uma terceira iteração na qual `leftReel` tem o valor `kumquat` e uma quarta iteração na qual `leftReel` tem o valor `rutabaga`. Em cada iteração, o programa imprime o valor da variável `leftReel`. O resultado está na Figura 15-8.

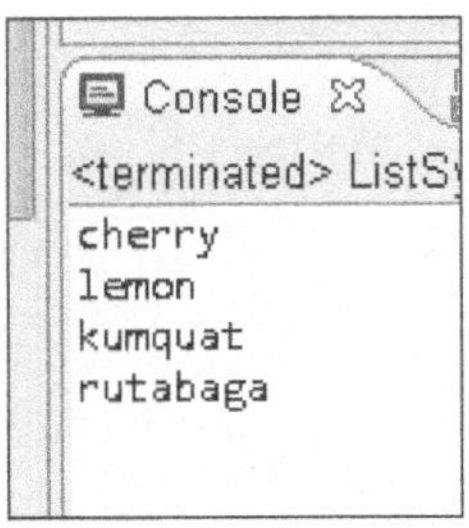

Figura 15-8: A saída do código na Listagem 15-5.

Em geral, uma expressão *`algumNomeTipoEnum`*`.values()` significa o conjunto de valores que a variável de um determinado tipo enum pode ter. Por exemplo, na Listagem 10-7 você pode usar a expressão `WhoWins.values()` para se referir aos valores `home`, `visitor` e `neither`.

DICA

A diferença entre o nome de um tipo (como `Symbol`) e os valores do tipo (como em `Symbol.values()`) é realmente sutil. Felizmente, você não tem que se preocupar com essa diferença. Como programador iniciante, você pode simplesmente usar o sufixo `values()` na parte *`FaixaDeValores`* de um loop aperfeiçoado.

Aninhando os loops for aperfeiçoados

A Listagem 15-5 resolve um problema simples de uma maneira muito elegante. Portanto, depois de ler a Listagem 15-5 você pedirá por problemas mais complicados. "Posso listar todas as possíveis combinações de três carretéis para os quatro símbolos da máquina caça-níqueis?" Sim, você pode. A Listagem 15-6 mostra como fazer isto.

Listagem 15-6: Listando as Combinações

```
import static java.lang.System.out;

class ListCombinations {

    enum Symbol {
        cherry, lemon, kumquat, rutabaga
    }

    public static void main(String args[]) {

        for (Symbol leftReel : Symbol.values()) {
            for (Symbol middleReel : Symbol.values()) {
                for (Symbol rightReel : Symbol.values()) {
                    out.print(leftReel);
                    out.print(" ");
                    out.print(middleReel);
                    out.print(" ");
                    out.println(rightReel);
                }
            }
        }
    }
}
```

Quando você executar o programa na Listagem 15-6, obterá 64 linhas de saída. Algumas dessas linhas são mostradas na Figura 15-9.

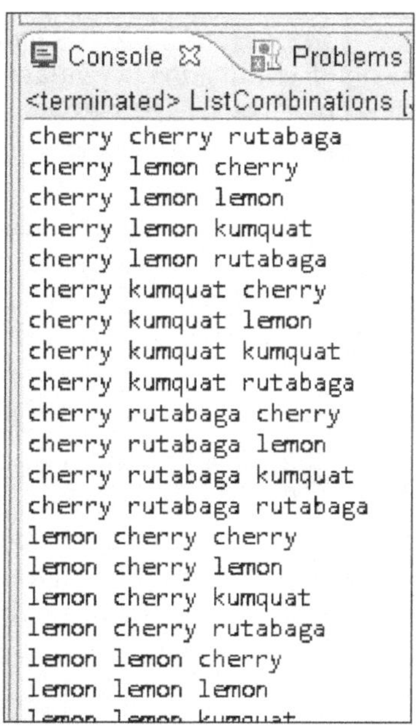

Figura 15-9: As primeiras das várias linhas de saída do código na Listagem 15-6.

Como o código na Listagem 15-3, o programa na Listagem 15-6 contém um loop dentro de um loop. Na verdade, a Listagem 15-6 tem um loop dentro de um loop dentro de um loop. Eis a estratégia na Listagem 15-6:

```
for (cada um dos 4 símbolos que podem aparecer
     no carretel à esquerda),

     for (cada um dos 4 símbolos que podem aparecer
          no carretel do meio),

          for (cada um dos 4 símbolos que podem aparecer
               no carretel à direita),

               exiba os símbolos dos três carretéis.
```

Portanto, você inicia o loop externo com o símbolo `cherry`. Então prossegue para o loop do meio e começa esse loop com o símbolo `cherry`. Depois, prossegue para o loop interno e seleciona `cherry` (um trocadilho subentendido). Finalmente, com cada loop ajustado para a definição `cherry`, você exibe a combinação `cherry cherry cherry` (veja Figura 15-10).

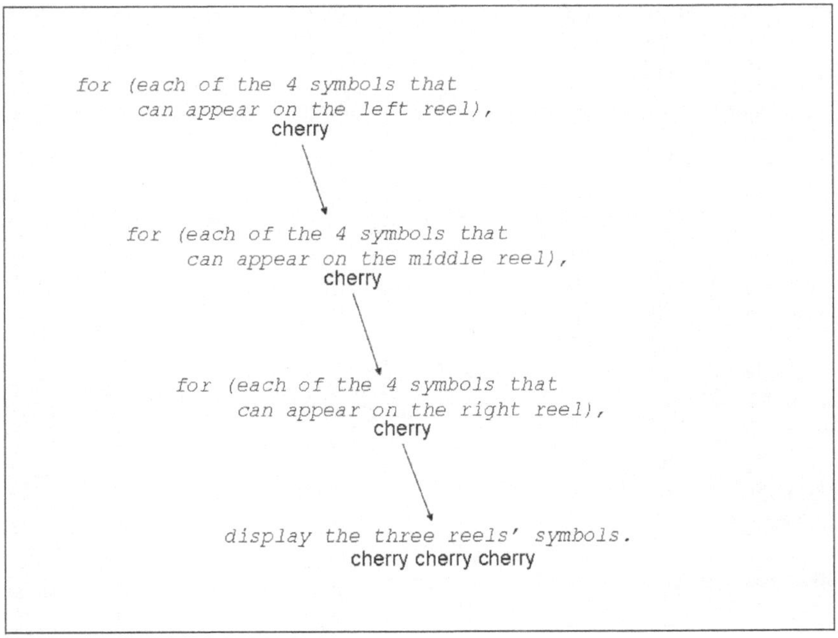

Figura 15-10: Inserindo loops pela primeira vez no programa da Listagem 15-6.

Depois de exibir `cherry cherry cherry`, você continua com os outros valores do loop mais interno. Ou seja, você muda o valor do carretel direito de `cherry` para `lemon` (veja Figura 15-11). Agora os valores dos três carretéis são `cherry cherry lemon`, portanto, você exibe esses valores na tela. (Veja a segunda linha na Figura 15-9.)

Depois de passar pelos quatro valores do loop mais interno (carretel direito), você sai desse loop mais interno. Mas a saída coloca-o de volta ao início do loop do meio, onde você muda o valor de `middleReel` de `cherry` para `lemon`. Agora os valores de `leftReel` e `middleReel` são `cherry` e `lemon`, respectivamente (veja Figura 15-12).

Tendo mudado para `lemon` no loop do meio, você se movimenta novamente para o loop mais interno. Como se nunca tivesse visto esse loop interno antes, você define a variável do loop para `cherry` (veja Figura 15-13).

Depois de exibir a saborosa combinação `cherry lemon cherry`, você começa a mudar os valores do loop mais interno (veja Figura 15-14).

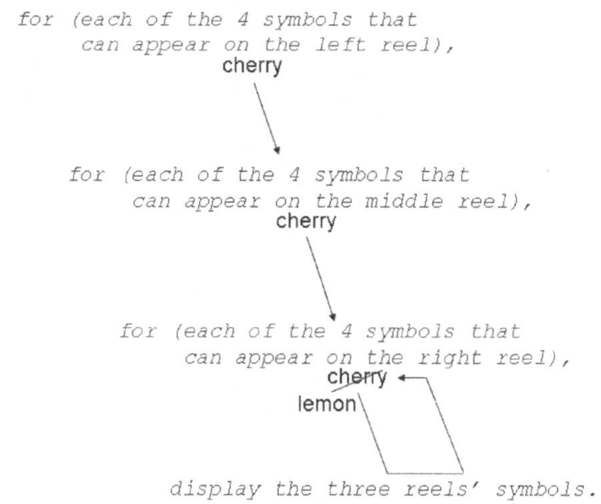

Figura 15-11: Mudando de cherry para lemon no loop mais interno.

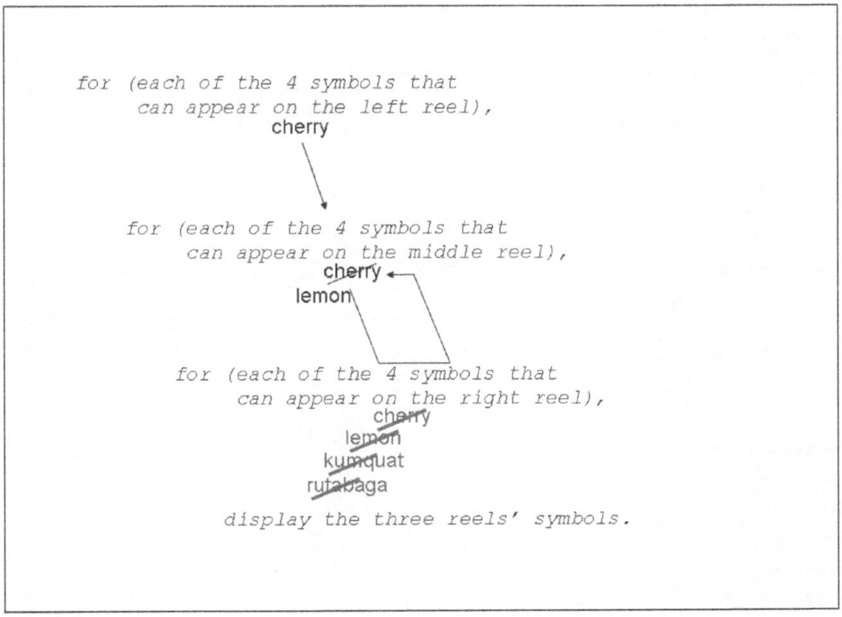

Figura 15-12: Mudando de cherry para lemon no loop do meio.

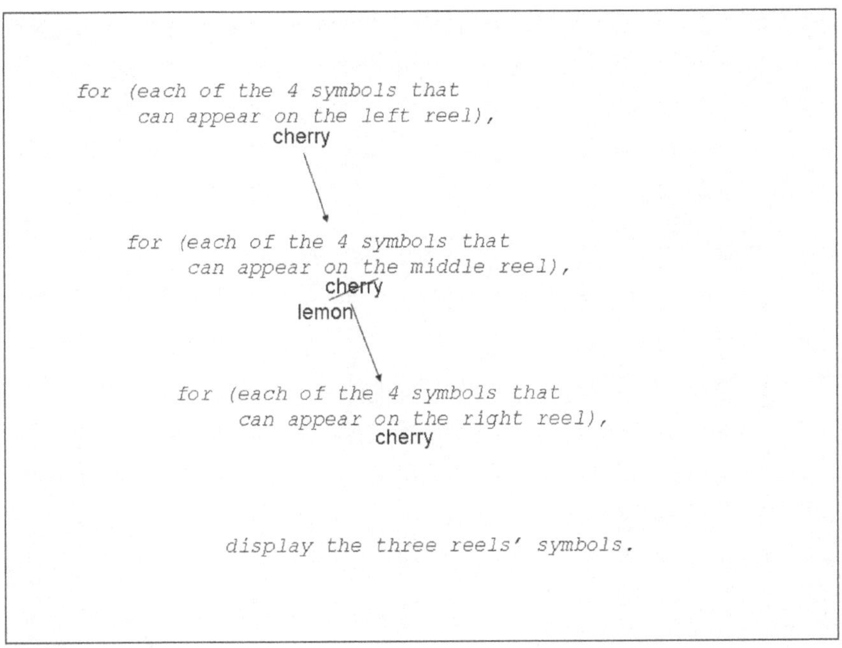

Figura 15-13: Reiniciando o loop interno.

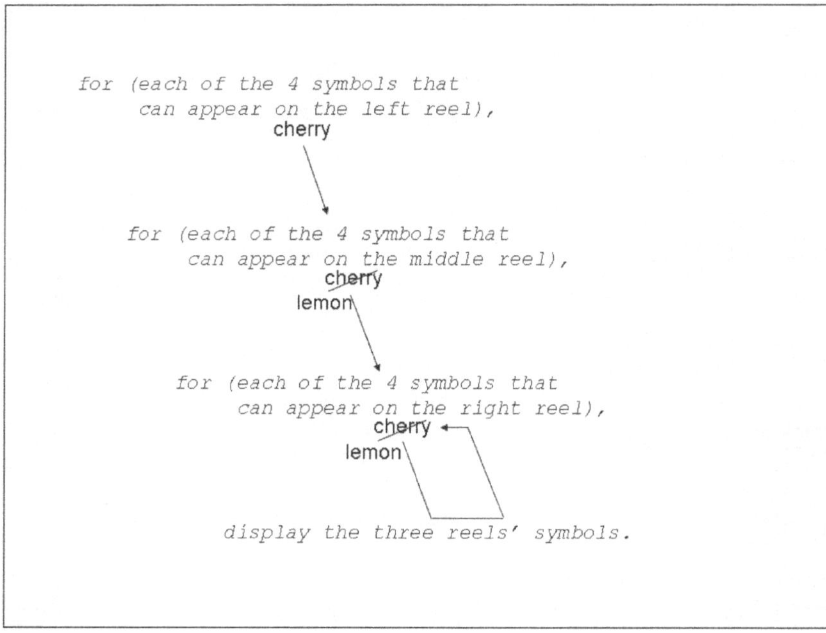

Figura 15-14: Viajando uma segunda vez pelo loop mais interno.

O loop continua prosseguindo até exibir todas as 64 combinações. Ufa!

Parte IV

Usando Unidades do Programa

A 5ª Onda Por Rich Tennant

"Realmente não consigo explicar, mas sempre que faço a animação de uma pessoa balançando um taco de golfe, um pedacinho do código some na home page."

Nesta parte...

Voltando à época de Elvis, as pessoas achavam que os programas de computador deveriam ser grandes listas de instruções. Então, durante os maravilhosos anos 1960, as pessoas decidiram modularizar seus programas. Um programa típico consistia em vários métodos (como, por exemplo, os métodos `main` nos exemplos deste livro). Finalmente, durante os importantes anos 1980, os programadores agruparam métodos e outras coisas em unidades chamadas *objetos*.

Longe de ser o destaque do mês, a programação orientada a objetos tornou-se a estrutura principal da computação moderna. Esta parte do livro informa tudo sobre isso.

Capítulo 16

Usando Loops e Arrays

Neste Capítulo

- Usando loops for ao máximo
- Armazenando muitos valores em uma única variável
- Trabalhando com grupos de valores

Este capítulo tem várias ilustrações. Para elas, as pessoas na Wiley insistiram em seguir a seguinte numeração: Figura 16-1, Figura 16-2, Figura 16-3, Figura 16-4, Figura 16-5, Figura 16-6 e Figura 16-7. Mas gosto de um tipo diferente de numeração. Gostaria de numerar as ilustrações como `figura[0]`, `figura[1]`, `figura[2]`, `figura[3]`, `figura[4]`, `figura[5]` e `figura[6]`. Neste capítulo, você descobrirá o motivo.

Alguns Loops em Ação

A Hospedaria Java, com dez quartos confortáveis, fica em um lugar tranquilo, afastado da rodovia principal. Ao lado de um pequeno escritório anexo, a hospedaria é apenas uma longa fila de quartos no andar térreo. Cada quarto é facilmente acessível a partir de um espaçoso estacionamento na parte da frente.

De modo bem estranho, os quartos do hotel são numerados de 0 a 9. Eu diria que a numeração é ao acaso — algo com relação à planta original do construtor. Mas a verdade é que iniciar em 0 faz com que os exemplos neste capítulo sejam mais fáceis de escrever.

Você, como gerente da Hospedaria Java, armazena os dados da ocupação em um arquivo no disco rígido de seu computador. O arquivo tem apenas uma entrada para cada quarto na hospedaria. Por exemplo, na Figura 16-1, o Quarto 0 tem um hóspede, o Quarto 1 tem quatro hóspedes, o Quarto 2 está vazio etc.

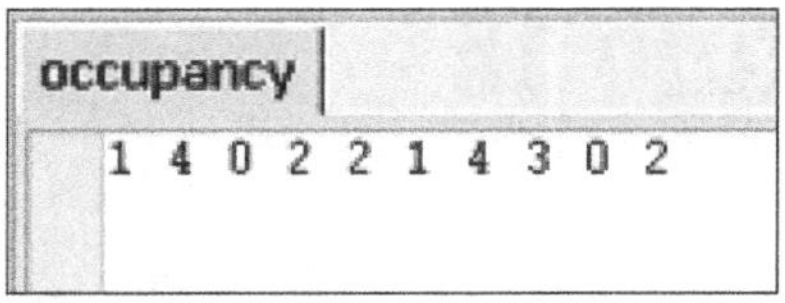

Figura 16-1: Os dados de ocupação da Hospedaria Java.

Você deseja um relatório que mostre o número de hóspedes em cada quarto. Como você sabe quantos quartos existem, este problema implora por um loop `for`. O código para resolver este problema está na Listagem 16-1 e uma execução dele é mostrada na Figura 16-2.

Listagem 16-1: Um Programa para Gerar um Relatório de Ocupação

```
import java.util.Scanner;
import java.io.File;
import java.io.FileNotFoundException;
import static java.lang.System.out;

class ShowOccupancy {

    public static void main(String args[])
                                throws FileNotFoundException {

        Scanner diskScanner =
            new Scanner(new File("occupancy"));

        out.println("Room\tGuests");

        for (int roomNum = 0; roomNum < 10; roomNum++) {
            out.print(roomNum);
            out.print("\t");
            out.println(diskScanner.nextInt());
        }
    }
}
```

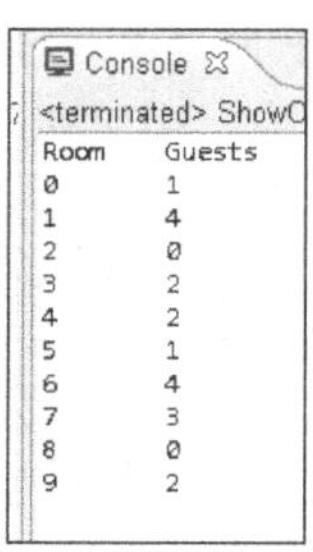

Figura 16-2: Executando o código na Listagem 16-1.

A Listagem 16-1 usa um loop `for` — o tipo de loop descrito no Capítulo 15. Como o valor da variável `roomNum` vai de 0 a 9, o programa exibe um número após o outro a partir do arquivo `occupancy`. Para ler mais sobre como obter números a partir de um arquivo em disco, tal como o arquivo `occupancy`, veja o Capítulo 13.

O arquivo de entrada deste exemplo é denominado `occupancy` — e não `occupancy.txt`. Se você usar o Bloco de Notas do Windows para criar um arquivo `occupancy`, deverá usar aspas no campo File Name (Nome de Arquivo) da caixa de diálogo Save As (Salvar Como). Ou seja, você deverá digitar `"occupancy"` (com aspas) no campo File Name. Se não colocar aspas no nome, então o Bloco de Notas adicionará uma extensão padrão ao nome do arquivo (transformando `occupancy` em `occupancy.txt`). Um problema parecido se aplica ao programa TextEdit do Macintosh. Por padrão, o TextEdit adiciona a extensão `.rtf` a cada novo arquivo. Para anular o padrão `.rtf` para um determinado arquivo, selecione Format (Formatar) ⇨ Make Plain Text (Criar Texto Comum). Para anular o padrão para todos os arquivos recém-criados, escolha TextEdit ⇨ Preferences (Preferências). Então, na parte Format (Formatar) da guia New Document (Novo Documento) da caixa de diálogo Preferences, selecione Plain Text (Texto Comum).

Decidindo sobre o limite de um loop em tempo de execução

Às vezes você pode querer um relatório mais sucinto do que o mostrado na Figura 16-2. "Não me dê uma longa lista de quartos", você diz. "Apenas o número de hóspedes no Quarto 3." Para obter tal relatório, você precisa de um programa um pouco mais esperto. O programa está na Listagem 16-2, com as execuções dele mostradas na Figura 16-3.

Listagem 16-2: O Relatório de um Quarto Apenas, Por Favor

```
import java.util.Scanner;
import java.io.File;
import java.io.FileNotFoundException;
import static java.lang.System.out;

public class ShowOneRoomOccupancy {

   public static void main(String args[])
                           throws FileNotFoundException {

      Scanner myScanner = new Scanner(System.in);
      Scanner diskScanner =
            new Scanner(new File("occupancy"));
      int whichRoom;

      out.print("Which room? ");
      whichRoom = myScanner.nextInt();
```

(continua)

Listagem 16-2: *(continuação)*

```
        for (int roomNum = 0;
                roomNum < whichRoom; roomNum++){

            diskScanner.nextInt();
        }

        out.print("Room ");
        out.print(whichRoom);
        out.print(" has ");
        out.print(diskScanner.nextInt());
        out.println(" guest(s).");
    }
}
```

```
Which room? 3
Room 3 has 2 guest(s).


Which room? 5
Room 5 has 1 guest(s).


Which room? 8
Room 8 has 0 guest(s).


Which room? 10
Room 10 has Exception in thread "main" java.util.NoSuchElementException
        at java.util.Scanner.throwFor(Scanner.java:817)
        at java.util.Scanner.next(Scanner.java:1431)
        at java.util.Scanner.nextInt(Scanner.java:2040)
        at java.util.Scanner.nextInt(Scanner.java:2000)
        at ShowOneRoomOccupancy.main(ShowOneRoomOccupancy.java:26)
```

Figura 16-3: Alguns relatórios de um quarto.

Se a Listagem 16-2 tem uma moral, é que o número de iterações do loop `for` pode variar entre as execuções. O loop na Listagem 16-2 continua executando, contanto que a variável de contagem `roomNum` seja menor que um número de quarto especificado pelo usuário. Quando `roomNum` for igual ao número especificado pelo usuário (ou seja, quando `roomNum` é igual a `whichRoom`), o computador sairá do loop. Então o computador pegará mais um valor `int` no arquivo `occupancy` e exibirá esse valor na tela.

Quando você vir as execuções na Figura 16-3, será importante lembrar a numeração incomum dos quartos. O Quarto 3 tem dois hóspedes porque o Quarto 3 é o *quarto* quarto no arquivo `occupancy` da Figura 16-1. Isso é assim porque os quartos da hospedaria são numerados de 0 a 9.

Pegando a entrada aqui e acolá

A Listagem 16-2 mostra algumas questões essenciais em torno da entrada de dados. Em primeiro lugar, o programa obtém uma entrada no teclado e outra em um arquivo em disco. (O programa obtém o número de um quarto no teclado. Então o programa obtém o número de hóspedes desse quarto a partir do arquivo `occupancy`.) Para que isto aconteça, a Listagem 16-2 exibe duas declarações `Scanner` — uma para declarar `myScanner` e outra para declarar `diskScanner`.

Posteriormente no programa, a chamada `myScanner.nextInt` lê a partir do teclado e `diskScanner.nextInt` lê a partir do arquivo. No programa, você pode ler a partir do teclado ou do disco quantas vezes desejar. Você pode ainda misturar as chamadas — ler uma vez a partir do teclado, ou três vezes do disco, ou então duas vezes do teclado etc. Tudo que você tem que fazer é lembrar de usar `myScanner` sempre que ler a partir do teclado e usar `diskScanner` sempre que ler a partir do disco.

Outra informação interessante na Listagem 16-2 tem relação com o arquivo `occupancy`. Muitos exemplos deste capítulo leem a partir de um arquivo `occupancy` e eu uso os mesmos dados em cada um dos exemplos. (Uso os dados mostrados na Figura 16-1.) Para executar um exemplo, copio o arquivo `occupancy` de um projeto Eclipse para outro. (Antes de executar o código na Listagem 16-2, vou para meu antigo projeto `16-01` no Package Explorer do Eclipse. Clico com o botão direito no arquivo `occupancy` no projeto `16-01` e seleciono Copy (Copiar) no menu contextual. Então clico com o botão direito na nova seção do projeto `16-02` e seleciono Paste (Colar) no menu contextual. Como sempre, os usuários Mac pressionam Control-clique, ao invés de clicar com o botão direito.)

Na vida real, ter várias cópias de um arquivo de dados pode ser perigoso. Você pode modificar uma cópia, então, sem querer, ler os dados desatualizados em uma cópia diferente. Com certeza, você deve ter cópias de backup, mas deve ter apenas uma cópia "mestre" — a cópia a partir da qual todos os programas obtêm a mesma entrada.

Portanto, em um programa real você não copia o arquivo `occupancy` de um projeto para outro. O que fazer? Você coloca um arquivo `occupancy` em um local em seu disco rígido, e então faz com que cada programa aponte para o arquivo usando os seus nomes completos (com o caminho de diretórios). Por exemplo, se seu arquivo `occupancy` estiver no diretório `c:\Oct\22`, você escreverá

```
Scanner diskScanner =
  new Scanner(new File(
  "c:\\oct\\22\\occupancy"));
```

Uma seção complementar no Capítulo 13 tem mais detalhes sobre os nomes de arquivo e as barras invertidas duplas.

Usando todos os tipos de condições em um loop for

Veja a execução na Figura 16-3 e note o comportamento terrível do programa quando o usuário pergunta, por engano, sobre um quarto inexistente. A hospedaria não tem o Quarto 10. Se você pedir o número de hóspedes no Quarto 10, o programa tentará ler mais números do que o arquivo `occupancy` contém. Essa tentativa infeliz causa uma `NoSuchElementException`.

A Listagem 16-3 corrige o problema do final de arquivo.

Listagem 16-3: Uma Versão mais Aprimorada do Código de um Quarto

```
import java.util.Scanner;
import java.io.File;
import java.io.FileNotFoundException;
import static java.lang.System.out;

public class BetterShowOneRoom {

   public static void main(String args[])
                         throws FileNotFoundException {

      Scanner myScanner = new Scanner(System.in);
      Scanner diskScanner =
            new Scanner(new File("occupancy"));
      int whichRoom;

      out.print("Which room? ");
      whichRoom = myScanner.nextInt();

      for (int roomNum = 0;
            roomNum < whichRoom && diskScanner.hasNext();
            roomNum++) {

         diskScanner.nextInt();
      }

      if (diskScanner.hasNext()) {
         out.print("Room ");
         out.print(whichRoom);
         out.print(" has ");
         out.print(diskScanner.nextInt());
         out.println(" guest(s).");
      }
   }
}
```

O código na Listagem 16-3 não impressiona muito. Para obtê-lo, você pega o código na Listagem 16-2 e adiciona alguns testes para o final do arquivo `occupancy`. Você executa o teste `diskScanner.hasNext` antes de cada chamada para `nextInt`. Assim, se a chamada para `nextInt` estiver fadada a falhar, você obterá a falha em potencial antes que ela aconteça. Algumas execuções de teste do código na Listagem 16-3 são mostradas na Figura 16-4.

PAPO DE ESPECIALISTA

Na Listagem 16-3, desejo saber se o arquivo `occupancy` ainda contém dados (qualquer dado que eu não tenha lido). Portanto, chamo o método `hasNext` da classe `Scanner`. O método `hasNext` procura para saber se eu posso ler qualquer tipo de dado — um valor `int`, valor `double`, palavra, `boolean` ou qualquer coisa. Isto está correto para o exemplo desta seção, mas em algumas situações você pode precisar ser mais meticuloso sobre seus dados de entrada. Por exemplo, você pode querer saber se pode chamar `nextInt` (em oposição a `nextDouble` ou `nextLine`). Felizmente, o Java tem métodos específicos para suas necessidades na entrada de dados. O código `if (diskScanner.hasNextInt())` testa para saber se você pode ler um valor `int` a partir do arquivo em disco. O Java também tem métodos, como `hasNextLine`, `hasNextDouble` etc. Para obter mais informações sobre o tradicional método `hasNext`, veja o Capítulo 14.

```
Which room? 0
Room 0 has 1 guest(s).

Which room? 6
Room 6 has 4 guest(s).

Which room? 2
Room 2 has 0 guest(s).

Which room? 10
```

Figura 16-4: O número incorreto do Quarto 10 não obtém resposta.

A Listagem 16-3 tem uma grande condição para manter o loop `for` funcionando:

```
for (int roomNum = 0;
     roomNum < whichRoom && diskScanner.hasNext();
     roomNum++) {
```

Muitas condições do loop `for` são simples testes "menor que", mas não há nenhuma regra dizendo que todas as condições do loop `for` têm que ser tão simples. Na verdade, qualquer expressão pode ser a condição de um loop `for`, contanto que a expressão tenha o valor `true` ou `false`. A condição na Listagem 16-3 combina um "menor que" com uma chamada para o método `hasNext` da classe `Scanner`.

Leitor, Conheça os Arrays; Arrays, Conheçam o Leitor

Um viajante cansado vai até a recepção da Hospedaria Java. “Eu gostaria de um quarto”, diz ele. Então o recepcionista executa um relatório como o mostrado na Figura 16-2. Notando o primeiro quarto vazio na lista, o recepcionista sugere o Quarto 2. “Ficarei com ele”, diz o viajante.

É tão difícil ter bons colaboradores atualmente. Quantas vezes você disse ao recepcionista para preencher primeiro os quartos com números mais altos? Os quartos com números mais baixos são mais antigos e estão precisando urgentemente de reparos. Por exemplo, o Quarto 3 tem uma piscina interna. (As tubulações vazam, portanto, o tapete fica molhado.) O Quarto 2 não tem aquecimento (de qualquer modo, não estamos no inverno). O Quarto 1 tem sérios problemas elétricos (portanto, nesse quarto, você sempre pede o pagamento antecipado). Além disso, o Quarto 8 está vago e você cobra mais pelos quartos com números mais altos.

Eis onde uma mudança sutil na apresentação pode fazer uma grande diferença. Você precisa de um programa que liste os quartos vagos na ordem inversa. Assim, o Quarto 8 chamaria a atenção do recepcionista antes do Quarto 2.

Pense nas estratégias para um programa que exibe os dados na ordem inversa. Com a entrada da Figura 16-1, a saída do programa deve se parecer com a exibição na Figura 16-5.

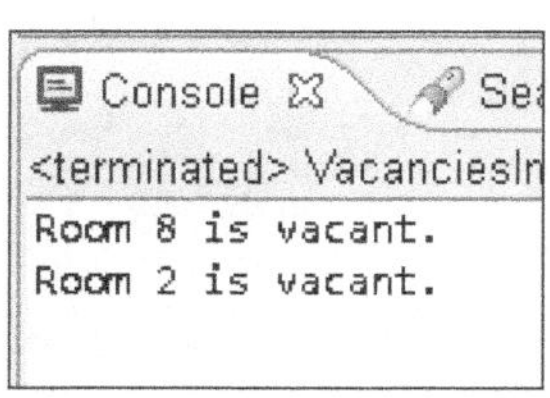

Figura 16-5: Uma lista dos quartos vagos, com os quartos com números mais altos mostrados primeiro.

Eis a primeira ideia (ruim) para uma estratégia de programação:

```
Obtenha o último valor no arquivo occupancy file.
Se o valor for 0, imprima o número do quarto.

Obtenha o penúltimo valor no arquivo occupancy file.
Se o valor for 0, imprima o número do quarto.

… e assim por diante.
```

Com alguns programas de entrada/saída elegantes, esta estratégia pode funcionar. Mas não importa qual programa de entrada/saída você usa, saltar diretamente para o final ou para o meio de um arquivo é um grande problema. É especialmente ruim se você pretende saltar repetidamente. Portanto, volte para a prancheta e pense em algo melhor.

Eis uma ideia. Leia todos os valores no arquivo `occupancy` e armazene cada valor em uma variável própria. Então percorra as variáveis na ordem inversa, exibindo o número do quarto quando for apropriado.

Esta ideia funciona, mas o código é tão feio que eu me recuso a dignificá-lo chamando-o de "Listagem". Não, é apenas um tipo "veja o seguinte código". Assim, por favor, veja o seguinte código feio:

```
/*
* Ui! Não suporto este código feio!
 */
guestsIn0 = diskScanner.nextInt();
guestsIn1 = diskScanner.nextInt();
guestsIn2 = diskScanner.nextInt();
guestsIn3 = diskScanner.nextInt();
guestsIn4 = diskScanner.nextInt();
guestsIn5 = diskScanner.nextInt();
guestsIn6 = diskScanner.nextInt();
guestsIn7 = diskScanner.nextInt();
guestsIn8 = diskScanner.nextInt();
guestsIn9 = diskScanner.nextInt();

if (guestsIn9 == 0) {
    System.out.println(9);
}
if (guestsIn8 == 0) {
    System.out.println(8);
}
if (guestsIn7 == 0) {
    System.out.println(7);
}
if (guestsIn6 == 0) {

// … Etc.
```

O que falta é um modo uniforme de nomear as dez variáveis. Ou seja, seria bom escrever

```
/*
* Boa ideia, mas isto não é um código Java real:
 */

//Leia para frente
for (int roomNum = 0; roomNum < 10; roomNum++) {
    guestsInroomNum = diskScanner.nextInt();
}

//Escreva para trás
for (int roomNum = 9; roomNum >= 0; roomNum--) {
    if (guestsInroomNum == 0) {
        System.out.println(roomNum);
    }
}
```

Bem, você pode escrever loops deste tipo. Tudo de que precisa são alguns colchetes. Quando você adiciona colchetes à ideia mostrada no código anterior, obtém o que é chamado de array. Um *array* é uma linha de valores, como a fila de quartos em uma hospedaria com um andar. Para compreender o array, observe a Hospedaria Java:

- Primeiro, perceba os quartos, alinhados próximos uns dos outros.
- Em seguida, imagine os mesmos quartos, sem suas paredes da frente. Dentro de cada quarto você pode ver certo número de hóspedes.
- Se puder, esqueça que os dois hóspedes no Quarto 9 estão colocando pilhas de notas em uma grande pasta de documentos. Ignore o fato de que o hóspede no Quarto 5 não se afastou da TV por um dia e meio. Ao invés de todos esses detalhes, veja apenas os números. Em cada quarto, veja um número representando a quantidade de hóspedes nele. (Se a visualização livre não for seu ponto forte, então dê uma olhada na Figura 16-6.)

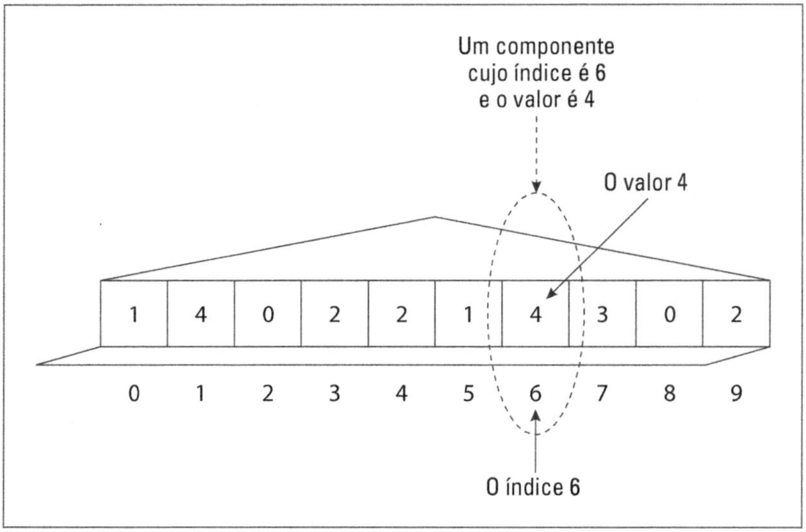

Figura 16-6: Uma representação abstrata dos quartos na Hospedaria Java.

No jargão da programação Java, a fila inteira de quartos é chamada de *array*. Cada quarto no array é chamado de *componente* do array (também conhecido como *elemento* do array). Cada componente tem dois números associados:

- **Índice:** No caso do array Hospedaria Java, o índice é o número do quarto (um número de 0 a 9).
- **Valor:** No array Hospedaria Java, o valor é o número de hóspedes em um dado quarto (um número armazenado em um componente do array).

Usar um array evita ter que declarar dez variáveis separadas: `guestsIn0`, `guestsIn1`, `guestsIn2` etc. Para declarar um array com 10 valores, você pode escrever duas pequenas linhas de código:

```
int guestsIn[];
guestsIn = new int[10];
```

Pode até colocar essas duas linhas em uma linha maior:

```
int guestsIn[] = new int[10];
```

Nos dois fragmentos de código, note o uso do número `10`. Esse número informa ao computador para fazer com que o array `guestsIn` tenha dez componentes. Cada componente do array tem um nome próprio. O componente inicial é chamado de `guestsIn[0]`, o próximo é chamado de `guestsIn[1]` etc. O último dos dez componentes é chamado `guestsIn[9]`.

Ao criar um array, você sempre especifica o número de componentes. Os índices do array sempre começam em 0 e terminam com o número que é um menos o número de componentes. Por exemplo, se seu array tem dez componentes (e você declara o array com `new int[10]`), então os índices do array irão de 0 a 9.

Armazenando valores em um array

Depois de ter criado um array, você pode colocar valores nos componentes dele. Por exemplo, os hóspedes no Quarto 6 não suportam mais aquelas balas de menta que você coloca nas camas das pessoas. Portanto, eles saem, e o Quarto 6 fica vazio. Você deve colocar o valor 0 no componente 6. Pode fazer isso com esta instrução de atribuição:

```
guestsIn[6] = 0;
```

Em um dia da semana, os negócios vão mal. Não há ninguém na hospedaria. Mas, então, você tem sorte. Um grande ônibus chega à hospedaria. A lateral do ônibus tem um cartaz que informa "Convenção dos Lobos Solitários". Saem do ônibus umas 25 pessoas, todas indo para o pequeno escritório da hospedaria, ninguém prestando atenção às outras que estavam também no ônibus. Cada pessoa deseja um quarto particular. Apenas dez delas podem ficar na Hospedaria Java, mas tudo bem, pois você pode enviar os outros 15 lobos solitários para o antigo Resort C-Sice e Motor Lodge.

De qualquer modo, para registrar os dez lobos solitários na Hospedaria Java, você coloca um hóspede em cada um de seus dez quartos. Tendo criado um array, você pode aproveitar o índice do array e escrever um loop `for` assim:

```
for (int roomNum = 0; roomNum < 10; roomNum++) {
    guestsIn[roomNum] = 1;
}
```

Este loop substitui dez instruções de atribuição porque o computador executa a instrução `guestsIn[roomNum] = 1` dez vezes. Na primeira rodada, o valor de `roomNum` é 0, sendo assim, o computador executa

```
guestsIn[0] = 1;
```

Na próxima iteração do loop, o valor de `roomNum` é 1, portanto, o computador executa o equivalente à seguinte instrução:

```
guestsIn[1] = 1;
```

Durante a próxima iteração, o computador se comporta como se estivesse executando

```
guestsIn[2] = 1;
```

E assim por diante. Quando `roomNum` é 9, o computador executa o equivalente à seguinte instrução:

```
guestsIn[9] = 1;
```

Observe que o contador do loop vai de 0 a 9. Compare isto com a Figura 16-6 e lembre-se de que os índices de um array vão de 0 a 1 menos o número de componentes no array. Fazer um loop nos números de quarto de 0 a 9 cobre todos os quartos na Hospedaria Java.

LEMBRE-SE

Quando você trabalha com um array e percorre os componentes dele usando um loop `for`, normalmente inicia a variável do contador do loop em 0. Para formar a condição que testa outra iteração, em geral você escreve uma expressão, tal como `roomNum < *tamanhoArray*`, onde *`tamanhoArray`* é o número de componentes no array.

Criando um relatório

O código para criar o relatório na Figura 16-5 é mostrado na Listagem 16-4. Este novo programa usa a ideia do código mais feio do mundo (o código de várias páginas atrás com as variáveis `guestsIn0`, `guestsIn1` etc.). Mas, ao invés de ter dez variáveis separadas, a Listagem 16-4 usa um array.

Listagem 16-4: Percorrendo os Dados para a Frente e para Trás

```
import java.util.Scanner;
import java.io.File;
import java.io.FileNotFoundException;

class VacanciesInReverse {

    public static void main(String args[])
        throws FileNotFoundException {

        Scanner diskScanner =
            new Scanner(new File("occupancy"));
        int guestsIn[];
        guestsIn = new int[10];

        for (int roomNum = 0; roomNum < 10; roomNum++) {
            guestsIn[roomNum] = diskScanner.nextInt();
        }

        for (int roomNum = 9; roomNum >= 0; roomNum--) {
            if (guestsIn[roomNum] == 0) {
                System.out.print("Room ");
                System.out.print(roomNum);
                System.out.println(" is vacant.");
            }
        }
    }
}
```

Observe o que está entre parênteses no segundo loop `for` do programa `VacanciesInReverse`. É fácil errar nestas coisas. Você está visando um loop que verifica o Quarto 9, Quarto 8 etc.

```
if (guestsIn[9] == 0) {
    System.out.print(roomNum);
}
if (guestsIn[8] == 0) {
    System.out.print(roomNum);
}
if (guestsIn[7] == 0) {
    System.out.print(roomNum);
}

...And so on, until you get to...

if (guestsIn[0] == 0) {
    System.out.print(roomNum);
}
```

Algumas observações sobre o código:

- O contador do loop deve iniciar em 9:

```
for (int roomNum = 9; roomNum >= 0; roomNum--)
```

- Sempre ao percorrer o loop, o contador *diminui* em um:

```
for (int roomNum = 9; roomNum >= 0; roomNum--)
```

- O loop continua executando até que o contador seja *maior ou igual a* 0:

```
for (int roomNum = 9; roomNum >= 0; roomNum--)
```

Pense em cada um dos três itens e você escreverá um loop `for` perfeito.

Trabalhando com Arrays

Anteriormente neste capítulo, um ônibus cheio de lobos solitários apareceu em sua hospedaria. Quando finalmente saíram, você ficou contente por se livrar deles, mesmo que significasse ter todos os seus quartos vazios por um tempo. Mas agora, outro ônibus chega no estacionamento. Esse ônibus tem um cartaz que informa "Clube Gregário". Saem dos ônibus 50 pessoas, cada uma mais gregária do que a outra. Agora, todos em seu estacionamento estão suplicando para conhecer uns aos outros. Enquanto eles se encontram e cumprimentam, estão brincando enquanto vão em direção à recepção, cantando o tema do clube. (Ah, não! É o Canto Gregário!)

Os cinco primeiros gregários desejam o Quarto 7. É um aperto, mas você nunca foi muito rigoroso quanto às normas de segurança contra incêndios. Em seguida, vem um grupo de três com um desejo pelo Quarto 0. (Eles são programadores de computador e acham que o número do quarto é bonitinho.) Então, há um grupo de quatro gregários que desejam o Quarto 3. (A piscina interna parece atraente para eles.)

Com todo esse movimento, é melhor você ligar seu computador. Você inicia um programa que permite digitar os novos dados de ocupação. O programa tem cinco partes:

- **Crie um array, então coloque 0 em cada um dos componentes dele.**

  Quando os membros do Clube dos Lobos Solitários saíram, a hospedaria de repente ficou vazia. (Ora, mesmo antes de os membros do Clube dos Lobos Solitários terem saído a hospedaria parecia vazia.) Para declarar um array e preenchê-lo com zeros, você executa o seguinte tipo de código:

```
int guestsIn[];
guestsIn = new int[10];

for (int roomNum = 0; roomNum < 10; roomNum++) {
    guestsIn[roomNum] = 0;
}
```

- **Obtenha um número de quarto, então obtenha o número de hóspedes que ficarão nesse quarto.**

Ler os números digitados pelo usuário é algo bem monótono. Faça uma pequena solicitação e uma pequena chamada `nextInt` e tudo estará bem:

```
out.print("Room number: ");
whichRoom = myScanner.nextInt();
out.print("How many guests? ");
numGuests = myScanner.nextInt();
```

- **Use o número do quarto e o número de hóspedes para mudar um valor no array.**

  Anteriormente neste capítulo, para colocar um hóspede no Quarto 2, você executou

  ```
  guestsIn[2] = 1;
  ```

  Agora você tem duas variáveis — `numGuests` e `whichRoom`. Talvez `numGuests` seja 5 e `whichRoom` seja 7. Para colocar `numGuests` em `whichRoom` (ou seja, para colocar cinco hóspedes no Quarto 7), você pode executar

  ```
  guestsIn[whichRoom] = numGuests;
  ```

  Esta é a etapa fundamental neste design do novo programa.

- **Pergunte ao usuário se o programa deve continuar.**

  Existem mais hóspedes para colocar nos quartos? Para descobrir, execute este código:

  ```
      out.print("Do another? ");
  } while (myScanner.
          findWithinHorizon(".",0).charAt(0) == 'Y');
  ```

- **Exiba o número de hóspedes em cada quarto.**

  Sem problemas! Você já fez isto. Você pode roubar o código (quase literalmente) da Listagem 16-1:

  ```
  out.println("Room\tGuests");
  for (int roomNum = 0; roomNum < 10; roomNum++) {
      out.print(roomNum);
      out.print("\t");
      out.println(guestsIn[roomNum]);
  }
  ```

  A única diferença entre este último fragmento de código e o que existe na Listagem 16-1 é que esse novo código usa o array `guestsIn`. Ao percorrer pela primeira vez este loop, o código fará

  ```
  out.println(guestsIn[0]);
  ```

exibindo o número de hóspedes no Quarto 0. Na próxima vez que percorrer o loop, o código fará

```
out.println(guestsIn[1]);
```

exibindo o número de hóspedes no Quarto 1. Na última vez que percorrer o loop, o código fará

```
out.println(guestsIn[9]);
```

Isto é perfeito.

O programa completo (com as cinco partes reunidas) está na Listagem 16-5. Uma execução do programa é mostrada na Figura 16-7.

Listagem 16-5: Armazenando os Dados de Ocupação em um Array

```
import java.util.Scanner;
import static java.lang.System.out;

class AddGuests {

    public static void main(String args[]) {
        Scanner myScanner = new Scanner(System.in);
        int whichRoom, numGuests;
        int guestsIn[];
        guestsIn = new int[10];

        for (int roomNum = 0; roomNum < 10; roomNum++) {
            guestsIn[roomNum] = 0;
        }

        do {
            out.print("Room number: ");
            whichRoom = myScanner.nextInt();
            out.print("How many guests? ");
            numGuests = myScanner.nextInt();
            guestsIn[whichRoom] = numGuests;

            out.println();
            out.print("Do another? ");
        } while (myScanner.
              findWithinHorizon(".",0).charAt(0) == 'Y');

        out.println();
        out.println("Room\tGuests");
        for (int roomNum = 0; roomNum < 10; roomNum++) {
            out.print(roomNum);
            out.print("\t");
            out.println(guestsIn[roomNum]);
        }
    }
}
```

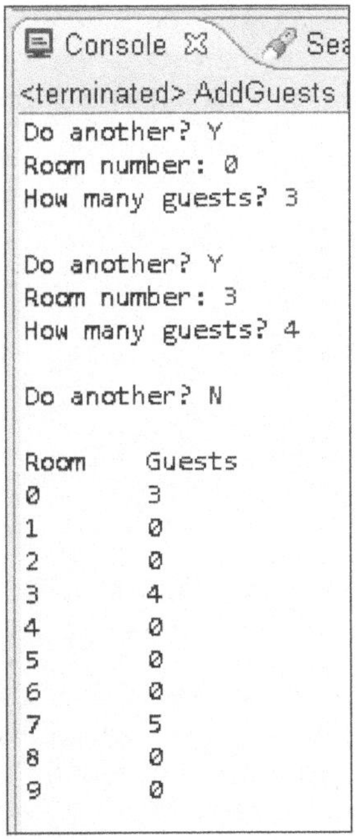

Figura 16-7: Executando o código na Listagem 16-5.

Ei! O programa na Listagem 16-5 é muito grande! Pode ser o maior programa até agora neste livro. Mas *grande* não significa necessariamente *difícil*. Se cada parte do programa fizer sentido, você poderá criar cada parte separadamente, e então reunir todas elas. Voilà! O código é gerenciável.

Fazendo um Loop no Estilo

A Listagem 15-6 usa um loop `for` aperfeiçoado para percorrer muitos valores. Nesse programa, os valores pertencem a um tipo enum. Bem, este capítulo também lida com muitos valores — ou seja, os valores em um array. Portanto, provavelmente não será uma surpresa se eu mostrar um loop `for` aperfeiçoado que percorre os valores de um array.

Para ver tal loop, inicie com o código na Listagem 16-5. O último loop nesse programa fica assim:

```
for (int roomNum = 0; roomNum < 10; roomNum++) {
    out.println(guestsIn[roomNum]);
}
```

Para transformar isto em um loop `for` aperfeiçoado, você criará um novo nome para a variável. (Que tal o nome `howMany`? Eu gosto dele.) Seja qual for o nome escolhido, a nova variável muda em uma faixa de valores no array `guestsIn`.

```
for (int howMany : guestsIn) {
    out.println(howMany);
}
```

Este loop aperfeiçoado usa o mesmo formato do loop no Capítulo 15.

```
for (NomeTipo nomeVariável : FaixaDeValores) {
    Instruções
}
```

No Capítulo 15, *FaixaDeValores* pertence a um tipo enum. Mas, no exemplo da seção complementar, *FaixaDeValores* pertence a um array.

Os loops `for` aperfeiçoados são ótimos e concisos. Mas, não fique muito ansioso para usar os loops aperfeiçoados com os arrays. Esse recurso tem algumas limitações desagradáveis. Por exemplo, meu novo loop `howMany` não exibe os números do quarto. Evito os números do quarto porque esses números em meu array `guestsIn` são os índices de 0 a 9. Infelizmente, um loop aperfeiçoado não fornece um acesso fácil aos índices de um array.

E aqui está outra surpresa desagradável. Inicie com o seguinte loop da Listagem 16-4:

```
for (int roomNum = 0; roomNum < 10; roomNum++) {
    guestsIn[roomNum] = diskScanner.nextInt();
}
```

Transforme esse loop `for` tradicional em um loop `for` aperfeiçoado e obtenha o seguinte código capcioso:

```
for (int howMany : guestsIn) {
    howMany = diskScanner.nextInt();   //Não faça isto
}
```

O novo loop aperfeiçoado não faz o que você deseja que ele faça. Esse loop lê os valores de um arquivo de entrada, e então descarta-os na lixeira. No final, os valores do array ficam inalterados.

É triste, mas é verdade. Para usar totalmente um array, você tem que voltar ao antigo loop `for` comum do Java.

Capítulo 17

Programando com Objetos e Classes

Neste Capítulo

- Programando com classe (e com estilo e requinte)
- Criando objetos a partir de classes
- Juntando-se à sociedade exclusiva do "Entendo as classes e os objetos"

Os Capítulos 6, 7 e 8 apresentaram os tipos primitivos do Java — coisas como `int`, `double`, `char` e `boolean`. É ótimo, mas com que frequência um problema real lida exclusivamente com tais valores simples? Considere uma troca entre um comerciante e um cliente. O cliente faz uma compra, que pode envolver os nomes dos itens, tamanhos, informações do cartão de crédito, impostos sobre vendas e muitas outras coisas.

Nas antigas linguagens de programação de computadores, você trata uma compra inteira como uma grande pilha de roupas sujas. Imagine um monte de meias, camisas e outras peças de roupa. Você não tem uma cesta, portanto, pega o máximo que conseguir. Enquanto caminha até a máquina de lavar, deixa cair algumas coisas — uma meia aqui e uma toalha acolá. É o antigo modo de armazenar os valores em uma compra. Nas linguagens mais antigas, não há uma compra. Existem apenas valores `double`, valores `char` e outros itens soltos. Você coloca a quantia da compra em uma variável, o nome do cliente em outra e os dados do imposto sobre vendas em algum outro lugar. Mas isso é terrível. Você tende a deixar cair coisas no caminho para o compilador. Com pequenos erros em um programa, você pode deixar cair facilmente uma quantia aqui e o nome de um cliente acolá.

Portanto, com a máquina de lavar e a programação de computadores, será melhor se você tiver uma cesta. As linguagens de programação mais novas, como o Java, permitem que você combine valores e crie novos tipos mais úteis. Por exemplo, no Java você pode combinar valores `double`, valores `boolean` e outros tipos de valores para criar algo que você chama de `Purchase` (compra). Como suas informações da compra estão todas em um pacote, controlar as partes da compra é mais fácil. Este é o início de um importante conceito de programação do computador — a noção da *programação orientada a objetos*.

Criando uma Classe

Começo com um exemplo “tradicional”. O programa na Listagem 17-1 processa os dados simples da compra. Duas execuções do programa são mostradas na Figura 17-1.

Listagem 17-1: Fazendo à Moda Antiga

```
import java.util.Scanner;

class ProcessData {

    public static void main(String args[]) {
        Scanner myScanner = new Scanner(System.in);
        double amount;
        boolean taxable;
        double total;

        System.out.print("Amount: ");
        amount = myScanner.nextDouble();
        System.out.print("Taxable? (true/false) ");
        taxable = myScanner.nextBoolean();

        if (taxable) {
           total = amount * 1.05;
        } else {
            total = amount;
        }

        System.out.print("Total: ");
        System.out.println(total);
    }
}
```

```
Amount: 20.00
Taxable? (true/false) false
Total: 20.0

Amount: 20.00
Taxable? (true/false) true
Total: 21.0
```

Figura 17-1: Processando a compra de um cliente.

Se a saída na Figura 17-1 parece engraçada, é porque eu não faço nada no código para controlar o número de dígitos além do ponto decimal. Portanto, na saída, o valor $20,00 fica como `20.0`. Tudo bem. Mostrarei como corrigir o problema no Capítulo 18.

Tipos por referência e classes Java

O código na Listagem 17-1 envolve alguns valores simples — `amount`, `taxable` e `total`. Portanto, eis o ponto principal deste capítulo. Combinando diversos valores simples, você pode obter um valor único mais útil. É assim que funciona. Você pega alguns tipos primitivos do Java, reúne-os para criar uma mistura de tipos primitivos, e o que obtém? Obtém um tipo mais útil chamado *tipo de referência*. A Listagem 17-2 tem um exemplo.

Listagem 17-2: Código Sem o `main`

```
class Purchase {
    double amount;
    boolean taxable;
    double total;
}
```

O código na Listagem 17-2 não tem um método `main`, portanto, o Eclipse pode compilar o código, mas você não pode executá-lo. Quando você escolhe Run (Executar) ⇨ Run As (Executar Como) no menu principal do Eclipse, o menu contextual resultante não tem nenhuma entrada Java Application (Aplicativo Java). Você pode clicar no pequeno botão Run As na barra de ferramentas do Eclipse, então selecionar Java Application. Mas, então, verá a caixa de mensagem mostrada na Figura 17-2. Como a Listagem 17-2 não tem nenhum método `main`, não há nenhum lugar para iniciar a execução. (Na verdade, o código na Listagem 17-2 não tem instruções. Não há nada para executar.)

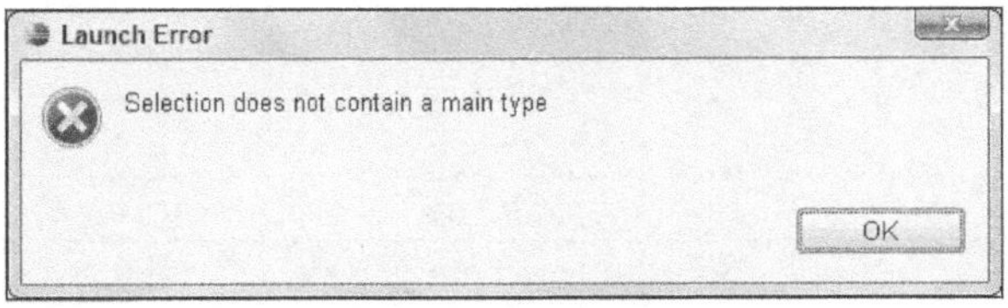

Figura 17-2: O código na Listagem 17-2 não tem nenhum método principal.

Usando uma classe recém-definida

Para fazer algo útil com o código na Listagem 17-2 você precisa de um método `main`. Você pode colocar o método `main` em um arquivo separado. A Listagem 17-3 mostra tal arquivo.

Listagem 17-3: Usando sua Classe Purchase

```
import java.util.Scanner;

class ProcessPurchase {

    public static void main(String args[]) {
        Scanner myScanner = new Scanner(System.in);
        Purchase onePurchase = new Purchase();

        System.out.print("Amount: ");
        onePurchase.amount = myScanner.nextDouble();
        System.out.print("Taxable? (true/false) ");
        onePurchase.taxable = myScanner.nextBoolean();

        if (onePurchase.taxable) {
            onePurchase.total = onePurchase.amount * 1.05;
        } else {
            onePurchase.total = onePurchase.amount;
        }

        System.out.print("Total: ");
        System.out.println(onePurchase.total);
    }
}
```

A melhor maneira de entender o código na Listagem 17-3 é compará-lo, linha por linha, com o código na Listagem 17-1. Na verdade, há uma fórmula mecânica para transformar o código na Listagem 17-1 no código na Listagem 17-3. A Tabela 17-1 descreve a fórmula.

Tabela 17-1 Convertendo Seu Código para Usar uma Classe

Na Listagem 17-1	*Na Listagem 17-3*

`double amount;`
`boolean taxable;`
`double total;`
	`Purchase onePurchase = new Purchase( );`

`amount`	`onePurchase.amount`
`taxable`	`onePurchase.taxable`
`total`	`onePurchase.total`

Os dois programas (das listagens 17-1 e 17-3) fazem basicamente a mesma coisa, mas um usa variáveis primitivas e o outro tende a usar o código `Purchase` da Listagem 17-2. Ambos os programas têm execuções como as mostradas na Figura 17-1.

Executando o código que se estende em dois arquivos separados

Do ponto de vista do Eclipse, um projeto que contém dois arquivos-fonte Java não é grande coisa. Você cria duas classes no mesmo projeto, então escolhe Run (Executar) ⇨ Run As (Executar Como) ⇨ Java Application (Aplicativo Java). Tudo funcionará como você espera que funcione.

A única vez em que as coisas ficam capciosas é quando você tem dois métodos `main` para um projeto. O exemplo desta seção (Listagens 17-2 e 17-3) não tem esse problema. Mas, quando você fizer mais experiências com o código, poderá facilmente adicionar classes com métodos `main` adicionais. Você também poderá criar um grande aplicativo com vários pontos de entrada.

Quando um projeto tem mais de um método `main`, o Eclipse pode perguntar qual método `main` da classe você deseja executar. Mas, algumas vezes, o Eclipse não pergunta. Ao contrário, ele seleciona arbitrariamente um dos métodos `main` e ignora todos os outros. Isso pode ser muito confuso. Você adiciona uma chamada `println` ao método `main` errado, e nada aparece na exibição Console. Ei, o que está acontecendo?

Você pode corrigir o problema seguindo estas etapas:

1. **Expanda a seção do projeto no Package Explorer.**

2. **Expanda a pasta src na seção do projeto.**

3. **Expanda a seção (default package) na seção src.**

   A seção (default package) contém arquivos `.java`.

4. **(No Windows) Clique com o botão direito no arquivo `.java` cujo método `main` você deseja executar. (Em um Mac) Pressione Control-clique no arquivo `.java` cujo método `main` você deseja executar.**

5. **No menu contextual resultante, escolha Run As ⇨ Java Application.**

LEMBRE-SE

Você não pode executar um projeto que não tem nenhum método `main`. Se tentar, verá uma caixa de mensagem como a mostrada anteriormente na Figura 17-2.

Por que se incomodar?

Aparentemente, o código na Listagem 17-3 é maior, mais complicado e mais difícil de ler. Mas pense na grande pilha de roupas sujas. Pode até levar algum tempo para encontrar uma cesta e colocar as meias nela. Mas, quando você tem as roupas na cesta, elas ficam mais fáceis de carregar. É igual com o código na Listagem 17-3. Quando você tem seus dados em uma cesta `Purchase`, é muito mais fácil fazer coisas complicadas com as compras.

Das Classes Vêm os Objetos

O código na Listagem 17-2 define uma classe. Uma classe é um projeto. Ela descreve como você pretende combinar e usar as partes do dado. Por exemplo, o código na Listagem 17-2 comunica sua intenção de combinar os valores `double`, `boolean` e `double` para criar novos valores `Purchase`.

As classes são o centro de toda a programação Java. Mas o Java é chamado de linguagem orientada a objetos. Ele não é chamado de linguagem orientada a classes. Na verdade, ninguém usa o termo linguagem orientada a classes. Por que não?

Bem, você não pode colocar seus braços em torno de uma classe. Uma classe não é real. Uma classe sem um objeto é como um dia sem chocolate. Se você está sentado em uma sala agora, olhe todas as cadeiras nela. Quantas cadeiras existem na sala? Duas? Cinco? Vinte? Em uma sala com cinco cadeiras, você tem cinco objetos cadeira. Cada cadeira (cada objeto) é algo real, algo que você pode usar, algo no qual você pode sentar.

Uma linguagem como o Java tem classes e objetos. Portanto, qual é a diferença entre uma classe e um objeto?

- Um objeto é uma coisa.
- Uma classe é um projeto para as coisas desse tipo.

Por exemplo, como você descreveria o que é uma cadeira? Bem, uma cadeira tem um assento, encosto e pernas. No Java, você pode escrever a Listagem 17-4.

Listagem 17-4: O que Significa Ser uma Cadeira

```
/*
 * Este é um código Java real, mas esse código
 * não pode ser compilado sozinho:
 */

class Chair {
    FlatHorizonalPanel seat;
    FlatVerticalPanel back;
    LongSkinnyVerticalRods legs;
}
```

O código anterior é um projeto para as cadeiras. O código informa que cada cadeira tem três coisas. O código nomeia as coisas (`seat`, `back` e `legs`) e informa um pouco sobre cada coisa. (Por exemplo, um assento (`seat`) é um `FlatHorizontalPanel`.) Do mesmo modo, o código na Listagem 17-2 informa que cada compra (`Purchase`) tem três coisas. O código nomeia as coisas (`amount`, `taxable` e `total`) e informa o tipo primitivo de cada coisa.

Portanto, imagine uma fábrica grande no limite do Universo. Enquanto você dorme todas as noites, essa fábrica estampa objetos tangíveis — objetos que você encontrará durante o dia seguinte quando acordar. Amanhã você tentará uma entrevista na Empresa Sapatos Sujos. Portanto, hoje à noite, a fábrica constrói cadeiras para os escritórios da empresa. A fábrica constrói objetos cadeira, como mostrado na Figura 17-3, a partir do código quase real da Listagem 17-4.

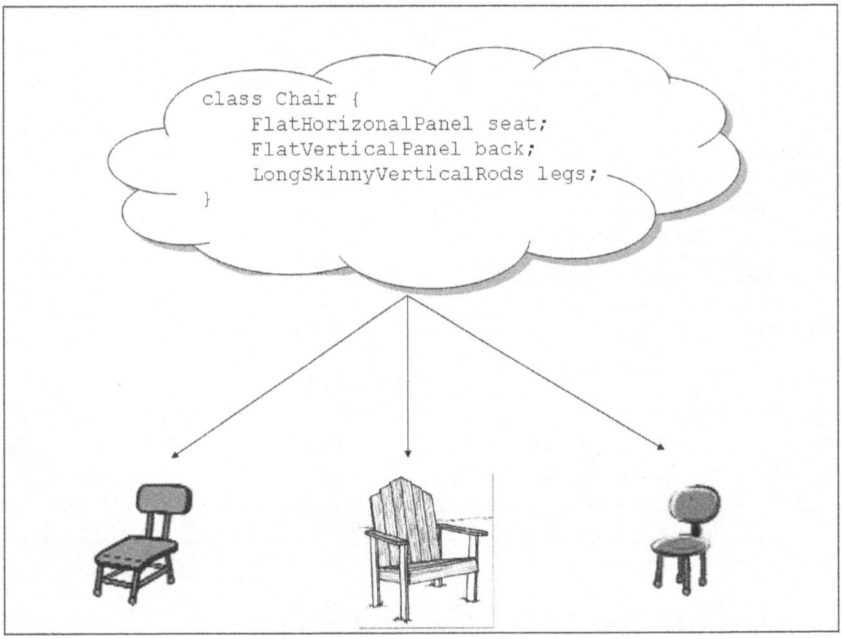

Figura 17-3: Objetos cadeira da classe Chair (Cadeira).

Na Listagem 17-3, a linha

```
Purchase onePurchase = new Purchase();
```

comporta-se como a grande fábrica no limite do Universo. Ao invés de criar objetos cadeira, essa linha na Figura 17-3 cria um objeto compra (`Purchase`), como mostrado na Figura 17-4. Essa linha na Listagem 17-3 é uma declaração com uma inicialização. Exatamente como a linha

```
int count = 0;
```

declara a variável `count` e define `count` para 0, a linha na Listagem 17-3 declara a variável `onePurchase` e torna `onePurchase` um objeto novinho. Esse novo objeto contém três partes: uma parte `amount`, uma parte `taxable` e outra parte `total`.

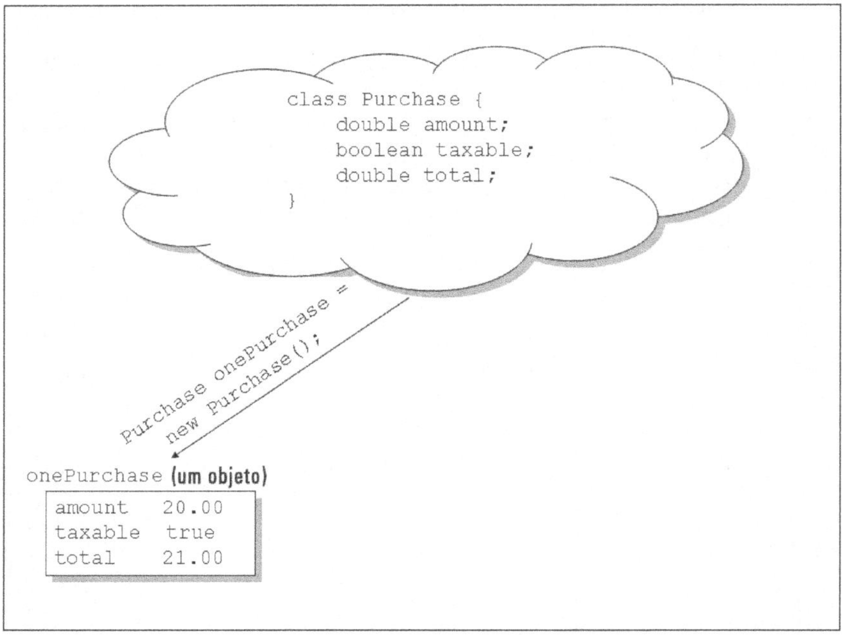

Figura 17-4: Um objeto criado a partir da classe Purchase.

Se você quiser ser exigente, há uma diferença entre o que existe na Figura 17-4 e a ação da grande instrução em negrito na Listagem 17-3. A Figura 17-4 mostra um objeto com os valores `20.00`, `true` e `21.00` armazenados. A instrução na Listagem 17-3 cria um novo objeto, mas não preenche o objeto com valores úteis. A obtenção de valores virá posteriormente na Listagem 17-3.

Compreendendo (ou ignorando) as sutilezas

Algumas vezes, quando você se refere a um determinado objeto, deseja enfatizar de qual classe o objeto veio. Bem, diferenças sutis na ênfase requerem grandes diferenças na terminologia. Portanto, eis como os programadores Java usam a terminologia:

- A linha em negrito na Listagem 17-3 cria um novo *objeto*.
- A linha em negrito na Listagem 17-3 cria uma nova *instância da classe* `Purchase`.

As palavras *objeto* e *instância* são quase sinônimas, mas os programadores Java nunca dizem "objeto da classe `Purchase`" (ou se dizem, eles se sentem engraçados).

A propósito, se você misturar a terminologia e disser algo como "objeto da classe `Purchase`", ninguém irá pular na sua garganta. Todos entenderão o que você quer dizer e a vida continuará como sempre. Na verdade, geralmente eu uso uma frase como "objeto `Purchase`" para descrever uma instância da classe `Purchase`. A diferença entre objeto e instância não é tão importante. Mas, é muito importante lembrar que as palavras *objeto* e *instância* têm o mesmo significado. (Tudo bem! Elas têm *quase* o mesmo significado.)

Fazendo referência às partes de um objeto

Depois de ter criado um objeto, você usa pontos para se referir às partes dele. Por exemplo, na Listagem 17-3, coloquei um valor na parte `amount` do objeto `onePurchase` com o seguinte código:

```
onePurchase.amount = myScanner.nextDouble();
```

Mais tarde na Listagem 17-3, obtive o valor da parte `amount` com o seguinte código:

```
onePurchase.total = onePurchase.amount * 1.05;
```

Esse negócio de ponto pode parecer complicado, mas realmente ajuda os programadores quando eles estão tentando organizar o código. Na Listagem 17-1, cada variável é uma entidade separada. Mas na Listagem 17-3, cada uso da palavra `amount` está ligado de modo indissociável à noção de uma compra. Isso é bom.

Criando vários objetos

Depois de ter criado uma classe `Purchase`, você pode criar quantos objetos purchase quiser. Por exemplo, na Listagem 17-5, crio três objetos purchase.

Listagem 17-5: Processando as Compras

```
import java.util.Scanner;

class ProcessPurchasesss {

   public static void main(String args[]) {
      Scanner myScanner = new Scanner(System.in);
      Purchase aPurchase;

      for (int count = 0; count < 3; count++) {
         aPurchase = new Purchase();
          System.out.print("Amount: ");
         aPurchase.amount = myScanner.nextDouble();
         System.out.print("Taxable? (true/false) ");
         aPurchase.taxable = myScanner.nextBoolean();

         if (aPurchase.taxable) {
            aPurchase.total = aPurchase.amount * 1.05;
         } else {
            aPurchase.total = aPurchase.amount;
         }

         System.out.print("Total: ");
         System.out.println(aPurchase.total);
         System.out.println();
      }
   }
}
```

A Figura 17-5 tem uma execução do código na Listagem 17-5, e a Figura 17-6 mostra o conceito.

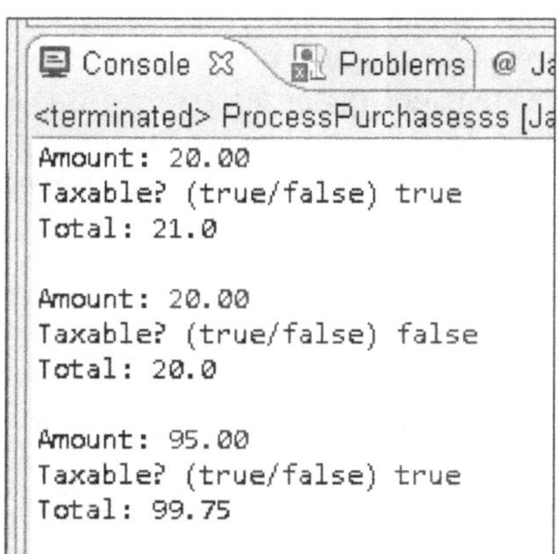

Figura 17-5: Executando o código na Listagem 17-5.

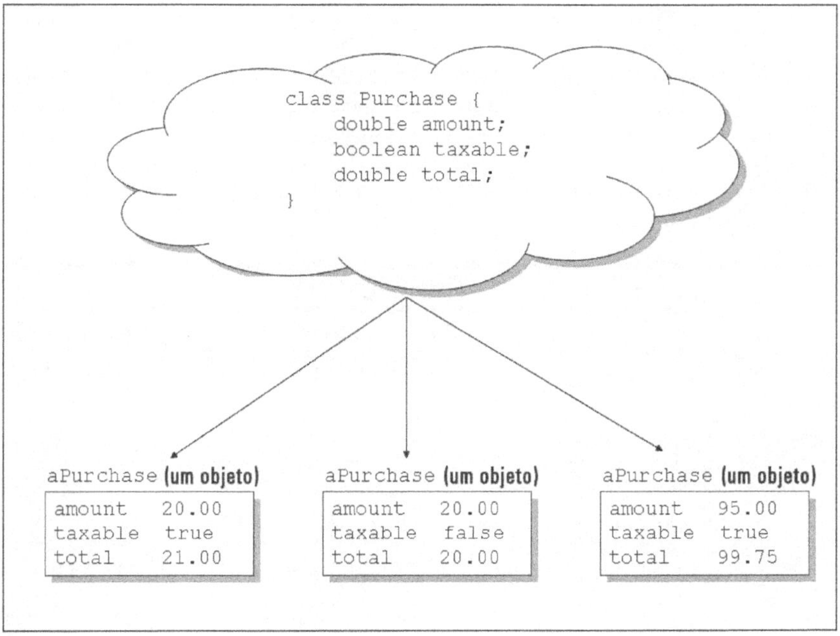

Figura 17-6: De uma classe vêm três objetos.

Para compilar o código na Listagem 17-5 você precisa ter uma cópia da classe `Purchase` no mesmo projeto. (A classe `Purchase` está na Listagem 17-2.) Para copiar o código de uma classe de um projeto para outro, veja o Capítulo 16. (Uma das seções complementares desse capítulo descreve a rotina de copiar e colar.)

A Listagem 17-5 tem apenas uma variável que se refere aos objetos purchase. (O nome da variável é `aPurchase`.) O programa tem três objetos purchase porque a instrução de atribuição

```
aPurchase = new Purchase();
```

é executada três vezes (uma vez para cada iteração do loop `for`). Da mesma forma que você pode separar a atribuição de uma variável `int` da declaração da variável

```
int count;
count = 0;
```

pode também separar a atribuição de uma variável `Purchase` da declaração da variável:

```
Purchase aPurchase;

for (int count = 0; count < 3; count++) {
    aPurchase = new Purchase();
```

Na verdade, depois de ter criado o código na Listagem 17-2, a palavra `Purchase` significa um tipo novinho — um tipo de referência. O Java tem oito tipos primitivos predefinidos e tem tantos tipos de referência quanto as pessoas podem definir durante suas vidas. Na Listagem 17-2, defino o tipo de referência `Purchase`, e você pode definir tipos de referência também.

A Tabela 17-2 tem uma pequena comparação dos tipos primitivos e dos tipos de referência.

Tabela 17-2 Tipos do Java

	Tipo Primitivo	*Tipo de Referência*
Como é criado	Predefinido na linguagem	Definido como uma classe Java
Quantos existem	Oito	Infinitas possibilidades
Exemplo de declaração da variável	`lnt count;`	`Purchase aPurchase;`
Exemplo de atribuição	`count = 0;`	`aPurchase = new Purchase( );`
Atribuir um valor a uma de suas partes	(Não aplicável)	`aPurchase.amount = 20.00;`

Outro Modo de Considerar as Classes

Quando você começa a aprender a programação orientada a objetos, pode achar que essa ideia de classe é uma grande brincadeira. Alguns entendidos no Silicon Valley não tinham nada melhor para fazer, portanto, foram a um bar e criaram algumas bobagens confusas sobre as classes. Eles não sabem o que significa, mas se divertem vendo as pessoas se esforçando para entender.

Bem, as classes não são isso. As classes são coisas sérias. E mais, as classes são úteis. Muitos estudos respeitados têm mostrado que as classes e a programação orientada a objetos economizam tempo e dinheiro.

Todavia, a noção de uma classe pode ser muito ambígua. Até os programadores experientes — aqueles que são novos na programação orientada a objetos — têm problemas para entender como um objeto difere de uma classe.

Classes, objetos e tabelas

Como as classes podem ser um mistério, irei expandir sua compreensão com outra analogia. A Figura 17-7 tem uma tabela de três compras. O título da tabela consiste em uma palavra (a palavra "Purchase", ou Compra) e a tabela tem três cabeçalhos de coluna — as palavras "amount" (quantia), "taxable" (tributação) e "total". Bem, o código na Listagem 17-2 tem a mesmas coisa — `Purchase`, `amount`, `taxable` e `total`. Portanto, na Figura 17-7, pense na parte superior da tabela (o título e os cabeçalhos da coluna) como uma classe. Como o código na Listagem 17-2, essa parte superior da tabela informa o que significa ser `Purchase`. (Significa ter um valor `amount`, um valor `taxable` e um valor `total`.)

Purchase

amount	taxable	total
20.00	true	21.00
20.00	false	20.00
95.00	true	99.75

```
class Purchase {
    double amount;
    boolean taxable;
    double total;
}
```

Figura 17-7: Uma tabela de compras.

Uma classe é como a parte superior de uma tabela. E o objeto? Bem, um objeto é como uma linha de uma tabela. Por exemplo, com o código na Listagem 17-5 e a entrada na Figura 17-5, crio três objetos (três instâncias da classe `Purchase`). O primeiro objeto tem o valor `amount` 20.00, o valor `taxable` true e o valor `total` 21.00. Na tabela, a primeira linha tem esses três valores — 20.00, true e 21.00, como mostrado na Figura 17-8.

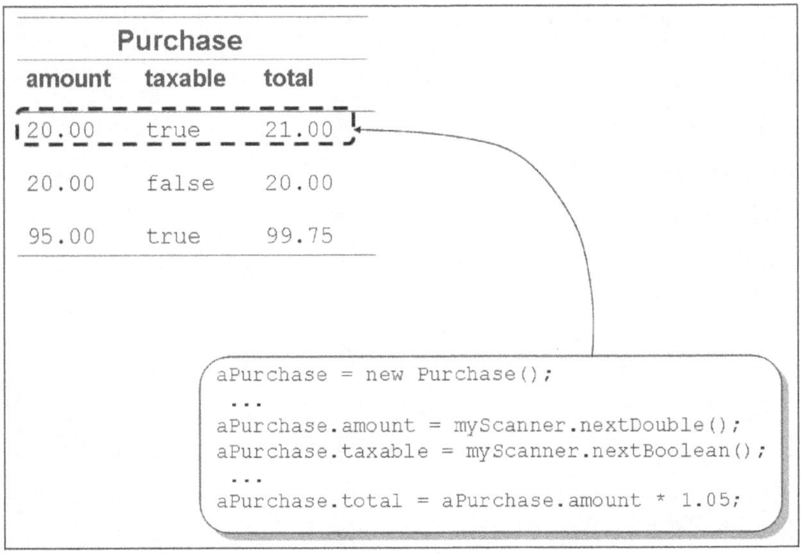

Figura 17-8: Uma compra corresponde a uma linha da tabela.

Algumas perguntas e respostas

Eis a menor FAQ do mundo sobre programação orientada a objetos:

- **Posso ter um objeto sem ter uma classe?**

  Não, não pode. No Java, todo objeto é uma instância de uma classe.

- **Posso ter uma classe sem ter um objeto?**

  Sim, pode. Na verdade, quase todo programa neste livro cria uma classe sem um objeto. Veja a Listagem 17-5, por exemplo. O código na Listagem 17-5 define uma classe chamada `ProcessPurchasesss`. E em nenhum lugar na Listagem 17-5 (ou qualquer outro lugar) eu crio uma instância da classe `ProcessPurchasesss`. Tenho uma classe sem objetos. Isso é bom. É comum.

- **Depois de ter criado uma classe e suas instâncias, posso adicionar mais instâncias à classe?**

  Sim, pode. Na Listagem 17-5, eu crio uma instância, então outra, e depois uma terceira. Se eu executasse mais uma vez o loop `for`, teria uma quarta instância e colocaria uma quarta linha na tabela da Figura 17-8. Sem objetos, com três objetos, quatro objetos ou mais objetos, ainda tenho a mesma boa e velha classe `Purchase`.

- **Um objeto pode vir de mais de uma classe?**

  Morda sua língua! Talvez outras linguagens orientadas a objetos permitam esse cruzamento horrível de classes, mas no Java é estritamente proibido. É uma das coisas que distinguem o Java de uma das linguagens que o precederam. O Java é mais limpo, mais uniforme e mais fácil de entender.

Capítulo 18

Usando Métodos e Variáveis de uma Classe Java

Neste Capítulo

- Usando a classe String do Java
- Chamando métodos
- Entendendo os métodos e variáveis estáticos e não estáticos
- Melhorando a aparência dos números

Espero que você não tenha lido o Capítulo 17 porque contei uma grande mentira no início dele. Na verdade, não é uma mentira. É um exagero.

De fato, não é um exagero. É uma escolha cuidadosa das palavras. No Capítulo 17, escrevi que reunir dados em uma classe é o início da programação orientada a objetos. Bem, isso é verdade. Exceto pelo fato de que muitas linguagens de programação já tinham recursos para o agrupamento de dados antes da programação orientada a objetos ficar popular. A linguagem Pascal tem *records*. O C tem *structs*.

Para ser mais preciso, o agrupamento de dados em partes úteis é apenas um pré-requisito para a programação orientada a objetos. Você realmente não está fazendo a programação orientada a objetos até combinar dados e métodos em suas classes.

Este capítulo inicia os "dados e métodos", e o Capítulo 19 faz o acabamento.

A Classe String

A classe `String` é declarada na API Java. Isto significa que entre os arquivos baixados do `java.com` existe um chamado `String.java`. Se você procurar esse arquivo `String.java` e vir o código dele, encontrará algumas coisas bem familiares:

```
class String {
    ... E assim por diante.
```

Em seu próprio código, você pode usar esta classe `String` sem mesmo ver o que existe no arquivo `String.java`. Esta é uma das ótimas coisas sobre a programação orientada a objetos.

Um exemplo simples

Um `String` é um monte de caracteres. É como ter diversos valores `char` em uma linha. Você pode declarar uma variável como sendo do tipo `String` e armazenar várias letras na variável. A Listagem 18-1 tem um pequeno exemplo.

Listagem 18-1: Estou me Repetindo Sempre (Sempre)

```
import java.util.Scanner;

class JazzyEchoLine {

    public static void main(String args[]) {
        Scanner myScanner = new Scanner(System.in);
        String lineIn;

        lineIn = myScanner.nextLine();
        System.out.println(lineIn);
    }
}
```

Uma execução da Listagem 18-1 é mostrada na Figura 18-1. Essa execução possui uma semelhança estranha com as execuções da Listagem 5-1 do Capítulo 5. É assim porque a Listagem 18-1 é uma repetição do esforço na Listagem 5-1.

Figura 18-1: Executando o código na Listagem 18-1.

A nova ideia na Listagem 18-1 é o uso de uma `String`. Na Listagem 5-1 não tenho nenhuma variável para armazenar a entrada do usuário. Mas na Listagem 18-1 crio a variável `lineIn`. Essa variável armazena muitas letras, como, por exemplo, as letras `Do as I write, not as I do` (Faça o que eu escrevo, não faça o que eu faço).

Fazendo bom uso das variáveis String

O programa na Listagem 18-1 pega a entrada do usuário e repete-a na tela. É um programa maravilhoso, mas (como muitos administradores de faculdade que eu conheço) não parece ser particularmente útil.

Portanto, dê uma olhada em uma aplicação mais útil do tipo `String` do Java. Uma muito boa está na Listagem 18-2.

Listagem 18-2: Colocando um Nome em uma Variável String

```
import java.util.Scanner;
import static java.lang.System.out;

class ProcessMoreData {

    public static void main(String args[]) {
        Scanner myScanner = new Scanner(System.in);
        String fullName;
        double amount;
        boolean taxable;
        double total;

        out.print("Customer's full name: ");
        fullName = myScanner.nextLine();
        out.print("Amount: ");
        amount = myScanner.nextDouble();
        out.print("Taxable? (true/false) ");
        taxable = myScanner.nextBoolean();

        if (taxable) {
            total = amount * 1.05;
        } else {
            total = amount;
        }

        out.println();
        out.print("The total for ");
        out.print(fullName);
        out.print(" is ");
        out.print(total);
        out.println(".");
    }
}
```

Uma execução do código na Listagem 18-2 é mostrada na Figura 18-2. O código armazena `Barry A. Burd` em uma variável chamada `fullName` e exibe o conteúdo da variável `fullName` como parte da saída. Para fazer esse programa funcionar, você tem que armazenar `Barry A. Burd` em algum lugar. Afinal, o programa segue certo esquema:

```
Obter um nome.
Obter alguma outra coisa.
Calcular o total.
Exibir o nome (junto com alguma outra coisa).
```

Se você não tem um programa para armazenar o nome em algum lugar, então, quando ele tiver terminado de obter a outra coisa e calcular o total, ele esquecerá o nome (portanto, o programa não poderá exibir o nome).

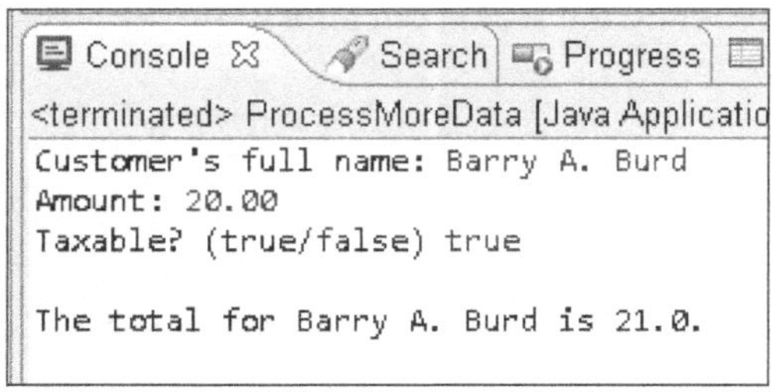

Figura 18-2: Criando uma compra.

Lendo e gravando strings

Para ler um valor `String` do teclado, você pode chamar `next` ou `nextLine`:

- **O método `next` lê até o próximo espaço em branco.**

  Por exemplo, com a entrada `Barry A. Burd`, as instruções

  ```
  String firstName = myScanner.next();
  String middleInit = myScanner.next();
  String lastName = myScanner.next();
  ```

  atribuem `Barry` a `firstName,` `A.` a `middleInt` e `Burd` a `lastName.`

- **O método `nextLine` lê até o final da linha atual.**

  Por exemplo, com a entrada `Barry A. Burd`, a instrução

  ```
  String fullName = myScanner.nextLine();
  ```

  atribui `Barry A. Burd` à variável `fullName`. (Ei, ser o autor tem algumas vantagens ocultas.)

Para exibir um valor `String`, você pode chamar um de seus velhos amigos, `System.out.print` ou `System.out.println`. Na verdade, a maioria dos programas neste livro exibe valores `String`. Na Listagem 18-2, uma instrução como

```
out.print("Customer's full name: ");
```

exibe o valor `String` `"Customer's full name: "`.

Você pode usar `print` e `println` para gravar valores `String` em um arquivo em disco. Para obter detalhes, veja o Capítulo 13.

O Capítulo 4 apresenta muitos caracteres, colocados entre aspas duplas:

```
"Chocolate, royalties, sleep"
```

No Capítulo 4, chamo isto de um tipo de *literal*. (É literal porque, diferentemente de uma variável, parece exatamente com aquilo que ele representa.) Bem, neste capítulo posso continuar com a história sobre os literais do Java:

- Na Listagem 18-2, `amount` e `total` são variáveis `double` e `1.05` é um literal `double`.
- Na Listagem 18-2, `fullName` é uma variável `String` e coisas como `"Customer's full name: "` são literais `String`.

Em um programa Java, você coloca as letras de um literal `String` entre aspas duplas.

Usando os Métodos de um Objeto

Se você não se preocupa muito com as classes e os tipo de referência, então o uso do tipo `String` na Listagem 18-2 não será um grande problema. Quase tudo que você pode fazer com um tipo primitivo parece funcionar com o tipo `String` também. Mas há um perigo na próxima curva. Veja o código na Listagem 18-3 e a execução dele mostrada na Figura 18-3.

Listagem 18-3: Um Verificador de Senhas Falho

```
/*
 * Este código não funciona:
 */
import java.util.Scanner;
import static java.lang.System.out;

class TryToCheckPassword {
```

Listagem 18-3: ***(continuação)***

```
    public static void main(String args[]) {
        Scanner myScanner = new Scanner(System.in);
        String password = "swordfish";
        String userInput;

        out.print("What's the password? ");
        userInput = myScanner.next();

        if (password == userInput) {
            out.println("You're okay!");
        } else {
            out.println("You're a menace.");
        }
    }
}
```

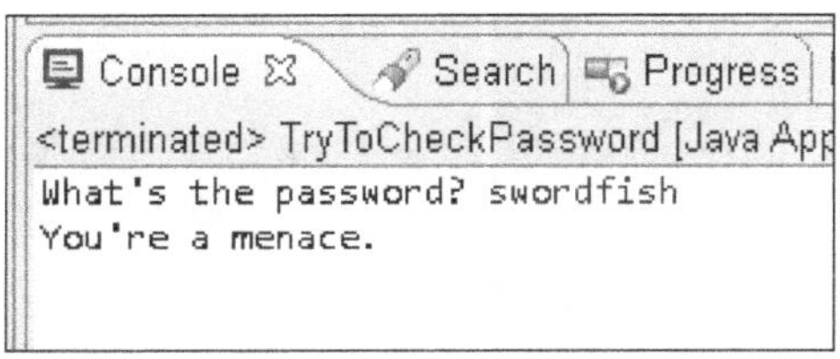

Figura 18-3: Mas eu digitei a senha correta!

Eis os fatos que aparecem neste exemplo:

- Segundo o código na Listagem 18-3, o valor de `password` é "`swordfish`".
- Na Figura 18-3, em resposta ao prompt do programa, o usuário digita `swordfish`. Portanto, no código, o valor de `userInput` é `"swordfish"`.
- A instrução `if` verifica a condição `password == userInput`. Como ambas as variáveis têm o valor `"swordfish"`, a condição *deve* ser true, mas...
- A condição *não* é true porque a saída do programa é `You're a menace` (Você é uma ameaça).

O que está acontecendo aqui? Eu tento examinar o código para ver se posso encontrar alguma dica. Uma versão aperfeiçoada do programa de verificação de senhas está na Listagem 18-4, com uma execução da nova versão mostrada na Figura 18-4.

Listagem 18-4: Uma Tentativa de Depurar o Código na Listagem 18-3

```
import java.util.Scanner;
import static java.lang.System.out;

class DebugCheckPassword {

    public static void main(String args[]) {
        Scanner myScanner = new Scanner(System.in);
        String password = “swordfish”;
        String userInput;

        out.print(“What’s the password? ”);
        userInput = myScanner.next();

        out.println();
        out.print(“You typed             ”);
        out.println(userInput);
        out.print(“But the password is ”);
        out.println(password);
        out.println();

        if (password == userInput) {
            out.println(“You’re okay!”);
        } else {
            out.println(“You’re a menace.”);
        }
    }
}
```

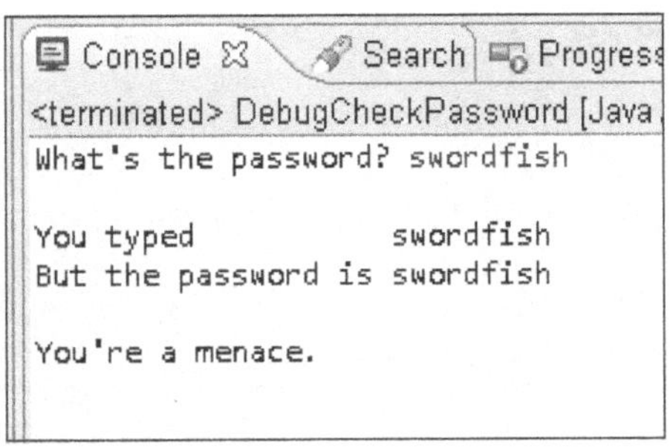

Figura 18-4: Isto parece ainda pior.

Ai! Estou desconcertado desta vez. A execução na Figura 18-4 mostra que as variáveis `userInput` e `password` têm o valor `swordfish`. Então por que o programa não aceita a entrada do usuário?

Quando você compara duas coisas com um sinal de igual duplo, os tipos de referência e os tipos primitivos não se comportam do mesmo modo. Considere, por exemplo, `int` versus `String`:

- Você pode comparar dois valores `int` com um sinal de igual duplo. Quando o fizer, as coisas funcionarão exatamente como o esperado. Por exemplo, a condição no seguinte código é true:

```
int apples = 7;
int oranges = 7;

if (apples == oranges) {
   System.out.println("They're equal.");
}
```

- Quando você compara dois valores `String` com o sinal de igual duplo, as coisas não funcionam como o esperado. O computador não verifica para saber se os dois valores `String` contêm as mesmas letras. Ao contrário, o computador verifica uma propriedade obscura do modo como as variáveis são armazenadas na memória.

LEMBRE-SE

Para sua finalidade, o termo *tipo de referência* é apenas um nome elegante para uma classe. Como `String` é definido para ser uma classe na API Java, chamo `String` de um tipo de referência. Esta terminologia destaca a semelhança entre os tipos primitivos (tais como `int`) e as classes (ou seja, os tipos de referência, tais como `String`).

Comparando strings

Na lista anterior, a diferença entre `int` e `String` é muito interessante. Mas, se o sinal de igual duplo não funciona para os valores `String`, como você verificará para saber se o usuário Joe digita a senha correta? Fará isto com o código na Listagem 18-5.

Listagem 18-5: Chamando o Método de um Objeto

```
/*
 * Este programa funciona!
 */
import java.util.Scanner;
import static java.lang.System.out;

class CheckPassword {

    public static void main(String args[]) {
        Scanner myScanner = new Scanner(System.in);
        String password = "swordfish";
        String userInput;
```

```
            out.print("What's the password? ");
            userInput = myScanner.next();

            if (password.equals(userInput)) {
                out.println("You're okay!");
            } else {

                out.println("You're a menace.");
            }
        }
    }
```

Uma execução do novo código de verificação de senhas é mostrada na Figura 18-5 e, deixe-me dizer, é um grande alívio! O código na Listagem 18-5 realmente funciona! Quando o usuário digita `swordfish`, a condição da instrução `if` é true.

Figura 18-5: Enfim, o usuário Joe pode fazer o login.

A verdade sobre as classes e os métodos

A mágica na Listagem 18-5 é o uso de um método chamado `equals`. Tenho dois modos de explicar o método `equals` — um modo simples e um mais detalhado. Primeiro, eis o modo simples: O método `equals` compara os caracteres de uma string com os caracteres de outra. Se os caracteres forem iguais, então a condição dentro da instrução `if` será true. Isso é tudo.

LEMBRE-SE

Não use um sinal de igual duplo para comparar dois objetos `String`. Ao contrário, use um dos métodos `equals` dos objetos.

Para ter uma compreensão mais detalhada do método `equals`, vá para o Capítulo 17 e veja as Figuras 17-7 e 17-8. Essas figuras mostram as semelhanças entre as classes, objetos e as partes de uma tabela. Nas figuras, cada linha representa uma compra, e cada coluna representa um recurso que as compras possuem.

Você pode observar as mesmas semelhanças em qualquer classe, inclusive na classe `String` do Java. Na verdade, o que a Figura 17-7 faz pelas compras a Figura 18-6 faz pelas strings.

Figura 18-6: Vendo a classe String e os objetos String como partes de uma tabela.

String		
value	**count**	**equals**
swordfish	9	**(A method to compare** swordfish **with any string)**
catfish	7	**(A method to compare** catfish **with any string)**

O que é mostrado na Figura 18-6 é muito mais simples do que a classe `String` real. Mas a Figura 18-6 prova bem seu ponto de vista. Como as compras na Figura 17-7, cada string tem seus próprios recursos. Por exemplo, cada string tem um `value` (os caracteres reais armazenados na string) e cada string tem um `count` (o número de caracteres armazenados na string). Realmente, você não pode escrever a seguinte linha de código:

```
//Este código NÃO funciona:
System.out.println(password.count);
```

mas é por isso que o que existe na Figura 18-6 omite alguns detalhes sutis.

De qualquer modo, cada linha na Figura 18-6 tem três itens — `value`, `count` e um método `equals`. Portanto, cada linha da tabela contém mais do que apenas dados. Cada linha contém um método `equals`, um modo de fazer algo útil com os dados. É como se cada objeto (cada instância da classe `String`) tivesse três coisas:

- Muitos caracteres (`value` do objeto)
- Um número (`count` do objeto)
- Um modo de comparação com outras strings (o método `equals` do objeto)

Esta é a essência da programação orientada a objetos. Cada string tem sua própria cópia pessoal do método `equals`. Por exemplo, na Listagem 18-5, a string `password` tem seu próprio método `equals`. Quando você chama o método `equals` da string `password` e coloca a string `userInput` entre os parênteses do método, o método compara as duas strings para saber se elas contêm os mesmos caracteres.

A string `userInput` na Listagem 18-5 tem um método `equals` também. Eu poderia usar o método `equals` da string `userInput` para comparar essa string com a string `password`. Mas, não. Na verdade, na Listagem 18-5, eu não uso o método `equals` da string `userInput`. (Para comparar `userInput` com `password`, teria que usar o método `equals` da string `password` ou o método `equals` da string `userInput`. Portanto, fiz uma escolha arbitrária: escolhi o método da string `password`.)

Chamando os métodos de um objeto

Chamar o método `equals` de uma string é como obter `total` de uma compra. Com `equals` e `total` você usa seu velho amigo, o ponto. Por exemplo, na Listagem 17-3, você escreveu

```
System.out.println(onePurchase.total);
```

e na Listagem 18-5, escreveu

```
if (password.equals(userInput))
```

Um ponto funciona do mesmo modo para as variáveis de um objeto e seus métodos. Em qualquer caso, um ponto pega o objeto e seleciona uma das partes dele. Funcionará se essa parte for um pedaço de dado (como em `onePurchase.total`) ou um método (como em `password.equals`).

Combinando e usando dados

Neste ponto no capítulo, finalmente posso dizer: "Eu disse isso". Eis uma citação do Capítulo 17:

> Uma classe é um projeto. Ela descreve o modo como você pretende *combinar* e *usar* as partes do dado.

Uma classe pode definir o modo como você *usa* os dados. Como você usa uma senha e a entrada do usuário? Você verifica se elas são iguais. É por isso que a classe `String` do Java define um método `equals`.

LEMBRE-SE

Um objeto pode ser mais do que um monte de dados. Com a programação orientada a objetos, cada objeto possui cópias dos métodos para usar esse objeto.

Métodos Estáticos

Você tem um monte de cheques. Cada cheque tem um número, quantia e beneficiário. Você imprime esses cheques com sua própria impressora a laser. Para imprimir os cheques você usa uma classe Java. Cada objeto criado a partir da classe `Check` tem três variáveis (`number`, `amount` e `payee`). E cada objeto tem um método (o método `print`). Você pode ver tudo isto na Figura 18-7.

Você gostaria de imprimir os cheques na ordem numérica. Portanto, precisa de um método para *ordená*-los. Se os cheques na Figura 18-7 fossem ordenados, o cheque com o número 1699 viria primeiro e o cheque com o número 1705 viria por último.

Cheque

number	amount	payee	print
1705	$25.09	**Açougueiro**	**(método para imprimir o cheque)**
1699	$31.27	**Padeiro**	**(método para imprimir o cheque)**
1702	$12.35	**Fabricante de castiçais**	**(método para imprimir o cheque)**

`sort`

Figura 18-7: A classe Check e alguns se seus objetos.

A grande pergunta é: Cada cheque deve ter seu próprio método `sort`? O cheque com o número 1699 precisa ordenar a si mesmo? E a resposta é não. Alguns métodos simplesmente não devem pertencer aos objetos em uma classe.

Portanto, onde tais métodos pertencem? Como você pode ter um método `sort` sem criar um `sort` separado para cada cheque?

Eis a resposta. Você faz com que o método `sort` seja *estático*. Qualquer coisa que é estática pertence a uma classe inteira, e não a uma instância em particular da classe. O método `sort` é estático, então a classe `Check` inteira tem apenas uma cópia do método `sort`. Essa cópia fica com a classe `Check` inteira. Não importa quantas instâncias da classe `Check` você cria – três, dez ou nenhuma – você tem apenas um método `sort`.

Para ter uma ilustração do conceito, consulte a Figura 18-7. A classe inteira tem apenas um método `sort`. Portanto, o método `sort` é estático. Não importa como você chama o método `sort`, ele usará os mesmos valores para fazer seu trabalho.

Naturalmente, cada cheque individual (cada objeto, cada linha da tabela na Figura 18-7) ainda tem seus próprios `number`, `amount`, `payee` e método `print`. Quando você executa `print` no primeiro cheque, obtém uma quantia, e quando utiliza `print` no segundo cheque, obtém outra. Como há um `number`, um `amount`, um `payee` e um método `print` para cada objeto, chamo essas coisas de *não estáticas*. Chamo-as de não estáticas porque... bem... porque não são estáticas.

Chamando métodos estáticos e não estáticos

Neste livro, meu primeiro uso da palavra `static` está na Listagem 3-1. Uso `static` como parte de todo método `main` (e as listagens deste livro têm muitos métodos `main`). No Java, seu método `main` tem que ser estático. É assim que funciona.

Para chamar um método estático você usa o nome de uma classe junto com um ponto. Isto é só um pouco diferente do modo como você chama um método não estático:

- **Para chamar um método comum (não estático), você seguirá um objeto com um ponto.**

  Por exemplo, um programa para processar os cheques na Figura 18-7 pode conter o seguinte tipo de código:

```
Check firstCheck;
firstCheck.number = 1705;
firstCheck.amount = 25.09;
firstCheck.payee = "The Butcher";
firstCheck.print();
```

- **Para chamar o método estático de uma classe, você seguirá o nome da classe com um ponto.**

  Por exemplo, para ordenar os cheques na Figura 18-7, você poderá chamar

```
Check.sort();
```

Transformando strings em números

O código na Listagem 18-5 apresenta um método não estático chamado `equals`. Para comparar a string `password` com a string `userInput` você coloca antes de `.equals` qualquer um dos dois objetos de string. Na Listagem 18-5, coloco antes de `.equals` o objeto `password`:

```
if (password.equals(userInput))
```

Cada objeto string tem um método `equals` próprio, portanto, posso conseguir o mesmo efeito escrevendo

```
if (userInput.equals(password))
```

Mas o Java tem outra classe chamada `Integer`, e a classe `Integer` inteira tem um método estático chamado `parseInt`. Se alguém passar para você uma string de caracteres e você quiser transformar essa string em um valor `int`, poderá chamar o método `parseInt` da classe `Integer`. A Listagem 18-6 tem um pequeno exemplo.

Listagem 18-6: Mais Fichas, Por Favor

```
import java.util.Scanner;
import static java.lang.System.out;

class AddChips {

    public static void main(String args[]) {
        Scanner myScanner = new Scanner(System.in);
        String reply;
```

(continua)

Listagem 18-6: ***(continuação)***

```
        int numberOfChips;

        out.print(“How many chips do you have?”);
        out.print(“ (Type a number,”);
        out.print(“ or type ‘Not playing’) “);
        reply = myScanner.nextLine();

        if (!reply.equals(“Not playing”)) {
            numberOfChips = Integer.parseInt(reply);
            numberOfChips += 10;

            out.print(“You now have “);
            out.print(numberOfChips);
            out.println(“ chips.”);
        }
    }
}
```

Algumas execuções do código na Listagem 18-6 são mostradas na Figura 18-8. Você deseja dar a cada jogador dez fichas. Mas alguns chatos na sala não estão jogando. Portanto, duas pessoas, cada uma sem fichas, podem não ter o mesmo tratamento. Um jogador com mãos vazias tem dez fichas, mas um chato com mãos vazias não tem nada.

Portanto, na Listagem 18-6 você chama o método `nextLine` da classe `Scanner`, permitindo que um usuário insira quaisquer caracteres — não apenas dígitos. Se o usuário digitar `Not playing` (Sem jogar), então você não dará ao desmancha-prazeres nenhuma ficha.

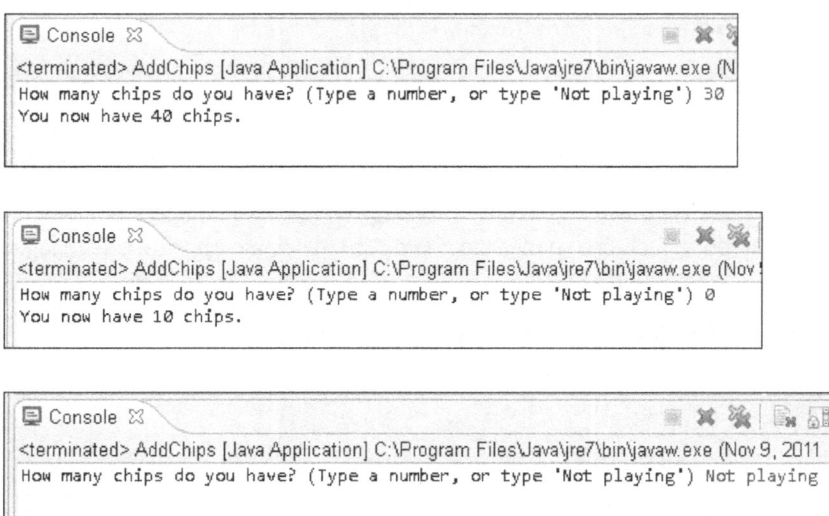

Figura 18-8: Executando o código na Listagem 18-6.

Se o usuário digitar alguns dígitos, então você ficará parado mantendo esses dígitos na variável string chamada `reply`. Você não poderá adicionar 10 a uma string como `reply`. Portanto, você chamará o método `parseInt` da classe `Integer`, que pega sua string e retorna um belo valor `int`. Neste ponto, você poderá adicionar 10 ao valor `int`.

PAPO DE ESPECIALISTA

O Java tem um mecanismo que o permite adicionar um número a uma string. O problema é que você não tem uma adição real. Adicionar o número `10` à string `"30"` fornecerá `"3010"`, não `40`.

CUIDADO!

Não confunda `Integer` com `int`. No Java, `int` é o nome de um tipo primitivo (um tipo que eu uso neste livro). Mas `Integer` é o nome de uma classe. A classe `Integer` do Java contém métodos úteis para lidar com os valores `int`. Por exemplo, na Listagem 18-6, o método `parseInt` da classe `Integer` cria um valor `int` a partir de uma string.

Transformando números em strings

No Capítulo 17, a Listagem 17-1 adiciona o imposto à quantia de uma compra. Mas uma execução do código na Listagem 17-1 tem uma anormalidade. Consulte a Figura 17-1. Com o imposto de 5% sobre 20 dólares, o programa exibe um total de 21.0. Isso é estranho. De onde eu venho, as quantias em moeda não são normalmente exibidas com apenas um dígito depois do ponto decimal.

Se você não escolher seu valor de compra com cuidado, a situação será ainda pior. Por exemplo, na Figura 18-9, executo o mesmo programa (o código na Listagem 17-1) com o valor de compra 19.37. A exibição resultante fica horrível.

Com seus zeros e uns internos, o computador não faz o cálculo como você e eu estamos acostumados a fazer. Então, como você corrige este problema?

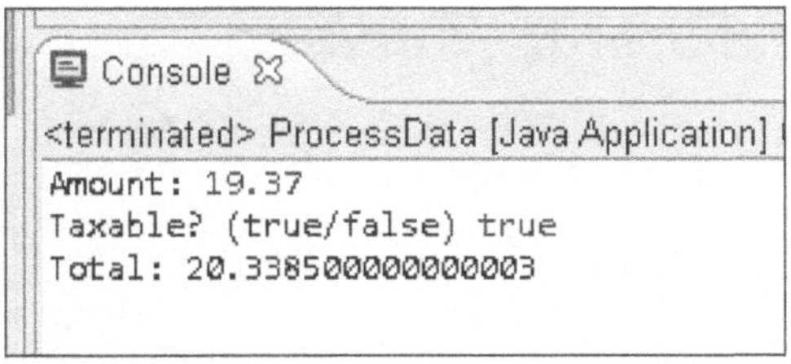

Figura 18-9: Você tem troco para 20.338500000000003?

A API Java tem uma classe chamada `NumberFormat`, e a classe `NumberFormat` tem um método estático chamado `getCurrencyInstance`. Quando você chama `NumberFormat.getCurrencyInstance()` sem nada entre parênteses, obtém um objeto que pode moldar os números segundo a moeda americana. A Listagem 18-7 tem um exemplo.

Listagem 18-7: O Modo Certo de Exibir Uma Qquantia em Dólar

```
import java.text.NumberFormat;
import java.util.Scanner;

class BetterProcessData {

    public static void main(String args[]) {
        Scanner myScanner = new Scanner(System.in);
        double amount;
        boolean taxable;
        double total;
        NumberFormat currency =
            NumberFormat.getCurrencyInstance();
        String niceTotal;

        System.out.print("Amount: ");
        amount = myScanner.nextDouble();
        System.out.print("Taxable? (true/false) ");
        taxable = myScanner.nextBoolean();

        if (taxable) {
            total = amount * 1.05;
        } else {
            total = amount;
        }

        niceTotal = currency.format(total);
        System.out.print("Total: ");
        System.out.println(niceTotal);
    }
}
```

Para ver algumas belas execuções do código na Listagem 18-7, consulte a Figura 18-10. Agora, finalmente, você verá um total como `$20.34`, e não `20.338500000000003`. Ah! Isso é muito melhor.

Como NumberFormat funciona

Para minhas finalidades atuais, o código na Listagem 18-7 contém três variáveis interessantes:

- A variável `total` armazena um número, tal como 21.0.
- A variável `currency` armazena um objeto que pode moldar os números segundo a moeda americana.
- A variável `niceTotal` está configurada para armazenar um conjunto de caracteres.

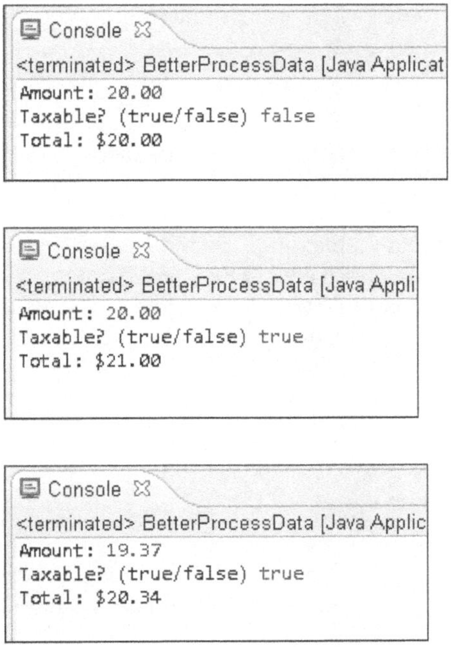

Figura 18-10: Veja os belos números.

O objeto `currency` tem um método `format`. Portanto, para obter o devido conjunto de caracteres na variável `niceTotal`, você chamará o método `format` do objeto `currency`. Você aplicará esse método à variável `total`.

Compreendendo a Visão Geral

Nesta seção respondo a algumas perguntas importantes que levantei no livro. “O que significa `java.util`?” “Por que preciso da palavra `static` em certos pontos no código?” “Como um diploma em Estudos de Horticultura pode ajudá-lo a ordenar os cheques cancelados?”

Também explico “estático” de algumas maneiras únicas e interessantes. Afinal, as variáveis e métodos estáticos não são fáceis de entender. É importante ler sobre o recurso `static` do Java a partir de vários pontos de vista.

Pacotes (Packages) e declarações import

No Java, você pode agrupar muitas classes em algo chamado *package* (pacote). Na verdade, as classes na API padrão do Java são divididas em cerca de 200 pacotes. Os exemplos deste livro usam muito três pacotes — os pacotes chamados `java.util`, `java.lang` e `java.io`.

Classe java.util.Scanner

O pacote `java.util` contém cerca de 50 classes, inclusive a classe `Scanner`, que é muito útil. Como a maioria das outras classes, a classe `Scanner` tem dois nomes — um *nome totalmente qualificado* e um *nome simples* abreviado. O nome totalmente qualificado da classe é `java.util.Scanner` e o nome simples da classe é `Scanner`. Você obtém o nome totalmente qualificado adicionando o nome do pacote ao nome simples da classe. (Isto é, você adiciona o nome do pacote `java.util` ao nome simples `Scanner`. Você obterá `java.util.Scanner`.)

Uma declaração de importação permite abreviar o nome de uma classe. Com a declaração

```
import java.util.Scanner;
```

o compilador Java descobre onde procurar a classe `Scanner`. Portanto, ao invés de escrever `java.util.Scanner` em seu código, você poderá apenas escrever `Scanner`.

Classe java.lang.System

O pacote `java.lang` contém cerca de 35 classes, inclusive a classe popular `System`. (O nome totalmente qualificado da classe é `java.lang.System` e o nome simples da classe é `System`.) Ao invés de escrever `java.lang.System` em seu código, você poderá escrever `System`. Você não precisará nem mesmo de uma declaração `import`.

Tudo o que você precisa saber

Posso resumir grande parte da complexidade do Java em apenas algumas sentenças:

- A API Java contém muitos pacotes.
- Um pacote contém classes.
- A partir de uma classe, você pode criar objetos
- Um objeto pode ter seus próprios métodos. Um objeto também pode ter suas próprias variáveis.
- Uma classe pode ter seus próprios métodos estáticos. Uma classe pode também ter suas próprias variáveis estáticas.

Entre todos os pacotes do Java, o pacote `java.lang` é especial. Com ou sem uma declaração de importação, o compilador importa tudo no pacote `java.lang`. Você pode iniciar seu programa com `import java.lang.System`. Mas se não iniciar, o compilador adicionará essa declaração automaticamente.

Variável System.out estática

Que tipo de importação você deve fazer para abreviar `System.out.println`? Como você pode abreviar para `out.println`? Uma declaração de importação permite que você abrevie o nome de uma *classe*. Mas na expressão `System.out`, a palavra `out` não é uma classe. A palavra `out` é uma variável estática. (A variável `out` refere-se ao lugar para onde um programa Java envia a saída de texto.) Portanto, você não pode escrever

```
//Este código é fictício. Não o utilize:
import java.lang.System.out;
```

O que você fará? Você escreverá

```
import static java.lang.System.out;
```

Para descobrir mais sobre a variável `out` sendo uma variável estática, leia a próxima seção.

Colocando uma luz na escuridão estática

Adoro citar a mim mesmo. Quando cito minhas próprias palavras, não preciso de uma permissão escrita. Não tenho que pensar sobre infração aos direitos autorais e nunca ouço falar em advogados. Melhor de tudo, posso mudar e distorcer qualquer coisa que eu digo. Quando eu parafraseio minhas próprias ideias, não posso ser citado de modo errado.

Com isso em mente, eis uma citação da seção anterior:

> *"Qualquer coisa estática pertence a uma classe inteira, e não a uma instância em particular da classe... Para chamar um método estático você usa o nome de uma classe junto com um ponto."*

Que profundo! Na Listagem 18-6 apresento um método estático chamado `parseInt`. Eis a mesma citação aplicada ao método `parseInt` estático:

> *O método `parseInt` estático pertence à classe `Integer` inteira, e não a uma instância em particular da classe `Integer`... Para chamar o método `parseInt` estático você usa o nome da classe `Integer` junto com um ponto. Você escreve algo como `Integer.parseInt(reply)`.*

Isso é muito bonito! E o `System.out` que apresentei no Capítulo 3? Posso aplicar minha citação a ele também.

> *A variável `out` estática pertence à classe `System` inteira, não a nenhuma instância em particular da classe `System`. . . Para se referir à variável `out` estática você usa o nome da classe `System` com um ponto. Você escreve algo como `System.out.println()`.*

Se você pensar sobre o que significa `System.out`, esse negócio de estático fará sentido. Afinal, o nome `System.out` refere-se ao lugar para onde um programa Java envia a saída de texto. (Quando você usa o Eclipse, o nome `System.out` refere-se à exibição Console do Eclipse.) Um programa típico tem apenas um lugar para enviar sua saída de texto. Portanto, um programa Java tem apenas uma variável `out`. Não importa quantos objetos você crie — três, dez ou nenhum —, você terá apenas uma variável `out`. E quando você cria algo estático, assegura que o programa tenha apenas um desse algo estático.

Tudo certo, então! A variável `out` é estática.

Para abreviar o nome de uma variável estática (ou um método estático) você não usa uma declaração de importação comum. Ao contrário, usa uma declaração de importação estática. É por isso que no Capítulo 9 e nos seguintes eu uso a palavra `static` para importar a variável out:

```
import static java.lang.System.out;
```

Barry cumpre uma antiga promessa

No Capítulo 6, coloquei uma declaração da variável fora de um método `main`. Irei do tipo de código na Listagem 18-8 para o tipo de código na Listagem 18-9.

Listagem 18-8: Declarando uma Variável Dentro do Método Main

```
class SnitSoft {

    public static void main(String args[]) {
        double amount = 5.95;

        amount = amount + 25.00;
        System.out.println(amount);
    }
}
```

Listagem 18-9: Colocando uma Variável Fora do Método main

```
class SnitSoft {
    static double amount = 5.95;

    public static void main(String args[]) {
        amount = amount + 25.00;
        System.out.println(amount);
    }
}
```

No Capítulo 6, prometi explicar por que a Listagem 18-9 precisa de uma palavra extra `static` (em `static double amount = 5.95`). Bem, com toda a confusão em torno dos métodos estáticos neste capítulo, finalmente posso explicar tudo.

Consulte a Figura 18-7. Nessa figura você tem cheques e tem um método `sort`. Cada cheque individual tem seus próprios `number`, `amount` e `payee`. Mas a classe `Check` inteira tem apenas um método `sort`.

Não sei quanto a você, mas para ordenar meus cheques cancelados eu os coloco em minha árvore *Yucca elephantipes* exótica. Eu fixo os cheques com números mais altos nas folhas superiores e coloco os cheques com números mais baixos nas folhas inferiores. Quando encontro um cheque cujo número fica entre dois outros, seleciono uma folha livre (uma que esteja entre as folhas superiores e inferiores).

Um programa para imitar meu método de ordenação fica assim:

```
class Check {
    int number;
    double amount;
    String payee;

    static void sort() {
        Yucca tree;

        if (myCheck.number > 1700) {
            tree.attachHigh(myCheck);
        }
        // ... etc.
    }
}
```

Por causa da palavra `static`, a classe `Check` tem apenas um método `sort`. E como eu declaro a variável `tree` dentro do método `sort` estático, o programa tem apenas uma variável `tree`. (Na verdade, eu coloco todos os meus cheques cancelados em apenas uma árvore *Yucca*.) Posso mover a declaração da variável `tree` para fora do método `sort`. Mas se eu fizer isso, poderei ter árvores *Yucca* demais.

```
class Check {
    int number;
    double amount;
    String payee;
    Yucca tree;    /Isto é ruim!
                   //Cada cheque tem sua própria árvore.

    static void sort() {
        if (myCheck.number > 5000) {
            tree.attachHigh(myCheck);
        }
        // ... etc.
    }
}
```

Neste código horrível, cada cheque tem seu próprio número, quantia, beneficiário e árvore. Mas isso é ridículo! Não quero fixar cada cheque em sua própria árvore *Yucca*. Todos sabem que se deve ordenar os cheques em apenas uma árvore *Yucca*. (Este é o modo como fazem os grandes bancos.)

Quando movo a declaração da variável `tree` para fora do método `sort`, desejo preservar o fato de que tenho apenas uma árvore. (Para ser mais preciso, tenho apenas uma árvore para a classe `Check` inteira.) Para assegurar que eu tenho apenas uma árvore, declaro a variável `tree` como sendo estática.

```
class Check {
    int number;
    double amount;
    String payee;
    static Yucca tree;    //That's better!

    static void sort() {
        if (myCheck.number > 5000) {
            tree.attachHigh(myCheck);
        }
        // ... etc.
    }
}
```

Exatamente pelo mesmo motivo, escrevo **`static`** `double amount` quando vou da Listagem 18-8 para Listagem 18-9.

DICA

Para descobrir mais sobre a ordenação, leia *UNIX For Dummies: Quick Reference*, 5ª edição, de Margaret Levine Young e John R. Levine. Para aprender mais sobre os cheques bancários, leia *Managing Your Money Online For Dummies*, de Kathleen Sindell. Para aprender mais sobre árvores, leia *Landscaping For Dummies*, de Phillip Giroux, Bob Beckstrom e Lance Walheim.

Capítulo 19

Criando Novos Métodos Java

Neste Capítulo

- Escrevendo métodos que trabalham com valores existentes
- Construindo métodos que modificam valores existentes
- Criando métodos que retornam novos valores

Nos Capítulos 3 e 4 apresentei os métodos Java. Mostrei como criar um método `main` e como chamar o método `System.out.println`. Entre esses capítulos e este, falei muito pouco sobre os métodos. No Capítulo 18 apresentei muitos métodos novos para você chamar, mas isto é apenas metade da história.

Este capítulo completa o círculo. Nele você criará seus próprios métodos Java — não o antigo método `main` que você vem usando, mas alguns métodos Java novos e poderosos.

Definindo um Método em uma Classe

No Capítulo 18, a Figura 18-6 apresentou uma noção interessante — uma noção que é o centro da programação orientada a objetos. Cada string Java tem seu próprio método `equals`. Ou seja, cada string tem, predefinida, a funcionalidade para se comparar com outras strings. Este é um ponto importante. Quando você faz a programação orientada a objetos, coloca os dados e a funcionalidade em um agrupamento chamado classe. Apenas para lembrar as palavras imortais de Barry no Capítulo 17:

> Uma classe descreve o modo como você pretende combinar *e usar* os blocos de dados.

E por que essas palavras são tão importantes? Elas são importantes porque na programação orientada a objetos, os blocos de dados assumem a responsabilidade por si mesmos. Com a programação orientada a objetos, tudo o que você tem que saber sobre uma string está localizado no arquivo `String.java`. Assim, se qualquer pessoa tiver problemas com as strings, ela saberá onde procurar em todo o código. Isso é ótimo!

Portanto, eis o ponto — os objetos contêm métodos. O Capítulo 18 mostrou como usar os métodos de um objeto, e este capítulo mostra como criar os métodos em um objeto.

Criando um método

Imagine uma tabela contendo informações sobre três contas. (Se você tiver problemas para imaginar tal coisa, veja a Figura 19-1.) Na figura, cada conta tem um último nome, um número de identificação e um saldo. E mais (e eis a parte importante), cada conta sabe como se exibir na tela. Cada linha da tabela tem sua própria cópia de um método `display`.

Account			
lastName	**id**	**balance**	**display**
`Aju`	`9936`	`$8,734.00`	(método para exibir informações da conta)
`Iap`	`3492`	`$6,718.00`	(método para exibir informações da conta)
`Ngp`	`2151`	`$1,008.00`	(método para exibir informações da conta)

Figura 19-1: Uma tabela de contas.

Os últimos nomes na Figura 19-1 podem parecer estranhos para você. É porque eu gerei os dados da tabela aleatoriamente. Cada último nome é uma combinação casual de três letras — uma letra maiúscula seguida de duas letras minúsculas.

Embora possa parecer estranho, gerar valores de conta aleatoriamente é uma prática comum. Quando você escreve um novo código, deseja testá-lo para descobrir se ele é executado corretamente. Você pode criar seus próprios dados (com valores como `"Smith"`, `0000` e `1000.00`). Mas para submeter seu código a um teste desafiador você deve usar alguns valores inesperados. Se você tiver valores de alguns estudos de caso reais, deverá usá-los. Mas, se não tiver dados reais, os valores gerados aleatoriamente serão fáceis de criar.

Para descobrir como gero aleatoriamente os nomes com três letras, veja a seção complementar "Gerando palavras aleatoriamente" deste capítulo.

Preciso de algum código para implementar as ideias na Figura 19-1. Felizmente, tenho um código na Listagem 19-1.

Listagem 19-1: Uma Classe Account

```
import java.text.NumberFormat;
import static java.lang.System.out;

class Account {
    String lastName;
    int id;
    double balance;

    void display() {
        NumberFormat currency =
            NumberFormat.getCurrencyInstance();

        out.print("The account with last name ");
        out.print(lastName);
        out.print(" and ID number ");
        out.print(id);
        out.print(" has balance ");
        out.println(currency.format(balance));
    }
}
```

A classe `Account` na Listagem 19-1 define quatro coisas — `lastName`, `id`, `balance` e `display`. Portanto, cada instância da classe `Account` tem suas próprias variáveis `lastName`, `id`, `balance` e seu próprio método `display`. Isto coincide com as quatro colunas na Figura 19-1.

Examinando o cabeçalho do método

A Listagem 19-1 contém a declaração do método `display`. Como a declaração de um método `main`, a declaração `display` tem um cabeçalho e um corpo (veja o Capítulo 4). O cabeçalho tem duas palavras e alguns parênteses:

- **A palavra `void` informa ao computador que, quando o método `display` é chamado, tal método não retorna nada para o local que o chamou.**

  Posteriormente neste capítulo, um método retornará algo. No momento, o método `display` não retorna nada.

- **A palavra `display` é o nome do método.**

  Todo método deve ter um nome. Do contrário você não terá um modo de chamá-lo.

- **Os parênteses contêm todas as coisas que você passará para o método quando o chamar.**

Quando você chama um método, pode transmitir informações a ele de modo dinâmico. Este exemplo `display`, com seus parênteses vazios, parece estranho. É porque nenhuma informação é passada para o método `display` quando você o chama. Tudo bem. Darei um exemplo substancial mais tarde neste capítulo.

Examinando o corpo do método

O corpo do método `display` contém algumas chamadas `print` e `println`. O interessante aqui é que o corpo faz referência às variáveis `lastName`, `id` e `balance`. O corpo de um método pode fazer isso. Mas com cada objeto tendo suas próprias variáveis `lastName`, `id` e `balance`, o que significa uma variável no corpo do método `display`?

Bem, quando uso a classe `Account`, crio pequenos objetos do tipo conta. Talvez eu crie um objeto para cada linha da tabela na Figura 19-1. Cada objeto tem seus próprios valores para as variáveis `lastName`, `id` e `balance`, e cada objeto tem sua própria cópia do método `display`.

Portanto, pegue o primeiro método `display` na Figura 19-1 — o método para a conta de Aju. O método `display` para esse objeto se comporta como se tivesse o código na Listagem 19-2.

Listagem 19-2: Como o Método Display se Comporta quando Ninguém Está Olhando

```
/*
 * Este não é um código real:
 */
void display() {
    NumberFormat currency =
        NumberFormat.getCurrencyInstance();

    out.print("The account with last name ");
    out.print("Aju");
    out.print(" and ID number ");
    out.print(9936);
    out.print(" has balance ");
    out.println(currency.format(8734.00));
}
```

Na verdade, cada um dos três métodos `display` se comporta como se seu corpo tivesse um código ligeiramente diferente. A Figura 19-2 mostra esta ideia para as duas instâncias da classe `Account`.

Chamando o método

Para colocar em ação as ideias da seção anterior você precisa de mais código. Portanto, a próxima listagem (veja Listagem 19-3) criará instâncias da classe `Account`.

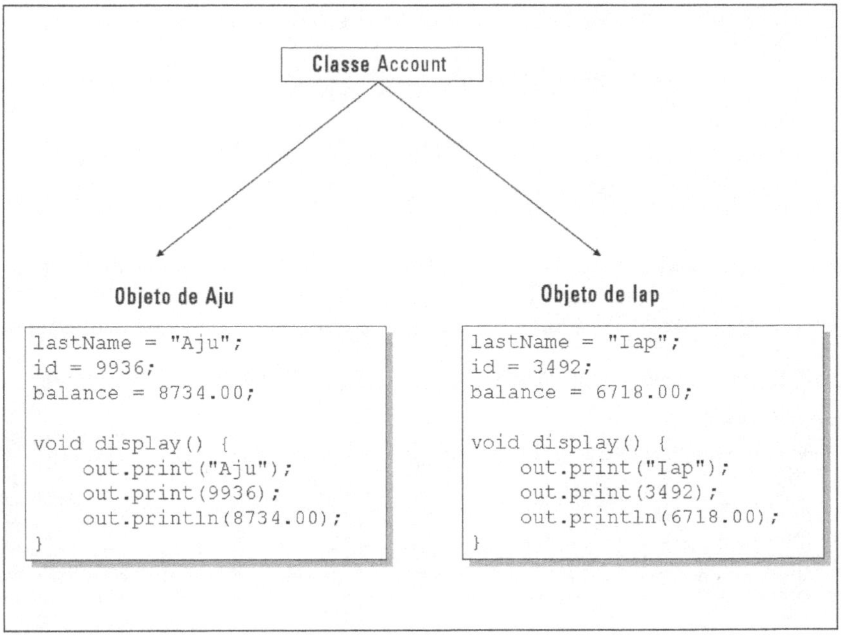

Figura 19-2: Dois objetos, cada um com seu próprio método `display`.

Listagem 19-3: Usando o Código da Listagem 19-1

```
import java.util.Random;

class ProcessAccounts {

   public static void main(String args[]) {

      Random myRandom = new Random();
      Account anAccount;

      for (int i = 0; i < 3; i++) {
         anAccount = new Account();

         anAccount.lastName = "" +
            (char) (myRandom.nextInt(26) + 'A') +
            (char) (myRandom.nextInt(26) + 'a') +
            (char) (myRandom.nextInt(26) + 'a');

         anAccount.id = myRandom.nextInt(10000);
         anAccount.balance = myRandom.nextInt(10000);
         anAccount.display();
      }
   }
}
```

Eis o resumo da ação na Listagem 19-3:

```
Faça o seguinte três vezes:
    Crie um novo objeto (uma instância da
        classe Account).
    Gere aleatoriamente valores para lastName, id
        e balance do objeto.
    Chame o método display do objeto.
```

A primeira das três chamadas `display` imprime os valores `lastName`, `id` e `balance` do primeiro objeto. A segunda chamada `display` imprime os valores `lastName`, `id` e `balance` do segundo objeto. E assim por diante.

Uma execução do código da Listagem 19-3 é mostrada na Figura 19-3.

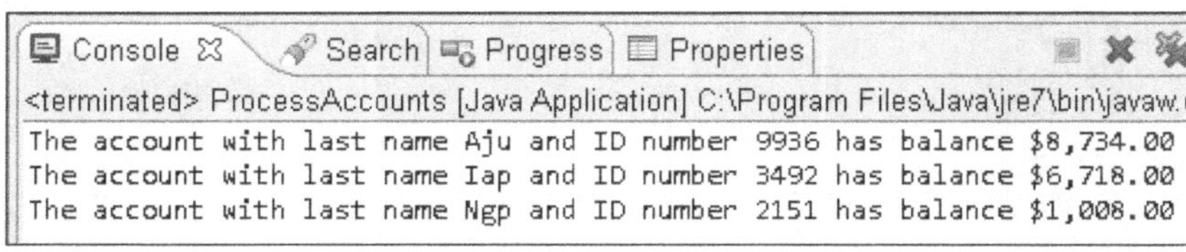

Figura 19-3: Executando o código na Listagem19-3.

CUIDADO!

Em relação ao código na Listagem 19-3, sua milhagem pode variar. Você não vê os mesmos valores como os mostrados na Figura 19-3. Na verdade, se você executar a Listagem 19-3 mais de uma vez, obterá (quase certamente) diferentes nomes com três letras, números ID diferentes e saldos da conta diferentes a cada vez. É isso que acontece quando um programa gera valores aleatoriamente.

O fluxo de controle

Suponha que você esteja executando o código na Listagem 19-3. O computador atinge a chamada do método `display`.

```
anAccount.display();
```

Nesse ponto, o computador começa a executar o código dentro do método `display`. Em outras palavras, o computador salta para o meio do código da classe `Account` (o código na Listagem 19-1).

Depois de executar o código do método `display` (o monte de chamadas `print` e `println`), o computador retorna para o ponto de onde partiu da Listagem 19-3. Ou seja, o computador retorna à chamada do método `display` e continua a partir desse lugar.

Portanto, quando você executar o código na Listagem 19-3, o fluxo de ação em cada iteração do loop não será exatamente do início ao fim. Ao contrário, a ação irá do loop `for` para o método `display`, então de volta para o loop `for`. Tudo está representado na Figura 19-4.

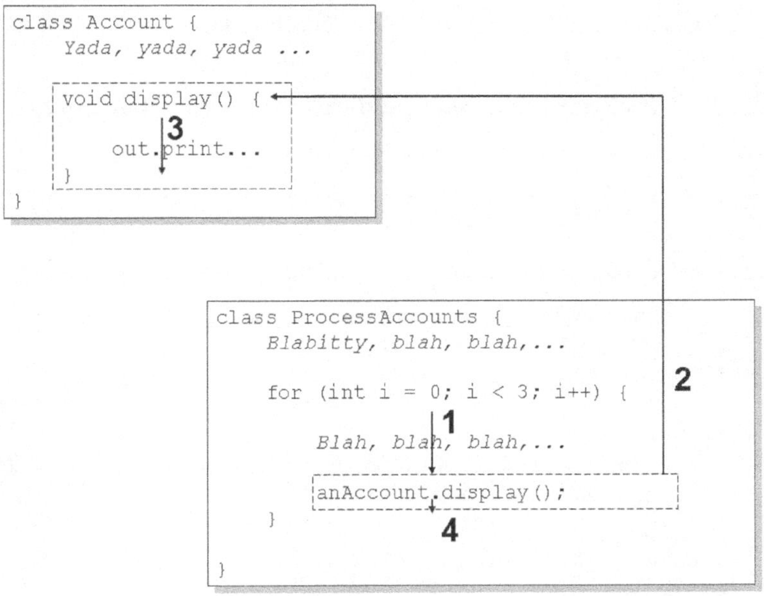

Figura 19-4: O fluxo de controle entre as listagens 19-1 e 19-3.

Usando a pontuação

Na Listagem 19-3, note o uso dos pontos. Para se referir a `lastName` armazenado no objeto `anAccount`, você escreverá

```
anAccount.lastName
```

Para obter o objeto `anAccount` para que ele exiba a si mesmo com `display`, você escreverá

```
anAccount.display();
```

Isso é ótimo! Quando você se refere à variável de um objeto ou chama o método de um objeto, a única diferença são os parênteses:

- Para se referir à variável de um objeto, você não usa parênteses.
- Para chamar o método de um objeto, você usa parênteses.

Quando você chama um método, coloca parênteses depois do nome do método. Você fará isso mesmo que não tenha nada para colocar entre parênteses.

O versátil sinal de mais

O programa na Listagem 19-3 usa alguns truques espertos. No Java, você pode fazer duas coisas diferentes com um sinal de mais:

- **Você pode adicionar números com um sinal de mais.**

  Por exemplo, você pode escrever

  ```
  numberOfSheep = 2 + 5;
  ```

- **Você pode *concatenar* as strings com um sinal de mais.**

  Quando você concatena as strings, pode comprimi-las, uma logo após a outra. Por exemplo, a expressão

  ```
  "Barry" + " " + "Burd"
  ```

  comprime `Barry`, um espaço em branco e `Burd`. A nova string comprimida (adivinhe) é `Barry Burd`.

Na Listagem 19-3, a instrução

```
anAccount.lastName = "" +
    (char) (myRandom.nextInt(26) + 'A') +
    (char) (myRandom.nextInt(26) + 'a') +
    (char) (myRandom.nextInt(26) + 'a');
```

tem muitos sinais de mais, e alguns dos sinais concatenam as coisas. A primeira coisa é uma string vazia e misteriosa (""). Essa string vazia é invisível, portanto, nunca atrapalha sua visão da segunda, terceira e quarta coisas.

À string vazia, o programa concatena uma segunda coisa. Essa segunda coisa é o valor da expressão `(char) (myRandom.nextInt(26) + ‹A›)`. A expressão pode parecer complicada, mas realmente não é. Essa expressão representa uma letra maiúscula (qualquer letra maiúscula, gerada aleatoriamente).

À string vazia e à letra maiúscula, o programa concatena uma terceira coisa. Essa terceira coisa é o valor da expressão `(char) (myRandom.nextInt(26) + ‹a›)`. Essa expressão representa uma letra minúscula (qualquer letra minúscula, gerada aleatoriamente).

A tudo isso, o programa concatena outra letra minúscula. Portanto, você tem um nome com três letras gerado aleatoriamente. Para obter mais detalhes, veja a seção complementar.

Na Listagem 19-3, a instrução `anAccount.balance = myRandom.nextInt(10000)` atribui um valor `int` a `balance`. Mas `balance` é uma variável `double`, não uma variável `int`. Tudo bem. Em um caso raro de tolerância, o Java permite atribuir um valor `int` a uma variável `double` O resultado da atribuição não é nenhuma grande surpresa. Se você atribuir o valor `int` 8734 à variável `double balance`, então o valor de `balance` se tornará 8734.00. O resultado é mostrado na primeira linha da Figura 19-3.

Usar o tipo `double` para armazenar uma quantia de dinheiro é geralmente uma má ideia. Neste livro uso `double` para manter os exemplos o mais simples possível. Mas o tipo `int` é melhor para os valores em dinheiro e o tipo `BigDecimal` é ainda melhor. Para obter detalhes, veja o Capítulo 7.

Gerando palavras aleatoriamente

A maioria dos programas não funciona corretamente na primeira vez que você os executa e alguns não funcionam sem muitas tentativas. O código desta seção é um caso desses.

Para escrever o código desta seção precisei de um modo de gerar aleatoriamente palavras com três letras. Depois de mais ou menos doze tentativas, consegui fazer o código funcionar. Mas não parei por aí. Continuei trabalhando por algumas horas, procurando um modo *simples* de gerar aleatoriamente palavras com três letras. No final, decidi pelo seguinte código (na Listagem 19-3):

```
anAccount.lastName = "" +
(char)
(myRandom.nextInt(26) + 'A') +
(char)
(myRandom.nextInt(26) + 'a') +
(char)
(myRandom.nextInt(26) + 'a');
```

Este código não é simples, mas não é tão ruim quanto minha versão de trabalho original. De qualquer modo, eis como o código funciona:

- **Cada chamada para `myRandom.nextInt(26)` gera um número de 0 a 25.**

- **Adicionar 'A' fornece um número de 65 a 90.**

  Para armazenar uma letra `'A'`, o computador coloca o número 65 em sua memória. É por isso que adicionar `'A'` a 0 fornece 65 e adicionar `'A'` a 25 fornece 90. Para obter mais informações sobre as letras sendo armazenadas como números, veja a análise dos caracteres Unicode no final do Capítulo 8.

- **Aplicar `(char)` em um número transforma esse número em um valor `char`.**

  Para armazenar as letras de `'A'` até `'Z'`, o computador coloca os números de 65 a 90 na memória. Portanto, aplicar `(char)` em um número de 65 a 90 transforma o número em uma letra maiúscula. Para obter informações sobre como aplicar coisas como `(char)`, veja a análise sobre coerção no Capítulo 7.

(continua)

(continuação)

Pausa para um pequeno resumo. A expressão `(char) (myRandom.nextInt(26) + 'A')` representa uma letra maiúscula gerada aleatoriamente. De um modo parecido, `(char) (myRandom.nextInt(26) + 'a')` representa uma letra minúscula gerada aleatoriamente.

Atenção! As próximas etapas podem ser capciosas.

- **O Java não permite que você atribua um valor `char` a uma variável string.**

  Portanto, na Listagem 19-3, a seguinte instrução levaria a um erro do compilador.

  ```
  //Instrução ruim:
  anAccount.lastName = (char)
  (myRandom.nextInt(26) + 'A');
  ```

- **No Java, você pode usar um sinal de mais para adicionar um valor `char` a uma string. Quando você faz isso, o resultado é uma string.**

  Portanto `"" + (char) (myRandom.nextInt (26) + 'A')` é uma string contendo um caractere maiúsculo gerado aleatoriamente. E quando você adiciona `(char) (myRandom.nextInt (26) + 'a')` ao final dessa string, obtém outra string — uma string contendo dois caracteres gerados aleatoriamente. Finalmente, quando adiciona outro `(char) (myRandom.nextInt (26) + 'a')` ao final dessa string, obtém uma string contendo três caracteres gerados aleatoriamente. Assim, você pode atribuir essa grande string a `anAccount.lastName`. Eis como a instrução na Listagem 19-3 funciona.

Quando você escreve um programa como o da Listagem 19-3, tem que ter muito cuidado com os números, valores `char` e strings. Não faço esse tipo de programação todos os dias. Portanto, antes de fazer o exemplo desta seção funcionar tive muitos começos ruins. Tudo bem. Sou muito persistente.

Deixe os Objetos Fazerem o Trabalho

Quando eu era um jovem objeto, não era tão esperto quanto os objetos que existem atualmente. Considere, por exemplo, o objeto na Listagem 19-4. Esse objeto não apenas exibe a si mesmo, como também pode preencher a si mesmo com valores.

Listagem 19-4: Uma Classe com Dois Métodos

```
import java.util.Random;
import java.text.NumberFormat;
import static java.lang.System.out;

class BetterAccount {
    String lastName;
    int id;
    double balance;
```

```
    void fillWithData() {
        Random myRandom = new Random();

        lastName = "" +
            (char) (myRandom.nextInt(26) + 'A') +
            (char) (myRandom.nextInt(26) + 'a') +
            (char) (myRandom.nextInt(26) + 'a');

        id = myRandom.nextInt(10000);
        balance = myRandom.nextInt(10000);
  }

    void display() {
        NumberFormat currency =

            NumberFormat.getCurrencyInstance();

        out.print("The account with last name ");
        out.print(lastName);
        out.print(" and ID number ");
        out.print(id);
        out.print(" has balance ");
        out.println(currency.format(balance));
    }
}
```

Escrevi um código para usar a classe na Listagem 19-4. Esse novo código está na Listagem 19-5.

Listagem 19-5: Isto É Tão Legal!

```
class ProcessBetterAccounts {

    public static void main(String args[]) {

        BetterAccount anAccount;

        for (int i = 0; i < 3; i++) {
            anAccount = new BetterAccount();
            anAccount.fillWithData();
            anAccount.display();
        }
    }
}
```

A Listagem 19-5 vai direto ao ponto. Como o código na Listagem 19-4 é muito esperto, o novo código na Listagem 19-5 tem muito pouco trabalho a fazer. Esse novo código apenas cria um objeto `BetterAccount`, e então chama os métodos na Listagem 19-4. Quando você executa tudo isso, obtém resultados como os da Figura 19-3.

Passando Valores aos Métodos

Considere mandar alguém ao supermercado para comprar pão. Quando você faz isso, diz: "Vá ao supermercado e compre pão". (Tente isto em casa. Você terá pão fresco em pouco tempo!) Naturalmente, em algum outro momento, você manda essa mesma pessoa ao supermercado comprar bananas. Você diz: "Vá ao supermercado e compre bananas". E qual é o motivo para tudo isso. Bem, você tem um método e tem algumas informações dinâmicas que passa ao método quando o chama. O método é denominado "Vá ao supermercado e compre...". A informação dinâmica é "pão" ou "bananas", dependendo de suas necessidades culinárias. No Java, as chamadas do método ficariam assim:

```
goToTheSupermarketAndBuySome(bread);
goToTheSupermarketAndBuySome(bananas);
```

O que está entre parênteses é chamado de *parâmetros* ou *listas de parâmetros*. Com os parâmetros, seus métodos ficam muito mais versáteis. Ao invés de obter a mesma coisa sempre, você pode mandar alguém ao supermercado para comprar pão uma vez, bananas na outra vez e alpiste uma terceira vez. Quando você chama seu método `váAoSupermercadoECompre`, decide na hora o que pedirá ao seu amigo para comprar.

Estes conceitos ficaram mais concretos nas Listagens 19-6 e 19-7.

Listagem 19-6: Adicionando Juros

```
import java.text.NumberFormat;
import static java.lang.System.out;

class NiceAccount {
    String lastName;
    int id;
    double balance;

    void addInterest(double rate) {
        out.print("Adding ");
        out.print(rate);
        out.println(" percent...");

        balance += balance * (rate / 100.0);
    }

    void display() {
        NumberFormat currency =
            NumberFormat.getCurrencyInstance();
```

```
        out.print("The account with last name ");
        out.print(lastName);
        out.print(" and ID number ");
        out.print(id);
        out.print(" has balance ");
        out.println(currency.format(balance));
    }
}
```

Listagem 19-7: Chamando o Método addInterest

```
import java.util.Random;

class ProcessNiceAccounts {

    public static void main(String args[]) {
        Random myRandom = new Random();
        NiceAccount anAccount;
        double interestRate;

        for (int i = 0; i < 3; i++) {
            anAccount = new NiceAccount();

            anAccount.lastName = "" +
                (char) (myRandom.nextInt(26) + 'A') +
                (char) (myRandom.nextInt(26) + 'a') +
                (char) (myRandom.nextInt(26) + 'a');
            anAccount.id = myRandom.nextInt(10000);
            anAccount.balance = myRandom.nextInt(10000);

            anAccount.display();

            interestRate = myRandom.nextInt(5);
            anAccount.addInterest(interestRate);

            anAccount.display();
            System.out.println();
        }
    }
}
```

Na Listagem 19-7, a linha

```
anAccount.addInterest(interestRate);
```

desempenha o mesmo papel da linha `váAoSupermercadoECompre(pão)` em meu pequeno exemplo do supermercado. A palavra `addInterest` é um nome do método, e a palavra `interestRate` entre parênteses é um parâmetro.

De modo geral, esta instrução informa ao código na Listagem 19-6 para executar seu método `addInterest`. Essa instrução também informa à Listagem 19-6 para usar um certo número (qualquer valor armazenado na variável `interestRate`) nos cálculos do método. O valor de `interestRate` pode ser 1.0, 2.0 ou qualquer outro obtido chamando `myRandom.nextInt(5)`. Do mesmo modo, o método `váAoSupermercadoECompre` funciona para pão, bananas ou qualquer outra coisa de que você precise do supermercado.

A próxima seção tem uma descrição detalhada de `addInterest` e sua ação. Nesse ínterim, uma execução do código nas Listagens 19-6 e 19-7 é mostrada na Figura 19-5.

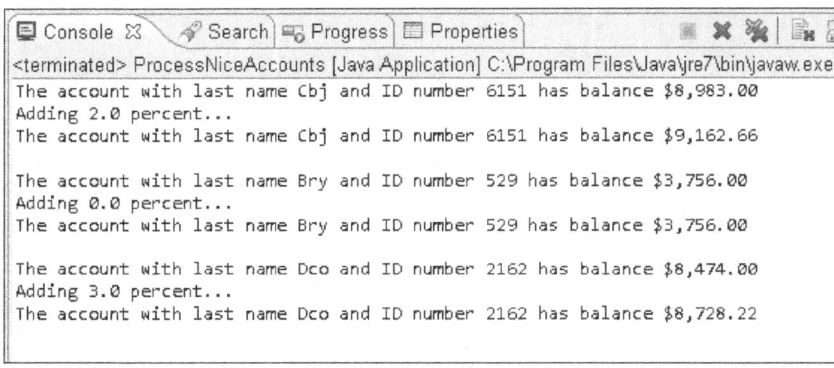

Figura 19-5: Executando o código na Listagem 19-7.

LEMBRE-SE

O Java tem regras muito rígidas sobre o uso dos tipos. Por exemplo, você não pode atribuir um valor `double` (como 3.14) à uma variável `int`. (O compilador simplesmente se recusa a cortar a parte .14. Você obtém uma mensagem de erro. Sim, mas o que há de novo?) Porém, o Java não é totalmente irracional em relação ao uso dos tipos. Ele permite que você atribua um valor `int` (como `myRandom.nextInt(5)`) a uma variável `double` (como `interestRate`). Se você atribuir o valor `int` 2 à variável `double interestRate`, então o valor de `interestRate` se tornará 2.0. O resultado é mostrado na segunda linha da Figura 19-5.

Passando um valor

Quando você chama um método, pode passar informações para esse método de modo dinâmico. Essas informações estão na lista de parâmetros do método. A Listagem 19-7 tem uma chamada para o método `addInterest`:

```
anAccount.addInterest(interestRate);
```

Na primeira vez passando pelo loop, o valor de `interestRate` é 2.0. (Lembre-se de que, estou usando os dados na Figura 19-5). Portanto, nesse ponto na execução do programa, a chamada do método se comporta como se fosse a seguinte instrução:

```
anAccount.addInterest(2.0);
```

O computador está para executar o código dentro do método `addInterest` (um método na Listagem 19-6). Mas primeiro o computador *passa* o valor 2.0 para o parâmetro no cabeçalho do método `addInterest`. Assim, dentro do método `addInterest`, o valor de `rate` se torna 2.0. Para ter uma ilustração desta ideia, veja a Figura 19-6.

Eis algo interessante. O parâmetro no cabeçalho do método `addInterest` é rate. Mas, dentro da classe `ProcessNiceAccounts`, o parâmetro na chamada do método é `interestRate`. Tudo bem. Na verdade, é a prática padrão.

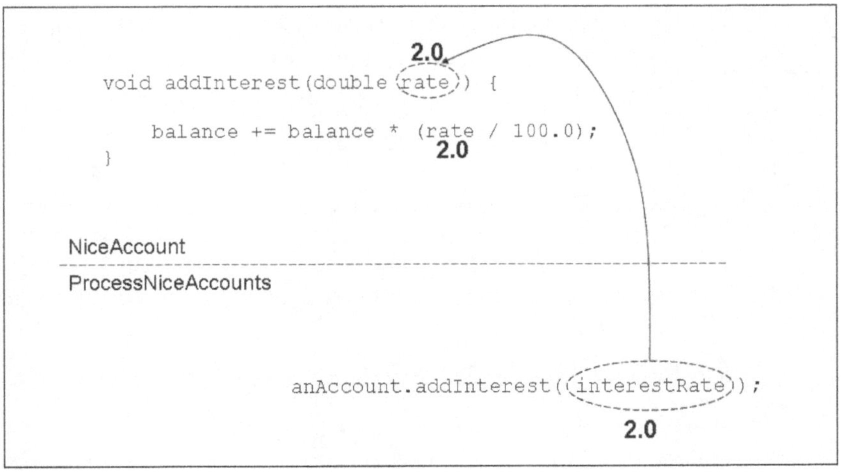

Figura 19-6: Passando um valor para o parâmetro de um método.

Nas Listagens 19-6 e 19-7, os nomes dos parâmetros não têm que ser iguais. A única coisa que importa é que ambos os parâmetros (`rate` e `interestRate`) tenham o mesmo tipo. Nas listagens 19-6 e 19-7, ambos os parâmetros são do tipo `double`. Portanto, tudo está bem.

Dentro do método `addInterest`, o operador de atribuição += adiciona `balance * (rate / 100.0)` ao valor `balance` existente. Para obter informações sobre o operador de atribuição +=, veja o Capítulo 7.

Trabalhando com o cabeçalho de um método

Nos próximos itens, faço algumas observações sobre o cabeçalho do método `addInterest` (na Listagem 19-6):

- **A palavra `void` informa ao computador que quando o método `addInterest` é chamado, tal método não envia um valor de volta para o lugar que o chamou.**

  A próxima seção tem um exemplo no qual um método retorna um valor.

- **A palavra `addInterest` é o nome do método.**

  Este é o nome usado para chamar o método quando você está escrevendo o código para a classe `ProcessNiceAccounts` (veja Listagem 19-7).

- **Os parênteses no cabeçalho contêm espaços reservados para todas as coisas que você passará ao método quando o chamar.**

  Quando você chama um método, pode passar informações a ele de modo dinâmico. Essas informações são a lista de parâmetros do método. O cabeçalho do método `addInterest` diz que ele deve receber uma informação e que ela deve ser do tipo `double`:

  ```
  void addInterest(double rate)
  ```

  Certamente, se você vir a chamada para `addInterest` (no método `main` da classe `ProcessNiceAccounts`), essa chamada terá a variável `interestRate`. E `interestRate` é do tipo `double`. Quando chamo `getInterest`, estou dando ao método um valor do tipo `double`.

Como o método usa os valores do objeto

O método `addInterest` na Listagem 19-6 é chamado três vezes a partir do método `main` na Listagem 19-7. Os saldos das contas e taxas de juros reais são diferentes a cada vez:

- **Na primeira chamada da Figura 19-5, `balance` é 8983.00 e a taxa de juros é 2.0**

  Quando esta chamada é feita, a expressão `balance * (rate / 100.0)` significa 8983.00 * (2.0 / 100.00). Veja a Figura 19-7.

- **Na segunda chamada da Figura 19-5, `balance` é 3756.00 e a taxa de juros é 0.0.**

  Quando a chamada é feita, a expressão `balance * (rate / 100.0)` significa 3756.00 * (0.0 / 100.0). Novamente, veja a Figura 19-7.

- **Na terceira chamada da Figura 19-5, `balance` é 8474.00 e a taxa de juros é 3.0.**

  Quando a chamada `addInterest` é feita, a expressão `balance * (rate / 100.0)` significa 8474.00 * (3.0 / 100.00).

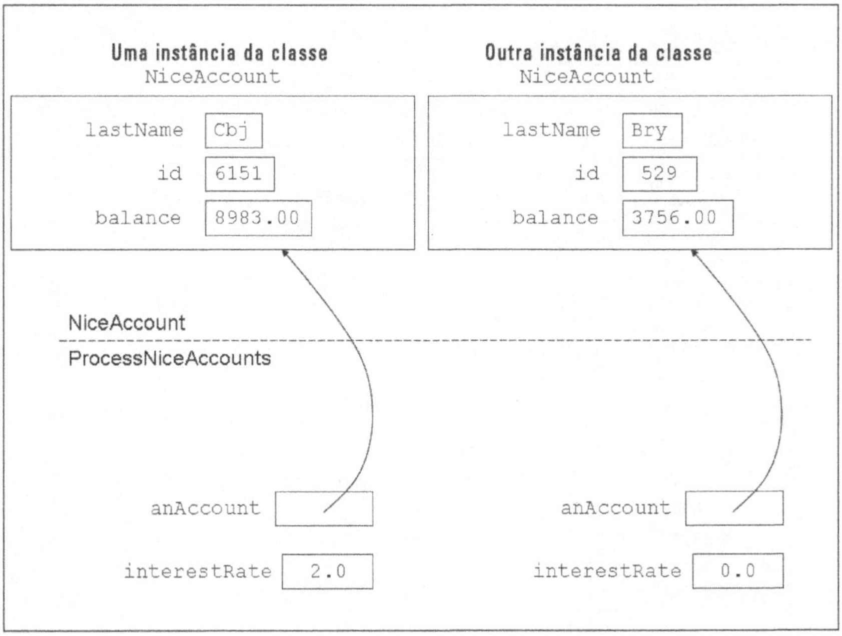

Figura 19-7: As contas de Cbj e Bry.

Obtendo um Valor de um Método

Digamos que você esteja mandando um amigo comprar alimentos. Você faz as solicitações de alimentos na forma de chamadas do método. Você envia chamadas, tais como

```
goToTheSupermarketAndBuySome(bread);
goToTheSupermarketAndBuySome(bananas);
```

As coisas entre parênteses são parâmetros. Sempre que você chama seu método `goToTheSupermarketAndBuySome` (`váAoSupermercadoECompre`), coloca um valor diferente na lista de parâmetros do método.

Agora, o que acontece quando seu amigo volta do supermercado? "Aqui está o pão que você me pediu para comprar", diz ele. Realizando seus desejos, seu amigo retorna algo para você. Você fez uma chamada do método e o método retorna informações (ou melhor, o método retorna comida).

A coisa retornada é chamada de *valor de retorno* do método, e o tipo de coisa retornada é chamado de *tipo de retorno* do método.

Um exemplo

Para ver como os valores de retorno e os tipos de retorno funcionam em um programa Java real, verifique o código nas Listagens 19-8 e 19-9.

Listagem 19-8: Um Método que Retorna um Valor

```
import java.text.NumberFormat;
import static java.lang.System.out;

class GoodAccount {
    String lastName;
    int id;
    double balance;

    double getInterest(double rate) {
        double interest;

        out.print("Adding ");
        out.print(rate);
        out.println(" percent...");

        interest = balance * (rate / 100.0);
        return interest;
    }


    void display() {
        NumberFormat currency =
            NumberFormat.getCurrencyInstance();

        out.print("The account with last name ");
        out.print(lastName);
        out.print(" and ID number ");
        out.print(id);
        out.print(" has balance ");
        out.println(currency.format(balance));
    }
}
```

Listagem 19-9: Chamando o Método na Listagem 19-8

```
import java.util.Random;
import java.text.NumberFormat;

class ProcessGoodAccounts {

    public static void main(String args[]) {
        Random myRandom = new Random();
        NumberFormat currency =
            NumberFormat.getCurrencyInstance();
        GoodAccount anAccount;
        double interestRate;
        double yearlyInterest;
        for (int i = 0; i < 3; i++) {
            anAccount = new GoodAccount();

            anAccount.lastName = "" +
                (char) (myRandom.nextInt(26) + 'A') +
                (char) (myRandom.nextInt(26) + 'a') +
                (char) (myRandom.nextInt(26) + 'a');
            anAccount.id = myRandom.nextInt(10000);
            anAccount.balance = myRandom.nextInt(10000);

            anAccount.display();

            interestRate = myRandom.nextInt(5);
            yearlyInterest =
                anAccount.getInterest(interestRate);

            System.out.print("This year's interest is ");
            System.out.println
                (currency.format(yearlyInterest));
            System.out.println();
        }
    }
}
```

Para ver uma execução do código nas Listagens 19-8 e 19-9, observe a Figura 19-8.

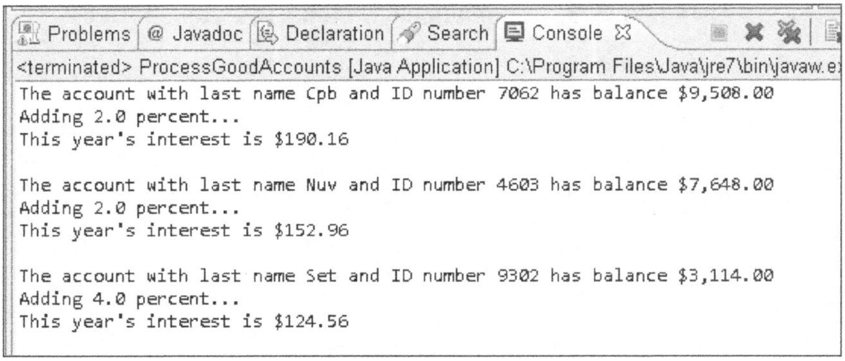

Figura 19-8: Executando o código na Listagem 19-9.

Como os tipos de retorno e os valores de retorno funcionam

Desejo rastrear uma parte da ação nas Listagens 19-8 e 19-9. Para obter os dados de entrada, uso o primeiro conjunto de valores na Figura 19-8.

Eis o que acontece quando `getInterest` é chamado (você pode acompanhar na Figura 19-9):

- O valor de `balance` é 9508.00 e o valor de `rate` é 2.0. Portanto, o valor de `balance * (rate / 100.0)` é 190.16 — cento e noventa dólares e dezesseis centavos.
- O valor 190.16 é atribuído à variável `interest`, portanto, a instrução

  ```
  return interest;
  ```

  tem o mesmo efeito que

  ```
  return 190.16;
  ```

- A instrução `return` envia o valor 190.16 de volta para o código que chamou o método. *Nesse ponto no processo, a chamada do método inteiro na Listagem 19-9 —* `anAccount.getInterest(interestRate)` *— recebe o valor 190.16.*
- Finalmente, o valor 190.16 é atribuído à variável `yearlyInterest`.

LEMBRE-SE

Se um método retorna qualquer coisa, então uma chamada para o método será uma expressão com um valor. Esse valor pode ser impresso, atribuído à uma variável, adicionado a alguma outra coisa, seja o que for. Tudo que você pode fazer com qualquer outro tipo de valor, pode fazer com uma chamada do método.

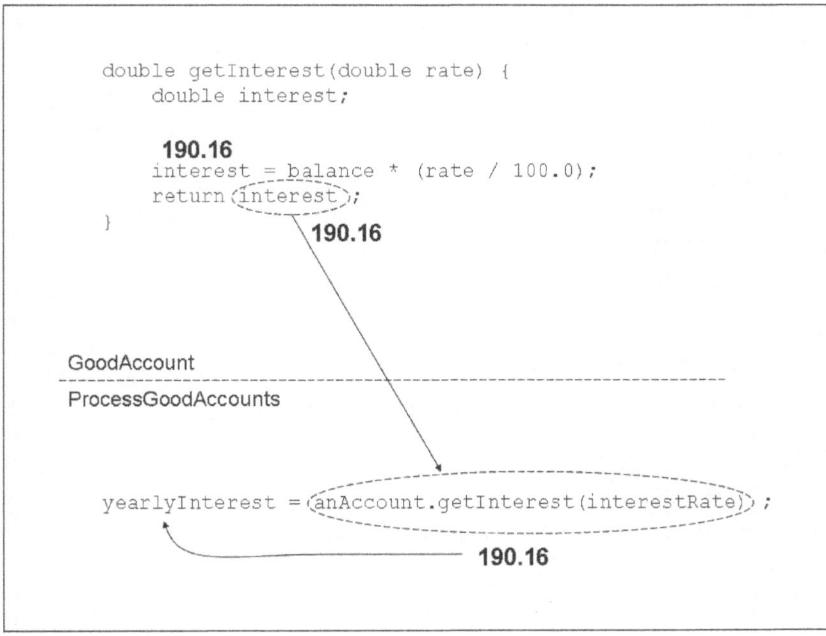

Figura 19-9: Uma chamada do método é uma expressão com um valor.

Trabalhando com o cabeçalho do método (novamente)

Quando você cria um método ou uma chamada do método, tem que ter cuidado ao usar os tipos do Java com consistência. Portanto, verifique o seguinte:

- Na Listagem 19-8, o cabeçalho do método `getInterest` inicia com a palavra `double`. Assim, quando o método for executado, ele deverá enviar um valor `double` de volta ao lugar que o chamou.
- Novamente na Listagem 19-8, a última instrução no método `getInterest` é `return interest`. Portanto, o método retorna qualquer valor armazenado na variável `interest`, que tem o tipo `double`. Até aqui, tudo bem.
- Na Listagem 19-9, o valor retornado pela chamada para `getInterest` é atribuído a uma variável denominada `yearlyInterest`. Certamente, `yearlyInterest` é do tipo `double`.

Isto resolve! O uso dos tipos no tratamento do método `getInterest` é consistente nas Listagens 19-8 e 19-9. Estou emocionado!

Capítulo 20

A GUI Avançada Era um Verme

Neste Capítulo

- Entrando em ação
- Exibindo uma imagem
- Usando botões e caixas de texto

Há uma velha piada maravilhosa sobre um acrobata de circo saltando sobre ratos. Infelizmente, eu seria processado por infração de direitos autorais se incluísse a piada neste livro.

De qualquer modo, a piada é sobre começar por baixo e progredir até o alto. É isso que você faz quando lê o *Começando a Programar em Java Para Leigos*, Tradução da 3ª Edição.

A maioria dos programas neste livro é baseada em texto. Um programa *baseado em texto* não tem janelas, caixas de diálogo, nada disso. Com um programa baseado em texto, o usuário digita os caracteres na exibição Console e o programa exibe a saída na mesma exibição.

Atualmente, pouquíssimos programas disponíveis publicamente são baseados em texto. Quase todos os programas usam uma *GUI* — uma *Interface Gráfica do Usuário*. Portanto, se você leu cada palavra deste livro até o momento, provavelmente está dizendo para si mesmo: "Quando irei descobrir como criar uma GUI?".

Bem, chegou a hora! Este capítulo apresenta o mundo da programação GUI no Java.

As Classes Swing do Java

As classes *Swing* do Java criam objetos gráficos em uma tela de computador. Os objetos podem incluir botões, ícones, campos de texto, caixas de seleção e outras coisas boas que tornam as janelas tão úteis.

O nome "Swing" não é um acrônimo. Quando as pessoas na Sun Microsystems estavam criando pela primeira vez o código para essas classes, um dos desenvolvedores chamou-o de "Swing" porque este estilo musical estava passando por um revival nostálgico. E, sim, além de `String` e `Swing`, a API Java padrão tem uma classe `Spring`. Mas esta é outra história.

Na verdade, a API do Java tem vários conjuntos de componentes de janela. Um conjunto mais antigo é chamado de *AWT — Kit de Ferramentas de Janelas Abstrato*. Mas, para usar algumas das classes `Swing`, você precisa chamar algumas classes AWT antigas. Vai entender!

Mostrando uma imagem na tela

O programa na Listagem 20-1 exibe uma janela na tela de seu computador. Para ver a janela, observe a Figura 20-1.

Listagem 20-1: Criando uma Janela com uma Imagem

```
import javax.swing.JFrame;
import javax.swing.ImageIcon;
import javax.swing.JLabel;
import java.awt.Container;

class ShowPicture {

    public static void main(String args[]) {
        JFrame frame = new JFrame();
        ImageIcon icon = new ImageIcon("androidBook.jpg");
        JLabel label = new JLabel(icon);

        frame.add(label);
        frame.setDefaultCloseOperation
           (JFrame.EXIT_ON_CLOSE);
        frame.pack();
        frame.setVisible(true);
  }
}
```

Quando você exibir a Listagem 20-1 no editor Eclipse, verá um pequeno marcador amarelo. Um marcador amarelo representa um aviso, ao invés de um erro. Portanto, você pode ignorar o aviso e ainda executar seu código. Se você passar o mouse sobre o marcador, verá uma dica sobre algo chamado serialVersionUID. Um *serialVersionUID* é um número que ajuda o Java a evitar os conflitos de versão quando você envia diferentes cópias de um objeto de um lugar para outro. Você pode se livrar do aviso aplicando uma das correções rápidas do Eclipse, mas se não for exigente, não se preocupe com as correções rápidas.

O código na Listagem 20-1 tem pouquíssima lógica em si. Ao contrário, esse código reúne um monte de classes da API Java.

Figura 20-1: Que bela janela!

Voltando à Listagem 17-3, eu crio uma instância da classe `Purchase` com a linha

```
Purchase onePurchase = new Purchase();
```

Portanto, na Listagem 20-1, faço o mesmo tipo de coisa. Crio instância das classes `JFrame`, `ImageIcon` e `JLabel` com as seguintes linhas:

```
JFrame frame = new JFrame();
ImageIcon icon = new ImageIcon("androidBook.jpg");
JLabel label = new JLabel(icon);
```

Eis alguns comentários sobre cada uma das linhas:

- `JFrame` é como uma janela (exceto que é chamado de `JFrame`, não de "janela"). Na Listagem 20-1, a linha

  ```
  JFrame frame = new JFrame();
  ```

  cria um objeto `JFrame`, mas essa linha não exibe o objeto `JFrame` em nenhum lugar. (A exibição vem posteriormente no código.)

  LEMBRE-SE

  Neste capítulo, uso as palavras *JFrame*, *moldura* e *janela* alternadamente. (Bem, uso-as de modo quase alternado. Você não precisa pensar sobre as diferenças entre elas.)

- Um objeto `ImageIcon` é uma imagem. Na raiz do diretório de projetos do programa, tenho um arquivo chamado `androidBook.jpg`. Esse arquivo contém a imagem mostrada na Figura 20-1. Portanto, na Listagem 20-1, a linha

  ```
  ImageIcon icon = new ImageIcon("androidBook.jpg");
  ```

cria um objeto `ImageIcon` — um ícone contendo a imagem `androidBook.jpg`.

Por alguma razão que nunca entenderei, você pode não querer usar meu arquivo de imagem `androidBook.jpg` quando executar a Listagem 20-1. Você pode usar qualquer arquivo `.gif`, `.jpg` ou `.png` no lugar da minha (adorável) imagem da capa do livro Android. (Arraste-o para a raiz da pasta de projetos deste exemplo.) Então, no editor do Eclipse, mude o nome `androidBook.jpg` para o nome de seu próprio arquivo de imagem. É tudo!

- Preciso de um lugar para colocar o ícone. Posso colocá-lo em algo chamado `JLabel`. Portanto, na Listagem 20-1, a linha

```
JLabel label = new JLabel(icon);
```

cria um objeto `JLabel` e coloca o ícone `androidBook.jpg` na face da nova etiqueta.

Se você leu os itens listados anteriormente, pode ter uma falsa impressão. As palavras podem sugerir que o uso de cada componente (`JFrame`, `ImageIcon`, `Jlabel` etc.) é uma extensão lógica do que você já sabe. "Onde você coloca um `ImageIcon`? Bem, claro, você o coloca em um `JLabel`." Quando você tiver trabalhado o suficiente com os componentes Swing do Java, tudo isso será natural. Mas até esse ponto, você pesquisará tudo na documentação API do Java.

Você nunca precisará memorizar os nomes ou os recursos das classes API do Java. Ao contrário, manterá à mão a documentação da API do Java. Quando precisar saber sobre uma classe, irá pesquisá-la na documentação. Se precisar de certa classe com frequência, lembrará de seus recursos. Para as classes que você não usa com frequência, sempre terá a documentação.

Para obter dicas sobre como usar a documentação API do Java, veja o Apêndice no site deste livro — `http://allmycode.com/BeginProg3`. Para encontrar muito código Java de amostra, visite os mesmos sites Web listados no Capítulo 21.

Apenas outra classe

O que é `JFrame`? Como qualquer outra classe, um `JFrame` tem várias partes. Para ter uma visão simplificada de algumas dessas partes, veja a Figura 20-2.

Como a `String` na Figura 18-6, no Capítulo 18, cada objeto formado a partir da classe `JFrame` tem partes de dados e partes de métodos. As partes de dados incluem a altura e a largura da moldura. As partes do método incluem `add`, `setDefaultCloseOperation`, `pack` e `setVisible`. Ao todo, a classe `JFrame` tem cerca de 320 métodos.

```
public class JFrame {
  int height;
  int width;
  public Component add() ...
  public void setDefaultCloseOperation() ...
  public void pack() ...
  public void setVisible() ...
  ...
}
```

JFrame					
height	width	add	setDefaultCloseOperation	pack	setVisible
485	375	(método para colocar algo no quadro)	(método para decidir o que acontece quando o usuário fecha o quadro)	(método para embalar o quadro)	(método para fazer o quadro visível ou invisível)

Figura 20-2: Uma representação simplificada da classe `JFrame`.

Por motivos técnicos pesados demais para este livro, você não pode usar pontos para se referir à altura e à largura de uma moldura. Mas você pode chamar muitos métodos `JFrame` com esses abomináveis pontos. Na Listagem 20-1, chamo os métodos da moldura escrevendo `add(label)`, `frame.setDefaultCloseOperation (Jframe.EXIT_ON_CLOSE)`, `frame.pack()` e `frame.setVisible(true)`.

Eis a novidade sobre os métodos `JFrame` na Listagem 20-1:

- A chamada `frame.add(label)` coloca a etiqueta na moldura. A etiqueta exibe minha imagem *androidBook.jpg*, portanto, essa chamada faz a imagem aparecer na moldura.
- Uma chamada para `frame.setDefaultCloseOperation` informa o Java sobre o que fazer quando você tenta fechar a moldura. (No Windows, você clica no 'x' no campo superior direito na barra de título. Em um Mac, o 'x' está no canto superior esquerdo da moldura.) Para uma moldura que faz parte de um aplicativo maior, você pode querer que ela desapareça quando você clica no 'x', mas provavelmente não desejará que o aplicativo pare de ser executado.

  Mas, na Listagem 20-1, a moldura é o aplicativo inteiro — um prato cheio. Portanto, quando você clica no 'x', deseja que a máquina virtual Java feche a si mesma. Para que isto aconteça, você chama o método `setDefaultCloseOperation` com o parâmetro `JFrame.EXIT_ON_CLOSE`. As outras alternativas são as seguintes:

  - `JFrame.HIDE_ON_CLOSE`: A moldura desaparece, mas ainda existe na memória do computador.

   • `JFrame.DISPOSE_ON_CLOSE`: A moldura desaparece e não existe mais na memória do computador.

   • `JFrame.DO_NOTHING_ON_CLOSE`: A moldura ainda aparece, ainda existe e ainda faz tudo que fazia antes de você clicar no 'x'. Nada acontece quando você clica no 'x'. Portanto, com a opção `DO_NOTHING_ON_CLOSE`, você pode ficar muito confuso.

CUIDADO!

Se você não chamar `setDefaultCloseOperation`, o Java escolherá automaticamente a opção `HIDE_ON_CLOSE`. Quando você clica no 'x', a moldura desaparece, mas o programa Java continua sendo executado. Naturalmente, sem uma moldura visível, a execução da Listagem 20-1 não faz muita coisa. O único efeito notado na execução é o comportamento de seu ambiente de desenvolvimento. Com o Eclipse, o pequeno quadrado na barra de ferramentas da exibição Console mantém sua cor vermelho brilhante. Quando você passa o mouse sobre o quadrado, vê a dica da ferramenta Terminate (Terminar). Portanto, para encerrar a execução do programa Java (e fazer com que o quadrado volte ao seu tom cinza avermelhado esmaecido), simplesmente clique nesse pequeno quadrado.

- O método `pack` reduz a moldura em torno de qualquer coisa adicionada ao seu painel de conteúdo. Sem chamar `pack`, a moldura pode ser muito maior ou muito menor do que o necessário.

  Infelizmente, o padrão é tornar uma moldura muito menor do que o necessário. Se, na Listagem 20-1, você se esquecer de chamar `frame.pack`, verá a moldura minúscula mostrada na Figura 20-3. Com certeza você pode aumentar a moldura arrastando as bordas dela com o mouse. Mas por que deveria fazer isso? Apenas chame `frame.pack`.

- Chamar `setVisible(true)` faz a moldura aparecer em sua tela. Se você esquecer de chamar `setVisible(true)` (e geralmente eu esqueço), quando executar o código na Listagem 20-1, não verá nada em sua tela. É sempre desconcertante, até você descobrir o que fez errado.

Figura 20-3: Uma moldura sem o uso do método pack.

Usando o WindowBuilder do Eclipse

Um programa GUI não tem nada de especial. Todo programa GUI é simplesmente um arquivo-fonte Java (ou, mais provavelmente, vários arquivos-fonte Java), como os arquivos nas listagens de código deste livro. Mas os programas GUI têm duas características interessantes:

- **Os programas GUI geralmente têm muito código Java.**

  Grande parte desse código difere muito pouco de um programa GUI para outro.

- **Os programas GUI envolvem elementos visuais.**

  A melhor maneira de descrever os elementos visuais é "desenhá-los". Descrevê-los com o código-fonte Java pode ser lento e complicado.

Portanto, para facilitar sua vida com a GUI, você pode adicionar o WindowBuilder ao IDE do Eclipse. Com o WindowBuilder, você pode descrever seu programa visualmente. O WindowBuilder transforma automaticamente sua descrição visual no código-fonte Java real.

PAPO DE ESPECIALISTA

Alguns sites usam o nome WindowBuilder Pro. Até onde eu sei, o WindowBuilder Pro é apenas outro nome para o mesmo WindowBuilder.

Instalando o WindowBuilder

O Eclipse tem seu próprio recurso elaborado para incorporar a nova funcionalidade. Uma ferramenta Eclipse é chamada de *plugin* Eclipse. Quando você instala pela primeira vez o Eclipse, obtém muitos plugins por padrão. Então, para aumentar o poder do Eclipse, você pode instalar muitos plugins adicionais.

O plugin WindowBuilder do Eclipse facilita a criação dos aplicativos GUI. Eis como instalar o WindowBuilder:

1. **No menu principal do Eclipse, escolha Help (Ajuda) ⇨ Install New Software (Instalar Novo Software).**

   Uma caixa de diálogo Install (Instalar) será aberta.

2. **Na caixa de diálogo Install (Instalar), clique no botão Add (Adicionar).**

   Uma caixa de diálogo Add Repository (Adicionar Repositório) será aberta.

3. **Na caixa de diálogo Add Repository (Adicionar Repositório), digite um nome (um nome que o lembre do WindowBuilder) e uma Location URL (URL da instalação) (veja Figura 20-4).**

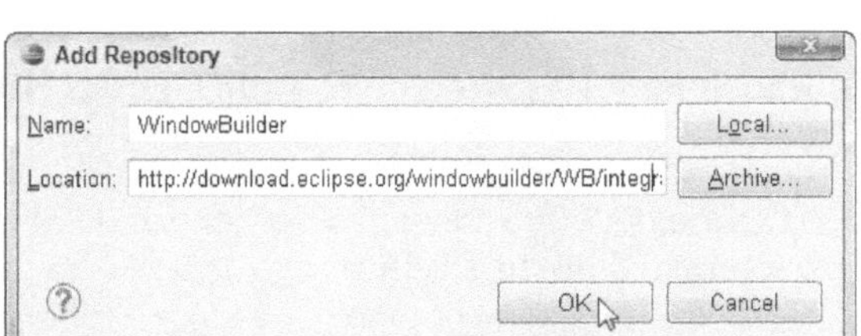

Figura 20-4: A caixa de diálogo Add Repository do Eclipse.

A Location URL aponta para o lugar na web onde o plugin WindowBuilder está disponível para download. No início de 2012, a URL correta era `http://download.eclipse.org/windowbuilder/WB/integration/3.8/`, e `http://dl.google.com/eclipse/inst/d2wbpro/latest/3.7` funciona também. Infelizmente, não posso assegurar que as mesmas URLs ainda funcionarão no momento em que estiver lendo este livro. Mas, se você visitar `www.eclipse.org/windowbuilder` em seu navegador web e fizer algumas pesquisas, provavelmente encontrará a URL mais recente. Procure algo chamado Update Site URL (Atualizar URL do Site).

CUIDADO!

O campo Location (Local) da caixa de diálogo Add Repository não é como o campo Address (Endereço) do seu navegador web. Você não pode abreviar a URL omitindo a parte `http://`.

4. **Clique em OK para fechar a caixa de diálogo Add Repository.**

   Neste ponto em sua jornada, a caixa de diálogo Install exibe uma lista de plugins disponíveis no servidor de sua Location URL (veja Figura 20-5). Se você for como eu, desejará tudo.

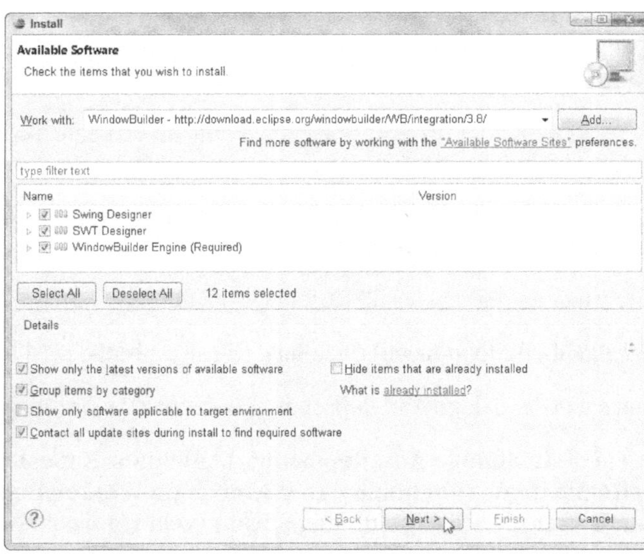

Figura 20-5: A caixa de diálogo Install.

5. **Clique no botão Select All (Selecionar Tudo), então clique em Next (Próximo).**

   Neste ponto, o Eclipse pede sua aceitação dos termos da licença de uso (que não menciona seu filho mais velho).

6. **Aceite a licença e siga qualquer outra instrução que o Eclipse envia.**

   Depois de clicar e concordar, seu download iniciará. O plugin instala-se automaticamente no Eclipse. Quando o download tiver terminado e você reiniciar o Eclipse, poderá utilizar o plugin WindowBuilder do Eclipse.

Criando uma classe GUI

Há o sábio velho ditado: "Uma imagem vale 70 palavras." E se você contar coisas a exemplo de `java.swt.EventQueue` como três palavras separadas, a mesma imagem valerá 80 palavras. Nesta seção você criará uma imagem a partir da qual o Eclipse construirá um programa Java com 80 palavras.

1. **Siga as instruções na seção anterior (a seção "Instalando o WindowBuilder").**
2. **Crie um novo projeto Java.**

   Se você estiver seguindo minhas instruções ao pé da letra, nomeie o projeto como `WindowBuilderProject`.
3. **Selecione a seção do novo projeto no Package Explorer do Eclipse.**
4. **No menu principal do Eclipse, escolha File (Arquivo) ⇨ New (Novo) ⇨ Other (Outro).**

   A caixa de diálogo Select a Wizard (Selecionar um Assistente) aparecerá.
5. **Na árvore da caixa de diálogo Select a Wizard (Selecionar um Assistente), expanda a seção WindowBuilder.**
6. **Na seção WindowBuilder, expanda a seção Swing Designer.**

   As classes Swing do Java criam objetos gráficos na tela de um computador. Os objetos podem incluir botões, ícones, campos de texto, caixas de verificação e outras coisas boas que tornam as janelas tão úteis.
7. **Na seção Swing Designer, clique duas vezes no item JFrame.**

   Uma caixa de diálogo New JFrame (Novo JFrame) aparecerá, como mostrado na Figura 20-6.

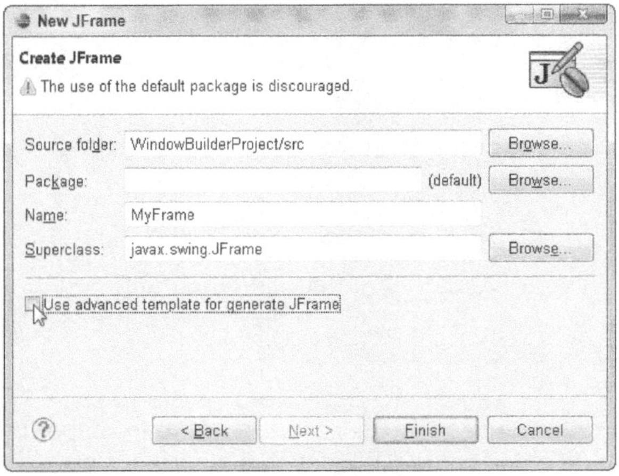

Figura 20-6: A caixa de diálogo New JFrame.

8. No campo Name (Nome) da caixa de diálogo, digite um nome para sua nova classe Java.

Se você estiver seguindo minhas instruções, nomeie a classe como `MyFrame`.

9. Remova a marca de verificação da caixa Use Advanced Template For Generate JFrame (Usar Modelo Avançado para Gerar JFrame).

As palavras da etiqueta são muito estranhas. Não as criei, portanto, não me culpe! Se os criadores do WindowBuilder substituíram "for generate" por "to generate" no momento em que você estiver lendo este livro, então remova a marca de verificação dessa caixa de seleção identificada com sensatez.

CUIDADO!

Se você realizar as Etapas 8 e 9 fora de ordem, poderá obter resultados inesperados. Por algum motivo estranho, o Eclipse coloca uma marca de verificação na caixa de seleção Use Advanced Template quando você digita qualquer coisa (mesmo um único caractere) no campo Name. Com sorte, esse comportamento bizarro estará corrigido quando você instalar o Eclipse.

10. Clique no botão Finish (Terminar) para fechar a caixa de diálogo New JFrame.

O workbench do Eclipse irá reaparecer. Seu novo arquivo `MyFrame.java` aparecerá no editor.

Executando sua classe GUI simples

Na seção anterior você usou o WindowBuilder para criar uma classe Java novinha. Quando executar o código da nova classe, verá o que é mostrado na Figura 20-7. Você verá uma janela (mais precisamente, uma instância JFrame) sem nada dentro.

Figura 20-7: Um JFrame vazio.

O fato de que o `JFrame` não tem imagens, botões, nem campos de texto — *nada* — vem do modo como o WindowBuilder cria sua nova classe. O WindowBuilder popula a classe com uma quantidade mínima de código.

Assim, a nova classe é vazia — um recipiente vazio ao qual você adiciona botões, campos de texto ou outros componentes úteis.

A próxima seção descreve o código Java que cria a exibição na Figura 20-7.

Mostre-me o código

A Listagem 20-2 contém o código que o WindowBuilder gera automaticamente. Quando você executar o código, terá a exibição bem insossa da Figura 20-7.

Listagem 20-2: O WindowBuilder Cria um Aplicativo GUI Mínimo

```
import java.awt.EventQueue;

import javax.swing.JFrame;


public class MyFrame extends JFrame {

 /**
   * Inicialize o aplicativo.
   */
  public static void main(String[] args) {
    EventQueue.invokeLater(new Runnable() {
      public void run() {
        try {
          MyFrame frame = new MyFrame();
          frame.setVisible(true);
        } catch (Exception e) {
          e.printStackTrace();
    }
    }
  });
 }

  /**
   * Crie a moldura.
   */
  public MyFrame() {
    setBounds(100, 100, 450, 300);
    setDefaultCloseOperation(JFrame.EXIT_ON_CLOSE);

  }

}
```

A Listagem 20-2 contém vários recursos que tendem a confundir os novos programadores. Mas no que realmente interessa, a Listagem 20-2 faz a mesma coisa que a Listagem 20-3, mais simples.

Listagem 20-3: A essência do Código na Listagem 20-2

```
import javax.swing.JFrame;

class ShowEmptyFrame {

  public static void main(String[] args) {
    JFrame frame = new JFrame();

    frame.setDefaultCloseOperation(JFrame.EXIT_ON_CLOSE);
    frame.setBounds(100, 100, 450, 300);
    frame.setVisible(true);
  }
}
```

Como sua antecessora complicada, a Listagem 20-3 exibe a moldura vazia mostrada na Figura 20-7. Para ajudar a exibir a moldura, a Listagem 20-3 chama os métodos `setDefaultCloseOperation` e `setVisible` da moldura.

O único recurso novinho na Listagem 20-3 é a chamada para o método `setBounds` da moldura. Chamar `setBounds(100, 100, 450, 300)` cria uma moldura com as seguintes medidas:

- O canto superior esquerdo da moldura tem 100 pixels a partir da borda esquerda da tela.
- O canto superior esquerdo da moldura tem 100 pixels a partir da parte superior da tela.
- A moldura tem 450 pixels de largura.
- A moldura tem 300 pixels de altura.

Alguns detalhes sobre o código

Você pode usar o WindowBuilder sem entender as sutilezas da Listagem 20-2. Mas, se a compreensão completa for seu objetivo na Listagem 20-2, você poderá começar lendo esta seção.

Na Listagem 17-3 do Capítulo 17, criei uma instância da classe `Purchase` com a linha

```
Purchase onePurchase = new Purchase();
```

O código na Listagem 20-2 faz a mesma coisa. O WindowBuilder cria uma instância da classe `MyFrame` com a seguinte linha

```
MyFrame frame = new MyFrame();
```

Compare a Figura 17-4, no Capítulo 17, com a Figura 20-8, deste capítulo.

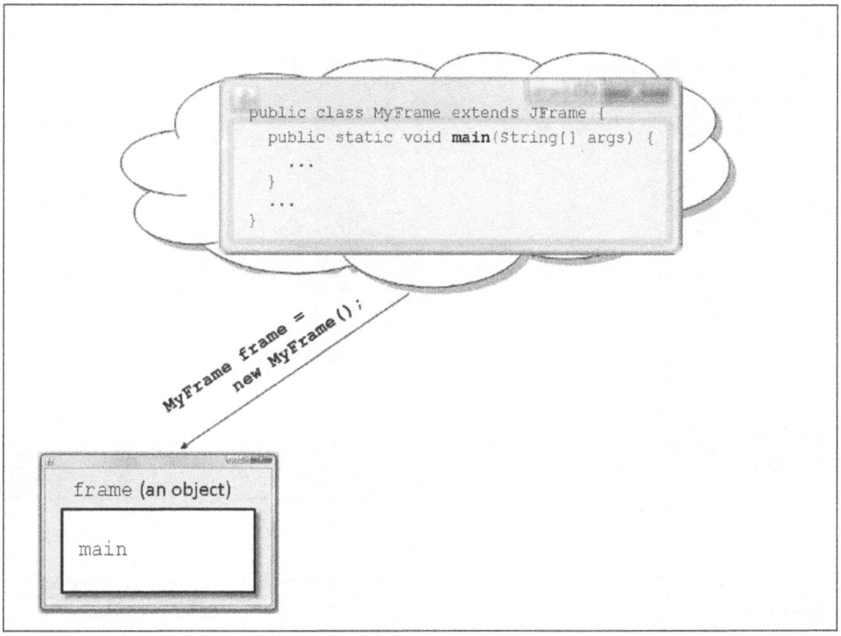

Figura 20-8: Um objeto criado a partir da classe MyFrame.

Em ambas as figuras, a chamada do construtor `new` *`UmaCoisaOuOutra( )`* cria um objeto a partir de uma classe existente.

- **No Capítulo 17, crio uma instância de minha classe Purchase.**

  Esse objeto representa uma compra real (com a quantia, taxa etc.).

- **Neste capítulo, crio uma instância da classe MyFrame (a classe na Listagem 20-2).**

  Esse objeto representa uma moldura na tela do computador (uma moldura com bordas, botão para minimizar etc.). Em um aplicativo mais complicado — que exiba várias molduras — o código pode criar diversos objetos a partir de uma classe, tal como *MyFrame* (veja Figura 20-9).

Estendendo uma classe

Na Listagem 20-2, as palavras `extends JFrame` são particularmente importantes. Quando você vir a palavra-chave `extends` do Java, imagine substituir esta palavra pela frase "é um tipo de".

```
public class MyFrame é um tipo de JFrame {
```

Quando você digita `MyFrame extends JFrame`, declara que sua nova classe `MyFrame` tem todos os métodos e todos os componentes internos na própria classe `JFrame` do Java, e possivelmente mais. Por exemplo, uma instância `JFrame` tem os métodos `setDefaultCloseOperation`, `setBounds` e `setVisible`, portanto, toda nova instância `MyFrame` tem os métodos `setDefaultCloseOperation`, `setBounds` e `setVisible` (veja Figura 20-10).

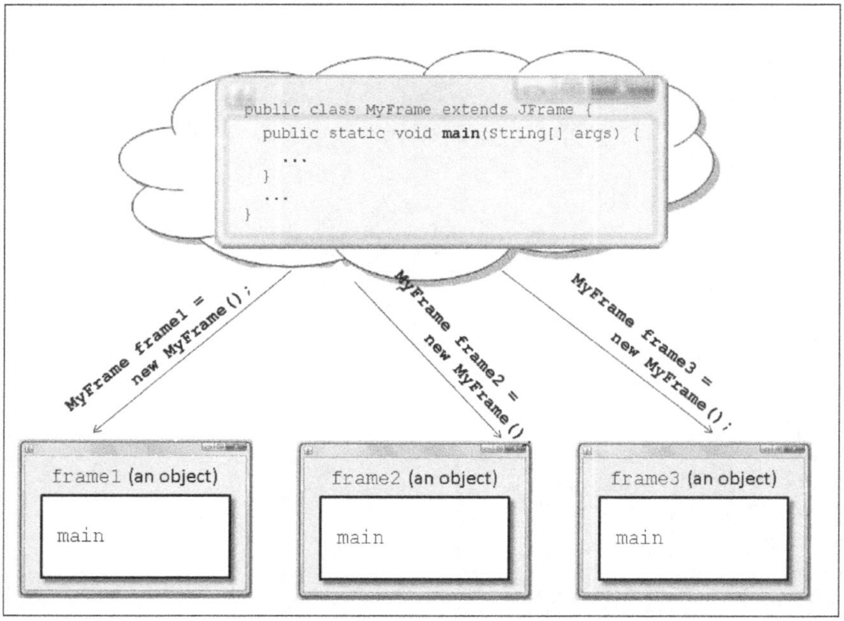

Figura 20-9: Criando três objetos a partir da classe MyFrame.

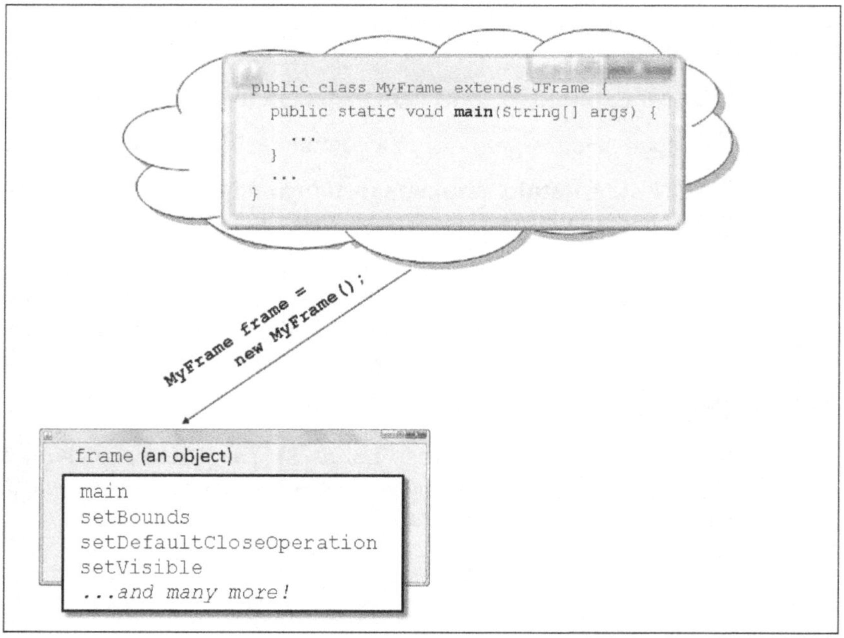

Figura 20-10: Uma instância MyFrame tem muitos métodos.

E a melhor parte é que você tem todos os métodos `JFrame` gratuitamente. O código da classe `MyFrame` não precisa de declarações de métodos, como `setDefaultCloseOperation`, `setBounds` e `setVisible` (veja Listagem 20-2). As únicas declarações no código da classe `MyFrame` são para os métodos novos — os métodos que ainda não estão declarados no código da classe `JFrame`. É como se a Listagem 20-2 contivesse as seguintes informações:

```
public class MyFrame é um tipo de JFrame {

    E além do que existe no JFrame, MyFrame também tem
    public static void main(String[] args) {
        // Etc.
    }

    E além do que existe no JFrame, MyFrame também tem
    public MyFrame() {
        // Etc.
    }
}
```

A palavra-chave `extends` adiciona uma importante ideia à programação Java — a noção de *herança*. Na Listagem 20-2, a classe `MyFrame` recém-criada *herda* os métodos (e outras coisas) que são declaradas na classe `JFrame` existente. A herança é um recurso fundamental de uma linguagem de programação orientada a objetos.

Classe Java, inicialize-se!

O exemplo no Capítulo 17 consiste em duas classes Java — uma classe que define o que significa ser Purchase (Listagem 17-2) e outra classe que cria um objeto a partir da classe Purchase (Listagem 17-3). A segunda classe usa seu objeto para calcular coisas relacionadas à compra. Em outras palavras, a Listagem 17-2 diz: "é assim que deve ser uma compra", e a Listagem 17-3 diz: "crie uma compra e faça essas coisas com a compra".

Mas o código na Listagem 20-2 tem uma peculiaridade. O código desempenha dois papéis. Primeiro ele define o que significa ser `MyFrame`:

```
public class MyFrame extends JFrame {
```

O código também cria um objeto a partir da classe `MyFrame`:

```
public static void main(String[] args) {

    MyFrame frame = new MyFrame();
```

Mostro a situação na Figura 20-11.

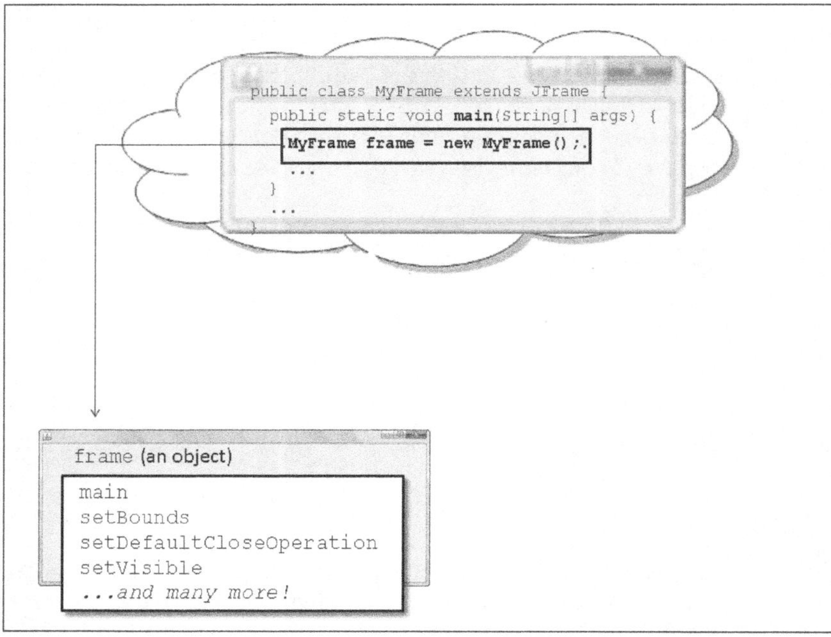

Figura 20-11: A classe MyFrame cria um objeto MyFrame.

O código na Listagem 20-2 cria uma instância de si mesmo. Por mais estranho que pareça, esse comportamento de autorreplicação é um modo peculiar e comum da programação Java. Você obtém uma classe que define algo útil (tal como MyFrame), e então coloca um método principal dentro do código da classe.

Para mim, tudo é estranho. Você não criaria uma classe representando contas correntes e cavalos de corrida, portanto, por que o WindowBuilder criaria uma classe contendo uma moldura e o fluxo de controle principal de um programa? Minha única suposição é que os programadores Java acham que os métodos principais são estranhos na programação orientada a objetos. Para os programadores, um método principal é um mal necessário — o primeiro passo que inicia uma jornada de mil milhas.

Como evitar engarrafamentos

Se Marcel Proust tivesse sido um programador de computadores, teria escrito o método principal na Listagem 20-2. Esse método é um estudo sobre o uso de chaves, parênteses e pontos e vírgulas. Para obter o método principal na Listagem 20-2, você inicia com duas instruções inocentes:

```
MyFrame frame = new MyFrame();
frame.setVisible(true);
```

Você coloca essas instruções dentro de uma instrução `try-catch` (seja lá o que isso for). A instrução `try-catch` está dentro de um método chamado `run`, que está dentro de uma chamada do construtor `new Runnable()`, que, por sua vez, está dentro de uma chamada do método `EventQueue.invokeLater`. Ufa!

Nem ouso descrever o código do método principal em detalhes. (A Alta Books teria que cortar árvores demais.) Ao contrário, descrevo o objetivo do código — o que é deficiente nas listagens ímpares deste capítulo e (mais ou menos) porque a Listagem 20-2 é melhor.

Um programa Java suporta *paralelismo*, ou seja, é capaz de executar processamentos paralelos, significando que durante a execução de um programa Java, várias coisas começam a acontecer de uma só vez. Enquanto parte de seu código está calculando os pagamentos de aluguel, outra parte desenha uma moldura na tela, e uma terceira parte da máquina virtual do Java atende às teclas pressionadas e cliques do mouse do usuário.

Com tudo isso acontecendo de uma só vez, você pode ter gargalos no processamento. Você pode até ter *paralisações (deadlocks)* — situações nas quais duas partes de seu código disputam entre si um jogo infantil. "Eu não executarei até você executar", diz uma parte de seu código para a outra. "Bem, então ficaremos paradas, pois não executarei até você executar", diz a outra parte para a primeira. Seu programa Java congela, e a janela de seu programa fica totalmente sem resposta.

Para evitar a possibilidade de tal impasse, o WindowBuilder cria o método principal na Listagem 20-2. Esse método afunila com cuidado tudo relacionado à moldura para um *encadeamento de envio de eventos*. Considere o encadeamento de envio de eventos como um guarda de trânsito. Uma parte de seu código diz: "Quero maximizar a moldura". A outra parte diz: "Quero mudar a cor da moldura". Com o método principal na Listagem 20-2, uma parte pede ao encadeamento de envio de eventos para "maximizar a moldura quando tiver a oportunidade". E a outra parte pede ao mesmo encadeamento de envio de eventos para "mudar a cor da moldura quando puder". O encadeamento de envio de eventos controla o fluxo de trabalho e mantém o tráfego em movimento.

Agora, é hora de boas notícias. O método principal na Listagem 20-2 é um código padronizado. Se seu aplicativo GUI não for muito sofisticado, você poderá simplesmente copiar o método principal para o arquivo `.java` de seu aplicativo. (Lembre-se de mudar MyFrame para qualquer nome dado à sua classe Java.) E se você criar seu programa usando o WindowBuilder, a ferramenta WindowBuilder escreverá o método main para você. Não será necessário nenhum ajuste adicional.

Adicionando Coisas à Sua Moldura

Gosto dos espaços vazios. Quando eu morei sozinho, logo após terminar a faculdade, meu apartamento não tinha quadros nas paredes. Eu não queria ver a mesma arte dia após dia. Preferia preencher os espaços em branco com imagens de minha própria imaginação. Portanto, para mim, a moldura vazia na Figura 20-7 é um alívio.

Mas, se a Figura 20-7 não for adquirida pelo Museu de Arte Moderna de Nova York, a moldura será inútil. (A propósito, ainda estou esperando notícias do curador do museu.) Quando você cria um programa GUI muito poderoso, começa criando uma moldura com botões e outras coisinhas. Então adiciona métodos para responder às teclas pressionadas, cliques do botão e outras coisas.

A próxima seção contém um código para responder aos cliques do botão de um usuário. Mas nesta seção você usará o WindowBuilder para exibir um botão e um campo de texto:

1. **Siga as instruções na seção "Criando uma classe GUI", anteriormente neste capítulo.**

2. **Com o MyFrame.java no editor, procure duas guias na parte inferior da área do editor.**

   As etiquetas nas guias são Source (Fonte) e Design. A guia Source exibe o código Java (o que existe na Listagem 20-2).

3. **Selecione a guia Design.**

   A guia Design exibe uma visualização da moldura e uma palheta repleta de coisas que você pode adicionar a ela (veja Figura 20-12).

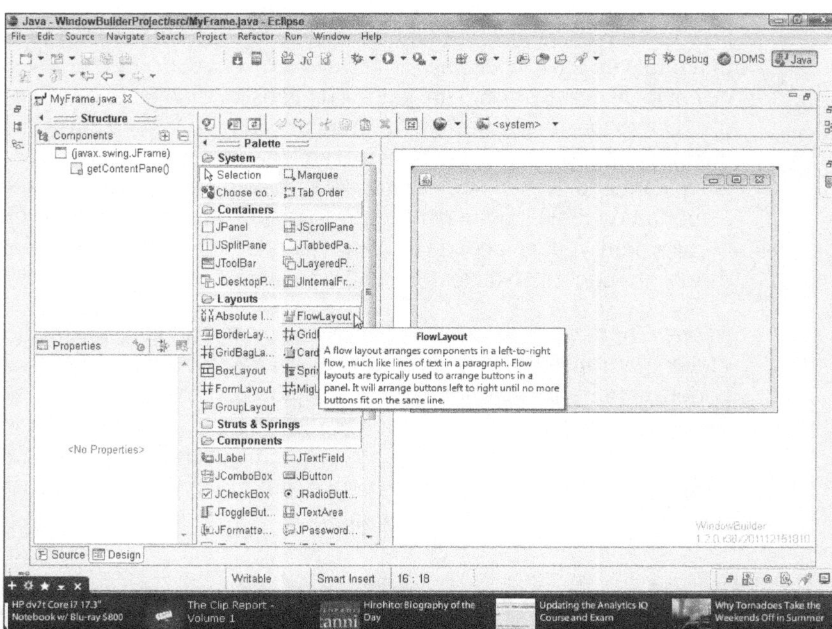

Figura 20-12: A guia Design.

Você pode aumentar rapidamente a área Design clicando duas vezes na guia MyFrame.java na parte superior do editor.

4. **Na seção Layouts da palheta, clique no item FlowLayout.**

   Em resposta, o item FlowLayout parecerá estar pressionado (veja Figura 20-13).

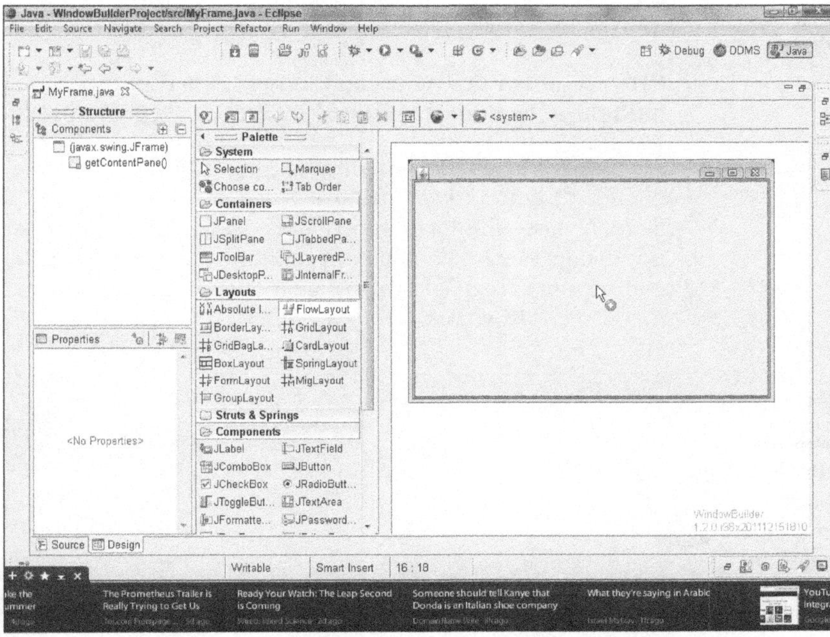

Figura 20-13: Preparando--se para adicionar um FlowLayout à sua moldura.

Um *FlowLayout* organiza os objetos em linha, um logo após o outro na moldura. Depois de preencher uma linha inteira com os objetos, o Java coloca objetos adicionais em uma segunda linha (terceira, quarta ou quinta linha, se necessário).

Por padrão, sua moldura tem *BorderLayout*. Em um BorderLayout, itens como campos de texto e botões ficam em uma das cinco regiões — NORTE, SUL, LESTE, OESTE e CENTRO. Mas você pode aplicar qualquer item na seção Layouts da palheta em sua moldura. Por exemplo, com um *AbsoluteLayout* (também conhecido como *layout nulo*), você pode arrastar os botões e outros componentes para qualquer local na moldura. Com *GridLayout*, você pode colocar coisas nas células em uma tabela. Para aprender mais, coloque quaisquer layouts da palheta em sua moldura e observe o que acontece.

5. **Passe o ponteiro do mouse sobre a visualização de sua moldura.**

   Novamente, veja a Figura 20-13.

6. **Com o ponteiro do mouse ainda sobre a visualização da moldura, clique o mouse.**

   Neste ponto, a resposta do WindowBuilder é uma grande decepção. A guia Design retorna à sua aparência original sem nada especial na moldura e sem nenhum item da palheta pressionado.

DICA

Para mudar de ideia entre as Etapas 5 e 6 (decidindo sobre adicionar um FlowLayout à moldura), pressione Escape.

LEMBRE-SE

Como você faria ao seguir qualquer sequência longa de instruções, pare com frequência para salvar o trabalho em progresso. No menu principal do Eclipse, escolha File (Arquivo) ⇨ Save (Salvar).

7. **Procure dois itens na seção Components (Componentes) da palheta — os itens JTextField e JButton (veja Figura 20-13).**

   A classe JTextField do Java descreve uma caixa em branco (comumente conhecida como *campo de texto*), na qual o usuário digita uma linha de texto. A classe JButton descreve uma dessas coisas clicáveis que todos nós conhecemos e adoramos. A moldura na Figura 20-14 contém um componente JTextField vazio e um componente JButton com as palavras *New button* (Novo botão).

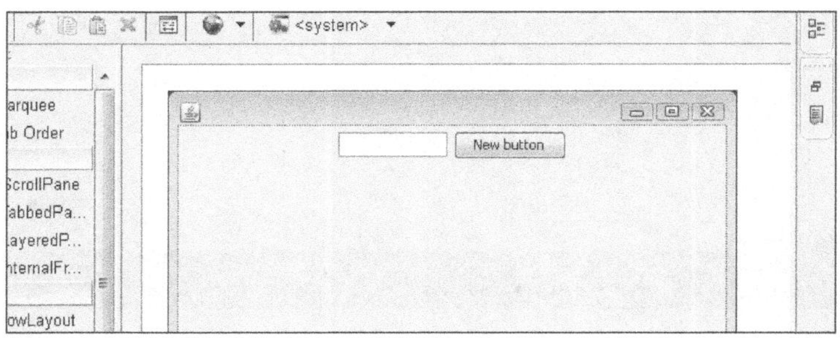

Figura 20-14: Sua moldura contém um campo de texto e um botão.

Você pode fazer com que sua moldura pareça com essa da Figura 20-14:

8. **Repita as Etapas de 4 a 6, desta vez adicionando JTextField à sua moldura.**

9. **Repita as Etapas de 4 a 6, desta vez adicionando JButton à sua moldura.**

   A moldura da visualização resultante está na Figura 20-14.

   Tendo adicionado algumas coisinhas à moldura, você poderá fazer alguns aperfeiçoamentos.

10. **Com seu mouse, selecione o JTextField na visualização da moldura (veja Figura 20-15).**

DICA

Você também pode selecionar um componente clicando em seu nome no painel Components (Componentes). Você encontra o painel Components no canto superior direito da área do editor.

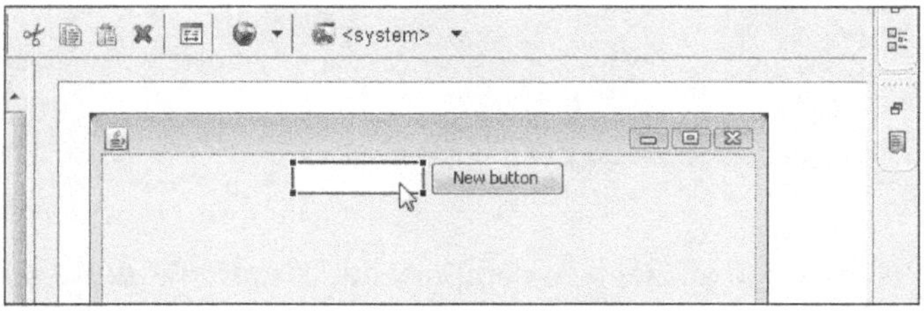

Figura 20-15: Selecionando o componente JTextField.

11. **Procure o painel Properties (Propriedades) no canto inferior esquerdo da área do editor.**

    O painel Properties exibe as características do componente que está selecionado no momento (veja Figura 20-16).

12. **Digite algo na linha de *texto* do painel Properties (veja Figura 20-17).**

13. **Clique seu mouse em qualquer lugar fora da linha de texto do painel Property (de preferência, em algum ponto neutro dentro da área Editor).**

    Agora o componente JTextField na visualização da moldura contém seu texto (veja Figura 20-18). Mas como você pode ver, o componente JTextField pode não ser largo o suficiente.

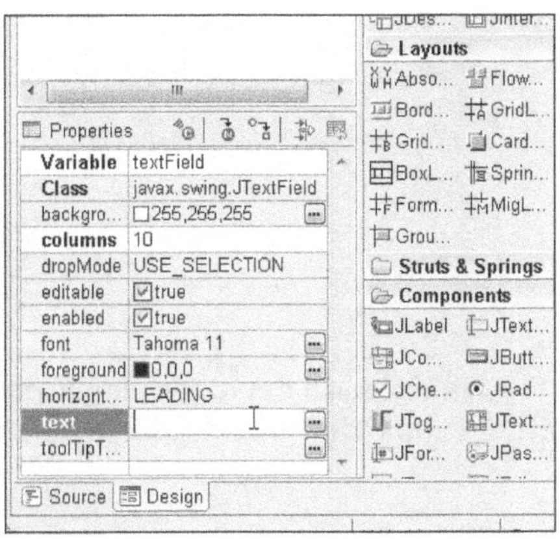

Figura 20-16: O painel Properties exibe as propriedades do componente JTextField.

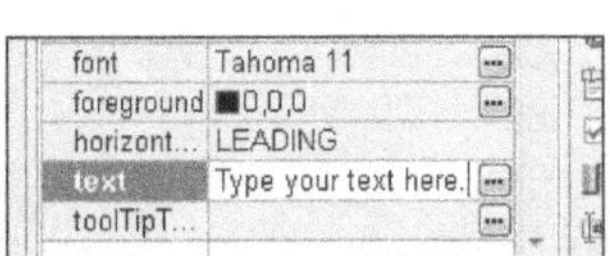

Figura 20-17: Digitando texto em uma das linhas do painel Properties.

Figura 20-18: O texto no campo de texto.

14. **Selecione novamente o componente JTextField na visualização da moldura, e então aumente o número na linha Columns (Colunas) do painel Properties.**

    A largura do componente JTextField aumenta de acordo.

    São necessários mais alguns aperfeiçoamentos:

15. **Selecione o componente JButton e use o painel Properties para mudar o seu texto.**

    Na Figura 20-19, eu mudo o texto para a palavra `Capitalize`.

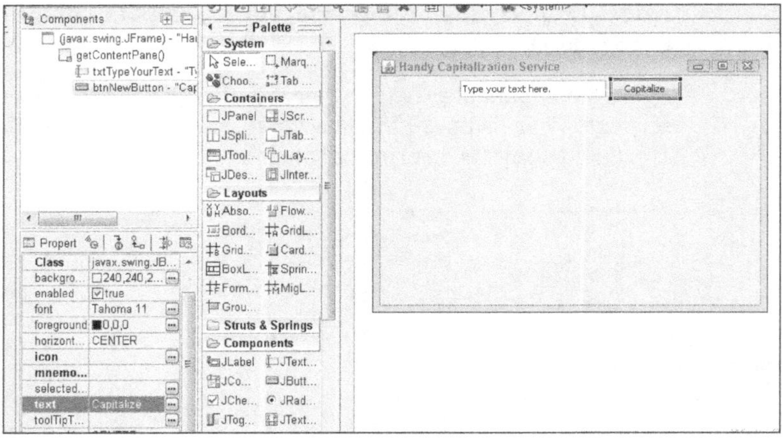

Figura 20-19: Mudando o texto na face do botão.

16. **Selecione a moldura inteira clicando em algum lugar em sua borda, então use o painel Properties para mudar a propriedade Title da moldura.**

    Na Figura 20-19, o título da moldura é *Handy Capitalization Service* (Serviço Útil para Letras Maiúsculas).

Quando você seguir as etapas desta seção, o WindowBuilder modificará o código Java de seu projeto. Tendo seguido estas etapas, você poderá executar o projeto de modo usual (escolhendo Run [Executar] ⇨ Run As [Executar Como] a Java Application [Aplicativo Java]). Mas quando o projeto for executado, a moldura não fará nada. Quando você clicar no botão na moldura, nada acontecerá. Quando digitar no campo de texto, nada acontecerá. Que desperdício!

Na próxima seção você fará com que o botão faça algo.

Tomando uma Ação

O programa que você cria neste capítulo tem aproximadamente 50 linhas de comprimento. Mas, até este ponto no capítulo, você não digitou uma única linha de código! Isto está para mudar, porque nas instruções desta seção você fará um botão responder ao clique do mouse. E, sim, fará isso digitando uma única linha de código!

DICA

Você pode escrever aplicativos Android (para smartfones e dispositivos tablet) no Java, e usando a ferramenta App Inventor você pode escrever alguns programas Android completos sem escrever nenhum código (nem mesmo uma única linha). Conheço um excelente livro no qual dois dos 24 capítulos cobrem o App Inventor. É o *Android Application Development All-in-One For Dummies* (Wiley), de Barry Burd. (Ah, não! Mais uma propaganda descarada!)

1. **Siga as instruções na seção "Adicionando coisas à sua moldura", anteriormente neste capítulo.**

   Como resultado, você terá uma moldura contendo um campo de texto (um componente JTextField) e um botão (um componente JButton). Você está usando a guia Design — uma ferramenta que pertence ao WindowBuilder do Eclipse.

2. **Na visualização da moldura ou no painel Components (Componentes), clique com o botão direito no componente JButton; como sempre, os usuários Mac pressionam Control-clique no componente JButton.**

3. **No menu contextual resultante, escolha Add Event Handler (Adicionar Sub-rotina do Evento).**

   Estou orgulhoso por ter descoberto como criar a Figura 20-20. Portanto, dê uma olhada.

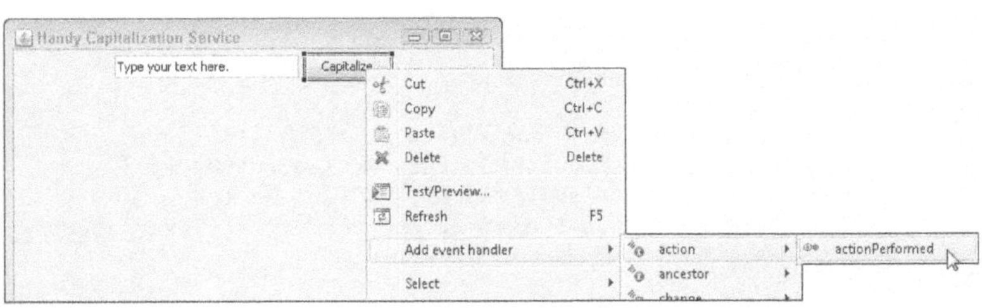

Figura 20-20: Menus contextuais em cascata.

4. **No submenu contextual resultante, escolha action (ação).**

5. **No subsubmenu contextual resultante, escolha actionPerformed (veja Figura 20-20).**

   Quando você clicar em actionPerformed, o Eclipse o levará ao código Java que o WindowBuilder criou (veja Figura 20-21).

```
txtTypeYourText = new JTextField();
txtTypeYourText.setText("Type your text here.");
getContentPane().add(txtTypeYourText);
txtTypeYourText.setColumns(20);

JButton btnNewButton = new JButton("Capitalize");
btnNewButton.addActionListener(new ActionListener() {
  public void actionPerformed(ActionEvent e) {
  }
});
getContentPane().add(btnNewButton);
}
```

Figura 20-21: O código que o WindowBuilder criou

6. **No código Java, procure o nome do componente JTextField.**

   Na Figura 20-21, o nome do componente é txtTypeYourText. O WindowBuilder cria um nome para cada um de seus componentes. Por padrão, seu primeiro campo de texto vazio é chamado textField. Seu segundo campo de texto vazio é chamado textField_*1*. Um campo de texto contendo o texto *Hello! How are you?* (Olá! Como vai você?) é chamado txtHelloHowAre. Não conheço todas as regras de nomenclatura, mas as que conheço parecem fazer sentido.

7. **Digite a seguinte linha de código dentro do método actionPerformed:**

   ```
   nomeDoSeuComponenteTexto.setText
     ( nomedoSeuJTextComponent .getText().toUpperCase());
   ```

   Para um campo de texto cujo nome é txtTypeYourText, a linha de código adicionada é mostrada na Figura 20-22.

```
txtTypeYourText = new JTextField();
txtTypeYourText.setText("Type your text here.");
getContentPane().add(txtTypeYourText);
txtTypeYourText.setColumns(20);

JButton btnNewButton = new JButton("Capitalize");
btnNewButton.addActionListener(new ActionListener() {
  public void actionPerformed(ActionEvent e) {
    txtTypeYourText.setText(txtTypeYourText.getText().toUpperCase());
  }
});
getContentPane().add(btnNewButton);
```

Figura 20-22: Adicionando código ao método actionPerformed.

8. **Salve e execute seu programa!**

Quando você executar o programa desta seção, verá algo como as telas nas Figuras 20-23, 20-24 e 20-25. *Et voilà!* Quando você clicar no botão, o Java colocará o texto em letras maiúsculas!

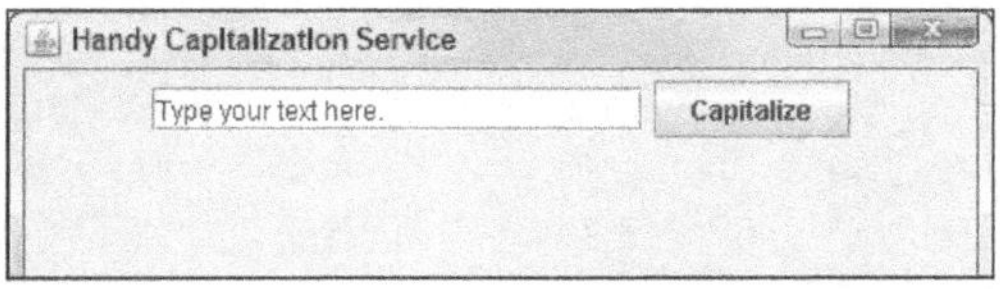

Figura 20-23: Uma moldura novinha.

Figura 20-24: O usuário digita na caixa de texto.

Figura 20-25: Clicar o botão coloca o texto em letras maiúsculas na caixa de texto.

Para sua satisfação como leitor, coloquei todo o código do exemplo desta seção na Listagem 20-4. A única instrução que você mesmo digitou está em negrito quase no final da listagem.

Listagem 20-4: Letras Maiúsculas em Ação

```
import java.awt.EventQueue;

import javax.swing.JFrame;
import java.awt.FlowLayout;
import javax.swing.JTextField;
import javax.swing.JButton;
import java.awt.event.ActionListener;
import java.awt.event.ActionEvent;


public class MyFrame extends JFrame {
  private JTextField txtTypeYourText;
```

(continuação)

Listagem 20-4: ***(continuação)***

```
/**
 * Inicialize o aplicativo.
 */
public static void main(String[] args) {
   EventQueue.invokeLater(new Runnable() {
     public void run() {
       try {
         MyFrame frame = new MyFrame();
         frame.setVisible(true);
       } catch (Exception e) {
         e.printStackTrace();
       }
     }
  });
}

/**
 * Crie a moldura.
 */
 public MyFrame() {
   setTitle("Handy Capitalization Service");
   setBounds(100, 100, 450, 300);
   setDefaultCloseOperation(JFrame.EXIT_ON_CLOSE);
   getContentPane().setLayout(new FlowLayout(FlowLayout.
          CENTER, 5, 5));

   txtTypeYourText = new JTextField();
   txtTypeYourText.setText("Type your text here.");
   getContentPane().add(txtTypeYourText);
   txtTypeYourText.setColumns(20);

   JButton btnNewButton = new JButton("Capitalize");
   btnNewButton.addActionListener(new ActionListener() {
     public void actionPerformed(ActionEvent e) {
       txtTypeYourText.setText
         (txtTypeYourText.getText().toUpperCase());
     }
   });
   getContentPane().add(btnNewButton);

 }
}
```

Deseja ler mais? Tenho um capítulo inteiro sobre isto no *Java Para Leigos*, Tradução da 5ª Edição (escrito por mim).

Parte V

A Parte dos Dez

A 5ª Onda Por Rich Tennant

"É óbvio que ele morreu de causas naturais após uma maratona animando tudo em seu site pessoal. E não, Morganstern — não perdi a ironia."

Nesta parte...

Você está quase no final do livro e é hora de resumir tudo. Esta parte do livro é seu recurso "resumo de duas mil palavras ou menos" para o Java. O quê? Você não leu cada palavra nos capítulos antes deste? Tudo bem. Você pode conseguir muitas informações úteis nesta Parte dos Dez.

Capítulo 21

Dez Conjuntos de Links Web

Neste Capítulo

- Encontrando recursos na Oracle
- Obtendo o código de amostra
- Lendo as últimas novidades do Java
- Continuando — empregos, certificação e mais
- Descobrindo sobre outras tecnologias úteis e linguagens

Este capítulo tem dez conjuntos de recursos. Cada conjunto tem sites para você visitar. Cada site tem recursos para ajudá-lo a escrever programas com mais eficiência.

Onde Tudo Começou

O site oficial da Oracle para o Java é `www.oracle.com/technetwork/java`. Esse site tem o software mais recente para fazer download. Tem também uma ótima seção com tutoriais online e minicursos. O endereço web da seção de tutorial/minicurso é

```
www.oracle.com/technetwork/java/index-jsp-135888.html
```

E mais, a Oracle tem dois sites Java especiais. Os consumidores da tecnologia Java devem visitar `www.java.com`. Os programadores e os desenvolvedores interessados em compartilhar a tecnologia Java podem ir para `www.java.net`.

Encontrando Novidades, Revisões e Código de Amostra

A web tem muitos sites dedicados exclusivamente ao Java. Muitos desses sites apresentam revisões, links para outros sites e, o melhor, muito código Java de amostra. Eles podem também oferecer listas de correspondência gratuitas que o mantêm informado sobre os últimos desenvolvimentos Java. Eis uma pequena lista de tais sites:

- **The JavaRanch:** `www.javaranch.com`
- **Developer.com/Gamelan:** `www.developer.com/java`
- **The Giant Java Tree:** `www.gjt.org`
- **The Java Boutique:** `http://javaboutique.internet.com`
- **Freeware.Java.com:** `www.freewarejava.com`
- **Java Shareware:** `www.javashareware.com`

Melhorando Seu Código com Tutoriais

Para descobrir mais sobre o Java, você pode visitar as páginas de treinamento online da Oracle. Alguns outros ótimos conjuntos de tutoriais estão disponíveis nos seguintes sites:

- **Site de Richard Baldwin:** `http://www.dickbaldwin.com`
- **Java Beginner Tutorial:** `http://www.javabeginner.com`
- **IBM developerWorks:** `www.ibm.com/developerworks/training`

Encontrando Ajuda em Newsgroups

Você tem uma barreira que simplesmente não consegue superar? Tente enviar sua pergunta para um newsgroup da internet. Quase sempre algum especialista amistoso enviará a resposta certa.

Com ou sem o Java, você deve começar a explorar os newsgroups. Você pode encontrar milhares de newsgroups — grupos sobre praticamente qualquer tópico concebível. (Sim, existem mais newsgroups do que títulos *Para Leigos!*) Para iniciar nos newsgroups, visite `http://groups.google.com`. Para perguntas específicas sobre o Java, procure os grupos cujos nomes começam com `comp.lang.java`. Sendo novato, provavelmente você achará mais úteis os dois grupos a seguir:

- `http://comp.lang.java.programmer`
- `http://comp.lang.java.help`

Lendo a Documentação com Comentário

Quando os programadores escrevem uma documentação, eles fazem perguntas a si mesmos, e então as respondem da melhor maneira que podem. Mas, algumas vezes, eles não fazem a si mesmos todas as perguntas importantes. E, em geral, eles supõem que o leitor já sabe certas coisas. Se você for um leitor que ainda não sabe essas coisas, poderá não ter sorte.

De qualquer modo, toda documentação omite alguns detalhes. É por isso que os comentários de outras pessoas sobre a documentação podem ser tão úteis. Em `www.jdocs.com`, os programadores Java experientes anotam a documentação Java existente com seus próprios comentários. Os comentários incluem dicas e truques, mas também contêm blocos úteis de informação — partes que os autores originais da documentação omitiram. Se você precisar de ajuda com um aspecto da API Java, este será um ótimo site a visitar.

Ouça!

Você pode visitar `http://javaposse.com` para obter todos os tipos de informações úteis e atualizadas, mas também pode ouvir os podcasts semanais do Java Posse. Desde 2005, quatro cavalheiros Java vêm postando novidades, comentários e uma discussão cuidadosa para os profissionais Java em todo o mundo. Na comunidade técnica, The Java Posse é uma instituição respeitável — uma ótima fonte de fatos e reflexões sobre as questões relacionadas ao Java.

Opiniões e Defesa

O Java não é apenas algo técnico. O campo tem questões e opiniões de todas as formas e tamanhos. Para descobrir mais, visite qualquer um destes sites:

- **Oracle Blogs:** `http://blogs.oracle.com`
- **JRoller:** `http://jroller.com`
- **Comunidade java.blogs:** `www.javablogs.com`
- **The Dzone at Javalobby:** `http://java.dzone.com`
- **A lista de blogs no No Fluff Just Stuff:** `www.nofluffjuststuff.com/blog/list`

A propósito, quando você tiver fluência no Java, recomendo que frequente uma das conferências No Fluff Just Stuff. Cada conferência tem apresentações avançadas de especialistas tarimbados da indústria.

Procurando Empregos em Java

Você está procurando trabalho? Você gostaria de ter uma carreira empolgante e lucrativa como programador de computadores? Se a resposta for sim, verifique o SkillMarket em `http://mshiltonj.com/sm`. Este site tem estatísticas sobre a demanda de várias áreas da tecnologia. O site compara as linguagens, bancos de dados, certificações e mais. E melhor, é atualizado todos os dias.

Para ver a popularidade de várias linguagens de programação, visite o TIOBE Programming Community Index em `www.tiobe.com/index.php/content/paperinfo/tpci`. A lista mensal do índice avalia a quantidade de agitação em torno de cada linguagem. Naturalmente, quando verifiquei o site para a inclusão neste capítulo, o Java estava no topo.

Depois de ter verificado todos os números SkillMarket e Tiobe, tente visitar um site designado especialmente para quem procura trabalho na área de computação. Aponte seu navegador web para `http://java.computerwork.com`.

Descobrindo Mais Sobre Outras Linguagens de Programação

Sempre é bom ampliar sua visão. Portanto, para descobrir mais sobre algumas linguagens diferentes do Java, visite o site de Éric Lévénez: `www.levenez.com/lang`. Esse site inclui um gráfico legal que rastreia a genealogia das linguagens de programação mais populares do mundo. Para obter outras listas de linguagens, visite os seguintes sites:

- **The Language List:** `http://people.ku.edu/~nkinners/LangList/Extras/langlist.htm`
- **The Quine Page:** `www.nyx.net/~gthompso/guine.htm`
- **Página de listas Steiner Knutsen's Language:** `http://home.nvg.org/~sk/lang/lang.html`

Finalmente, para conseguir informações rápidas sobre qualquer coisa relacionada à computação, visite `http://foldoc.org` — o Dicionário Online Gratuito da Computação.

Os Sites Favoritos das Pessoas

É verdade — estes dois sites não são dedicados exclusivamente ao Java. Contudo, nenhuma lista respeitável de recursos para *geeks* estaria completa sem o Slashdot e o SourceForge.

O *slogan* do Slashdot, "Novidades para os *nerds*, coisas que importam", diz tudo. Em `http://slashdot.org` você encontra novidades, revisões e comentários sobre praticamente qualquer coisa relacionada à computação. Há ainda uma nova palavra para descrever um site que é revisado ou discutido no site Slashdot. Quando um site fica sobrecarregado com acessos das recomendações do Slashdot, é dito que o site foi *slashdotted*.

Embora não seja tão conhecido, o `http://sourceforge.net` é o lugar para procurar qualquer tipo de software de código aberto. O repositório do SourceForge contém mais de 80 mil projetos. No site SourceForge você pode baixar software, ler sobre os trabalhos em andamento, contribuir nos projetos existentes e até iniciar um projeto próprio. É um ótimo site para programadores e desenvolvedores em todos os níveis de experiência.

Capítulo 22

Dez Classes Úteis na API Java

Neste Capítulo

- Descobrindo mais sobre as classes
- Descobrindo outras classes úteis

Estou orgulhoso de mim mesmo. Escrevi cerca de 400 páginas sobre o Java usando menos de 30 classes da API Java. A API padrão tem cerca de 4 mil classes, portanto, acho que me saí muito bem.

De qualquer modo, para ajudá-lo a se familiarizar com algumas de minhas classes API Java favoritas, este capítulo contém uma pequena lista. Algumas classes nessa lista aparecem nos exemplos deste livro. Outras são tão úteis que não posso terminar o livro sem incluí-las.

Para obter informações sobre as classes neste capítulo, verifique a documentação da API online do Java em `http://docs.oracle.com/javase/7/docs/api`.

Applet

Qual livro Java estaria completo sem mencionar os applets? Um *applet* é uma parte de código executada dentro de uma janela do navegador web. Por exemplo, uma pequena calculadora de conversão entre moedas executada em um pequeno retângulo em sua página web pode ser uma parte de código escrita em Java.

No passado, os applets Java eram realmente coisas incríveis, mas atualmente as pessoas estão muito mais interessadas em usar o Java para o processamento comercial. De qualquer maneira, se os applets são interessantes para você, então não tenha vergonha. Verifique a página `Applet` da documentação API do Java.

ArrayList

O Capítulo 16 apresentou os arrays. Eles são incríveis, mas em qualquer linguagem de programação, os arrays têm seus limites. Por exemplo, veja um array com tamanho 100. Se, de repente, você precisar armazenar o 101º valor, então não terá sorte. Você não pode mudar o tamanho de um array sem escrever algum código. Inserir um valor em um array é outro problema. Para colocar `"Tim"` em ordem alfabética entre `"Thom"` e `"Tom"`, você terá que criar espaço movendo milhares de nomes `"Tyler"`, `"Uriah"` e "`Victor`".

Mas o Java tem uma classe `ArrayList`. `ArrayList` é como um array, exceto que os objetos `ArrayList` aumentam e diminuem quando necessário. Você também pode inserir novos valores sem problemas usando o método `add` da classe `ArrayList`. Os objetos `ArrayList` são muito úteis porque fazem todos os tipos de coisas que os arrays não fazem.

File

Falando sobre as classes Java úteis! A classe `File` faz muitas coisas que não estão incluídas nos exemplos deste livro. O método `canRead` informa se você pode ler a partir de um arquivo ou não. O método `canWrite` informa se você pode gravar em um arquivo. Chamar o método `setReadOnly` assegura que você não poderá gravar sem querer em um arquivo. O método `deleteOnExit` apaga um arquivo, mas não até seu programa parar de ser executado. O método `exists` verifica para saber se você tem determinado arquivo. Os métodos `isHidden`, `lastModified` e `length` fornecem ainda mais informações sobre um arquivo. Você pode até criar um novo diretório chamando o método `mkdir`. Seja franco, a classe `File` é poderosa!

Integer

O Capítulo 18 descreve a classe `Integer` e seu método `parseInt`. A classe `Integer` tem muitos outros recursos que são úteis quando você trabalha com valores `int`. Por exemplo, `Integer.MAX_VALUE` significa o número `2147483647`. Este é o maior valor que uma variável `int` pode armazenar. (Consulte o Capítulo 7.) A expressão `Integer.MIN_VALUE` significa o número `-2147483648` (o menor número que uma variável `int` pode armazenar). Uma chamada para `Integer.toBinaryString` aceita um `int` e retorna sua representação de base 2 (binária). E o que `Integer.toBinaryString` faz para a base 2, `Integer.toHexString` faz para a base 16 (hexadecimal).

Math

Você tem algum número para modificar? Você usa seu computador para fazer cálculos exóticos? Se a resposta for sim, experimente a classe `Math` do Java. (É um pedaço de código, não um lugar para sentar e ouvir palestras sobre álgebra.) A classe `Math` lida com π, e, logaritmos, funções de trigonometria, raízes quadradas e todas as outras coisas matemáticas que dão arrepios nas pessoas.

NumberFormat

O Capítulo 18 tem uma seção sobre o método `NumberFormat.getCurrencyInstance`. Com esse método, você pode transformar `20.338500000000003` em `$20.34`. Se você não mora nos Estados Unidos ou se sua empresa vende produtos no munto inteiro, você poderá melhorar sua instância de moeda corrente com `Locale` do Java. Por exemplo, com `euro = NumberFormat.getCurrencyInstance(Locale.FRANCE)`, uma chamada para `euro.format(3)` retornará `3,00`, ao invés de `$3.00`.

A classe `NumberFormat` também tem métodos para exibir coisas que não são moedas. Por exemplo, você pode exibir um número com ou sem vírgulas, com ou sem zeros à esquerda e com quantos dígitos além do ponto decimal você quiser incluir.

Scanner

A classe `Scanner` do Java pode fazer mais do que faz nos exemplos deste livro. Como a classe `NumberFormat`, a classe `Scanner` lida com números de vários locais. Por exemplo, para inserir `3,5` e fazer com que signifique "três e meio", você poderá digitar `myScanner.useLocale(Locale.FRANCE)`. Também poderá informar a `Scanner` para pular certas strings de entrada ou usar bases numéricas diferentes de 10. Em geral, a classe `Scanner` é muito versátil.

String

O Capítulo 18 examinou a classe `String` do Java. O capítulo descreve (com muitos detalhes) um método chamado `equals`. A classe `String` tem muitos outros métodos úteis. Por exemplo, com o método `length` você obtém o número de caracteres em uma string. Com `replaceAll` você pode mudar facilmente a frase "`my fault`" (minha culpa) para "`your fault`" (sua culpa), onde quer que "`my fault`" apareça dentro de uma string. E com `compareTo` você pode ordenar as strings em ordem alfabética.

StringTokenizer

Geralmente, preciso cortar as strings em partes. Por exemplo, tenho uma variável `fullName` que armazena minha string narcisista "`Barry A. Burd`". A partir do valor `fullName`, preciso criar os valores `firstName`, `middleInitial` e `lastName`. Tenho uma grande string ("`Barry A. Burd`") e preciso de três pequenas strings — "`Barry`", "`A.`" e "`Burd`".

Felizmente, a classe `StringTokenizer` faz esse trabalho sujo. Usando essa classe, você pode separar "`Barry A. Burd`", "`Barry, A., Burd`" ou até "`Barry<tab>A.<tab>Burd`" em partes. Também pode tratar cada separador como dados valiosos ou pode ignorar cada separador como se ele fosse lixo. Para fazer vários processamentos interessantes usando strings, verifique a classe `stringTokenizer` do Java.

System

Provavelmente você está familiarizado com `System.in` e `System.out`. Mas e `System.getProperty`? O método `getProperty` mostra todas as informações sobre seu computador. Algumas informações que você pode encontrar incluem o nome de seu sistema operacional, a arquitetura de seu processador, sua versão da máquina virtual Java, classpath, nome de usuário e saber se seu sistema usa uma barra invertida ou uma barra normal para separar os nomes das pastas umas das outras. Com certeza você já deve saber tudo isso. Mas seu código Java precisa descobrir tudo dinamicamente?

Índice

• Símbolos e Números •

• C •

• D •

• F •

• G •

• H •

• I •

• J •

• M •

• N •

• O •

• R •

• S •

• T •

• U •

• V •

• W •

• Y •

• Z •